U0530514

# The 3rd Alternative
## Solving Life's Most Difficult Problems

# 第3选择

[美]史蒂芬·柯维　[美]布雷克·英格兰 | 著
（Stephen R. Covey）　（Breck England）

李莉　石继志 | 译

I See Myself

I Seek You Out

I See You

中信出版集团 | 北京

图书在版编目（CIP）数据

第 3 选择 /（美）史蒂芬·柯维,（美）布雷克·英格兰著；李莉, 石继志译. -- 2 版. -- 北京：中信出版社, 2025. 6. -- ISBN 978-7-5217-7581-5
I. F272
中国国家版本馆 CIP 数据核字第 2025KA7688 号

The Third Alternative: Solving Life's Most Difficult Problems by Stephen R. Covey.
Original English Language edition copyright © 2011 by FranklinCovey Co.
Simplified Chinese translation edition copyright © 2025 by CITIC Press Corporation.
Published by arrangement with the original publisher, FREE PRESS, a Division of Simon & Schuster, Inc.
All Rights Reserved.
本书仅限中国大陆地区发行销售

第 3 选择
著者：　　［美］史蒂芬·柯维　［美］布雷克·英格兰
译者：　　李莉　石继志
出版发行：中信出版集团股份有限公司
　　　　　（北京市朝阳区东三环北路 27 号嘉铭中心　邮编 100020）
承印者：　北京通州皇家印刷厂

| 开本：880mm×1230mm 1/32 | 印张：16.25 | 字数：377 千字 |
|---|---|---|
| 版次：2025 年 6 月第 2 版 | | 印次：2025 年 6 月第 1 次印刷 |
| 京权图字：01-2025-2583 | | 书号：ISBN 978–7–5217–7581–5 |

定价：88.00 元

版权所有·侵权必究
如有印刷、装订问题，本公司负责调换。
服务热线：400-600-8099
投稿邮箱：author@citicpub.com

致
爱妻及我永远的朋友桑德拉
—— 你充满活力、阳光与勇敢的希望

# 目录

The 3rd Alternative

001　第一章　**转折点**

本书要讲的是一个至关重要的原则，我相信它能够改变你的生活，改变整个世界。这一原则是我在研究真正高效能人士的生活和行为模式后获得的最深刻、最重要的领悟。

009　第二章　**第 3 选择：寻求"协同"原则、思维模式和步骤**

"协同"是改变世界的力量。生命不是网球赛，只能有一方赢球。当双方都赢，能够共同创造一种新局面，让彼此都感到满意时，人们才能做出合理决策。

第 3 选择思维模式：我看到自己——我看到你——我找到你——我和你协同。

105　第三章　**职场中的第 3 选择**

真正的创新取决于协同。拥有第 3 选择思维的公司之所以杰出，是因为他们同客户、员工一起找到了强大的协同。只有富于协同，整体才能大于部分之和，人们才能专注而幸福地工作。发掘工作中的各种第3选择，当你成为一个能与人产生协同的伙伴时，工作及事业上的成功将唾手可得。

## 173　第四章 ｜ 家庭中的第3选择

"家庭是社会中首要的机构——它是承诺、爱情、性格、社会责任以及个人责任的发源地。"生命中家庭最需要协同，却又极易误解协同。家庭既可以让我们见证最伟大的协同，也能让我们经历最深沉的痛苦。有了第3选择，便能拥有一种积极正面、可以依靠、创意无限的家庭关系。

## 227　第五章 ｜ 校园中的第3选择

如果学校不能让孩子们每天都有成就感，那么其他能够提供孩子们成就感的方式就会取得胜利。如果强迫他们服从，他们就会像所有不开心的客户那样愤愤不平地屈服或者改变游戏规则。第3选择的教育，是学会做内心的领导者。

## 277　第六章 ｜ 第3选择与法律

第3选择思维者的目标不是报复，而是重建。对抗制鼓励人们考虑所谓的"输或赢"，"我的方法或你的方法"。然而，通往内心、个人以及整个世界的和平之路是第3选择，是"我们的方法"。

## 313　第七章 ｜ 社会中的第3选择

每个人都想消除暴力、饥饿、疾病、无家可归和污染问题。每个人都想要他们的孩子生活在一个和平、繁荣与健康的世界里。然而，我们不用受困于虚假困境，我们不必等待社会改变，我们可以主宰自己的改变。

### 417　第八章｜**全世界的第 3 选择**

多元却统一，多种宗教及多种语言并存共荣的瑞士，向世界展示如何建设第 3 选择的文化。世界上没有无法解决的冲突。瑞士的成功绝非偶然。几个世纪以来人们因为种族与宗教的分歧兵戎相见，最后瑞士人选择了改变。其他人没有任何理由不做出相同的选择。

### 457　第九章｜**第 3 选择的人生**

挑战无处不在，生活需要我们去改变：我们要建立各种人际关系，服务社区，加强家庭关系，解决问题，获取知识，创造伟大的作品。

### 481　第十章｜**由内而外**

问题越重大，就越需要内在的安全感、充沛的双赢思考、耐心、爱、尊重、勇气、同理心、坚忍不拔的决心，以及创造力。

487　致　谢
491　注　释

## 第一章

# 转折点

本书要讲的是一个至关重要的原则，我相信它能够改变你的生活，改变整个世界。这一原则是我在研究真正高效能人士的生活和行为模式后获得的最深刻、最重要的领悟。

生命中充满问题——看似无法解决的问题，个人问题，家庭问题，工作、邻里以及更广泛领域中的问题。

或许你正处在一场初时美满、现在却难以相互容忍的婚姻中；或许你与父母、兄弟、子女早已疏远；或许你感到压抑，工作失衡，一门心思只想走捷径；又或许你像许多人一样，对这个动不动就起诉、人人举步维艰的诉讼社会心存厌倦。我们为犯罪和社会的沉沦而忧心忡忡。我们看到政客信誓旦旦却无所作为。夜晚我们观看新闻，对解决人与人、国与国之间永无休止的冲突丧失希望。

于是我们绝望、放弃或不情愿地妥协。

这就是我想写这本书的原因。

本书要讲的是一个至关重要的原则，我相信它能够改变你的生活，改变整个世界。这一原则是我在研究真正高效能人士的生活和行为模式后获得的最深刻、最重要的领悟。

可以说，它是解决人生最棘手问题的一把钥匙。

每个人都会悄然遭遇逆境。多数人会迎难而上，勇敢地面对自己的问题，期待并创造更美好的未来。对许多人来说，威胁近在咫尺。有些威胁是生理上的，有些是心理上的，但一切威胁都是极其真实的。

如果你理解并按照本书中的原则生活，那么你将能够克服自己的问题，并为自己创造一个超乎想象的美好未来。并不是我发现了这一原则——它是永恒存在的。但是，如果能将之应用于我们所面临的挑战，毋庸讳言，这将是我们生命中最伟大的发现。

我在《高效能人士的七个习惯》中介绍过这一原则，我称之为所有原则中"最具启发性、最具影响力、最具凝聚力也最激动人心"的一个。在《高效能人士的七个习惯》中我只能泛泛而谈，但在本书中，我将邀请读者与我一起进行广泛而深入的探索。如果你肯花心思真正理解这一原则，那么你的思维方式将被彻底颠覆。你会发现自己将以一种全新、高效的方式面对生命中最严峻的挑战。

生活中已经有少数人掌握了这一原则，我很高兴能与读者分享他们的故事。他们不仅是问题的解决者，更是崭新未来的理想缔造者。在诸多故事中，你将会看到：

- 一位父亲一夜之间奇迹般挽救了自己抑郁多年、几近自杀的女儿。
- 一位印度青年几乎零成本解决了数百万贫民的电力问题。
- 一位警察局局长将加拿大首都的青少年犯罪率减半。
- 一位女士几乎零成本地让纽约市受污染的港口焕发生机。
- 一对夫妻曾经彼此几乎无话可说，而今笑对过往艰辛。
- 一位法官没有踏进法庭就迅速、和平地解决了美国历史上最大的环境诉讼。
- 一位外来务工人员子弟中学的校长几乎零成本地将毕业率从令

人沮丧的 30% 提高到 90%，将学生的基本技能水平提高两倍。
- 一对单亲家庭母子原来激烈对抗，现在相互理解并重建亲情。
- 一位医生收费远低于其他医生却几乎治愈了自己所有病人的致命疾病。
- 一个团队将时代广场从藏污纳垢的场所打造为北美顶级观光胜地。

我要强调的是，他们中没有一个是富裕而有权势的社会名流，他们大都是普通人。他们都能将这一重要原则成功运用到最棘手的问题上，你也可以像他们一样。

我知道你的想法："噢，我可不打算像他们那样做出什么英勇举动。我有自己的问题，对我而言它们就是大问题。我很累，我只想找到一个管用的解决方法。"

相信我，本书的所有内容都是既普遍又个体化的。一位单身母亲在尽其所能抚养焦躁不安的孩子时所采取的原则和一位国家元首在试图阻止一场战争时所采取的原则一模一样。

你可以将这一原则用于：

- 处理工作中与老板或同事之间的严重冲突。
- 解决婚姻中"不可调和的分歧"。
- 处理与孩子学校之间的纠纷。
- 应对财务困境。
- 做出工作中的关键决策。
- 处理与邻里或社区对某些问题的争议。
- 解决家庭中的长期不和与交流问题。

- 处理体重问题。
- 优化工作中令人不满意的地方。
- 应对不愿"试水"的孩子。
- 帮助客户解决难题。
- 处理可能对簿公堂的争端。

40多年来,我已经将本书中的基本原则教给了成千上万人。我教过已入学的儿童、众多公司CEO(首席执行官)、应届毕业生、大约30个国家的国家元首以及其他形形色色的人。我教给他们的方法如出一辙。而本书无论在操场、战场、会议室、立法厅还是厨房,都同样适用。

我是一个以构建西方国家与伊斯兰国家更良好关系为宗旨的世界性领导学组织的成员。该组织的成员包括一位美国前国务卿、杰出的伊玛目(伊斯兰教中的"领袖")和拉比(犹太教中的"老师")、全球商业领袖以及冲突解决专家。开第一次大会时,显然每个人都有自己的意见。会议拘谨而冷漠,你唯一能感受到的是紧张的气氛。

那是个星期天。我请求组织允许我在推进议程之前教给大家一个原则,他们欣然同意了。于是我把本书的要旨教给了他们。

到周二晚上,气氛完全改观了。私人问题被搁置起来。我们达成了一个超乎预期、令人振奋的决议。会议室里的人们相互尊重、相互热爱——你能看得到,也能感觉到。前国务卿在我耳边低语:"我从未见过如此强大的力量,你所做的一切能够彻底改变国际外交。"详情容后细述。

你无须成为一个国际外交家,就可以用这一原则应对你所面临的挑战。最近我们进行了一次全球性调查，以期找出个人在工作上以及其他方面所面临的最大挑战。这次调查的受访者不算是有代表性的样本，我们只想知道不同的人会有怎样的说法。受访的 7 834 人遍布各大洲各组织的各阶层。

- **个人生活中的挑战**。人们感觉最大的个人挑战是工作压力过大，以及工作缺乏满足感。许多人都存在人际关系问题。一位来自欧洲的中层管理者写得颇有代表性："我有压力，感到厌倦，没有时间和精力做自己的事情。"而另一个人说："我的家庭出了问题，这导致一切都失去了平衡。"
- **职场中的挑战**。当然，人们在职场中关心的头等大事永远都是资金和利润短缺，但是许多人也担心在全球竞争中失利。"我们被困在 100 年的传统里……我们变得越来越无关紧要……过于缺乏创造力和创业精神。"一位来自非洲的高管写道，"我在一家跨国公司任职，但已在去年辞职，辞职的原因是我找不出自己在做的事情有任何意义。"
- **世界性挑战**。在受访者看来，人类大家庭所面临的最大的三个挑战分别是战争与恐怖主义、贫穷以及环境被逐渐破坏。一位亚洲的中层管理者恳切地写道："我的国家是亚洲最贫困的国家之一。这是我们的呐喊，我们的人口大多生活在贫困之中。这是一个就业岗位不足、教育落后、基础设施匮乏、背负巨额债务、治理不善、腐败猖獗的国度。"[1]

这就是我们的朋友们、邻居们的感受的写照。明天他们也许会列举不同的挑战，但是我想我们看到的不过是同种痛苦的不同形式。

压力越大,我们彼此的争斗越激烈。20世纪是一个冷战的时代,而21世纪似乎是一个人心险恶的时代。愤怒的情绪不断升温:家庭纠纷、同事倾轧、网络恐吓、法庭案件堆积如山、狂热分子滥杀无辜。轻狂的"评论家"充斥着媒体——他们的攻击越恶毒,收入就越优厚。

争执的不断升温会伤及我们自身。"我们总是妖魔化他人的文化,这令我深感困扰……人类历史上最糟糕的时代就这样从消极排他开始了……随后就演变为暴力恐怖主义。"健康专家伊丽莎白·莱塞如是说。[2]我们十分清楚这类事情会导致怎样的结局。

那么,该如何解决最大的分歧与最棘手的问题呢?

- 难道我们要继续战争之路,直到忍无可忍,把愤怒发泄在我们的"敌人"身上吗?
- 难道我们要扮演受害者的角色,无助地等待别人的拯救吗?
- 难道我们要采取过度积极的思维,维持自欺欺人的愉悦状态吗?
- 难道我们只知道淡漠地袖手旁观,并对形势好转失去信心吗?难道在内心深处,我们认为所有的药物都只是安慰剂吗?
- 难道我们要像多数抱有美好愿望的人那样坚持不懈,在一切也许将会变好的渺茫希望中日复一日地做着同样的事情吗?

采用什么样的方法处理问题,就会得到什么样的结果。战争催生战争,受害者变得屈从,现实粉碎自欺欺人的美梦,愤世嫉俗者一无所用。如果我们在"这一次结果将会不同"的期待中日复一日地做着同样的事情，我们其实并没有面对现实。阿尔伯特·爱因斯坦说过："我们不能用与制造问题时同一水平的思维来解决问题。"

**要解决最棘手的问题，我们必须彻底改变思路**——这就是本书的全部内容。

是的，无论你的过去怎样，你都会发现你身处过去与超乎想象的未来之间的转折点上，你会发现自己在改变方面的天赋，你会以前所未有的方式思考自己所面临的问题，你会建立全新的心理反射，激励自己跨越别人无法逾越的障碍。

在转折点上，你将看到自己崭新的未来——未来的岁月可能完全超乎你的预想。你的未来不再因承载过多问题而不可避免地有缺憾，你有能力马上开始实现你渴望的"高潮迭起"的生活——新鲜隽永，成就非凡，直至生命的尽头。

用本书中的原则重新定位生活，你将会发现一条意想不到的通往未来的路。

第二章

# 第3选择：寻求"协同"
# 原则、思维模式和步骤

"协同"是改变世界的力量。生命不是网球赛，只能有一方赢球。当双方都赢，能够共同创造一种新局面，让彼此都感到满意时，人们才能做出合理决策。

第3选择思维模式：我看到自己——我看到你——我找到你——我和你协同。

有一种方法能够解决我们所面临的最棘手甚至看似无法解决的问题，有一种方法能够解决生命中几乎所有的困境和严重分歧，它是通向未来的方法。它既不是你的方法，也不是我的方法，它是一种更先进的方法，它是一种比我们以往能想到的任何方法都更好的方法。

我称之为"第3选择"。

大多数冲突有两个方面。我们习惯以"我的团队"与"你的团队"来思考问题。我的团队是好的，你的团队是坏的，或者至少"没那么好"；我的团队是正确而正义的，你的团队是错误甚至不义的；我的动机是纯粹的，你的动机至少是不纯的。我的党派、我的团队、我的国家、我的孩子、我的公司、我的观点、我的立场都和你对立。在所有情况下都只有两种选择。

几乎所有人都认同非此即彼的选择。于是有了各种对立：自由派与保守派、共和党与民主党、员工与管理层、控方律师与辩护律师、孩子与家长、保守党与工党、教师与行政人员、学区与城区、农村与城市、环保者与开发商、白人与黑人、宗教与科学、买家与卖家、原告与被告、发展中国家与发达国家、丈夫与妻子、社会主义者与资本主义者、有信仰者与无信仰者。于是有了种族歧视、偏见与战争。

每种选择都深深根植于某种思维定式。举例来说，环保者的思维定式是欣赏美和自然的平衡。开发商的思维定式是看到社区进步和经济机会增多。每一方都自认高尚理性，而视对方缺乏道德与常识。

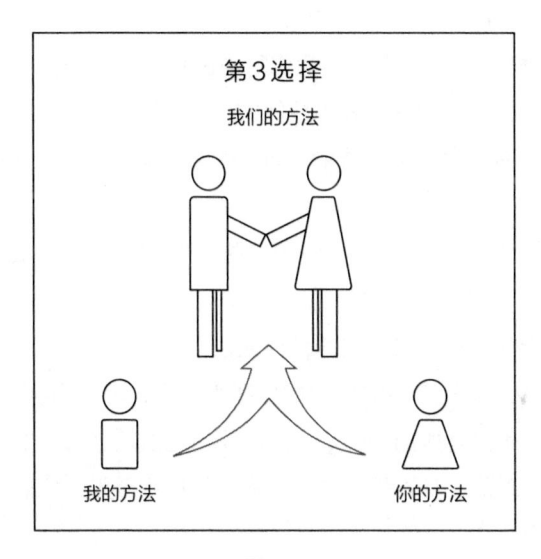

图 2-1

注：大多数冲突都是两方面的。第1选择是"我的方法"，第2选择是"你的方法"，通过协同，我们可以得到第3选择——"我们的方法"，一种视角更高、更好地解决冲突的方法。

思维定式与个人身份认同紧密联系在一起。如果我说自己是一名环保者、一个保守派成员或一名教师，那么我描述的不只是我的信仰和我的价值观——而是"我是谁"。所以，当你攻击我这一方的时候，你攻击的是我和我的自我形象。在极端情况下，身份认同冲突可以激化为战争。

假设两种选择思维根深蒂固地存在于大多数人身上，那么我们该如何超越它呢？通常来说，我们无法超越。我们要么继续斗争，要么达成脆弱的妥协。正因如此，我们才面临如此多令人沮丧的僵局。不过，问题的关键不在于我们属于哪一方，而在于我们如何思考。真正的问题是我们的认知模式。

"认知模式"一词指影响我们行为的思维形式或类型。它就像一张地图，帮助我们决定要去往何方。我们所看到的地图决定着我们的行为，而行为决定着结果。如果我们转换认知，行为和结果也会相应改变。

举个例子，番茄最早从美洲传到欧洲的时候，一位法国植物学家认为它是古代学者所说的可怕的"狼桃"，于是他发出警告，食用番茄会导致抽搐、口吐白沫甚至死亡。因此，虽然美洲的早期欧洲殖民者将番茄作为观赏植物种植在花园里，但他们从不去碰它。与此同时，殖民者所面临的最危险的疾病是由缺乏维生素C引起的败血病——而番茄富含维生素C。药物就在花园里，他们却因为错误的认知而死亡。

大约一个世纪后，随着新知识的出现，认知发生了转变。意大利人和西班牙人开始食用番茄。据说，托马斯·杰斐逊就种植番茄并将它作为食物推广。如今，番茄是最常见的蔬菜。现在我们认为番茄是健康食品，食用番茄就会变得健康。这就是认知模式转换的力量。

认知—行为—结果

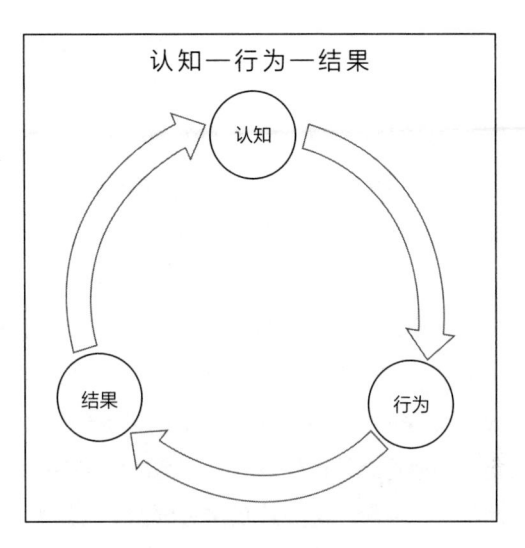

```
认知 → 行为 → 结果 →（循环）
```

**图 2-2**

注：我们的认知模式支配着我们的行为，而行为决定结果。我们得到的结果建立在行为的基础上，而我们的行为取决于我们如何看待周遭的世界。

如果我是位环保者，我的认知或心像地图会显示一片我希望保护的美丽的原始森林。如果你是位开发者，你的心像地图会显示你希望开采的地下石油储量。两种认知模式可能都是正确的。地球上有一片原始森林，而石油储备恰恰也在那里。问题在于，两种心像地图都是片面的，并且永远无法全面。人们后来发现番茄的叶子是有毒的，因此，反对食用番茄的认知在某种程度上也是对的。虽然有些人的心像地图比其他人的要完备一些，但是没有地图是真正全面的，因为地图不是地形本身。正如 D. H. 劳伦斯所说："一切片面真理均有其对立面，并最终产生对自身的否定。"

如果我只看到了第 1 选择的心像地图——我自己的片面地图，那么解决问题的唯一方法就是说服你转变你的认知模式，甚至强迫你接受我的选择。这也是我维持自我形象的唯一方法：我必须赢，你必须输。

另外，如果我放弃我的地图，追随你的地图——第2选择，也会面临同样的问题。你同样无法保证你的心像地图全面，所以我有可能会因为追随你的地图而付出惨痛的代价。你可能会赢，而我可能会输。

我们可以把地图联合起来，这是有益的。我们需要一张考虑到双方观点的更具包容性的地图。我会理解你的观点，你也会理解我的观点。这是一种进步。即便如此，我们的目的仍然会有不可调和的矛盾。我仍然不愿意森林遭到破坏，你仍然想在森林里开采石油。我对你的地图的充分理解可能导致我在对抗你的时候更加艰难。

然而，这时我对你说："也许我们可以达成一种前所未有的更好的解决方案，你愿意考虑第3选择吗？"于是，激动人心的时刻到来了。几乎从来没有人问过这个问题，但它恰恰是解决冲突、改变未来的关键。

## 寻求"协同"的原则

我们通过一种被称为"协同"的原则达成第3选择。协同就是1加1等于10或100甚至1 000！协同就是两个或两个以上的人决定放弃成见、迎接挑战的硕果。它关乎激情、活力、创造力以及创造更美好的新现实的冲动。

协同与妥协是两码事。妥协时1加1最多等于1.5，双方都有损失。协同则不仅能够解决冲突，而且在协同达成的时候，我们能够超越冲突。我们会达到一种新的境界，人人为新希望而激动，未来因此而发生改变。协同比"我的方法"或"你的方法"更好，它是"我们的方法"。

协同这个概念几乎没人真正理解，被普遍滥用是导致它不受重视的原因之一。在商界中，以推升股价为目的的合并或收购往往美其名曰"协同"。根据我的经验，如果你想吸引别人的注意，用"协同"这个词就可以了。因为许多人从未体验过真正的哪怕是一般水平的协同，这个词往往被故意歪曲概念的当权者滥用。正如一位朋友所说："每当我看到西装革履的人说'协同'这个词时，我就知道我的退休金危险了。"人们不信任这个词，当权者已经使他们建立起了防御心态。他们相信，所有"创造性的、合作的、协作的协同"不过是"我们又有一种利用你们的新方法了"的借口。而当人们的思想处于防御状态时，既不会有创造性，也不会有合作性。

但是，协同是一个奇迹。它无所不在，它是整个自然界运作的基本法则。红杉树根系交错，在风中顽强伫立，生长到参天的高度。绿藻和真菌共生而成地衣，附着在光秃秃的岩石上。雁阵排成"V"字形，利用拍动翅膀形成的上升气流持续飞行，持续飞行距离几乎达到单只大雁飞行的两倍。两块木头叠放在一起，能够承担比单块木头更多的重量。水滴中的微小粒子相互作用，形成的雪花每一片都独一无二。在所有例子中，整体都大于部分之和。

1 加 1 等于 2——除非协同。举例来说，一台机器以 60 000 PSI（磅力/平方英寸[①]）的压强可以折断一根铁棒，折断一根大小相同的铬棒需要大约 70 000 PSI 的压强，折断一根大小相同的镍棒需要大约 80 000 PSI 的压强。3 个数字相加是 210 000 PSI。因

---

① 1 英寸 =2.54 厘米。——编者注

此，如果将铁、铬、镍合成一根金属棒，那么这根金属棒能够承受 210 000 PSI 的压强，对不对？

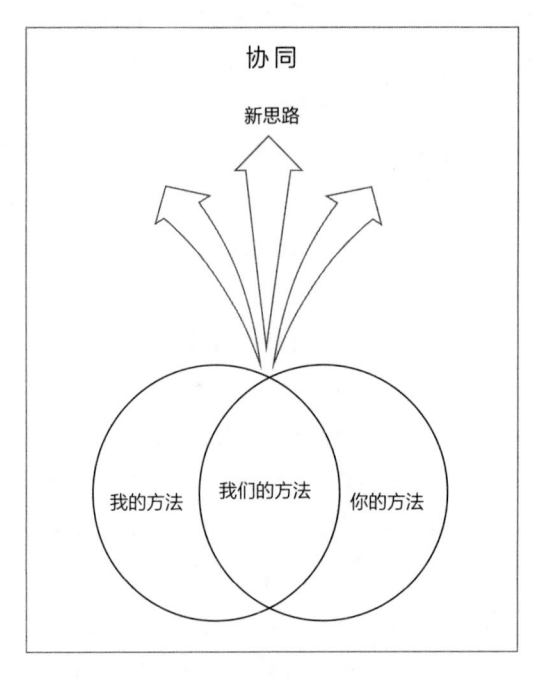

**图 2-3**

注：协同：整体大于部分之和的自然法则。我们不是采用"你的方法"或"我的方法"，而是采用协同方法来达到更好、更有成效的结果。你和我在一起的力量远大于我们单个人的力量。

错！将铁、铬、镍以一定比例混合而成的金属棒能够承受 300 000 PSI 的压强！300 000 PSI 减去 210 000 PSI 等于 90 000 PSI，这 90 000 PSI 似乎是凭空产生的。合金的强度比单种金属相加的强度高出 43%，这就是协同。[3]

这一额外增加的强度使得喷气发动机成为可能。喷气发动机的高温高压会熔化一般金属，但是铬镍钢能够承受比普通钢材更高的温度。

协同原则对人类同样适用。人们可以合作完成凭个人力量无法做到的事情。音乐是一个人类协同的好例子。节奏、旋律、和弦和个人风格结合起来，创造出新的结构、类型和深度。音乐理论家告诉我们，在人类历史的大部分时间里，音乐是一种即兴艺术，人们在有感而发时或奏或唱。固定格式谱曲出现的时间并不长。即使现在，某些最引人入胜的音乐，如爵士乐，仍然是即兴创作。

和弦由同时演奏的音符构成。音符不会丧失自身特性，而凑到一起之后，它们就产生了协同——单音符无法产生的和声。与音符类似，协同的个体不会丧失个性；人们将自身力量与他人力量结合在一起，产生出远高于个人成就的结果。

在运动中，协同被称为化学反应。伟大的球队都具有协同或化学反应，能够打败其他由卖弄技巧、爱出风头却无配合的球员组成的球队，尽管这些球队里的个人天赋更高。你无法根据单个运动员的运动技术来推测整个球队的成败，一个伟大球队的表现远远超过单个球员的技术之和。

当然，人类协同的最好例子是家庭。每个孩子都是"第3选择"，他们都是具有独特能力的独一无二的人。他们的能力不是父母能力的叠加。孩子身上凝聚着世界上独一无二的人类禀赋组合和巨大的创造潜能。伟大的帕勃罗·卡萨尔斯曾经说过："每个孩子都必须了解，他是一个奇迹。自世界诞生至世界末日，他都是绝无仅有的。"

协同是家庭的本质。每位家庭成员都为家庭增添了不同的风味。当孩子向母亲微笑时，人与人之间的关系超越了互利关系——他们不再是简单地生活在一起，不再只是从对方身上得利。正如我的朋友科林·霍尔所说，或许协同就是爱的代名词。

无数这样的实例表明，协同是改变世界的力量。它也可以改变你的工作和生活。如果没有协同，你的工作会停滞不前。你不会成长，也不会晋升。市场的竞争和技术的进步更加突出了这一点，如果没有积极的协同心态，你将会被市场抛弃。没有协同，没有进步，你会陷入不断贬值的恶性循环直至你不得不退出。相反，如果你拥有积极的协同心态，你将会永远引导前沿，保持更好的良性循环。

同样，恶性循环中如果突然插入一种新力量，也会发生负协同。举例来说，吸烟导致肺癌，石棉也会导致肺癌。如果同时吸烟并吸入石棉，那么得肺癌的概率远高于单一因素致病率之和。如果不积极寻求正协同，那就很有可能陷入负协同。

正协同不是简单地增加数量。你可以通过稳定而持续的过程改良一个产品，但不太可能用同样的方法发明出新产品。而协同不仅是解决人类冲突的答案，还是创造新生事物的根本原则。它是生产力飞跃的关键，是一切创意背后的精神驱动力。

下面从国家、个人、组织层面讲述几个协同改变生活的例子。

## 非暴力

我见过传奇人物圣雄甘地的孙子阿伦·甘地，他向我讲述了他对自己祖父一生的见解：

> 具有讽刺意味的是，如果没有种族主义和种族偏见，也许就不会有甘地。你看，这就是挑战和冲突。也许他只是一

位赚着大把钞票的成功律师,然而由于南非的种族偏见,刚到那里不到一周,他便受到了羞辱,他因为肤色问题被推下了火车。他带着深深的屈辱在站台上坐了一整夜,思考如何才能获得正义。他想对侮辱他的人回以暴力,但他没有:"这是不对的。"这样做不会带来正义。他这样做可以逞一时之快,但不会带来任何正义,暴力只会令冲突的循环继续下去。

从那时开始,他建立了一套非暴力哲学体系,在南非寻求正义的过程中以及在之后的人生中,他都在实践这一哲学。他在南非待了22年。随后他离开南非,回到印度,领导那里的非暴力不合作运动。非暴力不合作运动以印度建成独立国家而结束,从某种程度来说,这是一个所有人都不曾预想到的结果。[4]

甘地是我心目中的英雄。他不是完人,他没有达成他的全部目标,但他自发地学会了协同。他创造了第3选择——非暴力。他超越了"两种选择"的思维。他既没有逃避,也没有对抗。动物在被逼到绝路的时候,要么对抗,要么逃避。"两种选择"思维者就是这样——对抗或逃避。

甘地用协同改变了超过3亿人的命运,后来印度人口超过10亿。那是一个幅员辽阔的国家。你可以感受到印度人民的伟大和独立,感受到他们身上散发的力量、经济活力与精神活力。

## 音乐课

一位名叫娜迪亚的女士到学校接女儿放学,但女儿拎着小提琴走出学校时却在哭泣。8岁的小姑娘抽泣着对妈妈说,老师取消班上的音乐课了。整个晚上，身为小提琴家的娜迪亚越想越气，女儿脸上的失望令她难以入眠，她精心准备了一番说辞，希望能改变老师的主意。

不过到了早上，经过慎重考虑，娜迪亚改变了主意。她决定在发动攻击之前弄清学校到底发生了什么。她在课前早早找到老师。"我女儿喜爱小提琴，"她说道，"我想知道为什么孩子们不能在学校练琴了。"令她惊讶的是，老师开始抱怨起来。"没有时间搞音乐了，"老师解释道，"我们必须把所有时间用在阅读和数学这类基础教育上。"这是政府下的命令。

有那么一瞬间娜迪亚想抨击政府，不过随后她说："肯定有办法让孩子们同时学习音乐和基础课。"老师眨了眨眼睛，说："当然，音乐包含数学思维。"娜迪亚的大脑开始飞速旋转。通过音乐教授基础课程怎么样？她盯着老师，两个人同时大笑起来，因为他们有了同样的想法。接下来一小时的思维奔涌简直不可思议。

很快，娜迪亚开始义务抽时间到女儿的班上，和老师一起用音乐教授所有科目。学生们不仅通过数字练习分数，通过音符（八分之二音符等于四分之一音符）也可以学习。当孩子们将诗唱诵出来的时候，念诗也变得容易多了。当孩子们研究伟大音乐家以及他们所处的时代并演奏他们的乐曲时，历史变得鲜活起来。通过学唱外国民歌，孩子们甚至还学会了一点儿外语。

爱好音乐的家长和老师之间的协同与音乐和基础学科之间的协同都很重要。学生们同时学会了音乐和基础学科——并且学得更快。不久，其他老师和家长也想试一试。到最后，甚至政府都对这个"第3选择"产生了兴趣。

**全面质量管理**

20世纪40年代,管理学教授威廉·爱德华·戴明试图令美国企业家明白提高产品质量的必要性,而后者却选择以削减研发费用、关注短期利润的方式透支未来。这是一种"两种选择"思维:你可以追求高品质,也可以追求低成本,但二者不可兼得。人人都明白这个道理。在美国,由于追求短期利润,企业家面临着不断降低产品质量的压力,并导致了恶性循环。人们由此产生了这样的心态:我们怎样才能在客户不提出异议的情况下,把产品质量降得更低一些呢?

在美国受到抵制的戴明去了日本。戴明教导日本企业家,制造过程中的任何缺陷都会导致客户流失,因此不断降低缺陷率才应该是生产目标。日本企业家将戴明的思想与工人控制制造过程的"看板哲学"结合起来。看板的意思是"市场",生产一线的工人必须像顾客在杂货店购物一样挑选零部件。他们所面临的压力永远是如何生产出更好的零部件。这两种思维结合产生了一种新事物,一种"第3选择":在不断降低成本的同时也相应提高质量的"全面质量管理"。由此产生了另一种心态:我还能怎样改进产品呢?

与此同时,受"两种选择"心态困扰的美国制造商不得不与更可靠、更便宜的日本汽车和电子产品苦苦竞争。随着时间的流逝,这一恶性循环对美国的重工业造成了严重影响。

## "两种选择"的思维

从上述例子可以看出,缺乏"第3选择"心态是达成协同的巨大障碍。对特定问题持有"两种选择"心态的人只有承认协同的可能性才能达成协同。"两种选择"思维者只看到竞争,看不到合作,他们眼中永远是"我们对他们"。"两种选择"思维者只看到"虚假的困境",他们眼中永远是"没得商量"。"两种选择"思维者患有某种程度上的色盲,他们眼中只有蓝色或黄色,永远看不到绿色。

"两种选择"思维随处可见。战争是其最极端的表现,除此之外,它还会以"大辩论"的形式表现出来。当自由党对保守党的演说充耳不闻时,我们就可以看到"两种选择"思维,反之亦然。企业家为了短期收益牺牲长期利益时,我们也可以看到"两种选择"思维,同时,在企业家坚持"长远眼光"而公司却因为他们漠视短期收益而倒闭的时候,我们也可以看到"两种选择"思维。在宗教人士反对科学、科学家认为宗教毫无价值时,我们同样可以看到"两种选择"思维。(在伦敦一所大学里,科学家甚至拒绝与神学家在同一个职工餐厅里就餐!)

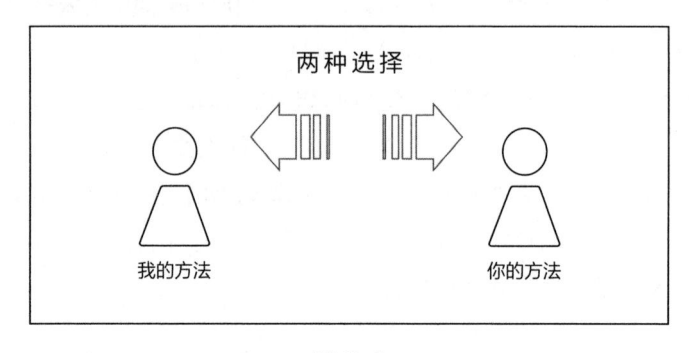

图 2-4

注:在冲突中,我们习惯以"我的方法"或"你的方法"进行思考。拥有协同心态的人会团结双方,或跳出这一狭隘的思维方式,寻求第 3 种解决方法。

"两种选择"思维者往往无视他人作为独立个体的存在,而只看到别人的意识形态。他们不尊重不同观点，因此不会尝试去理解别人。他们也许会假意表示尊重，但他们其实并不想倾听，而只想控制。他们时刻准备着攻击，因为他们缺乏安全感：他们的领地、个人形象以及身份认同都受到威胁。最终"搜寻并摧毁目标"成为他们处理异议的策略。对这些人来说，1 加 1 等于 0 或为负。在这种环境中，协同是无法茁壮成长的。

你可能会问："与每一个人都达成协同有可能吗？"这对于缺乏自我控制、有认知与情感障碍的人来说会非常难。当然，你无法与精神病患者达成协同。但大多数人是普通人，理性的普通人最容易陷入偏执一端的"两种选择"危险思维。就像表 2-1 所示，在我这一方的符合 A 列，在你那一方的符合 B 列。

表 2-1

| A | B |
| --- | --- |
| 好 | 坏 |
| 善良 | 无情 |
| 聪明 | 笨拙 |
| 明智 | 愚蠢 |
| 理性 | 无理 |
| 正直 | 邪恶 |
| 变通 | 骗子 |
| 天才 | 傻瓜 |
| 爱国者 | 卖国贼 |
| 世界上最好的人 | 世界上最坏的人 |

我曾经以为大多数成年人不会这么狭隘，因为他们理解我们所生活的世界有多复杂。但是看看我们的媒体，看看身边这些对"两种选择"思维乐此不疲的人们，我真没那么肯定了。

此外，当我们面临两难（所谓的没有满意答案的问题）的时候，"两种选择"思维会给我们增添烦恼。我总是听到这类问题，相信你也是。老师说："我跟这个学生相处不来，但我不能放弃他。"企业家说："不追加资本我们就没法实现业务增长，但是没有业务增长我们又赚不到钱——这是典型的第 22 条军规。"政客说："为所有人提供高质量的医疗保险我们负担不起，但我们也不能让付不起医药费的人受苦。"销售总监说："我的两位顶尖销售一直在相互攻击诋毁，但是没有他们我们会丧失最好的客户。"妻子抱怨丈夫："我不能和他一起生活，但我的生活不能没有他。"

## 两难的牛角

当只有两种同样可怕的选择时，你会非常痛苦。古希腊人称之为"两难的牛角"，因为它就像面对一头冲撞的公牛：无论被它的哪只角顶到，你都会被刺穿。

面对这样的两难处境，"两种选择"思维者具有不安全感是可以理解的。有些人选择举手投降。有些人会扑住其中一只角，拖着其他人跟他走。他们对"保持正确"如此痴迷，以致即使遍体鳞伤也要极力捍卫自己。还有一些人情愿被牛角刺中而亡，因为他们觉得自己必须这样做。他们都看不到"第 3 选择"。

我们在面临"虚假的困境"时往往无法识别——这太糟糕了，因为其实大多数的两难困境都是纸老虎。"虚假的困境"随处可见。

一些调查会问:"你支持共和党还是民主党的解决方案?你赞成还是反对毒品合法化?将动物用于科研是对还是错?你支持我们还是反对我们?"这样的问题不允许我们思考时超越"两种选择"思维（通常这正是提问者的意图），然而，在"两种选择"思维者之外，几乎永远有超越两极的选择。我们很少问自己是不是有更好的答案——第3选择。民意调查者永远不会问你这样的问题。

## 中立者

放弃希望是一种对"两种选择"思维的弱化回应。在所有"大辩论"中，都存在不支持任何一派的"中立者"。他们通常对"两种选择"思维的极端化感到厌倦。他们相信团队协作，理解对方的观点，但他们看不到第3选择的可能性。他们并不认为工作冲突、婚姻冲突、诉讼冲突或巴以冲突真有解决方案。他们会这样说："我们合不来，我们不相容，但我们没有什么解决办法。"

他们信奉妥协，将妥协视为可以实现的最好选择。妥协表面上看不错，并且有可能阻止许多问题的恶化。词典上对妥协的定义是，对立双方为了达成某个协议而"承认、牺牲或放弃"某些自身利益。这就是所谓的"双输"——与"双赢"相对。妥协可能会令人满意，但永远不会令人高兴。妥协关系是脆弱的，争端往往会再次爆发。

生活在"双输"的世界里的中间派不会抱太大希望。他们往往是在职场中年复一年埋头苦干却没有太大贡献和潜力的人；他们往往以工业时代过时的眼光看待生活；他们的工作就是机械化地履行职责，而不是改变世界或创造崭新的未来；他们是很好的执行者，却不是改变游戏规则的人；他们相互之间没有交流。当然，可以理解，他们的怀疑态度是对"两种选择"思维的一种防御。"除旧布新，我们要成为更精简、更高效的组织"这句话，对他们来说就是："放弃保险／接受减薪／干两个人的活，让我们的账面更好看，这个主意挺不错的吧？难道你不认为每个人都必须学会放弃吗？"他们当然不会反驳。从来没有人征求过他们的意见，他们只是被视为通用零件，而且他们早已经学会了不抱希望。

因此，愤世嫉俗往往是中间派的悲哀结局。在他们看来，任何热情都值得怀疑，任何新想法都应受到蔑视。听到"协同"一词时他们会有排斥反应，他们永远体会不到真正的协同。

## 寻求协同思维模式

正如我们所看到的，超越"两种选择"思维、获得协同心态的人（如甘地、戴明和支持孩子学音乐的家长娜迪亚）很少，但他们有着高度的影响力、创造力和效能。他们自发地设定每一种两难境地都是"虚假的困境"。他们是另辟蹊径者，是革新者，是破局者。

想要成为他们中的一员，获得"第3选择"思维，我们必须分四步转换思维模式（见表2-2）。请记住，这种转变并不容易。它是违反直觉的，它将引导我们远离自我中心，建立对别人真正的尊重。它会使我们不再总是寻找"正确"的答案，因为我们要寻找"更好"的方法。它将引导我们走向不可预知的道路，因为没有人预先知道第3选择是什么样子。

表 2-2

|   | "两种选择"思维 | 第 3 选择思维 |
|---|---|---|
| 1 | 我只看到"我这一方" | 我看到了"我这一方"的独立自我 |
| 2 | 我对你有成见 | 我将你视为独立的人,而不只是"你那一方"的代表 |
| 3 | 我要维护自己,因为你是错的 | 因为你看待事物的角度不同,所以我要找到你 |
| 4 | 我攻击你,双方因此爆发战争 | 我与你协同,我们共同创造一个超乎想象的不可思议的未来 |

表 2-2 列举了普通的"两种选择"思维与第 3 选择思维的四步思维模式的对比。你可以看到,随着每一阶段的深入,"两种选择"思维离创造性解决方案越来越远。没有第 3 选择思维模式,获得创造性解决方案是不可能的。每一种思维模式都是下一阶段思维模式的基础,所以思维模式序列是非常重要的。为什么会这样呢?

心理学家告诉我们,心灵愈合与成长的首要条件是"真诚、真实、和谐"。我们伪装得越少,达成协同的机会就越大。因此,达成第 3 选择的第一步是"我看到自己",意思是具有自我意识——我已经自内心深处认识到我的动机、怀疑与偏见,我已经检验过我自己的设想,我已经准备好与你真诚相对。

第二步是接受、关怀、赞赏。我最喜爱的作家之一、我心目中的英雄卡尔·罗杰斯,将这种态度称为"无条件积极关注"。它是我对你的一种外向、积极的感觉,因为我视你为一个完整的人,而不是一个态度、行为或信仰的集合体。对我来说,你不是一种东西,你是一个人。"我看到你",我视你为姐妹兄弟。

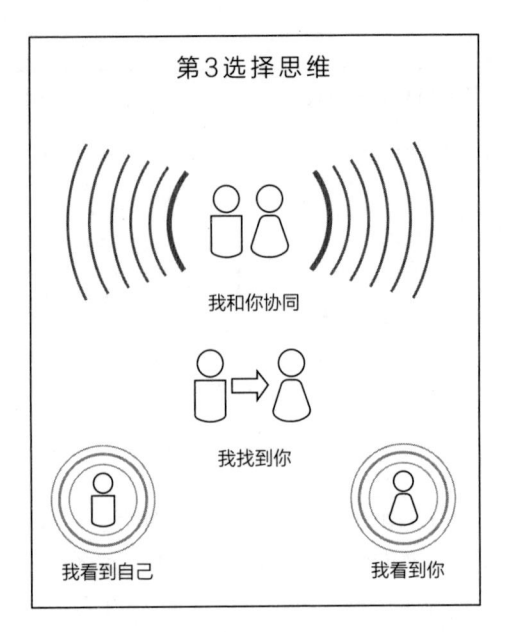

图 2-5

注：要达成第 3 选择，必须首先自我认知并评估自己所持的不同观点。之后必须透彻了解自己的观点，只有这样才能走向协同。

第三步是同理心，只有在接受前两种思维模式的前提下才会发生。同理心的意思是，体会并真正理解别人是怎样的人。同理心很少见，你和我都很少付出，也很少得到。相反，正如罗杰斯所说："我们会表现出另外一种形式截然不同的理解——我理解你错在哪里。"相比之下，"我找到你"从而充分掌握你的内心、思想和灵魂，而不是以批判你为目的，则是一种有效的思维模式。新的观念只有在真正相互理解的气氛中才能最自由地呼吸。

我们必须做到前三步才能抵达第四步，然后我们就可以为了真正的"双赢"解决方案——一个对我们来说崭新的解决方案——而共同学习和成长。当我给予你真正的、积极的关注并对我们的内心和思想有清晰的理解时,当我超越"只有两种选择并且其中一个是错误的"这一思维定式的局限时,当我以"有无穷多种我们从未想到过的有益的、激动人心的、创造性的选择"的思维模式思考时,才能达成"我和你协同"。[5]

接下来让我们详细了解每一步思维模式。

## 思维模式1:"我看到自己"

这是认知的第一步,将自己视为有独立判断力和行为能力的独一无二的个体。当我照镜子的时候,我看到了什么?我看到了一个有思想、受尊敬、有原则、开明豁达的人?抑或看到了一个什么都知道、对冲突的"另一方"不屑一顾的家伙?我是被思维限定着的,还是独立思考的?

我不只代表争议中"我这一方",我不只是成见、派别与偏见的集合体,我的思想不由我的家庭、文化或公司决定,我不是萧伯纳笔下抱怨世界不按我或"我们"的想法行事的自私鬼。我能够在精神上脱离自我,客观评价我的思维模式对自己行为的影响。

如表2-3所示,"我看到自己"的思维模式与传统的"我看到'我这一方'"的思维模式形成鲜明对比。在一切冲突中,我们对事物的认知决定了我们的行为,而行为决定着我们得到的结果。

认为自我是由外部定义的思维是无效的思维,其结果是"我"的所有价值观都来自外部。被定义就是被禁锢或限制,然而,人类本应该自由地选择自己要成为怎样的人和要做怎样的事,这是人类的基本原则。当一个人说自己是一名环保者时,她的真正意思是她与某些人对自然环境持有相同的观点。她当然不只是一名环保者——她还是一位女性、某人的女儿,她还有可能是一位音乐家、律师、厨师或运动员,或许还是谁的妻子或女朋友。

关键是这些角色没有一个能够完整地定义她。如果她够聪明,那么当她照镜子时,她会看到自己所扮演的角色之外的东西。她会看到自我——一个超越了镜中影像的有思想性、独立性和创造性的人。

**第3选择思维**

我和你协同

我找到你

我看到自己　　我看到你

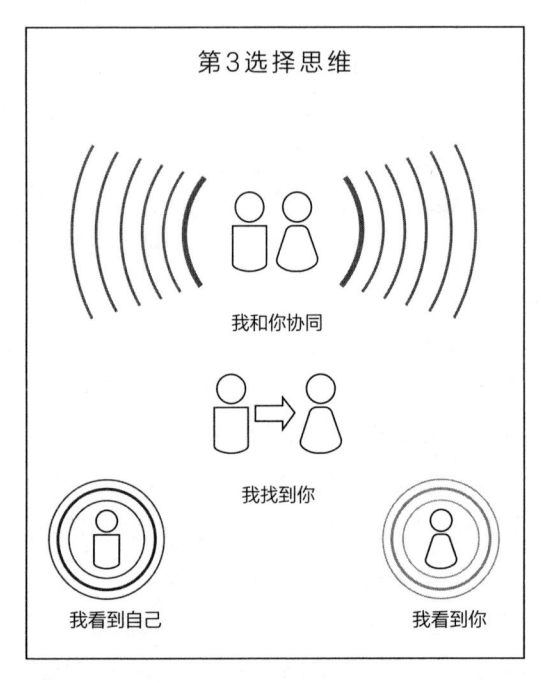

**图 2-6**

注:我看到自己。我将自己视为有创造力和自我意识的人,而不只是在冲突中我支持的"一方"。我可能会与别人分享某种信仰或隶属于某个组织,但这些条件不能限定我。我决定自己的"故事"。

表 2-3

|  | 我看到自己 | 我看到"我这一方" |
| --- | --- | --- |
| 认知 | 我看到自己。我将自己视为有创造力和自我意识的人,而不只是在冲突中我支持的"一方"。我可能会与别人分享某种信仰或隶属于某个组织,但这些条件不能限定我。我的思想源自内在 | 我将自己视为我所属的团体——"我这一方"、我的党派、我的公司、我的国家、我的性别、我的种族。我给自己的定义是保守派、工人、女权主义者或者黑帮,但不是独立个体。我的思想源自外部 |
| 行为 | 我想自己之所想。我会质疑自己和别人的设想 | 我想组织之所想。我是对的——我为什么要质疑自己的设想? |
| 结果 | 与他人积极沟通 | 与他人产生冲突 |

当一位领导者将自己定义为理性、实际而冷静的商务人士时,他可能正走向没落。他可以根据自己所受的 MBA(工商管理硕士)教育做出所有"正确"的决定,但最终依然会失败。这种事屡见不鲜。自 20 世纪 50 年代以来,有超过 2 000 家公司进入过世界 500 强行列,然而其中的大多数如今已不复存在。我们曾亲眼见证这种所谓的冷静思考在过去几年的经济灾难中多么不堪一击。经济观察家(如知名管理学家亨利·明茨伯格教授)担心,傲慢的 MBA 文化将是下一场金融危机的根源。[6]

当然,很大程度上我们似乎是被我们的文化限定的。我们倾向于和我们所认同的人以同样的方式穿衣、说话、吃饭、玩耍和思考,无论我们是企业高管、芭蕾舞演员、牧师、政客还是警官。我们穿着制服,服从着权威,看着电影,说着行话。

哲学家欧文·弗拉纳根是这样表述的:"我们出身的家庭和社

会赋予了我们既定的形象，我们无法决定自己的出身。既定形象往往历经数百年的发展，先于我们而存在……当我们成长到有一定控制力的年龄的时候，我们在根植于体内的形象、背景的驱使下工作，于是这些也成为我们自我形象的一部分。"[7]我们可能会成为自我形象的坚定捍卫者，即使它已经越来越与我们自身无关，而越来越成为一种被强加的外部形象。

### 真实身份盗用

我们听到过许多关于身份盗用的故事：有人拿了你的钱包，冒充你刷了你的信用卡，但更严重的身份盗用是沉浸在别人对你的定义中不能自拔。你对外部事物、文化背景、政治与社会压力过度关注，对自己是谁、自己这一生能做些什么反而漠不关心，我称之为"真实身份盗用"。这种身份盗用是非常真实的，它一直在发生。原因很简单，人们无法区分个人思想与文化思想之间的差别。

政客对于身份被盗用变得越来越麻木。即使那些起初本意良好、意志自由、有着高度正义感的人，都对自己的身份被盗用无动于衷。"两种选择"思维取代了他们的独立判断，驱动着他们的行为。正如一位国会前议员所说："他们无助地聚集在党性路线背后，看起来似乎别无他法。"[8]

人类发明了镜子，却开始丧失灵魂。人们越来越关心自己的影像，却忽略了自我。于是人们开始对自己讲述与自己的社会形象一致的故事：

"我讨厌这些政治会议，但是作为优秀党员，我应该参加会议。"

"那家伙来自其他党派。轮到他发言了，真不知道他们为何要浪费时间。"

"人们怎么能相信那样的东西呢？他们怎么一点儿常识都没有？我就是个坦率且懂常识的人。他们怎么不能像我这样呢？他们瞎了吗？"

"嗯，在那一点上他有些道理。但是，等等——他的话怎么可能有道理呢？那是不可能的，他和我们不是一起的。"

"真不知道这么明智的人怎么能那么固执。"

一旦承认反文化形象的价值，就是对自我文化形象的抨击。（"你的意思是，不是所有的正义与真理都掌握在我们这一方？可能有一些掌握在对方手里？"）不仅如此，我们每个人都有超越自我文化形象的能力。我们可以超越我们所穿的制服，超越我们的传统观念以及其他所有千篇一律的符号。

我们不是预先设置好程序的机器。与汽车、钟表或计算机不同，我们每个人都有超越文化编程的独特天赋。我们具有自我意识，其含义是，我们的精神可以超脱自身之外，评价我们的信仰和行为。我们深思熟虑，我们可以质疑武断的假设，机器不能。我们拥有自我意识，可以不受约束地做出自己的选择。我们有创造性，有良知，这种对自身的了解赋予我们信心。

但同时，我们永远无法全面看清自己。我们照镜子的时候只能看到部分自己，我们有盲点。面对冲突，"两种选择"思维者很少质疑自己的既定程序，他们信赖看似完全合理实则存在缺陷的文化模式。协同要求我们不仅要了解别人，还要了解自身。拥有这种认识能够让我们变得谦虚。

我如果能够认真地审视自己，就可以看到自己的文化倾向。我可以看到自己需要弥补的不足，因为我并不完美。我可以看到自己身上的压力，看到别人对我的期望，也可以看到自己的真正动机。

我同样能够看到超越自身文化的东西。我可以看到自己能在什么地方做出贡献，因为我有自己独特的视角。我可以看到自己所能带来的影响，我可以看到自己并不是环境的受害者，而是未来的创造者。

仔细想一想就会发现，那些真正可以看到自我的人是理解这种创造性悖论的——他们既是有限的，又是无限的。他们不会混淆心像地图与实际地形，他们知道自己既有盲点又有无穷的潜能。因此，他们可以同时保持谦虚与自信。

大多数冲突源于对自身悖论的肤浅理解。过于自信的人缺乏自我意识，他们意识不到个人的视角总是有限的。他们固执己见（"我就知道我是对的"）。他们得不到令人满意的结果，并且常常会给别人带来伤害。而且，那些沉浸在自身局限性里的人会变得过度依赖别人，他们认为自己是受害者，无法做出自己应有的贡献。

我将其称为创造性悖论，因为只有那些承认自己未寻找到答案的人，那些认识到自我潜能的人，才有寻找答案的勇气和信心。正如人工智能研究者埃利泽·尤德考斯基所说："获得第3选择的第一步，是下定寻找第3选择的决心。"

我的儿子戴维一生都在寻找第3选择，以下是他对第3选择的认识：

> 第3选择是所有合作的基础，它是每个人都应该具备的思维方式。父亲将它根植在我的头脑里，这是我从他那里学

到的最重要的东西。

进大学的时候我想选班,然而我听到的是:"抱歉,我们招满了,不能招你了。"于是我去找父亲谈话,问他该怎么办。他说:"不要放弃!想想第 3 选择。如果他们说没有位子了,告诉他们你会自带凳子或者站着听课。告诉他们你无论如何也要进这个班。告诉他们你知道有人会中途辍学,而你比他们坚定,并且你会兑现自己的承诺。"最后我成功进了那个班!

小时候我认为"第 3 选择"的概念是极端大胆而狂野的。但在使用这种方法的时候我发现,只要坚持不懈地寻找方法,就可以把事情做成。

一次我的健康课考试考得特别差,老师的期末考题难得离谱。于是我跑去问父亲:"我该怎么办?我的档案上不能出现这样的成绩啊。"他告诉我去找教授谈谈,找出一个得 A 的办法。于是我去找了老师,对他说:"的确,我像班上大多数同学一样考得很差,但是一定有我能考得更好的办法吧。"他当然拒绝了我的要求。但我一直坚持着,最后他终于问我:"你平时都做什么运动?"我告诉他我是田径队的赛跑运动员。他说:"如果你能在 55 秒内跑完 400 米,我就给你个 A-。"当时我跑 400 米的成绩是 52 秒——显然教授对"快"的理解已经落伍了。我让朋友帮我计时,轻轻松松地跑到了 52 秒,以"A-"的成绩结束了这门功课。这也是一个关于坚持与争取第 3 选择的例子。

因为我在"一直寻找第 3 选择"的想法下长大,寻找第 3 选择已经成为我的一部分。我不是要固执己见、惹人不快或令人生厌，但我不会轻易接受"不"的答案。第3选择永远存在。

戴维的经历是一些简单的例子，它们告诉我们怎样才能看到内心"第3选择"的种子，但他同时也告诉我们如何通过改变固有文化思维来重新定义自己的身份。

**最重要的力量**

我们的思维模式和文化条件决定了我们的生活方式。生活中，每个故事都有开端、情节与人物，甚至可能还有英雄和恶棍。无数次要情节构成主要情节，叙事中有关键的转折点，其中最具决定性的就是冲突。无冲突，无故事。每一个伟大的故事都以某种类型的斗争为开端：英雄斗恶棍，与时间赛跑，人物良知的挣扎，对抗自身极限。我们暗中将自己视为故事中的英雄（在某些黑暗、深刻的环境中将自己视为敌人）。"两种选择"思维者扮演着与对手斗得难解难分的主人公角色。

但故事中还有第3种声音——既不是英雄也不是恶棍，而是讲述故事的旁白。如果我们有真正的自我意识，那么我们会意识到，我们不仅是故事中的人物，还是故事的讲述者。我们不仅是故事中的人物，还是写故事的人。

我的故事只是更大的故事（家庭故事、社会故事以及整个文化故事）的一部分。或许我对这些更大故事的进程影响有限，但是我能在很大程度上控制自己故事的进程。我能自由地讲述自己的故事。新闻记者戴维·布鲁克斯对此有着充满智慧的评论：

虽然我们无法控制很多东西,但我们对自己的故事有一定的控制力。我们会有意识地讲述一个可以解释世界的故事,个人责任便包含在选择和修改故事主要情节的过程中。

我们选择的故事帮助了我们,反过来也解释了世界。它们指导我们重视某些东西而忽视其他东西。它们引导我们辨别某些东西为神圣的,而其他东西是令人作呕的。它们是塑造需求和目标的框架。因此,尽管故事的选择看起来笼统而复杂,但它们的威力不容小觑。我们所拥有的最重要的力量,就是选择透过什么样的镜头来看待现实。[9]

我的儿子戴维常常讲他在大学班级里自带凳子上课的故事,他用这个例子来证明第3选择思维的简单和强大。但在更深层面上,这个小故事是他讲给自己听的大故事(他不是受害者,他没有局限于两种选择思维,他对布鲁克斯所说的"主要情节"管理良好)中一个重要的陪衬情节。

在生活的情节冲突中,我们不仅仅是剧中的"角色",还是决定故事情节如何展开的讲述者。我遇到过许多缺乏这一简单认识的人,他们被困在可怕的冲突中,似乎无力改变自己的故事。我看到许多冲突中的夫妻,他们宣扬着自己对付恶棍时的英雄主义,却忽视了他们不仅身在故事中,还是故事创作者的事实!他们断言彼此不再相爱。当我指出如果他们愿意,他们还是可以自由地爱上彼此的时候,他们惊讶不已。"被爱"是纯粹被动的,而"爱"则是积极的——它是一个动词。"感觉"的爱是"动词"的爱结出的果实。人们有能力去为对方做有爱的事情,正如他们有能力去做对对方有害的事情一样。是他们自己而不是别人在撰写剧本。

前面说过，生活就是故事，每个故事都有开端。同样，故事还有过程和结局。大多数人都处于过程中的某个位置，我们还要决定故事该如何收尾。

"第3选择"永远由自身开始。它由内而外，来自内心深处，来自自信与谦虚。它来自使人们能够以旁观者的角度去观察、衡量自身成见与偏见的自我意识。它来自人们对书写自己故事的认可以及在必要时重写故事（因为人们都想有完美的结局）的意愿。

深入思考一下。如果你置身于冲突环境，问问自己以下问题：

- 我的故事是什么？我需要改变剧本吗？
- 我可能会在哪里出现盲点？
- 我受到的文化熏陶如何影响我的思维？
- 我的真正动机是什么？
- 我的假设都成立吗？
- 我的假设在哪些方面不完善？
- 我为自己真正想要的结果（故事的结局）付出努力了吗？

## 思维模式2：我看到你

认知的第二步：视他人为人而非物。

当我们审视别人的时候，我们看到了什么？是看到一个独立的个人，还是看到了年龄、性别、种族、党派、宗教、残疾、国籍或性取向？我们是不是看到了一位"群内"或"群外"的成员？还是真的看到了每一个多样的个体所具有的特性、能力与天赋？

或许我们对他们的理解不像我们了解自己的思想那般深入，或许我们会带有先入为主的观念甚至偏见。

我们跟别人打交道时，他的"装模作样"或惺惺作态我们都知道。问题是，我是同样"装模作样"的人，还是真正真诚地尊重他人的人？

"我看到你"思维模式与传统的"我对你有成见"思维模式形成鲜明对比（见表2-4）。记住，我们的认知决定着我们的行为，我们的行为决定着我们的结果。

表 2-4

|  | 我看到你 | 我对你有成见 |
| --- | --- | --- |
| 认知 | 我看到一个与众不同的完整的人，有着与生俱来的价值、天赋、激情和力量。你不只是冲突中的"你那一方"，你理应得到尊严和我的尊重 | 我看到了你所属的群体："你那一方"，你的党派、性别、国籍、公司、种族。你是符号，是"物"，是自由主义者，是老板，是西班牙人或是信仰某一宗教的人，而不是一个独立的人 |
| 行为 | 我向你致以真正的敬意 | 我无视你或假装尊敬你 |
| 结果 | 协同氛围：形成比各自力量更为强大的力量 | 敌意氛围：力量被彼此的分歧与对抗削弱 |

"我看到你"思维模式关乎基本的人格问题。它关乎人类的爱、宽容、包容与诚实。带着"我对你有成见"的思维模式，我无法有完全的信任，无法发自内心地像维护自己的利益那样维护你的利益，在这种情况下，第3选择是不可能实现的。当我审视你的时候，我只看到了"一方"的代表。可能我对你采取的行为是正确的，但我不会真正将你当作一个人来尊重。

我之所以称"我看到你"是有效的思维模式，是因为我从非洲乌班图人的智慧中获得了领悟。在他们的文化中，人们用"我看到你"来相互问候。说"我看到你"的意思是"我承认你独特的个性"。换句话说，也就是"我被你的人格吸引，我们的人性紧密相联"。这正是乌班图精神所在。

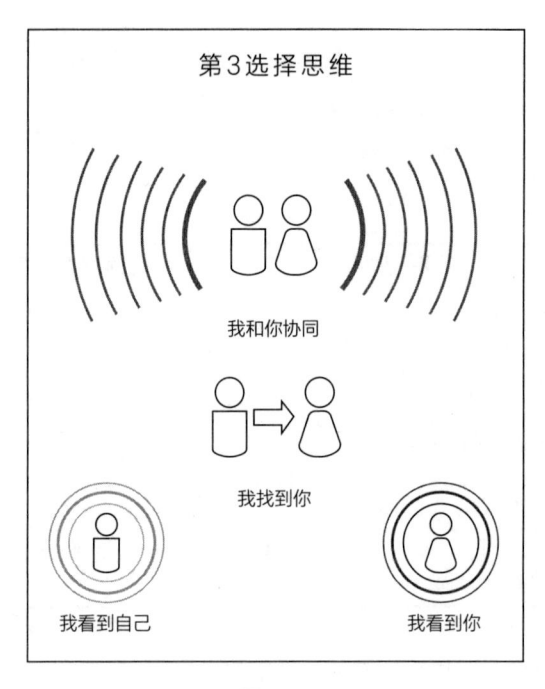

**图 2-7**

注：我看到你。我看到一个与众不同的完整的人，有着与生俱来的价值、天赋、激情和力量。你不只是冲突中的"你那一方"，你理应得到尊严和我的尊重。

"乌班图"很难翻译，它的意思有些像"人性"，但更为复杂，表示"一个人依赖他人而成为一个人"。健康专家伊丽莎白·莱塞是这样解释的："我需要你成就我，你需要我成就你。"举个例子来帮助我们理解这一来自非洲的独特概念，比如"玛丽有乌班图"这句话的意思是，玛丽是一位众所周知的关爱、关心他人的人，她忠实地履行所有社会职责。但它还有言外之意：如果没有乌班图，玛丽就不会知道自己有多漂亮、聪明和幽默，只有在与他人的关系中，她才能了解自己的个性。[10]

理解乌班图的另一个方法是理解它的对立面——成见。成见就是排除使我们成为独立个体的事物。我们会说，"哦，他是一名销售人员——有闯劲儿，有上进心"，"她是那种自私的人——总想让所有事情都围绕她转"，"他是 A 型性格"，"她是那种一门心思想当 CEO 的人"。这表示我们没有将这些人视为个体，而仅仅把他们归为一类。

在乌班图精神里，所谓真正地看到别人，指的是乐于接受只有他才能带来的馈赠：他的天资、智慧、经验、学识以及独特的视角。在乌班图社会里，行者无须携带装备，在路上邂逅的人们会给予馈赠来满足他们的需要。这些有形的馈赠仅仅是自我馈赠的象征。如果我们拒绝接受自我馈赠或低估它的价值，那么我们就不会再自由地受益于彼此的天赋。

当我们看不到彼此时，我们会失去什么？在阐述乌班图的含义时，加利福尼亚州沃茨市行道树多元文化基金会负责人奥兰德·毕晓普谈到了这一点："我们当前的文明已经掠夺了人类的自由，不是因为一种文明压制了另一种文明，而是因为我们已经失去了对视觉意义的想象，也就是无法体会这种内在能力的真正含义。"[11]

乌班图精神是第 3 选择思维必不可少的。在冲突环境中，只有当我不将你视为对立的象征时，我才有可能与你达成协同。乌班图精神不只意味着我要在行为上表现出尊重你，还意味着我的人性与你紧密相连——如果我做出贬低你人格的行为，我也会贬低我自己。为什么呢？因为当我把你贬低为"物"的时候，其实也在对自己做着同样的事情。

前不久,一位朋友沿着城市街道行驶,碰到一位摩托车司机向她鸣笛并挥手。她想可能是自己的车出了什么问题,于是放慢了速度。然而那位司机加速开近后,却用污言秽语朝她大喊大叫,谩骂某位政客,还差点儿将她逼出车道。后来她才想起来,她在车尾贴过一张这位政客的车尾贴。在那位愤怒的司机眼中,她不再是一个人,而是一种东西,一张车尾贴,一个令人憎恨的标志。

这个愤怒的人贬低了我朋友的人格,但在这个过程中,他同样贬低了自己的人格。他可能有房子、工作和家庭——那里可能有爱他的人。但是在那一刻他失去了人格,变成了某种思想体系的傀儡。

这种贬低他人人格的做法——我们往往称为成见,始于自我内心强烈的不安全感,这也是冲突开始的地方。心理学家都知道,大多数人记住别人负面的东西往往比正面的东西多。"我们要求人们为他们的不良行为负责,却不能对他们的良好品行给予肯定。"著名心理学家奥斯卡·耶巴拉如是说。他认为造成这种心理的原因是,以负面眼光看待别人令我们有优越感。耶巴拉发现,当人们开始以健康、现实的心态尊重自己时,负面记忆就会消失。[12]这正是"我看到自己"发生在"我看到你"之前的原因。

## "人"不是"物"

大哲学家马丁·布伯在他的著作《我与你》中指出,我们之间往往是物与物之间的关系,而不是人与人之间的关系。物以"它"来表示,而人是"你"。如果我把"人"称为"它"——一种为我所用的事物,那么我也就变成了"它",不再是一个活生生的人,而是一台机器。"我与它"之间的关系跟"我与你"之间的关系是不同的。"仅被设想为'它'的人类……与活生生的人毫无共同之处。"布伯说,"如果一个人任由'它'掌握控制权,那么不断膨胀的'它'将会肆无忌惮地剥夺真实的自我。"

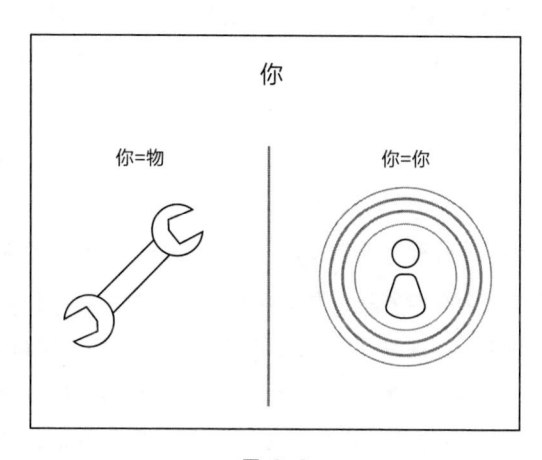

**图 2-8**

注:对我来说,你不是"物",不是我为了达到自己的目的而使用的扳手或锤子。如马丁·布伯所说,你是"你",是你的终极目标,一个有着优点与缺点、个性与天赋的真正的人。

我们认为自己可以通过将他人贬低为"物"来更好地控制他们。于是,公司给员工起了一个可笑的称呼——"人力资源",好像他们只是资产负债表上与税收或应付账款一样的负债。因此,虽然大多数组织里的大多数人拥有远远超过工作所要求的创造力、聪明才智、理解力和天赋,但他们仍旧仅仅被视为执行工具。将人视为物的机会成本非常高昂。资产负债表无法显示出,员工未被充分发挥的能量与潜力有多么惊人。

相反，布伯认为："如果将一个人视为'你'……那么他便不只是'物'了。"[13]

布伯之所以使用"你"这种措辞，是因为它不仅意味着表面上的尊重，还能唤起人们对他人由衷的尊敬。它意味着亲密、坦率与信任。将他人视为"物"则意味着漠然与疏离，助长自私自利的心态。

对那些不存敬畏之心的人，我深感悲哀。理解他人（不带控制或操纵的欲望）是神圣而美好的。卡尔·罗杰斯详细描述过这种体验：

> 我所知道的最令人满足的一种感觉……是我像欣赏落日一般欣赏一个人的时候。如果让人们顺其自然，他们就会像落日一样美妙。事实上，或许正是因为我们无法控制落日，我们才能真正欣赏它。当我在一个又一个黄昏欣赏落日时，我不会说："右边的橙色要再柔和一些，底部的紫色要再深一些，云彩上要再多加一些粉色。"我不会这样做。我不会试图去控制落日，我只会心怀敬畏地观看它的变幻。[14]

丧失对他人的敬畏感，可能是人类最大的悲剧之一。

1964年，自由战士纳尔逊·曼德拉在与世隔绝的南非罗宾岛开始了长达27年的服刑生涯。作为一位年轻的黑人律师，他一直在反抗压迫黑人的种族隔离制度。"一千次的轻视，一千次的屈辱，一千次被遗忘的时刻，激起了我的愤怒、叛逆以及与囚禁我的人民的制度做斗争的欲望。"他解释道。[15] 在监狱里，他有了更多的体会，他起初的仇恨变得更加强烈。

然而渐渐地，曼德拉的心态发生了改变。他出狱多年以后，我对他进行过一次私人访问。我问他:"你用了多长时间才克服自己对那些折磨你、侮辱你的狱警的仇恨?"他回答道:"大约4年。"我问他心态改变的原因,他说:"他们会谈论彼此的亲戚、家庭,然后我开始意识到,他们也是种族隔离制度的受害者。"

青年狱警克里斯托·布兰德这样描述他的个人经历:"刚到罗宾岛的时候,人们告诉我,我们看守的这些人就像动物一样低级。有些狱警痛恨囚徒,态度非常残忍。"[16]随后他被安排去看守纳尔逊·曼德拉。"我到监狱的时候,纳尔逊·曼德拉已经快60岁了。他平易近人,并且彬彬有礼。他很尊重我,我对他的敬重也与日俱增。虽然他是一名囚犯,但是我们之间很快便建立了友谊。"

友谊改变了克里斯托·布兰德的一生。他开始支持曼德拉,偷偷给他带面包,为他传口信。他甚至还违反规定,让曼德拉见到了他的小孙子,曼德拉还亲手抱了抱他。"曼德拉担心我会被抓起来受罚。他写信我的妻子,告诉她我必须完成我的学业。虽然他是一名囚犯,但是他一直在督促一名狱警学习。"

曼德拉很关心布兰德的儿子里安,里安也在探视曼德拉的过程中对他产生了像对祖父一般的爱。很多年以后,当上南非总统的曼德拉从他的教育基金里拿出一部分作为里安的奖学金。[17]

对于纳尔逊·曼德拉和克里斯托·布兰德来说,他们之间的关系从"我—它"变成了"我—你"。这位将非洲黑人视为动物的年轻人开始敬爱这位年老的囚徒,并且开始反对种族隔离制度。这位曾经将白人视为仇敌的老人也开始喜欢上这位年轻的狱警。这正是曼德拉走出自身偏见,走向他口中的"漫漫自由路"的一个阶段。

曼德拉写道:"经过那些漫长而孤单的岁月,我从希望我的人民得到自由转变为希望全人类得到自由，无论白人还是黑人。我深知正如其他事情一样，压迫者必须像受压迫者一样得到解放……受压迫者与压迫者同样被剥夺了人性。"[18]曼德拉的见解如此深刻，因此他的人民说，曼德拉有乌班图。

当人们之间的关系成为真正的人与人的关系时，这种转变就会发生。曼德拉和布兰德把彼此视为真正的人，而不是敌对双方的代表。当我们最终真正看到彼此的时候，就像图图大主教所说："我们看到了更美好的事物……世界被同情和宽容笼罩，这一刻我们因仁慈紧密相连。"[19]这就是"我看到你"思维模式的力量。

只要信奉"我看到你"的思维模式，那么我对你的尊敬就是真实的，而不是伪装的。我看到的是你，而不是冲突中你那一方。我知道你的故事丰富多彩，充满令人赞叹的领悟。在"我看到你"思维模式里，你和我在一起是强大的，因为你的力量和我的力量形成互补。我们是独一无二的组合，我们能够共同为第3选择而努力。而在成见思维模式中，这一切是不可能实现的。

在"我看到你"思维模式里，我有乌班图，有更广泛的同理心。如果我真的看到了你，我会主动去理解你，体会你的感受，将我们之间的冲突最小化、将协同最大化。相反，如果你远在我的同理心范围之外，我便无法感你所感，见你所见，你和我永远都不会有我们在一起时那样的强大能量、独到见解或创新力。

希望你在个人生活中认真实践这种思维方式。想想需要被你看到的人——同事、朋友、家人，你应该明白我的意思。你是否贬低、忽略或轻视过他们？你有没有在背后说过他们的坏话？你将他们视为符号，还是像你一样有着优点与缺点、个性与矛盾、惊人天赋与可怕盲点的实实在在的人？

## 思维模式3：我找到你

认知的第三步关乎找出冲突，而不是回避或自卫。

当别人与你的见解不同时，最好的应答是："你不同意？我需要听听你的想法！"并切实采取行动。

```
               第3选择思维

          ((( 我和你协同 )))

              我找到你

    我看到自己              我看到你
```

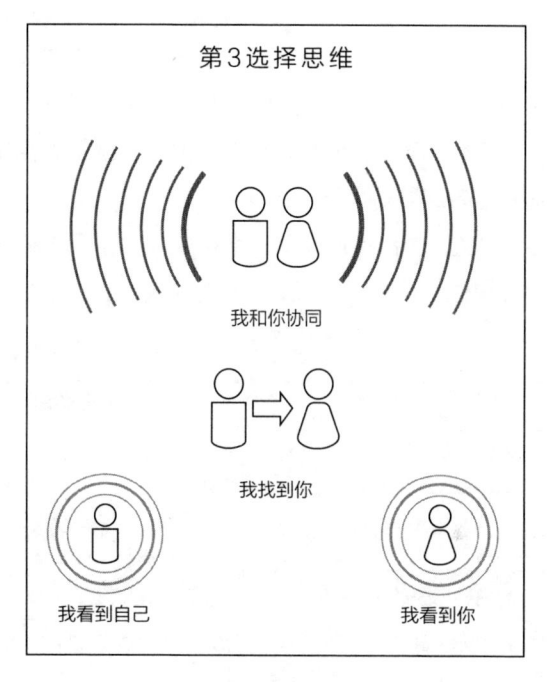

**图 2-9**

注：我找到你。我不会将你的异议视为威胁，而是渴望向你学习。如果你这种性格好又聪明的人与我意见相左，那么我更需要好好倾听你。我会以同理心倾听，直至我真正理解你。

最好的领导者不会否认或压制冲突，他们视之为进步的机会。他们知道，对于挑衅性的问题，必须开诚布公，认真解决，否则就不可能成长、发现与创新。

卓有成效的领导者不会忽视、压抑或开除异见者。相反，这些领导者会对他说："以你的智慧、能力和忠诚度，如果你有异议，那么其中一定有我所不了解的东西。我需要了解它，我需要了解你的视角和观点。"

我将这种模式称为"我找到你"，用来表达第3选择所需的思想转变。在面对异见者时，我和其他人一样，会下意识地自我防御。因此，"第3选择"思维是违反直觉的：它激励我高度评价有异议的人而不是筑起防御之墙。

如表2-5所示，"我找到你"思维模式与"自我防御"模式形成鲜明对比。记住，认知决定行为，行为决定得到的结果。

表 2-5

|  | 我找到你 | 自我防御 |
| --- | --- | --- |
| 认知 | 异议（真理的不同侧面）不仅可取，而且必不可少 | 其他观点都是错的——至少不是很有用 |
| 行为 | 我说："你有不同的看法，我需要倾听你！"我以同理心倾听，直至我真正理解你的看法 | 我说："你有不同的看法，你是个威胁。"如果我说服不了你，我会忽视、逃避或者竭力反对你 |
| 结果 | 形成对问题更广泛、更包容的看法，达成更完善的解决方案 | 形成对问题狭隘、排他性的看法，导致有缺陷的解决方案 |

自我身份认知表现为我的观点、思想、天性，当然还有偏见。因此必须先有"我看到自己"和"我看到你"两种思维模式。"第3选择"思维要求深层次的安全感，后者来自对自我的现实认知，以及对自己的独特天赋与观点的欣赏。防御心态则正相反：它来自不安全感和自我欺骗，并把所有异见者视为"物"。

**高墙**

在处理冲突时，我们观念中的水泥墙令人沮丧。透过历史我们看到，人们之间的虚拟之墙已经转变为真实之墙。我们看到了横亘在资本主义世界与社会主义世界之间的柏林墙，看到了以色列和巴勒斯坦之间的中东隔离墙。只要墙体仍然矗立，我们就无法前进，直到我们中至少有一方愿意探索其他方法并真正理解另外一方。

这些墙由无数不假思索的陈词滥调构成。政治上的陈词滥调当然是最显而易见的，然而在任何地方你都会发现老套的争论，无论在工作场所还是在家里。同样的指责与争端年复一年地重复着，令"两种选择"思维者激动不已，但于事无补。

"自由派只知道增加税收和开支！"
"无情的保守派！"
"对罪犯太宽容！"
"种族主义战争贩子！"
"软弱的墙头草！"
"有钱有势的军工联合体爪牙！"
"选你就是选择恐怖分子！"
"选你将会富者更富，贫者更贫！"
"社会主义者！"
"法西斯主义者！"

在乔纳森·斯威夫特的《格列佛游记》中，有一群叫作"勒皮他人"的怪人，他们是国家的统治精英。他们认为彼此的实际交谈太费力了，于是随身携带一个装满符号的麻袋，碰面的时候只要拿出符号向对方闪一闪即可。"我常常看到两个这样的聪明人，"格列佛说，"他们打开自己的麻袋，交谈个把小时，然后收起工具离开。"[20] 当然，斯威夫特嘲笑的是永远用同样的陈词滥调来取代真实交流的政府和商界领袖。

如今，人们因缺少沟通使日益恶毒的腔调不断蔓延。我们的言语似乎变得空前不文明，充满了愤怒、分歧、挫败和对立。即使在昔日相互尊重的政府最高层中，我们也一次又一次听到愤怒的言语，而不是文明的对话。"两种选择"思维的危害正日益加重。

在互联网上，在所谓的有线电视新闻中，在每个国家的无线电波里，蛊惑者已经通过怂恿或贬斥人们结成敌对阵营而找到了敛财捷径。在这些蛊惑者中，有些人视自己为殉道者，有些人则是纯粹的利己投机者，但大多数人的目的是煽动对异见者的仇恨。正如罗纳德·阿内特教授所说，在他们的"我们对他们"的简单思维里，他们"给人以感受力敏锐的错觉，而事实上，他们拒绝倾听他人，拒绝获得新的领悟"。[21]

企业家塞思·戈丁指出，有了互联网，我们便有了建立"部落"的新力量。这很奇妙。[22] 所有人，从斯多葛学派哲学家到乌克兰民间舞者，都可以找到自己的部落，并将彼此的共同利益联系在一起。但是这种新部落文化有着危险的一面：只有同类才会聚集在一起。不同的人问谷歌同样的问题会得到不同的答案，因为高端搜索引擎已经知道他们每个人想要的答案类型。颇具讽刺意味的是，尽管在互联网上听到不同声音的机会大大增加，但是被禁锢在数字围墙后面的人们仍旧拒绝接触或思考任何异议。他们变得像勒皮他人一样，对彼此的陈词滥调不厌其烦，对其他事情却充耳不闻。

## "发言权杖"

我已经被这些搞敌对与分化的人困扰多年,我一直试图教给他们"我找到你"的思维模式来改变这种状况。我见过 30 多位国家元首和无数企业与政府的领导人,我也见过从新加坡到南卡罗来纳州的在校学生,我一直在教他们一种同样的东西,我称为"发言权杖沟通法"。

几个世纪以来,印第安人一直在用"发言权杖"来指派会议中的发言权。只要发言者手持"发言权杖"就不会被人打断,直至发言者认为自己的话已经被充分听取和理解为止。一次,一位印第安贵族首领赠给我一支传统的"发言权杖",我非常珍惜。(在仪式上,他们还把我的名字改成了"秃鹰"。)"发言权杖"的象征意义发人深省:

> 无论是谁,只要他手中持有"发言权杖",他就拥有话语权。只有持"发言权杖"的人才能发言,其他人必须保持安静。绑在"发言权杖"上的鹰羽,赋予发言人如实而明智发言的勇气与智慧;"发言权杖"尾端的兔子软毛提醒他,他的发言必须发自内心,必须柔和而温暖;"发言权杖"上的蓝宝石提醒他,伟大的神灵听得到他内心的信息与讲述的内容;"发言权杖"上彩虹般色彩不断变幻的贝壳提醒他,天地万物(日子、四季、岁月)都会改变,人与环境也同样会发生改变。四种颜色的玻璃珠——黄色代表日出(东方),红色代表日落(西方),白色代表白雪(北方),绿色代表大地(南方)——象征着他表达内心时手中所拥有的宇宙力量。

粘在"发言权杖"上的圣牛毛,赋予发言者权威与力量。[23]

这段关于切罗基族"发言权杖"的描述极好地概括我一直努力教授的内容。"发言权杖"关乎的不是赢得争论的胜利,而是倾听和理解。它需要勇气、智慧、慈悲与真相。在 21 世纪的全球文化中,没有任何东西比理解(而不是控制)他人更为重要。"发言权杖沟通"是我们这个时代的道德需要。

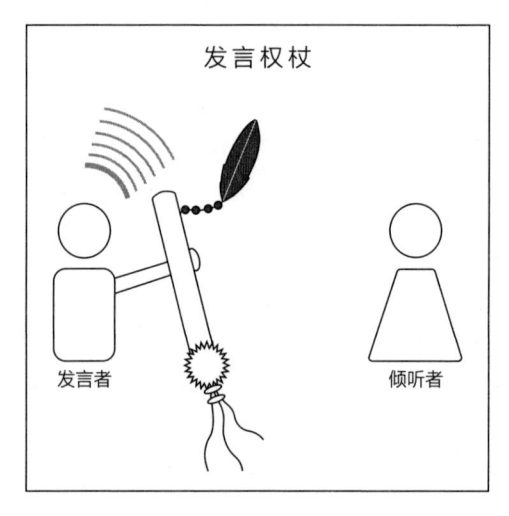

图 2-10

注:在古老的印第安传统中,"发言权杖"是和平交流的象征。只要发言者手中持有"发言权杖",任何人都不得打断他,直至发言者认为自己的话已经被充分听取和理解为止。

"发言权杖"是所谓的围圈发言的核心。围圈发言由年长者召集,讨论并处理重要问题与决定。围圈发言的目的不是辩论。卡罗尔·洛克斯特博士这样描述道:"围圈的目的是让每一个人都在自信、平和的氛围下说出自己的真实想法……没有谁比谁更突出,所有人都是平等的;没有开始与结束,所有发言都在平等的基础上被接受、被尊重。"

围圈发言的起源难以考证,但在易洛魁联盟建立的传说中已有相关记载。北美五大湖区的五个部落之间的流血战争持续了几个世纪,每个部落都希望自己占据统治地位。大约在公元 12 世纪,一位年轻的外族人、传奇人物、和平使者德甘纳威达的到来改变了一切。

这是一个关于和平使者找到勇士的故事:有一位暴力的嗜血勇士,他极其可怕,与人不相往来,甚至没有名字。一天晚上,和平使者潜近无名勇士的小屋,爬上屋顶,透过通风口向下看。屋里的勇士正对着一只水壶沉思。他看到壶中的水映射出一张陌生人的脸,顿时被其美丽打动,于是他开始反思自己的恶行。

当陌生人从屋顶下来走进屋里的时候,勇士拥抱了他。"看到有个人从壶底看上来,我感到很惊讶。他美得让我震惊……我意识到那个人可能是我自己。那时我忽然想到,'我杀人的行径是不对的'。"

他在陌生人面前放下心理防御。他讲出自己的故事,陌生人则谦恭地聆听。最后勇士说道:"我的故事讲完了,现在轮到你了,让我来听一听你的故事吧。"

和平使者告诉他:"你的生命已经发生了改变。现在的你拥有一种新的心境,即正义与和平。"他们再次同时望向水里,看到两人如此相似。和平使者给勇士起了一个名字:海华沙。两个人一起发动了一场旷日持久的智力与精神之战,将摩霍克人、欧奈达人、奥嫩达加人、卡尤加人和塞讷卡人统一成今天我们所熟知的易洛魁联盟。[24]

相对于要么无休止地争战，要么被最强大的部落奴役这两种选择，被认为拥有"世界上现存最古老的参与式民主"的易洛魁联盟开启了第3选择。联盟内部从此再无战事。易洛魁宪制，即著名的"和平大法"，一直沿用至今。由部落首领组成的联盟议会行使管理之责，大多数决议通过共识产生，所有代表拥有平等的发言权。[25]这是一个独特的联邦政府体系。联盟议会非常重要，但它只负责处理重大事项，大多数地方性问题由部落议会处理。有趣的是，妇女委员会拥有对男性首领所做决议的否决权。

尽管历史学家对易洛魁联盟的影响力意见不一，但它似乎的确为美利坚合众国的成立提供了一种参考模式。早在美国独立战争前数十年，本杰明·富兰克林便初次提议建立类似的英属美洲殖民地联盟。易洛魁独特的"联盟计划"给他留下了深刻的印象："它亘古存在，并且似乎牢不可破。""如果他们能够做到，"富兰克林问道，"我们为什么不能做到呢？"[26]

这是围圈发言留给我们的伟大遗产，它在海华沙看到水中映射的自己和他兄弟的那一刻就已诞生。正如和平使者所说，它产生了一种改变海华沙一生的"新的心境"——"我看到自己"与"我看到你"思维模式。为了在各部落间传播这种"新的心境"，他们俩实践了更深层次的思维模式——"我找到你"。他们在所到之处召集围圈发言，为建立易洛魁联盟之间的"和平大法"打下基础。"发言权杖"成为"和平大法"的标志。

易洛魁联盟已经和平共处了近千年。与此同时，所谓的西方文明却一直在发动战争、扼杀科学。

## 同理心

按照心理学家的说法,"发言权杖沟通"的本质是用同理心倾听。我一生中大部分时间都在教别人用同理心倾听,因为它是达到和平与协同的关键,而不是操纵别人的一种工具。海华沙之所以能够发泄他所有的孤独、愤怒与内疚,是因为和平使者愿意找到他,与他交谈,倾听他的心声。只有放下重担、释放自己,海华沙才愿意用心聆听和平使者的想法:"我的故事讲完了,让我来听一听你的故事吧。"

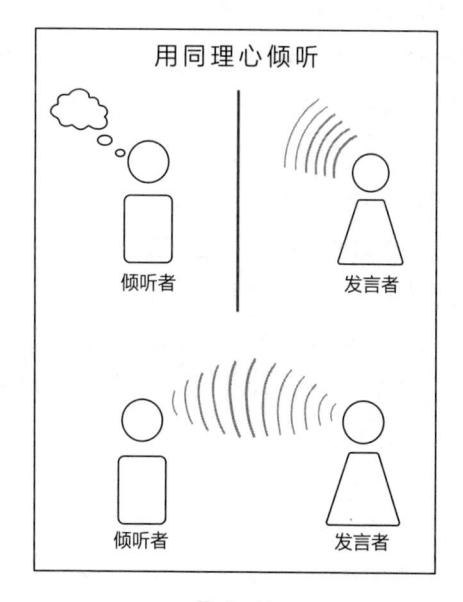

**图 2-11**

注:在冲突中,当别人发言的时候,我们通常想的是自己如何回应和反驳。我们无法透过我们之间的"墙"倾听彼此。相反,用同理心倾听寻求的是理解彼此的想法与感受。

什么是同理心？我喜欢以色列哲学家景·兰佩特的定义："同理心发生在当我们在他人内心找到自我的时候。我们透过对方的眼睛观察现实，我们感受对方的情感，分享对方的痛苦。"[27] 同理心能力仿佛根植于我们身上——即使是新生儿，在听到其他婴儿的哭声时也会跟着大哭。

同理心不同于同情，后者指的是在冲突中赞同或转而支持另外一方。用同理心倾听并不代表我们赞同别人的观点，它表示我们在努力领会别人的观点，意味着聆听他人所表达的内容与情感，以便我们能够站在对方的立场上，体会对方的感受。

我将用同理心倾听比作"心理空气"。当你快要窒息时，除了空气你不会关心任何东西——马上给我空气！但是在你呼吸顺畅的时候，你的需求已经得到了满足。就像人们对空气的需求一样，人类最大的心理需求便是被理解、被重视。

当你用同理心倾听他人的时候，你就给那个人提供了心理空气，在满足这种迫切需要之后，你就可以致力于解决问题。在冲突的世界里，太多的人感到自己被漠视、被剥夺权利，他们为被忽视或误解而沮丧。向前一步去倾听的人（真正的倾听）掌握着解开令人窒息的精神牢笼的钥匙。来看一看卡尔·罗杰斯对那些感到自己真正被理解的人的描述吧：

> 几乎毫无例外，当一个人意识到他已经被深刻理解的时候，他的眼睛会变得湿润。我想，从某种意义上来说，他是喜极而泣。他仿佛在说："感谢上天，终于有人听到我的心声了，终于有人懂我了。"这一刻总让我情不自禁产生这样的幻想，地牢中有一位囚徒，他日复一日地敲着莫尔斯电码发出

信息："有人听到吗？有人在吗？"终于有一天，他听到一个微弱的敲击声传来："有的。"就是这样一个简单的回应将他从孤单中解脱出来，使他再次成为一个实实在在的人。[28]

我找到你，我倾听你，我们之间的墙轰然倒塌。想一想，在面对婚姻问题、法律纠纷、政治斗争以及最棘手的冲突的时候，当我们终于说出"感谢上天，终于有人听到我的心声了"时，会是什么样的结果。心理压力将不复存在，我们将继续向着第3选择前行。

感同身受的能力是我们与生俱来的。20世纪90年代初，研究者发现了一种名为"镜像神经元"的脑细胞，无论我们执行一个动作还是看着别人执行这个动作，它都会兴奋起来。意大利科学家首先在猴子身上注意到这一现象。在观测猴子觅食时会使哪部分脑细胞兴奋的过程中，他们惊讶地发现，当一只猴子观察另一只猴子寻找食物的动作时，这只猴子同一区域的脑细胞也会兴奋起来。

显然，镜像神经元具有分辨恶意与非恶意行为的能力。当我们看到一个人举起胳膊的时候，即使我们不知道他是想梳理头发还是想抓起一根棒子打倒我们，我们的神经元也会做出不同的反应。当我们微笑或看到别人对我们微笑时，神经元也会兴奋。看到微笑，我们便感觉到微笑。看到痛苦，我们便感觉到痛苦。这些神经元能够感受到别人的感觉。[29]

如果说同理心能力与生俱来且有着如此深远的影响，那么它为何又如此罕见呢？那是因为竞争思维非常强势。在苏珊·基恩的杰作《同理心与小说》中，她观察到，"对于支配、分化、层级关系的渴望"削弱了同理心的作用。传统观念认为，有同理心的人都是

"软心肠",他们天真地以为理解别人就会改变他们。[30]冷静的现实主义者是不会有同理心的。

但是,当你细想"支配、分化与划分等级"对人类产生的后果时,你一定会自问,究竟谁是真正的现实主义者。如果我企图控制并分化人群,强迫他们分为三六九等,那么我必然招致反抗。"我—你"模式将不复存在,只剩下"我—它"模式。我得到的将是冲突而不是创造力。

罗杰斯指出,同理心的另一个障碍是"我们评判、评价、赞同或不赞同他人主张的自然倾向"。他举了个例子。当你听完一个讲座后,你可能听到一种观点,"我不喜欢那个人的演讲"。你会如何回应呢?你的回答总是赞同或者不赞同。你的回答不是"我也不喜欢",就是"哦,我觉得挺好的"。换句话说,你的原始反应是从自己的观点出发,评价别人刚刚对你说过的话。[31]这种交流通常是无害的,但是会激化冲突,令我们更武断且削弱同理心作用。当分歧触及深层次的信仰或身份认同问题时,同理心作用往往会荡然无存。因此,同理心倾听是违反直觉的,除非我们将其发展成为习惯,正如多年来我一直在教别人的,"先寻求理解,再寻求被理解"。除此之外,别无他法。

为了养成"用同理心倾听"的习惯,我们必须学会深入思考。当我听到有人不同意我的观点时,我会走过去对他说:"你看事物有不同的视角,说给我听听。"我做得越多,气氛就越和谐,我从中学到的也越多。我喜欢这种交流。

作为一个同理心倾听者,当听到"我不喜欢那个人的演讲"时,我会说"愿闻其详"。如果分歧不大,我会得到一些领悟。如果争论点是我真正关心的问题,我会首先试着理解别人的观点,这样他也会更愿意倾听我的观点。

不过，即使你说"我是个很好的倾听者，我很公平，我没有偏见"，你也有可能并没有用同理心倾听。如果你像我们中的大多数人一样，那么你不过是在用套话回应我。如果你下意识地反驳我所说的一切，我怎么能真正对你毫无保留呢？当你与女儿沟通时，如果你批判、反驳或者嘲笑她的观点，她会向你敞开心扉吗？如果你是老板，你的员工能真正跟你谈话并期待你的理解吗？

下次讨论的时候，不妨做个实验：每个人必须陈述完前一个发言者的观点和感受并得到认可后才能发表自己的言论。首先你会发现，这并不像听起来那么简单。复述别人的观点很简单，但是捕捉别人的情感很难。不过，如果你一直坚持下去，你会达到同理心的境界。你会站在他人的立场上，看到他人眼中的世界。

积极倾听的技巧——折射情感、复述观点、克制性评判与评论——广为人知且非常有益。但是，要成为一个用同理心倾听的人，你需要坐下来，保持安静并全神贯注。当然，如果你是听到不合你意的话就会脸红的那种人，这样做对你来说可能是一项挑战。

更大的挑战是保持同理心心态。如果你是因为我与你不同而找到我，如果你积极地关注我，真诚地希望理解我的想法、我这样想的原因以及我的感受，你会惊讶于我为何那么快向你敞开心扉。但积极倾听的技巧也可能妨碍用同理心倾听。如果我感觉到你只是在假装对我的观点感兴趣，如果我感觉你仅仅把积极倾听技巧当成一种控制手段，我会感到非常愤怒。

同理心最终会拓宽你的思路。当你的配偶、同事或朋友真正向你敞开心扉、开诚布公时，他会把他的观点注入你的思维。他所信仰的真理现在也属于你了。政治哲学家汉娜·阿伦特因为尊重真理、了解自身局限性，而自发学到了突破局限、进入他人思想的方法。她写道："以一种开阔的思维方式去思考意味着培养自己的想象力。"[32]

你或许在想："难道用同理心倾听不会延长冲突时间吗？我难道必须把所有东西都再听一遍吗？这是不是只会令情况变得更糟？我没时间！"这些问题泄露了你的思维模式。如果你认为你已经全部听过了，那么你就错了。除非你已将"发言权杖"传给我——你已深刻理解我和我的感受并支持我的观点，否则实际上你没有听到任何东西。

至于延长冲突时间的问题，我发现最快的解决方案永远是用同理心倾听。与你在对抗我时浪费的时间和资源相比，你用在理解我的思维与心灵上的时间根本不算什么。在美国，全国120万名律师每年收取的服务费大约为710亿美元——这个数字还不包括他们在法庭上赢得金融官司的抽成。如果人们愿意坦率而真诚地理解彼此，那么在这方面会节约多少时间与金钱呢？

从个人层面来说，又有多少时间因为缺乏同理心而被浪费在婚姻矛盾以及其他冲突上呢？用同理心倾听需要时间，但是它能够恢复受损或被破坏的关系，处理被压制与误解的问题，这是其他任何方法都无法做到的。

2010年，在美国全国性新医疗法案大辩论的过程中，美国总统与国会领袖决定在电视上公开探讨他们的不同意见。观看政府高层面对面交流（通常他们只会关起门来讨论）是一种难得而有趣的体验，这对我来说具有很大的启发性。

我承认，当涉及的人越来越多时，协同会越来越难以达成。然而在这种情况下，达成协同也不是不可能，即在少数人放弃无谓的抗争、下定决心寻找更好方法的时候。但这次公开交流并没有发生这样的情况。双方的发言都很精明，很具说服力。他们讲述着关于失助、昂贵费用与可怕事故的恐怖故事。他们为效率严重低下和不公现象而扼腕叹息。他们尖锐地指出对方政治哲学的缺陷。你可以从他们极尽所能透露的信息中判断出，他们已经很好地完成了他们的任务。

但到最后你唯一的感觉是，双方都失败了。尽管他们巧妙而娴熟地运用着逻辑、数据以及情感，但是他们在解决冲突问题上没有丝毫进展。即使他们都知道自己身处镜头之前，他们所做的也不过是一场政治秀，他们还是感到了空虚和失望，他们之间的墙没有任何倒掉的迹象。

问题出在哪里？他们的思维模式错了。当然我指的不是他们的政治模式。显然，他们仅仅视自己为一方的代表，而不是一个能够独立思考、推理、判断的有创造力的个人。因此他们没有做任何用同理心倾听的尝试。理解彼此的故事能够帮助彼此相互学习、达成第 3 选择，而他们对此毫无兴趣。

我并不是说不应该有讨论，也不是说人们不应该辩论出结果。

在这个思维模式两极分化的社会里，我们通常认为辩论的目的就是要胜过对方。你可以在朋友、家人身上试试，看一看它令你离相亲相爱的关系有多远。对于第 3 选择思维者来说，他的目标不是胜利，而是转变，无论任何一方，无论任何人，都要发生转变。当我们从彼此身上不断学习时，我们自然而然地转变着我们的观点，有时甚至会发生彻底的转变。

在"我找到你"的思维模式下，我和你争论的焦点是如何把思想提炼出来，而不是将之强加于你。我将辩论作为学习的工具而不是攻击的武器。我的目的不是在令人生厌的老套的游戏中赢得比分，而是改变游戏。

在"我找到你"的思维模式下，我倾听你，理解你那部分真理，而不是寻找你论据里的漏洞并把它作为攻击你的武器。罗杰斯是这样阐述的："可能我唯一了解的就是我所感知的世界……可能你唯一了解的也是你所感知的世界……而唯一能确定的是，我们所感知的现实是不一样的。有多少人，就有多少'现实'。"[33] 除非我拥有全部真理（很遗憾这是不可能的），否则我唯一能做的不过是从你的真理中受益。如果我只听到自己的一家之言，我就学不到太多东西。来看一看哲学家约翰·斯图亚特·密尔的观点：

> 可怕的祸患不在于部分真相之间的猛烈冲突，而在于默默钳制另一半真相。这就是说，只要人们还在兼听双方，就总有希望，而一旦人们只听到一方的声音，错误就会僵化为偏见，而真相本身由于被夸大变成谬误也就不能再发挥效用。[34]

在"我找到你"的思维模式下，我承担着极大的难以估量的风险。如果我真正感你所感，见你所见，那么我就会陷入改变自己观点的危险。坦白说，再像以前那样看待事物是不可能的，也是不可取的。如果你没有影响到我的思维，那么我会为我自己的封闭思想而担心。事实上，倾听你的真理对我自己是有好处的。正如卡尔·罗杰斯所说，我的思维方式不应是"我因为你与我一样而在乎你"，而是"我因为你与我不同而珍惜并重视你"。[35]

**做出稳健的决策**

现在你可能在自言自语："所有这些关于同理心的讨论似乎不只关乎仁慈，还有些愚蠢。当然我愿意倾听，我不想失礼，但是我知道自己的想法。我不需要别人告诉我该怎么想。"

我的答复是，用同理心倾听与愚蠢一点儿关系都没有。事实上，它是一种极富成效的做法。不这样做，你就会陷入麻烦。在工作中，不会倾听的人注定失败。没有做出健全决策的领导者会遭受商业惩罚，而健全决策取决于对客户、供应商、团队成员、其他部门、创新者、投资者（简言之，所有利益相关者）的透彻理解。健全决策的定义是"排除所有不确定可能性后的最好选择"。[36] 将不确定性减到最小的唯一方法就是倾听。

举例来说，若干年前，有一家跨国食品公司的领导者为了削减生产成本，决定从一家价格更低的新供应商那里采购浓缩苹果汁。高管们在决策时只叫上了财务人员，却将负责产品开发的研发主管排除在外。研发主管是一位科学家，他大吃一惊，试图警告他的老板，这样做的新产品里根本不含苹果汁——根本就是糖水，然而高管们却在为每年将节省25万美元开心不已，对"天真而不切实际"的研发主管则一笑置之。终于有一天，高管们锒铛入狱并支付了2 500万美元的罚金——是靠提供伪劣产品每年节省金额的100倍！[37]

那么，真正"天真而不切实际的"到底是谁呢？是那些寻找并试图理解不同观点的人，还是不这样做的人？

不能或不愿用同理心倾听的商务人士每天都在做着这样的错误决策，而这恰恰是生命中每一个失败决策的原因：家庭的、社会的、政府的以及父母与子女之间的。拒绝倾听带来的是冲突而不是创意,是软弱而不是稳健。很有讽刺意味对吗?正是那些担心用同理心倾听会令自己显得软弱的人做出了最软弱的决策。

我认识一对夫妻,他们的3个孩子均已成年。这是一个很和睦的家庭,虽然各方面都普普通通,但整个家庭充满活力与激情。在一个女儿、两个儿子的成长过程中,父亲因工作需要经常出差。他与孩子们的关系不错,只不过不能经常陪在他们身边。一切似乎都很好,直到他青春期的女儿开始在学校里有不端行为,甚至触犯了法律。

每次她陷入麻烦时,她那焦虑但又时间有限的父亲都会同她坐下来讨论这些问题——可能显得有点儿不耐烦。每次他们都会在同样的问题上绕圈子:"我太胖,太丑。""不,你既不胖也不丑,你在我眼里很漂亮。""你不得不这么说,你是我父亲。""如果这不是事实我不会这么说的。""不,你会的。""你认为我在撒谎吗?"然后讨论就会转向父亲是否诚实的问题。有时,他会给她讲一个自己年轻时候的故事,比如他小时候如何骨瘦如柴,被人取笑。而女儿会说:"你觉着这么说会让我好受点儿吗?"

事情不了了之,之后他会继续出差,如此循环往复。然而在一次旅途中,妻子打电话给他,说他们的女儿失踪了。他急疯了,立即坐飞机赶回家。在寻找女儿的那些日子里,全家人忧心忡忡。最后人们在另外一个城市的收容所里找到了她,父母赶去接她回家。在回家路上她一言不发。她的父亲,这个善良而困惑的男人向她倾诉,告诉她他们多么想她,不知道她身在何方时他们有多么害怕。他还给她讲了一个朋友的故事:他曾经有青春期烦恼,但现在他已经成长为刚毅的人。

当晚他与妻子倾心长谈。"我不知道该怎么办。"他说。妻子说:

"或者你该试着听听她的想法。""什么意思？我一直在听啊。我在家的时间几乎全用在这上面了。"

妻子露出一个似笑非笑的表情。"去听听她的想法吧！光听，别说话，千万别说话。"

他坐在女儿身边，女儿依然一言不发。他问："想谈谈吗？"她摇摇头，但他仍旧静静地坐在那里。天色渐渐暗了下来，她终于开了口："我不想活了。"

他忧心忡忡，强忍住反驳的冲动，柔声说道："你不想活了。"接下来是大约5分钟的沉默——后来他说，这是他一生中最长的5分钟。

"我不开心，爸爸。我讨厌自己的一切，我想一了百了。"

"你一点儿都不开心。"他轻声说道。

女孩开始哭泣。事实上，她开始一边大声抽泣一边说话，那些堵在她心里的话像决堤之水倾泻而出。她一直说到第二天早上，而他只说了不到10个字。第二天，事情似乎又有了希望，开始出现转机。在此之前他给女儿的不过是同情，终于，他意识到了同理心的作用。

这不过是在女儿随后几年艰难的青春岁月里，他为女儿提供的无数次"心理空气"中的第一次。如今，小女孩已经成长为一位冷静的，对自己、对父亲的爱充满自信的女人。父亲愿意找到她，愿意重视她的内心流露而不是将自己对现实的观点强加给她，正是这一点帮助她打下了坚实的人生基础。

我希望你将这一思维模式牢记在心——"我找到你"。当你与他人的关系出现压力和紧张的时刻，当压力过高、信心过低的时候，当下一步完全不明朗的时候，当围墙高高筑起的时候，做一个同理心实验吧。

- 对另一方说："你看待事物的方式与我不同,让我听听你的想法。"
- 用心理解,集中全部注意力,专注倾听。不要判断、评价、分析、注解、建议、怜悯、批判或辩论。发言者不需要你支持他那一方,他唯一需要的是你对他的积极关注。
- 保持安静。你不必给出答案、意见、解决方案或"决定"。释放自己的全部压力,坐下来倾听即可。
- 开口的唯一目的是保持倾诉的流畅性。说诸如"多告诉我一些""继续"之类的话,或者只说"嗯"。
- 对情绪保持密切关注。要肯定对方的感受:"你一定对此感到难过(气愤、受伤、担心、焦虑、失望、迷惑、被背叛、迷茫、猜忌、怀疑、烦恼、灰心)。"
- 使用"发言权杖",不管是字面上的还是比喻性的,这样做可能会有帮助。
- 记住,你在听一个故事。去看电影的时候你不会打断剧情,不会与剧情争论,也不会跟银幕顶嘴。(真这样做的话你会被请出去——那可真是谢天谢地了!)你会沉浸到剧情中,对现实的感受暂时停止,你几乎处于恍惚状态。
- 做好学习的准备。如果你够坦诚,你会获得领悟,获得思想的升华和观点的完善。改变观点是因为你获得了更多的信息——而不是意志薄弱的象征。
- 确保完全理解。如果有需要,把你听到的故事复述给对方听。讲出你听到的内容,讲出你的感受。问问讲述者,你是否已经完全理解他想要表达的意思。如果没有，继续努力，直至他满意为止。

- 表示感谢。受邀进入他人的思想与心灵是莫大的荣幸。你会切实从中受益，因为你理解了以前不知道的部分真理。正如约翰·斯图亚特·密尔所说："假如有人对公认的看法提出疑问，我们要为此感谢他们，并敞开我们的心灵倾听他们，庆幸有人做了我们应做的事。"[38]

现在你了解如何在冲突中注入"心理空气"了吗？如果对方在实验过程中的某一刻改变对你的态度，也想倾听你，不要感到诧异。如果你肯用心理解他们，他们也会愿意听你的故事。在这种情况下，你就真正走上第3选择的道路了。

## 思维模式4：我和你协同

最后这种思维模式是关于找出一种更好的从未想到过的解决方案，而不是陷入相互攻击的循环。

我将这一思维模式称为"我和你协同"。如我们所见，协同是一个真正创造第3选择的过程。它关乎力量、创造力与创造更美好现实的激情，因此我也称之为"创造型思维模式"。

表2-6表明，协同模式与攻击模式是截然不同的。"我攻击你"的思维模式是"我对你有成见"与"自我防御"这两种心态必然的逻辑结果。这是一种破坏性模式，它破坏了亲情、友情、企业、家庭、组织、国家乃至你的未来。我如果以这种思维模式看待你，就会看到一种成见，而不是活生生的人。你代表着一种思想意识，我无法忍受"你"，因为"你"全部是错误的。或者你作为一位妻子、

丈夫、搭档或其他家庭成员威胁着我的自我认知与自我价值。当我以这种思维模式对待你时,我会说什么呢?"我会找你算账的","这里容不下我们两个——要么你走,要么我走"。

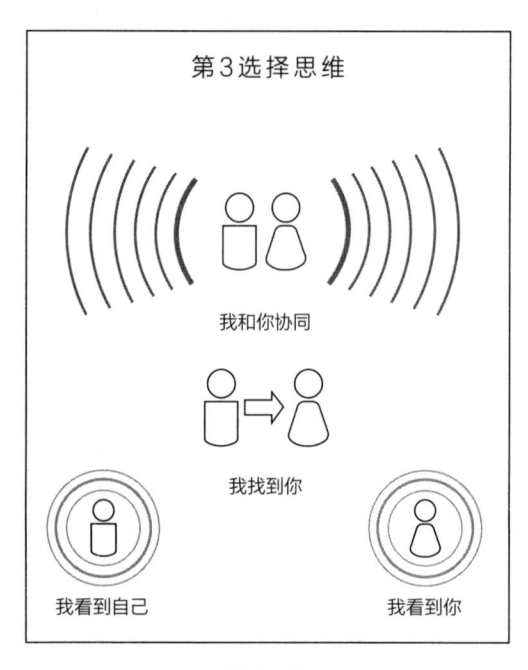

**图 2-12**

注:我和你协同。一旦我们彼此充分理解,我们便开始寻求协同,寻找比我们各自能想到的更好的解决方案。协同是迅速而创造性地合作解决问题。

**表 2-6**

|  | 我和你协同 | 我攻击你 |
| --- | --- | --- |
| 认知 | 1+1=10 或 100 或 1 000! | 1+1=0 或 <1 |

续表

| | 我和你协同 | 我攻击你 |
|---|---|---|
| 行为 | 我寻找第3选择。我问:"你愿意寻找一种比我们各自能想到的更好的解决方案吗?" | 我要战斗。我坚持自己狭隘的解决方案,我要确保对方输掉,即使最后我可能不得不妥协。 |
| 结果 | 找到第3选择有什么好处? | 对于事业、国家、家庭而言,轻视别人要付出什么代价? |

我可能会怜悯你,可能会试着改变你,让你用我的观点思考,但本质上,你依然只代表某种我无法忍受的东西,我会选择忽略你、嘲笑你或贬损你来捍卫自己。最后一步就是直接攻击:我必须打倒你。光我赢是不够的:你必须被击溃。1加1等于0,因为我们玩的是零和游戏。我们会得到什么样的结果呢?你和我在一起,除了战争,不可能产生任何其他结果。

在攻击思维模式下,最好的结果就是妥协,也就是我们双方都会有所失。妥协就是1加1等于1.5。妥协不是协同。妥协一向声誉良好,人们认为达成妥协是一件了不起的事情,但妥协不是协同。

相比之下,与"我攻击你"对立的"我和你协同"思维模式,是"我看到自己"、"我看到你"以及"我找到你"思维模式的必然结果。一切始于对自己、对你的真正尊重:套用马丁·布伯的说法,我遇到你,却不利用你。接下来就是同理心阶段,在这一阶段要下定决心找出并理解真理的各个侧面。直到每个人都完全理解彼此的思想与情感,我才会继续协同下去。国际知名欧洲工商管理学院(INSEAD)的奥拉西奥·法尔考教授是这样说的:"我用自己的行为展现自己,你不必怕我。你不必自我防御,因为我没有攻击你。你不必展示你的强权,因为我也没有这样做。"[39]

现在，问问你自己：攻击型思维模式让你的事业、你的国家、你的家庭付出哪些代价？相反，致力于寻找第3选择的协同思维模式又为你的事业、国家和家庭带来什么益处？

你可以自己回答这些问题。但是请先想一想，如果在南非火车站那个决定命运的夜晚，圣雄甘地屈服于攻击思维模式，会发生什么？他自己以及印度的未来将会是什么样的？还有，如果为女儿的学校取消音乐课而烦恼的娜迪亚对老师发动攻击而不是与她协同，又会发生什么？再有，如果日本制造商视威廉·爱德华·戴明为外来入侵者而以文化抗体攻击他，结果又会怎样？

日语里将攻击思维模式称为"气合"（kiai），表示集中力量阻击或摧毁敌人，并通常以一声暴喝为象征。相反，协同模式被称为"合气"（aiki），表示开放心胸，将自身的力量与对手的力量进行非抵抗的结合。在协同基础上发展出来的武艺被称为"合气道"（aiki-do 或 the way of peace）。在合气道中，你将自身的力量与对手的力量结合来化解冲突，甚至出人意料地产生更强大的力量。幸运的是，有着合气道思维模式的日本工业遇到了美国的戴明，由此创造了历史。

杰出的合气道大师理查德·穆恩这样说过："在合气道中，最重要的是永远不要对抗别人的力量。永远不要反对别人的信仰或思想，这才是化解冲突的正途……我们应该更多地了解他人的思维、力量与心灵，并在这个过程中保持乐观并随机应变，从而带来形势的改变。"[40]

我们必须清楚地认识到：真正的协同需要的是"合气"而不是"气合"，需要的是真正的尊敬与同理心，而不是阻击与进攻。

# 协同过程

除了缺少适当的思维模式，协同的第二个障碍是缺乏技能。协同是达到第 3 选择的过程，了解这一过程是如何起作用的很重要。截至目前，我已经探讨了协同思维者的基本特征，分析了构成第 3 选择思维的模式。从现在开始，我要讨论协同思维者需要具备的技能。

孩子天生具有协同的能力。我们生而具有创造型思维模式。一位朋友告诉我，他观察自己的两个小儿子和伙伴们用几个食品盒、一些被风吹落的樱桃（代表人）、一堆石子和一块香蕉皮（国王的宫殿）建起一座小城堡。他们彼此讲述着关于这个伟大文明的精彩故事，并不断创造着新的故事。他们在故事里加入了许多情节，包括政治、战争、经济、爱情、忌妒，还有激情。

孩子是天生的梦想家，可以创造世界。随着年龄的增长、术业的习得，我们往往会遗忘那些我们曾经用来创造世界的技能。但这些技能永远不会消失，人们在情急之下往往会做出令自己惊讶的第 3 选择。危机能够促成第 3 选择思维的产生，就像在 1970 年 4 月那次不幸的登月任务中，阿波罗 13 号出现事故后所发生的事情一样。在阿波罗 13 号的服务舱发生爆炸之后，受损飞船内的 3 位宇航员由于呼出的二氧化碳不断累积，逐渐开始窒息。电能的中断迫使宇航员们从指令舱转移到登月舱，然而登月舱的设计并不能同时供应 3 个人所需的氧气。二氧化碳过滤器逐渐耗竭，这意味着宇航员正面临死亡的困境。指令舱内有很多正方体过滤器，但它们与需要圆柱体过滤器的登月舱系统并不匹配。这是一个典型的两种选择困境：必须将正方形的物体固定在圆孔中。

"绝不能失败！"登月任务地面指挥官吉恩·克兰兹命令。必须寻找第 3 选择。从宇航员们手头可以利用的材料（保鲜膜、胶带、纸板、橡胶软管）出发，地面技术人员立即制作出一个像邮筒一样可以将不匹配的过滤器连接起来的装置。临时解决方案的细节通过无线电传送给宇航员，宇航员们照样做了一个装置。装置起效了。

在这个案例中，第 3 选择在生死攸关的情况下产生，当然这是一种极端情况。不过，在阿波罗登月团队的协同行为中，我们有什么体会呢？我们认识到，第 3 选择是可以迅速出现的。而且，我们还可以利用现有的资源来创造第 3 选择——并不总需要额外或不同的资源。我们再次认识到，大多数两难困境都是虚假的。最重要的是我们认识到，人们一旦完全托付于彼此，就能够产生奇迹般的协同效应。

我们已经了解到，有时危机会促成协同。但是协同的达成并不一定需要危机。如果有正确的思维模式，可以通过四个步骤有目的地达成协同。

**协同的四个步骤**

① 询问
第 3 选择询问你愿意寻找一种更好的解决方案吗？

② 界定
成功的标准

③ 创造
第 3 选择

④ 达成
协同或第 3 选择

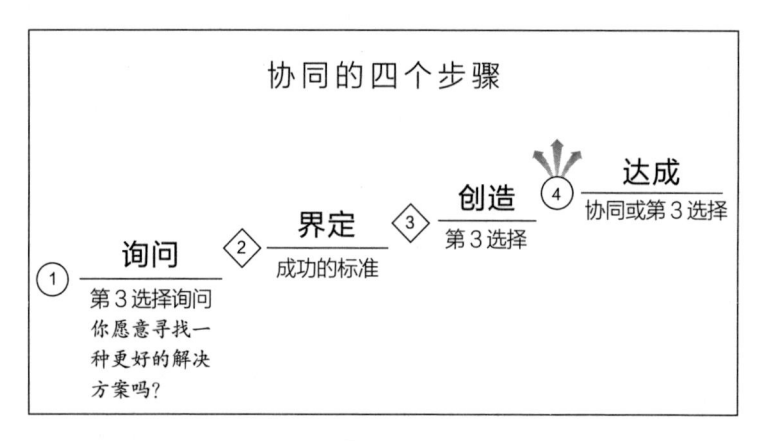

图 2-13

注：这一过程有助于你发挥协同原则的效力。（1）表明寻找第 3 选择的意愿；（2）界定每个人心中成功的标准；（3）寻找解决方案；（4）达成协同。

### 协同的四个步骤

① 我问你:"你愿意寻找一种更好的解决方案吗?"

这一革命性的问题可以缓解对方的防御心理,因为我并没有要求你放弃你的想法,完全没有。我只不过在问,我们是否能够找到一种比你我的想法更好的第3选择。这是一个思维上的实验,仅此而已。

② 接下来我问你:"'更好'是什么样子的?"

问话的目的是明确需要做的工作,达成令双方都满意的成功标准——一个高于我们原有需求的标准。

③ 一旦明确了成功的标准,我们就要开始试验可能满足标准的解决方案。

我们建立模型,集思广益,逆向思考,暂时不做任何判断。接下来我会介绍几种试验方法,但是一切协同都有赖于我们对各种自身的极端可能性进行的试验。

④ 群情振奋时,我们便知道协同已经达成。

犹疑与冲突不复存在。我们不断努力,直至体验到那种代表着成功的第3选择的创造性活力的爆发。协同出现的时候,我们绝对会知道。

有许多专家精于"冲突消解"。但是对他们中的大多数人来说,冲突消解往往意味着议定一个停止冲突却不带来新突破的低水平和解。第 3 选择不只是停战协议，也不只是妥协——它关乎建立一个比"一方"或"另一方"更好的崭新的现实。它既不是第 1 选择，也不是第 2 选择，而是第 3 选择。

让我们深入探讨协同的几个步骤在现实生活中是如何进行的。

**步骤 1：以第 3 选择的思维模式提问**

协同过程的第一步是提出第 3 选择的问题："你愿意寻找一种更好的解决方案吗？"

这是一个改变一切的问题。如果答案是"愿意"，那么谈判瞬间就变得没有必要，这样的答案必定会引导我们走向和解。如果答案是"愿意"，冲突的张力将会得到释放。在低信任度的情况下，人们说出"愿意"可能会非常犹豫甚至勉强。但这是远离强硬立场、朝着充满希望的解决方案迈出的第一步。

真诚发问需要对自我思维进行再训练。不要再将自己视为一切智慧的客观而正确的思想源头。我们必须在相互尊重、珍视差异的思维模式内思考，必须深刻理解"两个人意见相左但又同时正确"这一矛盾现象。

此外，千万不要只将自己视为某一方的代表。必须超越我的不满、我的立场、我的思想、我的团队、我的公司或我的政党。我不是过去的牺牲品，我是一个完整的人，一个能够塑造自己命运的独一无二的个体。我可以选择一个不一样的未来。我必须自愿停止对解决方案先入为主的观念。（请注意，我说的是"自愿"。）我必须对我从未想过的可能性敞开心扉。我必须做好准备，踏上协同过程中的必经之路。因为从本质上来讲，协同是不可预测的。

"你愿意与我一起寻找一个更好的解决方案吗?"

"愿意,但我不明白什么是更好的解决方案,而且我是不会妥协的。"

"我不是要你妥协。我只想问你是否愿意和我共同创造一种比你我能想到的更好的东西。它当下还不存在,需要我们共同去创造。"

如果没有适当的思维模式,我永远不会提出第3选择问题并重视它。我永远不能超越自己的心理限制。

但是,如果冲突的另一方不以这种方式思考,该如何做呢?如果他们的思维方式是不信任、不尊重、盲目而偏颇的,又该如何做呢?

当我向他们提出第3选择的问题时,他们可能会因此而卸下防御。我愿意敞开心扉寻找一种新的可能性,这可能会令他们惊讶。他们往往会觉得有趣而好奇,甚至摸不清我到底在干什么。但如果我从尊重出发,真正去寻求了解对方利益和立场的方法,那么无论有多么狐疑,他们的回答通常都是"是的,当然"。记住,如果我不能深刻理解他们,不给他们倾诉的机会,那么他们很可能会拒绝我关于新的解决方案的任何提议。他们有充足的理由这么做。

从我的个人经验来看,几乎所有案例的结果都令人惊讶。我看到过积怨多年的问题在一个小时内被解决,而且不仅问题得到了解决,冲突双方的关系也得到了改善。我知道,当双方真正开始相互谅解并寻求一个比相互攻击更好的解决方案时,激烈的冲突就会戛然而止。

记住，当你提出第3选择的问题时，你并不是要求他们放弃观点或立场。你们只是共同做一个思想实验，问问其他的可能性。为了完成这个实验，你们都需要暂时将自己的立场搁置一旁。

胜利令人开心，但赢的方法不止一种。生活不是网球比赛，不是只有一方球员可以赢球。双赢的可能性令生活更加激动人心。人们有能力共同创造出一个令双方都满意的新的结果。正因如此，协同过程应从这样的问话开始："你有没有兴趣去寻找一个令我们都满意的双赢的解决方案？"

**步骤2：界定成功的标准**

你是不是经常为人们争吵的东西而感到惊讶？因为人们的冲突点往往是微不足道的。国家之间为了一丁点儿毫无利用价值的土地而大动干戈。夫妻之间为了谁收拾碗碟而争吵，甚至离婚。公司之间为了一些琐事竞争到破产。

然而，冲突点通常并不是关键。一般来说，严重冲突的背后都有更深层次的问题。套用我的朋友克莱顿·M.克里斯坦森教授的说法：真正要做的并不是解决冲突点，而是转变导致冲突发生的思维模式。

当巴勒斯坦人聚集在一起抗议新的以色列人定居点时，定居点本身当然并不是问题所在。真正要做的是改变人心。关于公平、正义等原则的深层次之争可以上溯到几十年甚至上百年前，心灵的冲突可以说是最难解且最棘手的冲突。

记住，在日本，协同意识是合气，可以用合力来创造和谐的结果。对于原则性的冲突，你不能简单地否定对方的原则。而且颇有讽刺意味的是，你要做的往往是分享这些原则。当然，以色列人与巴勒斯坦人、土耳其人与塞浦路斯人、北爱尔兰的天主教徒与新教徒，都可以用基本的公平原则来证明自己的立场。解决冲突的关键是提出一个更新、更好的共同原则，即合气道的思维模式。双方从共同原则出发，致力于达到全新的水平。

假设我们已经深入了解彼此的情况和每个细节的真相，那么我们便可以自由地满足我们最深切的需求和欲望，去开创一个全新的视野，达成双赢的结果。我们用这种协同思维模式来界定成功的标准。"标准"（criterion）一词来自希腊语，本意是"遵守某一原则或准则"。身处冲突中的我们都希望有一个令人满意的结果。问题是，这个令人满意的结果是什么呢？

关于如何界定成功标准，有一个简单的例子。一位公园管理者很沮丧，他所在的小城里，一家公园因为资金削减面临着停业关闭。此外，这家公园原本就存在一个非常严重的问题：养狗的人想在公园里遛狗，但其他人反对由此带来的噪声和混乱。当然，所有人都不愿意看到公园被关闭。大家都愿意去寻求第3选择。于是他们聚到一起，拟定了一份绝佳的标准：

- 公园必须被保留，同时要有足够的资金对其进行管理维护。
- 人和狗在公园里必须是安全的。
- 公园里必须保持清洁。
- 公园里不能出现过多的噪声。

这是一个所有人都同意的简单标准。他们一起致力于寻找有利于多方共赢的第3选择：公园管理者、公众、纳税人和狗。稍后我们再来看结果究竟怎样。

协同过程已经应用于整个国家的建设。当国会议员发现新建立起来的美国联邦政府存在诸多问题时，他们聚集在一起，设计出了一套新的标准：1787年的美国宪法。更近的例子可以参考毛里求斯共和国，它是一个证明协同优势的非常好的例子。这个位于印度洋的小岛国有100多万人口，分别来自非洲、欧洲、印度以及东南亚等地。他们信奉不同的宗教，说着数十种语言，承袭着不同的民族传统，形成了一种不同于世界任何地方的繁荣而和谐的文化融合。1968年，毛里求斯脱离英国取得独立，资源的限制和民族的差异成为这个岛国和平发展的最大威胁。由于印度人占多数，其他非印度人害怕被忽视、排斥或边缘化。某些专家预测毛里求斯总有一天会自然消亡，因为它种族过多，来自政治、宗教、种族的焦虑一触即发。但聪明的毛里求斯人求同存异，制定宪法，保障了每位公民参与表决的权利。这是他们能够取得成功的一个关键性原则。选举的标准是多数议席由最高票的候选人当选，但有8个席位是留给"最优秀的落选者"的，这样便保障了少数族群的发言权，也保证了各界声音的平衡。这就是一种全新的第3选择！

多宗教多文化的毛里求斯面临着另一个问题，即几乎每天都是某个宗教或文化的节日。因为要庆祝太多的节日，整个国家的民众几乎无法工作，但是没有一个人愿意放弃自己的节日。因此国家出台规定：所有节日都全民庆祝。毛里求斯现在每年会留出一定的时间作为全国性的宗教节日。人人都尊重基督教的复活节、穆斯林的开斋节和印度教的排灯节。毛里求斯人非常喜欢庆祝彼此的节日，他们相互欣赏、尊重、爱戴，全社会充满和谐气氛。

通过定义全新的、全民共享的社会准则，毛里求斯已经成功地摆脱了种族多元化引起的深层次矛盾。毛里求斯人并不完美，他们仍然存在重大的社会问题，但他们取得的成功是实实在在的。他们的成功没有抛弃公平性原则，也没有局限于狭隘的利己主义，而是通过新颖而稳健的新方法达到了平衡。他们不只是和平共处，更是共同繁荣。毛里求斯领袖纳温·拉姆古兰说："我们来自不同的大洲，而今我们同舟共济。"[41]

为了达成协同，我们需要设定一套稳健的标准，尽快地保障尽可能多的人的利益。如果没有这些重要标准，我们最终将不得不放弃我们的解决方案而重新来过，因为它并不代表真正的协同。如果从一开始我们就遵守全面的成功标准，那么我们将会避免很多失败。

成功的标准多种多样。你可以立下一个代表你最高愿景的使命宣言，没有什么比完成使命更重要的了。但也许你为自己设立的标准没有那么雄心勃勃。如果你在盖房，你会规划蓝图。如果你在做计算机编程，你会创建任务列表和线框图。如果你在经营公司，你会制定战略计划。你可能有一套自己赖以生存的价值准则。在达成协同的过程中，无论任何时候，你头脑中都必须有明确的终点，否则只会得到混乱。

**协同的箴言：尽可能早地了解尽可能多的人的想法。**

以世界上最成功的消费品公司之一宝洁公司的创新理念为例，宝洁公司拥有数十个全球知名品牌，包括佳洁士牙膏、汰渍、吉列、伊卡璐、帮宝适、帮斯等。

宝洁的创新团队一直坚持着坚定的目标和明确的成功标准。举例来说，几年前的消费者调研表明，人们想拥有洁白的牙齿，但不想支付请牙医美白牙齿所需的高额花销。于是宝洁的团队行动起来，确定了一个成功的标准。他们邀请佳洁士的牙科专家、汰渍洗衣粉的漂白专家、久负盛名的热塑黏合剂专家及许多其他专业人士一起开会讨论。这个组合团队把他们成功的标准贴在了墙上：价格适中、使用方便、见效迅速、易于生产、保质期长。许多技术标准被一一罗列出来。在这些成功标准的指导下，团队开发出宝洁公司的拳头产品"美白牙贴"。[42]

与宝洁公司所取得的成就形成鲜明对比的，是一家欧洲制药厂的经历。几年前，该药厂试图推出一种降压药物。当这家药厂为新药申请在美销售许可时，美国食品和药物管理局拒绝了它的申请。因为它的药物需要每日服用两次，而已经上市的同类药品只需要每日服用一次。一天服用两次药物，将会增加患者服药过量或不足的概率，因此这种新药不能在美国上市。

这对公司是个沉重的打击。当消息反馈至欧洲总部时，公司的销售总监说："为什么不让我们参与这项新药的研发呢？我们本来可以告诉你们，这种药物不符合美国食品和药物管理局的要求。"美国药品市场的服用标准是每日一次，但是研发团队并不知道。他们在制定成功标准的过程中没有让重要的利益相关者参与进来，因此公司制造出的药物便无法在目标市场上存活。

尽管协同过程会带领我们到达一个不可预知的地方，但这并不意味着我们要毫无目的地开始。协同过程就是要到达我们都想去的地方。设置成功标准，能够帮助我们明确那个地方是什么样子。这个标准有助于我们更好地了解我们现在所处的位置，保证我们走在正确的方向上。在爬上一架搭错墙的梯子时，每一步都只会令我们离目的地更远，没有成功标准就很容易陷入这样的境地。

你可能会感到疑惑："如果有人坚持其他人无法接受的标准，那该怎么办？"如果我们已经按照第三步思维模式做出了努力，那么这种结果是不太可能出现的。在真正相互理解的前提下，我们将会知道各自的"赢"与"不赢"究竟是什么样的。真正的问题是："我们愿意寻找一个双赢的、我们还没有想到的标准吗？"一个肯定的回答将让我们做更深入的探究，从而发掘各种可能性。

## 超越公平

不容商榷的标准的产生几乎总是关乎公平与正义。"这是不公平的，这是不公正的，这是不恰当的，这是不礼貌的。"无论在校园、市场、法庭还是联合国，这都是更基本的人类诉求。然而在我看来，拥有第3选择思维的人所面临的挑战是，要拿出更公平的标准来超越公平的原则。那么，我们该怎么做呢？

许多冲突都源于公平问题。所有人都对自己是否被公平对待有一定的认识。为了理解公平的概念，多年来经济学家一直在用他们所谓的"最后通牒博弈"（Ultimatum Game）来做实验。在实验中，一个人是提议者，另一个人是响应者。提议者先拿出10张1美元的钞票，他要向回应者提供某个数额的钞票，回应者可以自由地选择接受或拒绝。有意思的是，双方必须达成一致都分到钱才算胜利；如果谈判破裂，这些钱就会被全部收回去。

如果双方都是机器人，那么按照逻辑，提议者只需提供1美元给回应者，然后回应者接受它，这样就可以大家都有钱了。然而，人类的行为并非如此。通常提议者要拿出5美元给回应者，回应者才愿意接受，最终以大家有等量的钞票而结束游戏。这样可以说是足够公平了。有意思的是，如果提议者提供给回应者的钱太少，回应者往往会因为不公平而拒绝接受任何钞票，导致最后双方什么都得不到。这样的结果看上去并不理智，但它证明了公平原则的力量。

从伦敦银行家到秘鲁山区的牧羊人，全世界有数百个实验组都做过这个游戏。虽然存在文化差异，但实验结果相差并不大。也就是说，所有的文化都有一种与生俱来的公平感。

但是，就像"最后通牒博弈"所证明的，公平往往是有选择性的：我眼中的公平可能就是你眼中的不公平。这就是第3选择思维必须超越公平原则的原因。"最后通牒博弈"的问题在于，它人为地把稀缺性强加于游戏者。在游戏中，参与者只有10张1美元的钞票可以共享。按照游戏规则，无论比赛如何进行，提议者都有损失，因为他必须放弃一些钞票。而在现实世界中没有谁会失去，因为10美元是可以再利用的。现实世界遵循的原则不是稀缺而是充裕——我们所能创造的财富是无限的，我们也有无数获得财富的方法。在游戏中，如果参与者具有第3选择的思维，那么他们可以创建一个合伙企业，将这笔现金用于投资来获得丰厚的回报；也可以将这笔钱作为生意的启动资金，来赚取更多现金。第1选择和第2选择往往是以公平问题为核心的拉锯战，而第3选择思维能够摆脱第1选择和第2选择的人为限制。

坦率地说，作为第3选择思维者，我们对公平不感兴趣，我们对协同更感兴趣。对我们来说，一个公平、公正、合理的解决方案是不够的。我们有更高的期待。如果只想要公平，我们就还没有真正建立第3选择的思维模式。

我很赞同诚信顾问协会的创始人兼首席执行官查尔斯·H.格林的说法。他说："'公平'需求可能会成为信任的敌人。相互信任是建立在互惠基础上的，这就需要我们重视对方的利益……如果我们将精力浪费在谁得49谁得51的讨价还价上，我们就会因为追求

'公平'而破坏了信任。"[43] 如果单纯按照公平原则，那么列出的标准执行起来可能会非常勉强，从而导致更多的冲突。你无须去敲每一个钉子，最好的做法就是问一句："成功是什么样子的？"然后迅速写下显而易见的答案。

在寻求第3选择的时候，试着把成功的标准罗列出来。在列举标准之前，问问自己以下问题：

- 是否每个人都参与了标准的制定？我们是否需要得到最广泛人群的最广泛的想法？
- 我们真正想要的结果是什么？真正要做的工作是什么？
- 什么样的结果使所有人都能"赢"？
- 我们愿意放下原有的需求，去寻找更好的结果吗？

当所有人对这些问题的答案都感到满意时，你就可以着手创造第3选择了。接下来，在你选择行动方针时，你可以回过头来想一想，哪种选择最符合你们的成功标准。

**步骤3：创造第3选择**

回顾这些年我与世界各地的人们共事的经历，可以说最精彩的部分永远是协同。它通常始于一个人鼓足勇气说出一个重要的事实，然后其他人觉得他们要以诚相待，最终同理心让大家都加入协同。易洛魁联盟的经验也说明了这个道理。和平使者勇敢地找到他的对手并认真聆听对方心声的时刻，就是我们的文化从战争转变到和平的开始。

协同只需要一个人——你——来开启协同的循环。协同开始的时候，你要肯对别人说："你看问题与众不同。我要听听你的见解。"当所有人都被倾听之后，你可以问："大家愿意去寻找第3选择吗？"如果答案是肯定的，你就可以开始尝试满足成功标准的可能的解决方案。

请注意，我说的"解决方案"是个复数。寻找第3选择的过程几乎永远涉及多种选择。我们建立模型，改弦更张，逆向思考。我们畅所欲言，对各种解决方案充满信心。我们暂时不做判断，当激动人心的时刻到来时，我们便知道协同已经达成了。

在本书中，你会看到第3选择有很多方式，但所有的协同都取决于你是否会不做任何限制地、自由地去尝试各种可能性。大家从原则上同意我的说法，但大多数人根本做不到这一点。在我们所处的时代，人人都称自己热爱创新，而且科技进步一日千里，这听起来颇具讽刺意味。大多数工作团队或组织机构的文化仍然十分僵化，全球范围内皆是如此。想要尝试协同的人必须承担巨大又令人兴奋的风险。

我们要寻找的是全新的解决方案，因此我们必须愿意完全放下自己的立场，为建立第3选择腾出空间。我们必须愿意在"放手"中受到伤害。这样做可能很难：本能告诉我们，当遭到反对时我们要对抗（或逃避）。正因如此，暂时不做判断、通过深思熟虑慎重寻找第3选择如此重要。**协同法则认为：永远有更好的办法。**

### 第3选择来自何处？

我们到哪里去寻找第3选择？协同的源泉是什么？作家谭恩美谈到，协同作用"来自宇宙的暗示、运气、祖母的亡灵与意外事件"。[44] 换句话说，产生第3选择的直觉可以是普遍的，也可以是特定的，可以是随机的，也可以是突发的。但它们总是崭新的，令人兴奋且富有成效的。

第 3 选择的概念由来已久。印度教圣人和希腊哲学家都知道，真正的创新性想法不是来自辩论，而是来自理念不同的人之间的对话。柏拉图的对话体现的是对真理的探索，而不是要说服别人。佛陀也教导我们，在怒、恶、欲中永远得不到开悟。佛陀还提出了超越"我对你错"这种狭隘法则的"圆满的知见"。德国哲学家黑格尔也用"扬弃"（overriding）一词来描述推翻之前所有假定的瞬间的直觉。他看到第 1 选择（正题）和第 2 选择（反题）结合起来，产生一个第 3 选择：合题。正如禅修者寻求"见性"的那一刻所产生的顿悟："所有琐碎的争论都无关紧要。"

伟大的哲学家伊曼努尔·康德对第 3 选择十分感兴趣。当时，两种选择思维者就像现在一样在为宗教与科学争论不休，但康德想超越这些斗争，将两者引入更高的境界。他说：

> 我不单单是因为反对他们而驳斥他们。我总在思考，总会在我的判断中将他们考虑进去，给予他们推翻我最珍视的信仰的机会。我殷切希望经由第三方的观点公正地审视我自己的判断，提升我的见识。[45]

历史上最伟大的人，是那些推动世界走向第 3 选择的人。他们被称为"精英"思想家，因为他们播下了理解的种子，这些种子将会成长为对待世界的全新方式。大学校园是产生第 3 选择的温床，但协同不只为"伟大心灵"所独有。每当我们遇到困难时，我们都会受益于简单的协同作用。试着用一只手去系鞋带，你就会明白协同是多么重要。一个孩子无法独自摘到树上的苹果，但如果另一个孩子站在他的肩膀上，他们两人就可以采摘他们想要的苹果了。在一起，他们会赢得一切；分开，他们则会失去一切。

有时，第3选择来自两个对立论点的结合。在某些情况下，你可以利用冲突双方的想法，拿出一个全新的解决方案。例如，投降与抵抗是对立的。抵抗通常是暴力的，而投降通常是非暴力的。但甘地及其追随者马丁·路德·金却将这两种想法结合成第3选择：为整个民族带来自由的非暴力不合作的概念。

在大学时期，马丁·路德·金的老师就注意到他的协同思维能力。"无论什么问题，金都会不厌其烦地反复研究对立的两种论点，直至最终得到一个超越原来两种论点的综合观点。"他的一位老师回忆道。面对冲突，金是一个有着超乎寻常能力的第3选择思维者。当房间里的人们几乎要"翻过桌子直奔对方喉咙的时候，金却只是坐在那里，直到喧闹结束"。有人认为他的迟钝是一种缺陷，但也有人明白，安静倾听的习惯是他创造性思维过程的一部分。他的一位朋友说过："马丁·路德·金有一种卓越的能力，他可以自始至终对冗长而争论不休的会议泰然处之，然后将每个人的陈述概括成为'对所有人都有吸引力的结论'。"他经常发起挑战，"尽可能激进地表达观点，也尽可能保守地表达观点"。这几乎就像一场游戏。[46] 对于马丁·路德·金来说，用同理心倾听和协同解决方案是紧密相连的。

协同可以通过有意识地结合或利用敌对势力而达成。但最有意思的第3选择往往会在人们建立奇怪而意外的联系时迸发出来。

以之前提到的小镇公园为例。资金不足使城市公园即将被关闭，狗的主人和他们的反对者争吵不休。虽然牵涉其中的人商定了

第3选择　　086

他们想要的结果——一个美丽、干净、向宠物主人和其他人永久开放的公园，但他们并不知道如何才能达成这个目标。于是，他们开始寻找第 3 选择。没有人记得是谁想出了建立一个爱犬墓园这样奇怪的想法，但它的出现却是拯救这个公园的关键。爱犬墓园不占用太多的空间，主人可以在那里纪念他们的宠物，并为公园提供急需的维护资金。宠物的主人们捐款铺路、修葺花园、栽种树木。公园里设立了一个遛狗区，狗可以自由漫步，它们的主人也能自觉保持公园的卫生。所以狗拯救了公园，大家都对这个第 3 选择很满意。

有时候，一个简单的第 3 选择会解决复杂的难题。1992 年，一种可怕的新型霍乱在印度肆虐。政客和卫生工作者相互指责，为重灾区净化水的费用和难度而争吵不休。就在他们争论的时候，一位名叫阿肖克·加吉尔的印度科学家一直在思索如何在不需要昂贵的化学品或大量燃料煮沸的情况下净化水资源。他知道紫外线辐射能杀死细菌，于是将一个标准的荧光灯泡放在一盆被污染的水里。过了一会儿，紫外线将水完全净化了。

在其他人为政治、科研经费和基建投资争吵不休时，加吉尔发明出一种用汽车蓄电池就可以维持工作的紫外线净水器。现在这种紫外线净水器被广泛应用于世界各地，用加吉尔的方法净化一吨水的成本大约只有半美分。

阿肖克·加吉尔向我们证明，普通的日常生活也可以产生非凡的第 3 选择。不需要天才，也不需要大量的研究经费，只需要与众不同的思维。诺贝尔奖得主阿尔伯特·圣捷尔吉说过："见人之所见，想人之未想，是为发现。"

计算机的诞生就是一个偶然联系产生重大作用的好例子。18 世纪，法国里昂的丝绸生产商为丝绸图案出现严重错误所带来的巨额损失而烦恼不堪。一位名叫巴西勒·布乔的年轻工人知道这些错误是由转换织布图样、重新设定织布机造成的。这是一个烦琐且容易出错的过程。

布乔的父亲是一位风琴匠。有一天小伙子突发奇想，将织布图案和父亲用来给风琴管钻孔的纸板样联系起来。布乔在一块硬纸带上打了一个孔，用它来控制织布机上的针，使编织图案保持一致。他发明的穿孔纸带推动纺织业步入了自动化时代，继而引发了工业革命。

一个世纪以后，在美国普查局工作的 21 岁工程师赫尔曼·霍尔瑞斯了解到穿孔纸带的功用。他想到电线也可以像织布机上的针一样通过卡孔连接，因此他发明了一台卡片机来制作普查数据表。在此之前，手工完成普查要耗费 8 年时间，而霍尔瑞斯的打卡机在 1890 年首次用于人口普查时，几个月就完成了统计工作。为了制造自己的打卡机，霍尔瑞斯成立了一家小公司，它就是 IBM（国际商业机器公司）的前身。在接下来的 50 年里，以霍尔瑞斯的基本概念为基础，电子计算机逐渐发展起来。现在，当我们看到一台计算机时，你很难将它与风琴管、丝绸织布机和美国人口普查联系起来，但正是这种偶然联系催生了协同。

你可能会说："好吧，可是这些联系发展了好几个世纪呢，我们马上就需要一个解决方案啊！"

当然，你不能强行制造联系，但你可以创造让这样的联系发生的环境。你可以加速这一进程，用狂热而美妙的创意来促成奇特的、出人意料的联系。

让我们来思考一个例子，20 世纪试图消灭疟疾的过程中产生了典型的政治、环境与人道主义冲突。疟疾流行于热带国家，每年会导致 2.5 亿多人患病，100 万人死亡，死亡者主要是儿童和老人。疟疾由疟蚊传播，当疟蚊咬人时，它会将一种致命的寄生虫注入人体血液。

在 20 世纪中叶，人们用 DDT（一种有效的杀虫剂）之类的杀虫剂来控制疟蚊，降低了疟疾死亡人数。但同时，科学家陷入恐慌，因为被 DDT 杀死的不仅仅是害虫，还有鸟类和其他野生动物，这种杀虫剂甚至还可能导致人类癌变。1962 年，蕾切尔·卡森在她的重要著作《寂静的春天》中提出警告，化学农药可能毒害所有生物赖以生存的环境。最终 DDT 被明令禁止，而疟疾卷土重来。

政客与科学家各执一词。有些人认为 DDT 禁令会带来不必要的死亡，DDT 的益处远远大于风险。有些人则认为 DDT 很危险，而且疟蚊最终也会产生抗药性。就在这些两种选择思维者彼此较量的时候，比尔及梅琳达·盖茨基金会将许多不同研究背景的专家邀请到一起，共同探讨阻断疟疾的新方案。这个团队包括医学研究员、昆虫生理学家、软件工程师、天体物理学家，甚至还有一名火箭科学家。在协同精神的影响下，各种方案层出不穷。

火箭科学学家建议用激光击落蚊子，所有人都不以为然地大笑起来。然而正是这个想法最后获得了成功。光学工程师尝试使用普通 DVD（数字多功能光盘）播放器发出的蓝激光作为光源。程序员开发出软件引导激光。一位名叫三里克·约翰森的发明家将这些发明与在易贝上购买的其他零件组合在一起。结果呢？一个能摧毁天空中疟蚊的"杀蚊器"（WMD）诞生了。它对人类和野生动物无害，因为激光校准相当细微，它可以瞄准振动翅膀的蚊子并以极微弱的猝发光杀死它们。周边配备这种激光器就能够保护整个村庄免受疟疾之害。

防蚊激光只是众多疯狂想法中的一个。团队还提议以变异疟蚊来驱逐疟原虫、用假目标去迷惑疟蚊,或改变疟原虫本身的基因。而这些不过是个开始。[47]相比之下,DDT 赞成派与反对派之间的斗争看起来如此缺乏想象力,而这个新组成的团队则拥有找到第 3 选择或更多选择的创造力。

那么关于协同的来源,我们有何体会呢?第一,在两种选择思维的紧张气氛中不会出现协同;第二,达成协同有助于把我们从日常的例行思维中解放出来;第三,达成协同需要一种寻找全新解决方案的意愿。我们知道,达成协同需要人们用同理心倾听并坦诚对待有分歧的意见。

一切都没有错,与此同时人类大脑中还有更多、更狂热、更高深莫测的东西等待我们去开发。人脑中有数以亿万计的神经连接。我们的大脑天生可以进行奇特、出人意料甚至古怪的联系,从而产生不可思议的想法。我们越充分利用这种与生俱来的能力,越能够发挥想象、综合的能力,超越时空的限制,最终达成协同。

现在让我们来了解一下如何有意识地创造这种体验环境。

## 魔幻剧场

在赫尔曼·黑塞的著名小说《荒原狼》中,主人公哈里觉得自己被困在一个令人窒息的两种选择的世界里。他厌倦了思维已成定式的平凡生活,渴望追求更多。有一天,他遇到一位神秘的音乐家,音乐家把他带到一个叫作"魔幻剧场"的神秘房间里。门口的牌子上是这样写的:"只对疯子开放。准入价格:你的头脑。"

在魔幻剧场这个"有着无数扇门和魔镜的世界"里,哈里看到无数的反射影像,有些看起来很快乐,有些看起来夸张又阴暗。他为自己设想了许多可能的生活,感受到一种令人兴奋的自由感:"空气令人陶醉,温暖包围着我,轻抚着我。"他还说"失去了对时间的感觉"。哈里体会到,每个人都是一个"多彩的世界,一个群星闪烁的天堂,一种形式、状态、阶段、传统与潜能的交错"。最重要的是,哈里学会了嘲笑,嘲笑自己和其他人的疯狂幻想。[48]

"魔幻剧场"是找到第3选择的最佳环境,那里存在所有的可能性,每个人都可以提出自己的想法,没有任何想法是出格的,一切都是完全自由的。人们不再因为提出想法而自负和自满,因为在这个房间里,所有的想法都是试探性的。人们可以在前一分钟提出一个解决方案,转身又提出另一个完全相反的解决方案:没有人担心自己的想法是否前后一致。

爱默生说过:"愚蠢的一致性是头脑狭隘人士的心魔。"他的意思是,我们不应该束缚我们的想法——如果我们能想到更好的,为什么不丢下较差的?在魔幻剧场,你的观点不会因为遵守一致性而站得住脚。没有一种想法是终极想法。所有想法都是受欢迎的,尤其是疯狂的想法。毕竟,许多伟大的发明开始时都只是一些疯狂的创意。所以,人们在魔幻剧场彼此嘲笑并自嘲,就像它本该如此一样。

进入魔幻剧场需要思维模式的转变。我们要暂时停止判断,我们不是在那里争论、批判或者确定什么,那些都是以后的事。它更是一场游戏而不只是工作,更是开始而不是结束,更是建议而不只是解决方案。它是一个建立模型的地方,也是把模型敲碎重建的地方。在魔幻剧场,正如黑塞所说:"一千种可能性在等待着我们。"

任何地方都可以成为魔幻剧场，但有些重视创造力的团队和组织会指定建立魔幻剧场的场所。无论在哪里，你都要把大家聚集在一起，共同遵循以下基本规则：

- 保持游戏心态。它不是"真实的"，人人都知道它是一个游戏。
- 避免下结论。避免达成协议或共识。不要受到任何解决方案的诱惑。
- 避免判断别人或你自己的想法。无论想到什么，都提出来，没有人会要求你坚持自己的观点。不仅要摆脱限制，更要跳出限制。
- 建立模型。在白板上画出示意图、流程图，构建实际模型，撰写草稿。展示而不是叙述你的想法；要尽情展现，让每个人都看到你在想些什么。
- 激发他人的创意。颠覆传统观念，无论它听起来多么颠三倒四："要是我们用橡胶铺路、用水泥做轮胎会怎么样？"（这个问题确实促进了橡胶沥青的开发。将废旧轮胎中的橡胶成分与沥青相混合，显著降低了道路噪声。）
- 迅速执行。设置一个时间限制，让房间里的所有人保持活力，让创意思维奔涌而出。
- 酝酿多种想法。主题要丰富。思维要茁壮成长，开花发芽。要把草图画到墙上。你无法预料哪一次不假思索的领悟就可能变成第3选择。如果在结束时，魔幻剧场看起来不像一个创意丛林，那么你肯定没有达成协同。

魔幻剧场听起来有点儿像人们熟悉的头脑风暴，但我发现大多数头脑风暴讨论会过于平淡无奇，不能产生新的东西：想出一些蹩脚的创意，从中选出一个，立案，自以为已经完成了创新。但是我们不能用批判的、迟钝的、自我防卫的错误思维模式来进行头脑风暴。思维模式至关重要。我们必须暂时待在一个"只对疯子开放"的空间里。

起初这些基本规则可能会让你觉得不适应，但你越尝试，就越渴望看到最后的结果。你会觉得自己像是一位创意艺术家，因为第3选择将是非常新颖和独特的。许多艺术家告诉我们，在作品完成之前，他们不知道自己的创作会是什么样子的。现代先锋画家马克斯·韦伯说过："在坚持自己小小的创作尝试时，我深深依赖那些我还不知道、还没有做过的事情。"[49]

当然，如今的魔幻剧场遍及全球。寻找第3选择不再需要大家在魔幻剧场里面对面，更不用召开正式会议。随着社交网络的快速普及，平板电脑、手机的应用，以及从曼哈顿到悉尼、从秘鲁偏远村庄到珠穆朗玛峰登山大本营的无线网络的连接，我们与全世界人民协同的能力已经呈爆发式增长。事实上，人们正围绕最棘手的难题进行思想对接。人们从个人或专业的经验出发，分享体会，研究数据与创意。这种网络在线现象是一种极为广阔的协同。

现在，你只要提出一个重要的问题，就可以邀请全世界的人与你协同响应。在线协同的好处是你不需要到场——没有你在场它也会继续发生。如果问题足够现实，有合适的圈子，那么你的问题会像病毒一样传播，网络上会产生新的方法，出人意料的见解，第3选择，以及提出更发人深省的问题。即使你已经为你的问题找到一个很好的答案，其他人也可能会继续探寻，它的发展会远远超出你的预期。

你会听到怀疑论者嘲笑魔幻剧场。他们无法容忍它，并会试图让你感觉只有傻瓜才会提起魔幻剧场。背地里他们害怕它，他们认为自己的尊严受到了威胁。但是他们错了。激发协同最好的地方是一个遵守上述基本规则的实验室，无论它是真实的还是虚拟的。只有在这样的实验室里，比尔及梅琳达·盖茨基金会抗疟疾团队才能想出用激光杀灭疟蚊的奇思妙想。这个团队挽救了不计其数的孩子的生命。阿尔伯特·爱因斯坦说："如果一个想法在一开始不是荒谬的，那它就是没有希望的。"这并不是一句玩笑。

多数商业领袖极为重视创造力。2010 年，IBM 开展了一项里程碑式的调查，来自 60 个国家、33 个行业的 1 500 名企业首席执行官选择将"创造力"作为"未来头号领导力"。[50] 领导者希望员工能够勇于创新。但正如行业专家爱德华·德博诺所说，创造力不能"靠模糊的摸索产生"，它需要一个"谨慎而实用的步骤"。[51] 现在你应该可以了解，第 3 选择过程看起来简单而随心所欲，却并不是杂乱无章的。对商业发展而言，第 3 选择思维显然是最好的方法。

但第 3 选择思维并不仅限于商业领域。任何使用魔幻剧场思维模式的团队都会爆发出创造力。随着自我防御的减少，创造力逐渐增加。卡尔·罗杰斯也证实了这一点：

> 我发现，只要我营造出真挚的、相互珍惜和彼此谅解的气氛，令人兴奋的事情就会发生。个人和团体在这样的氛围下将远离僵化，产生灵活的思维……远离已存在的可能性，产生不可预知的创造力。[52]

**步骤 4：达成协同**

我们如何知道什么时候达成了第 3 选择？

**我们周围的活跃气氛使我们知道，我们已经找到了第 3 选择。** 愤怒、戒备与沉默都一去不返。创造性活力伴随着第 3 选择而迸发，感受到它的时候，我们便认识了它。我们将见证那种"巨大的飞跃"，在我们的理解中，那是一种"巅峰体验"，是一种迎风而上的奇妙感受。发现的惊喜弥漫四周，人们就像孩子看到珍宝一般快乐不已。我们迫不及待地想要分享自己的发现。作家玻利瓦尔·J. 布埃诺回顾协同带来的激动时说："孩子们喜欢捉迷藏——因为有找到隐藏东西的快乐。在我们的成长过程中，对惊喜的渴望从未消失。我们喜欢发掘并与他人共享埋藏的宝藏。"[53]

**当我们对原有的争执与设想不再感兴趣时，我们就知道，我们已经找到了第 3 选择。** 这个新的选择以它的简洁雅致征服了我们，我们从根本上转变了自己的思维。新的选择不是妥协，妥协发生的时候，每个人都需要放弃一些东西才能达成共识，由此造成的不满久久不散。第 3 选择改变了我们和对手的原有关系——我们突然发现我们已经成为合作伙伴，不再是战场上的敌人。

**当我们受到鼓舞的时候，我们就知道，我们已经找到了第 3 选择。** 忽然间，世界一片澄明。我们感到诧异，为何我们以前从未看到过这番景象。协同是一切生命最高的活力——是个人、家庭、团队与组织潜能的最真实的体现。缺乏协同是生活中的一大悲剧，因为有太多潜能无法被开发、发展和利用。低效能人士带着未被利用的潜能日复一日地生活，他们对协同浅尝辄止。事实上，协同可以汇聚我们独特的天资、直觉和视角，共同面对最艰巨的挑战。协同的结果让我们感到神奇无比。我们创造了新的选择，找到了前所未有的答案，满足了自己的最高需求。

**我们之所以知道自己找到了第 3 选择，是因为它富有成效。**它不是渐进式的改变，而是根本性的突破，是质的飞跃。所有产品、服务、企业甚至行业因它而有所突破。它使新的科学、工艺、技术甚至文化迅猛发展。它彻底改变了事物之间的关联。它对于提出它的人来说也弥足珍贵，因为它会给其他人带来快乐。

那么我们如何识别第 3 选择呢？它符合我们所有的成功标准。它完成了需要做的工作，为我们提供了我们想要的结果。它改变了游戏，让每个人都成为赢家。

简言之，"我和你协同"思维模式让我们超越战争、走向和平——不只是解决冲突，而是迸发出无数新的可能性。它利用分歧而不是排斥分歧。它蕴含着富足的心态，坚信世上的一切都可以被发现与分享：解决方案、威望、利润、认同、可能性等。与攻击型思维模式相反，它是创新型思维模式。

在达成第 3 选择的过程中，将达成协同的重要时刻称为"进步"可能会造成一些误导。它或许更应该被称为"意外发现"或"飞跃"。退一步讲，至少它是令人惊奇而不可预知的。我们无法保证人人都能达成第 3 选择。但是它的巨大回报令我们愿意为之而不断努力，直至成功。我们不能半途而废。

## 在你的世界里寻找第 3 选择

在本书中，你会结识许多普通人——工人、医生、警察、销售代表、艺术家、教师、家长——以及一心寻找第 3 选择的商业、教育及政府领域的领导者。你会看到他们中许多人已经冲破看似无望的冲突,为自己和他人创造出一个崭新的未来。每个故事都在向你发出邀请,去寻找第 3 选择来面对自身的挑战和机遇。

请注意,如我所说,这些故事可以有很大的帮助。无论个人还是组织,都有可能一时成为第 3 选择的光辉榜样,但随后误入歧途,成为典型的反面教材。人都有弱点,人们的原则未必始终如一。有远见、能协同的领导离开,取而代之的可能是有着截然不同的思维模式的人,这样方向就会改变。这些故事的重点不在于支持任何特定的人或组织,而是举例说明协同的原则和过程。我们可以从成功的经验中学习,也可以从失败中学习。密切关注原则,你将在每个重要领域中体会到第 3 选择扭转全局的力量。

第三章讲的是在职场中寻找第 3 选择。当你成为别人的协同伙伴时,你将体会到自己的工作和事业会取得怎样的成功。

第四章讲的是在一个充满家庭冲突、最宝贵的血缘关系受到威胁的世界里,如何拥有一个积极的、相互支持的、有创造力的家庭。

第五章讲的是停止关于教育的争吵,转而将重点放在改变孩子的生活上,帮助他们成为第 3 选择思维者,继而改变我们共同的未来。

第六章讲的是将我们的诉讼文化转变为相互理解、充满同理心、彼此协同的文化,将我们在法庭上彼此斗争所浪费的巨大的人力、财力更好地利用起来。

第七章讲的是如何战胜社会上的破坏力量,如何寻找第 3 选择来解决犯罪、疾病、环境恶化、贫困等棘手问题。

第八章讲的是如何超越威胁世界和平的令人厌倦的、不断升级的争端。我会讲到一些非凡人物，他们是无与伦比的和平使者——协同的最高表现。

第九章讲的是"活在高潮"。对我来说，这意味着最激动人心的协同体验正等待着我，我最重要的贡献永远在前方。就我个人而言，我快80岁了，早就可以轻松地退休了，但我不打算退休去过悠闲的生活，我更愿意看到我的生活越来越有意义。

总而言之，寻找第3选择是我们改变思维方式、停止无谓争端、敞开心扉倾听彼此、为自己创造新生活和获得喜悦的最好机会。除了第3选择思维，还有什么能够为我们所要面对的艰难挑战提供崭新的解决方案呢？到目前为止，我们这种高度政治化、易引发冲突的思维方式未能让世界摆脱贫困、疾病和形形色色的奴役状况。第3选择不只是"最佳策略"——它甚至还应该是一种道德义务。

## 从教导中学习

学习本书的最好方法，就是把本书的内容再教给别人。大家都知道，在教学过程中，老师学到的东西比学生学到的要更多。所以找一个人——同事、朋友、家人，把你学到的都传授给他。向他提出以下具有启发性的问题，或者你也可以自己再想一些问题。

- 解释协同原理。协同具有怎样的力量？为什么协同对你的个人成长和职业成长都至关重要？
- 两种选择思维的局限性是什么？它如何妨碍我们解决难题？
- 阐述第3选择的概念。描述你或其他人的生活中达成真正的第 3 选择的实例。
- 描述我们的思维模式是如何支配我们的行为的,以及由此得到的结果。
- 人们为何会成为"中间派"?两种选择思维如何导致怀疑和讥笑?
- 阐述第 3 选择思维模式:我看到自己、我看到你、我找到你、我和你协同。为什么要以这样的顺序排列?
- 什么是"真实身份盗用"?
- 阐述"乌班图"精神。它与成见有何不同?看守曼德拉的狱警的故事如何教导我们克服协同的障碍?
- 阐述关于"发言权杖沟通法"的规则。它怎样引导我们实现协同?
- 尝试用"发言权杖沟通法"与你需要更深入了解的人——朋友、同事或家人——进行沟通。发言权杖是如何发挥作用的?
- 什么是第 3 选择询问?阐述关于第 3 选择进程的步骤。
- 什么是魔幻剧场?魔幻剧场的规则怎样帮助我们达到协同?

## 试试看

接下来的几页将会介绍一种被称为"协同的四个步骤"的规划工具及其使用指南。利用这些工具,尝试按照以下场景或自行想象场景,建立第 3 选择思维。

- 邻居想自己出钱在户外搭建一个棚屋,但棚屋会挡住你看松林美景的视线。

- 你的配偶/搭档在一家迅速扩张的公司里得到了一份令人艳羡的工作,但他/她需要搬到另一个城市。你不想搬走,不愿离开自己的工作和朋友。
- 长期以来,你不赞成学校或老师的方式方法,与他们有着严重的分歧。
- 在一家小公司工作的你热爱自己的本职工作,但你和你的同事却有可能因为公司业务量不够而被迫离职。

**协同的四个步骤**

① 以第 3 选择的思维模式提问:

"你愿意寻找一种更好的解决方案吗?"如果答案是愿意,到步骤 2。

② 界定成功的标准

在以下空白处列举令双方都满意的解决方案的要点。成功是什么样的?真正要做的工作是什么?对所有人来说,"双赢"是什么样的?

③ 创造第 3 选择

在以下空白处建立模型,画图,集思广益,逆向思考,迅速而有创造性地开展工作。在达成令人兴奋的协同之前,暂不下结论。

④ 达成协同

在此处描述你的第 3 选择，如果你愿意，描述你将如何将其付诸实践。

## 四步协同指南

① 询问 —— 第 3 选择询问
② 界定 —— 成功的标准
③ 创造 —— 第 3 选择
④ 达成 —— 协同或第 3 选择

注：协同的四个步骤。这一过程有助于你发挥协同原则的效力。（1）表明寻找第 3 选择的意愿；（2）界定每个人心中成功的标准；（3）寻找解决方案；（4）达成协同。在整个过程中保持用同理心倾听。

## 如何达成协同

① 以第 3 选择的思维模式提问

在冲突或有创造性的环境中，这个问题帮助所有人放弃固执和成见，向着第 3 选择的思维模式发展。

② 界定成功的标准

列举或用一段话描述所有人眼中成功结果的特征。同时回答下列问题：

- 是否所有人都参与了标准的制定？我们是否得到了最广泛人群的最普遍想法？
- 我们真正想要的结果是什么？真正要做的工作是什么？
- 什么样的结果使每个人都成为赢家？
- 我们愿意放下原有的需求寻找更好的结果吗？

③ 创造第 3 选择

遵循以下指导方针：

- 保持游戏心态。它不是"真实的"，人人都知道它是一个游戏。
- 避免下结论。避免协议或共识。
- 避免判断别人或你自己的想法。
- 建立模型。在白板上画示意图、流程图，构建实际模型，撰写草稿。
- 激发他人的创意。颠覆传统观念。
- 迅速执行。设置一个时间期限，保持活力和思维开阔。
- 酝酿多种想法。你无法预料哪一次不假思索的领悟就可能带来第 3 选择。

④ 达成协同

你在人们的兴奋与激情里识别出第 3 选择，新的选择符合成功的标准。注意要避免将错误性妥协与协同相混淆。妥协令人满意，但并不让人感到快乐。妥协意味着人人都有损失，协同意味着人人都有赢的可能。

第三章

# 职场中的第 3 选择

真正的创新取决于协同。拥有第 3 选择思维的公司之所以杰出,是因为他们同客户、员工一起找到了强大的协同。只有富于协同,整体才能大于部分之和,人们才能专注而幸福地工作。发掘工作中的各种第 3 选择,当你成为一个能与人产生协同的伙伴时,工作及事业上的成功将唾手可得。

> 如果一个人不去拉门而是推门,那么他永远会被困在一扇没有上锁、向内开的房间里。

> ——路德维希·维特根斯坦

我们生活在各种壁垒倒塌的时代,我们见证着无国界经济的崛起。有了科技,我们看到禁锢人类思想的人工墙行将倒塌,但是最富挑战性的壁垒仍然存在:人与人之间的隔阂。这些壁垒大多无影无形,但它们妨碍着信任、沟通与创造力。在当前的工作环境中,这些壁垒所造成的代价是我们无法承受的。试想一下,当劳资双方互不信任或者当人们因无法坦率直言而导致办公室政治、诽谤中伤或者微管理时,个人和组织所蒙受的损失都将是不可估量的。

拆除这些壁垒的关键是一种以"我们"而不是"我"的方式去思考的内在力量。当我们倾听并理解的时候,当我们深信第3选择的时候——的确有更好的东西等待着你去创造,奇迹就会发生。

这种奇迹可以发生在你工作的组织中，也可以发生在任何人际关系中。

众所周知，职场充斥着各种壁垒。它们存在于团队、部门、分公司与各项具体分工中，存在于创新型人才与分析型人才中，存在于主管与员工之间，存在于组织与顾客之间。我们具有捍卫自己堡垒的天性，因此会在职场中产生冲突。防御型的"两种选择"思维模式就是症结所在。

从积极的角度来看，一个组织之所以存在冲突是因为有工作要做，而每一个有创意、有想法、有天赋的优秀人才都会对这项工作有不同的见解。这些见解可能是相互矛盾、相互抵触、异想天开、难以协调的，也有可能是非常有益甚至非常独到的。有些组织更能容忍冲突，有些会压制和反对，还有一些则放任自流，但是大部分组织会选择"管理"冲突。在"尽可能地避免冲突，无法避免时控制冲突，迅速解决冲突并回归和谐"的前提下，管理者都在学习避免、控制或解决冲突的课程。有关解决冲突方面的书籍视冲突为风暴过境：人们希望在尽可能减少损失的前提下安然度过。

但职场冲突真正的问题并不在于它的存在，而在于我们以错误的思维模式面对冲突。"两种选择"思维对冲突的回应都是"对抗或逃避"，而协同型回应则是欢迎、喜悦、接触和发现。例如：

- 一位员工把公司在做的"蠢事"告诉老板。普通领导听到的是"抱怨"，而协同型领导听到的则是"想法"。
- 一位团队成员对项目经理说："我们稍稍改变一下做事方法如何？"普通的项目经理会认为"她这是想教我怎么做事"，而协同型的项目经理则认为"我需要倾听她的意见"。

- 一位员工对他的团队领导说:"我就是没法跟某某在一起工作。"普通的团队领导认为"又遇到了个性冲突问题",协同型的团队领导则认为"有人在求救"。
- 一位从公司总部来的人说:"我是来帮助你的。"普通的心理反应是"他们认为我做不好,让我来教训教训他",协同型的心理反应则是"太好了,我可以从他身上学到些东西"。

这些普通的回应根植于"视差异为威胁"的思维模式。通常情况下,我们要么跟差异抗争,要么避开差异,因为我们的不安全感导致了防御型思维模式。不论是在调停会议分歧的首席执行官身上,在计划遭到质疑、有人愤而离开房间的项目组中,还是在以"要么照做,要么滚蛋"为理念的暴躁的区域销售经理身上,我们都可以看到这样的思维模式。

这些人认识不到冲突是活力的一种信号。人们在切实思考他们的工作时,往往就会产生冲突。当我将冲突视为"礼物"时,人们可能会对我侧目。然而,我要表达的意思是,有思想的人永远会意见不同——如果他们真正关注并积极表达他们的异议,那么他们的意见就是一份值得被热切接受的馈赠。

我认识一位卓越的商业领袖,通常他都会以一个激发性的话题来开始会议,例如"如果明天我们能够换条生产线会怎样","如果我们要处理的工作难题根本不存在会怎样","哪件事只要做得更好就可以改变一切","如果我们公司像安然公司那样会怎样","我反对的是什么",他的目的是激发冲突——不是火暴对峙,而是激发团队讨论。他的会议室就像一个魔幻剧场,他的团队已经习惯于此,他们已经很擅长处理这种有益的冲突。"我不想让我旁边的人只会一边听我说一边世故地点头。"他说,"我想看到人们摇头,而不是点头。我想听到人们思考后的想法,我想看到思想的火花。"随后他会凝神倾听。单靠倾听,他就能令你精疲力竭。

## 两种选择:对抗或逃避

如果将这位第 3 选择思维的领导与"两种选择"思维的领导做一个对比,你会发现后者要么选择对抗,要么选择逃避。

第一个例子是一位选择战斗的领导。一位成功的高管接任世界上最大的传媒公司的首席执行官。根据多方面的反馈,他是一个不善倾听、排斥异见的人。这家公司的员工感到自己受到了屈辱,他们反馈说,他们一直被反复告知自己有多么愚蠢。显然这位高管擅长挑起冲突,永远处于攻击状态就是他的风格。6 个月后,他被解雇了。所有人都知道他很聪明,但是他的才智无法弥补他对他人的不尊重和没有同理心的缺点。

接下来讲一个选择逃避的领导的例子。他是一家知名日用品公司的总裁。一位曾跟他密切共事的同事是这样评价他的:

> 他来的时候就对公司的发展高谈阔论。然而 10 年过去了,公司股价没有丝毫变化。他还在继续高谈阔论,绘制未来的蓝图。然而,如今再也没有人听他的了,不仅是因为业绩不佳,还因为他听不进别人的话。据说他是一个"不喜欢冲突的人",他不赞成分歧,不喜欢对抗,他总是说"这不是我的风格"。他人很好,也是个很好的朋友,但是没人可

以当面问他尖锐的问题。他们围坐在他的周围,听他滔滔不绝地讲着关于公司发展的宏伟蓝图——通常是从他最近看过的商业书籍中得来的最新、最伟大的战略理念,但是没有思想的火花。与此同时,我坐在那里,不敢提出我心里的疑问:"为什么我们不去做更好的产品呢?"

有些冲突解决专家建议我们把冲突中的问题与冲突中的情绪区分开来,我认为这是不可能的。在刚才提到的那家食品公司,关于产品质量的冲突是不可能从总裁的情感中抽离的。对他而言,质疑他的工作方法就是在质疑他的自我认同感和自我价值。他缺乏足够的自我意识用同理心倾听团队成员的见解。

问题导向的冲突通常也是情感的冲突。遗憾的是,大多数公司被工业时代的思想禁锢,员工需要鼓足勇气才能向主管提出疑问,因为他们害怕。他们会被无视吗?他们会无意中令老板看起来很蠢吗?他们会遭到无形甚至实际的打压吗?他们会成为领导的敌人吗?他们会因此而丢掉工作吗?如果情感投资的风险太大,公司就会笼罩在一片可怕的沉寂之中。领导者通常会误以为周围那些微笑点头的面容就是和谐与共识。这可能会导致致命的错误。

所有的冲突都与情感有关。比如薪酬冲突,可能你认为它只是简单的冲突,但实际上它却跟内心深处的恐惧与渴望密不可分。设想你是一位女上司,一位男员工来到你面前,表示对自己的薪酬很不满。你面对的可能是一个情绪激动的人。他的薪酬是他的自我价值的体现,是他在家庭、朋友面前地位的象征。这次会面对他来说很难——他花了很大勇气才迈出这一步。他不能招惹麻烦,也不想在你面前表现得太软弱;而另一方面,他或许感觉自己受到了冷落，甚至有些气愤。或者更甚，他可能还会感觉自己的男性尊严受到了侵犯。你从他的脸上看不到，也无法从他的言语中听到这背后的全部原因——只是知道必定有原因。

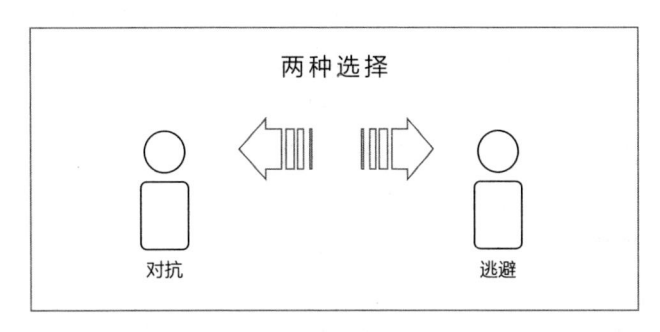

**两种选择**

对抗　　逃避

图 3-1

如果你是具有"两种选择"思维的上司，那么你会有两种选择：对抗或逃避。如果你选择逃避，你就会屈服并满足他的需求。冲突解决专家把这种做法视为"和解"，但它往往只会产生更多的问题，这可能是对其他员工的不公平，你开了一个不好的先例，让这个员工对下次加薪谈话有了期待。

或者你可以选择对抗。对抗有很多种方式：

- 你可以贬低他："你跟别人拿一样的钱。"这样的回答就是把他视为机器：他是一个工作的人，跟其他工作的人没什么两样。
- 你可以奉承他："你是位很有价值的员工，我们希望可以为你提供更好的待遇。"这种答复可能会稍稍缓和气氛，但这种虚情假意的废话在大多数语境里都被认为是在骂人。
- 你可以拿自己对比："我从来没有要求过加薪。我的薪水自然而然地就涨上去了，因为我有良好的合作精神。"在这种居高临下的比较中，你会取得胜利，但不是因为你的故事更有吸引力，而是因为你拥有更大的权力。
- 你可以妥协："我不能给你加薪，但我可以让你每周五提前半小时下班。"这种斗争的结果就是双输。雇主输掉了半小时的员工服务，员工也没得到他想要的东西。妥协永远是一种苦不堪言又目光短浅的做法。假设桌上只有一张馅饼，你要多吃一点儿，我就得少吃一点儿。妥协是一种礼貌，但缺乏深思熟虑。

如果他很情绪化，你可以按照典型的说法来劝他，"我们要就事论事"，但是这种方法对解决情绪问题毫无帮助。不管你多么想"就事论事"，你都做不到。当然，你可以寻找权宜之计，但是其中所涉及的情绪问题却是无法解决的，它终究会有爆发的一天。

## 第3选择：协同

如果你是具有第3选择思维的上司，那么你既不会逃避，也不会对抗，你会寻求更好的解决方案，为你的员工提供巨大的情感回报，并且给公司创造新的重要价值。

我的一位朋友分析过他的上司是如何运用第3选择思维解决他所面临的问题的：

我刚参加工作，满怀希望日后拿到更高的薪水。为了入行，我只能先接受远低于预期的薪资。但是几个月过后，我的家庭生活明显拮据起来，一些医疗费用让我们入不敷出。此外，我越来越觉得自己的工作酬劳太低了，跟工作量不匹配。所以，我决定冒险找大老板谈一谈加薪的事情。我不是很了解她，她也不是很了解我。我在那家公司还没有明显的业绩表现。

但是她把我请到了她的办公室里，我开始向她解释我找她的原因。当她说"多告诉我一些"时，我有些惊讶，我告诉了她我的家庭境况，她就那么静静地听着。我谈了很多我为公司做的工作，她问我对公司、对客户、对产品的看法。真是奇怪，我们谈了那么久，我本以为我要谈的是我的薪酬，但结果却在谈自己——我做得怎么样，我的想法，我这几个月在公司学到的东西。

随后她问了我正在接触的某位客户。她想知道我对于拓展客户业务的思路，而我的确有些个人看法，于是就与她分享了。

几天后，她又邀请我去她的办公室。这次有三四个人加入了我们。她把我对这位客户的想法写在了白板上，我们就此讨论了很多，随后又讨论了更多的东西，我很兴奋。最终，我的工作范围扩大了，薪酬更高了，承担起了向这位重要客户提供更重要服务的职责。

对我朋友而言，这次讨论发生在那家公司迅速成长之初，最终他成了那位"大老板"的合伙人。

这样睿智的领导很少见，她有良好的第3选择思维能力。

她可以打发我的朋友，或者对他的要求做出妥协，这些做法都很简单。然而，她能觉察到双赢的可能性，她没有为原有的馅饼斤斤计较，而是预见到一个更大馅饼的前景。她认为若能将我朋友的需求、能力与客户的需求结合起来，可能所有人都会得到发展。最终的结果是开辟了一项全新的业务，还获得了一位每年都能为公司带来价值的合伙人。就我所知，那家公司的规模最终扩展了一倍，这跟这位年轻人对公司所做的贡献是密不可分的。

图 3-2

让我们看看这位女性是怎样带领她的团队走向第 3 选择的：

- 首先，她愿意花时间倾听。她想了解这位年轻员工所面临的问题以及他的情绪。表面上是她想知道他为何对薪酬不满，但在更深层面上，她是想了解他的全部想法，以及他能为公司所有员工而不仅仅是他自己带来什么样的回报。

- 其次，她深入了解他。她不断地邀请他长谈，发掘他的想法并让其他有想法的员工也参与进来。她珍视他独有的天赋与洞察力。
- 最后，团队达成协同：新的服务、新的产品、满足重要客户需求的新方法，此外还开发了客户的新需求。

所有这一切之所以会发生，是因为机会一旦出现，领导者就会采取第3选择思维方式。员工带着抱怨来，她却从中看到发展业务的机会。她视冲突为沃土而不是战场。

大多数研究冲突解决的思想家都将冲突视为一种交易。这关乎馅饼如何切分的问题。你要么与对手和解，要么针锋相对。你可以放弃馅饼，也可以为之而斗争，并且掌握如何占据优势的技能技巧。然而，不管你怎么切分，它也还是那一块馅饼。

相反，第3选择改变了这种形势。它关乎做出一个更大、味道更好的新馅饼——或许呈指数级增长的馅饼。大部分的冲突消解是和解性的，而第3选择是转折性的。如果我发现自己在工作中陷入冲突，我一定不能下意识地进入防御型思维模式。这至关重要，但是也高度违背直觉。对挑战的下意识回应就是对抗或逃避，这是动物出于本能的做法——它们只有两种选择。然而，成熟的人类能够采取第3选择。记住协同的第一种思维模式是"我看到自己"。我有能力跳脱自我来检视自己的想法与情感，我能审视自己的动机：我为何陷入这种境地？我是不是总以自我为中心？我需要关注和肯定吗？我感到自己的地位受到威胁了吗？我真的关心这个问题吗？如果我已经肯定了自我价值，如果我对自己的贡献和才华充分自信，我不需要在你面前为自己辩护。我可以向你坦诚地表达我自己。

此外，还要记住协同的第二种思维模式——"我看到你"。这意味着我对你非常尊重，我重视你的想法、你的经历、你的观点以及你的情感。

由此，我便实践了协同的第三种思维模式——"我找到你"。我对我们之间的分歧感兴趣，而不是害怕这种分歧。没有什么比这句发自肺腑的话能更快地消除冲突的负能量了："你看待事物的方式与众不同，让我来听听你的想法。"

如果你能够实践这几种思维模式，你必将达到与冲突不再相干的第3选择："让我们寻找一种比我们以往想到的更好的方法吧。"人人都能赢，人人都受到鼓励。你可能都记不起冲突因何而起。

## 傲慢：达到协同的巨大障碍

在工作场合中，协同心态能够避免冲突，产生夺目的智慧火花。但是协同并非轻而易举就可实现，对抗协同的力量同样强大而可怕。协同的最大障碍就是骄傲，它是抑制人们创新活力的巨大障碍。骄傲有一系列表现，从人们熟知的"NIH综合征"（非我所创，便毫无价值）到可以导致个人、组织和国家垮台的傲慢。

古希腊人教导我们，傲慢或极端自负是最严重的罪行。在那个年代，吹嘘自己、羞辱敌人的士兵就犯下了傲慢之罪。为了一己之私滥用职权的国王也犯了傲慢之罪。古希腊人相信，傲慢会招致报应，或者不可避免的毁灭。他们认为，傲慢终将导致悲剧——他们是对的。我们已经看到，某些我们曾经最信任的组织因为狂妄自大而崩溃。在2008年的金融危机中，许多重要领导者犯下了各种错误，有的是盲目自信，有的是明目张胆的诈骗。

傲慢的主要表现就是缺乏冲突。如果没有人敢质疑你，如果你刚愎自用，如果你说得多听得少，如果你忙于排斥异己，那么你正在走向失败。苏格兰皇家银行前任行长就是这样一个例子。据说，"此人无法容忍任何批评……每天早上的高层会议上，时不时会有高管受到他的严厉斥责"。他将自己不友好的行政决策称为"安乐死"。伦敦《泰晤士报》称其领导风格"傲慢自大"。这种作风导致他看不见正在到来的银行业危机。而且，据说他所进行的高风险交易对银行危机负有一定的责任。2007年，他管理的苏格兰皇家银行价值750亿英镑；到了2009年该银行市值缩水到45亿英镑，遭受了"英国银行史上最为严重的损失"。[54]

再来看看另外一个例子：或许正是抗拒协同的心态导致了安然公司的倒闭。观察者在安然公司发现了傲慢文化的经典模式："为了维持现状，公司故意屏蔽了互相冲突的不同观点。在保持成功、追求伟大的名义下，形成了一种无视新思想、对真正应该担忧的问题置之不理、辞退提出批判性建议的员工的僵化而狭隘的公司文化。"[55]

## "GET"

当然，不只大公司的高管身上有妨碍协同的傲慢，任何人都可能犯下傲慢之罪。从某种程度上讲，工作场合中毫无价值的争论大多源自傲慢。有着敏锐观察力的全球制药工业顶尖销售主管之一格雷格·尼尔将傲慢分解为三要素，他称之为"GET"（见表3–1）。这是人类共有的本能，它往往会妨碍我们寻求第3选择。我们担心

第三章 职场中的第3选择　　117

输掉战争，我们担心自己的身份认知（"我是一个失败者吗"），我们担心自己的"势力范围"（"功劳会归于谁"）。尼尔说，"GET会阻挡你寻找协同之路"。但具有讽刺意味的是，如果能够共同坚持协同，我们就会有更多的收获、更多的安全感与更大的影响力。然而，要想超越GET实属不易。

表 3-1

|   | GET |
|---|---|
| G | G代表收获（GAIN），我的个人利益，我已经得到的，我应该得到的 |
| E | E代表情绪（EMOTION），我的情感，我的不安全感，我的恐惧，我的身份认知 |
| T | T代表势力范围（TERRITORY），我的地盘，我的员工，我的预算，我的项目，我的专业技能 |

工作场合中一个有代表性的冲突就是销售部门和市场部门之间的永恒斗争。有人说这种斗争"普遍而持久"，它是"自然秩序的组成部分"。《商业周刊》评论道："市场营销人员一向看不惯贪婪又傲慢的销售人员，而销售人员则认为市场营销人员迟钝、空洞而呆板。"[56]事实上，销售部和市场部的根本使命是相同的：理解、接触并满足客户的需求。公司可以通过共享信息系统和活动进程来融合两个部门的职责。但是，正如《商业周刊》所说，"真正的困难在于将文化、个性和态度融为一体"。哈佛大学经济学教授本森·夏皮罗这样总结道："现场销售人员更独立、更有自由精神，他们有着'战斗机飞行员'的心态；市场营销人员则更'保守'，倾向于更细化、更集中处理的方法。"因此他们谁都看不上谁。[57]

这正是作为大型制药公司高管的格雷格·尼尔所面临的问题。

"我们有实力强大的市场营销部门和高效而尽责的销售人员,但是他们之间存在巨大的分歧——小到基本的沟通,大到品牌所有权的权力斗争。市场部认为自己通过调研成了客户专家,而销售部整天与客户在一起。"两个部门之间的分歧导致公司的市场份额缩水。

尼尔被派来解决分歧。公司领导要求他成立一个新部门,"让两个部门通力协作"。他组织了团队,描绘了愿景并为之兴奋不已。但很快他就发现真正的分歧巨大而复杂,"人们各行其是,心血管产品的市场团队从不跟呼吸、神经或骨质疏松产品的市场团队交流"。他也发现自己有多么不受欢迎,"我迅速陷入了GET——极度情绪化、极度自我防卫。我常常突然闯入房间,向他们演示漂亮的幻灯片,然而换来的只是沉默,毫不欣赏的沉默"。

几个月过去了,情况并没有太大改观,尼尔逐渐意识到,他从一开始就错了,他的同事在情感上还没做好协同的准备。"那应该怎样呢?销售主管应该和对应的市场部相处融洽,他们本该放下自己的立场相互探讨,明确关于以下问题的看法:我们应该怎样做来化解分歧,让对方的工作更容易,让我们的沟通更顺畅。我们本该听取所有人的看法,然而我们没有这样做,而是采取了一刀切的解决方案:建立一个一体化团队。"

但纠正一切还为时未晚。他不再进行业务演示,而是开始倾听。"我们需要让公司上下都认同这一想法,尽可能深入公司各个层级,只要公司愿意投入时间和精力。我的想法是让他们在决策过程中有发言机会,让他们见证相互协同的结果。我们花了大量时间来达成共识。"他用了9个月的时间通过了这次"烈火考验"。

呼吸科产品迎来了一个关键性的产品发布会。尼尔的公司从未进入过这个市场,这一次务必保证发布会顺利进行。之前降血脂产品的发布会因为市场部和销售部之间的"巨大分歧"而效果欠佳,全国性市场营销计划在有些销售区域也执行不力。"有些销售区域执行得非常好,有些取得了稳步成功,有些则表现平平",对市场部人员来说,这是真正的挫败。

在筹备新发布会时,尼尔的团队认真听取了每位区域销售经理的意见。"他们付出了努力,我们达成了协同。我们共同描绘出成功的样子——行动措施、资源利用、市场份额。我们比之前更胸有成竹,思想更统一。我双手合十,祈祷这次产品发布会成功。"

结果,这次发布会是公司历史上最成功的一次产品发布会,并且是在他们从未进入过的市场实现的。他们打败了那些有着数十年经验的公司,迅速占领了市场。"我们的市场份额比对手高出30%,区域差异比之前缩小了很多,产品采用率也创下历史新高",如今公司呼吸产品的总价值已达上亿美元。

格雷格·尼尔之所以成功,是因为他突破了导致公司各自为政的防御型 GET 思维。他闯进公司各自为政的小阵营中,带着尊敬和同理心不断询问:"我们该怎么共同努力,才能让你的工作更加简单?"作为一个有第 3 选择思维方式的人,他没有预想任何解决方案,而是凭着战胜 GET 的决心,实现了协同。[58]

## 当个人恩怨出现时如何协同

现代社会的工作场合更具有挑战性。我们被迫用更少的资源做更多的事,在全球范围内竞争,在有限的时间内满足越来越高的期望。这样一个迅速变换的环境会产生个性摩擦,回避、赌气、挖苦、吵闹甚至暴力都会在这种压力过大的环境里爆发。

许多书籍和网站会告诉你怎么解决工作中的个性冲突（这是很常见的问题），答案基本上都一样：如果你是管理者，试着把冲突双方分开，或者在他们之间做出调停，或者送他们去接受某些培训。如果你也牵扯其中，那么保持冷静，把人和事分开来看，从这种处境中抽身。这些建议不能说不好，但它们不是转换型的，是交易型的。它是一种关于问题处理方式的交易，但真正的问题是人际关系。

如果你有协同心态，你就会去寻求人际关系的改变。你明白自己的价值，你也深刻了解他人的价值。找一个较为私密的地方，和她坐在一起，告诉她，"你看问题与众不同，我需要听听你的想法"，并且说到做到。

也许你会听到一些荒谬的事情。也许当别人向你发泄时，你会涨红脸。但是让它尽情地来吧，不要让自己屈服于自我防御，你的机会就会到来。你是去理解的，而不是去对抗的。

你很可能会发现问题本身并不难解决。无论触发冲突的原因是什么，它都可能只是一个潜藏着 GET 内核的表象，员工的身份、安全感或者势力范围正处于危险境地。站在他人角度来理解他人的想法的确不容易，但这也许是对你协同能力的最大考验。你听到的部分或者全部都有可能只是废话，但另一方面，你可能从中了解到自身的一些问题。你可能会开阔视野。毫无疑问，你将会更加清晰地获得前所未有的视角。这些认识不会带给你伤害，也不会影响你的个人价值（除非你真不是协同型的人），它们能够拓展你的视野。

我的一位朋友是成功的商业顾问，他讲过这样一个故事：

我做商业顾问多年，做得得心应手。我有一位同事（我叫他锡德），年纪较大，个子较矮，秃头，喜欢穿户外装，而我们其他人都穿正装。我发觉他对我的升职耿耿于怀，因为他总是在会议上对我的发言嗤之以鼻。尽管没有直说，但他的发言暗示我幼稚并且"有很多东西要学"。而从他的工作评价来看，他的顾客对他也不是很满意。

有一天我跟锡德闹翻了，我冲他发火，说他是干瘪老头，工作能力早就不行了。第二天，我收到一封他反驳我的简短邮件。我一笑了之。之后有两年的时间，锡德和我彼此视而不见。

后来我们俩被派到华盛顿，服务同一位客户。我感到很不舒服，但他和我是能胜任这项特殊工作的不二人选。飞机旅程4个小时，我坐在他旁边。他冷冷地看了我一眼，我不知道该怎么办，只好对他说，"我们很久没说话了，锡德，说说你自己吧"。渐渐地，他开始谈论起自己。

几个小时过后，我的所有看法全部改观，不仅对锡德个人，还包括对商业顾问工作的看法。多年以来，锡德一直信奉"根本原因分析法"，一种发现并纠正商业问题的科学。他在这方面有很深的造诣，然而令他失望的是，其他同事并没有严肃看待这门科学。

几年前他曾暗示我还要学很多东西，他是对的，我的确有很多东西要学。在接下来的3天中，他一面指导客户，一面教给我一些我不甚了解的领域的知识，这彻底改变了我对工作的认识。

每晚我们都会绕着旅馆慢跑。锡德向我坦言，他对公司不重视专业知识感到失望。他解释了他被某些客户拒绝的原因——他总是告诉他们真相。他也跟我说起我的爆发如何伤害了他，我为此感到很难过。

我也了解了他的生活，他有艰辛的童年，有让他困惑不已的离婚经历。我了解到他是如何付出艰辛的努力把自己打造成一个兼具商业和文学艺术修养的人，我了解到他是一个无论做任何事情都永远坚守原则的人，无论是打高尔夫球、滑雪还是飞钓。

在华盛顿的这3天里，我只是倾听——对我来说，这是个转折点。我学到了解决问题的新见解，这转变了我的工作方式，令我在工作上更加得心应手。当然，我并没有全盘采纳锡德教我的东西，我认为他对客户过于唐突，但即便是这一点也不失可爱的一面。最重要的是，我交到了一个珍贵的朋友，他成为对我影响深远的人。

由于其中一方愿意坐下来倾听另一方的故事，我的朋友和锡德之间令人畏惧的高墙就此倒塌。这样做固然花费时间，但这种投资的成果是一场完全革新的商业实践和一段长久的友谊。随后的几年里，他们共同设计出一系列针对各种棘手客户问题的创新解决方案。

当我们感到自己受到不公正待遇的时候，我们很容易沉湎于这种不公正。通常我们都会否认自己要对冲突承担任何责任，总是认为都是其他人的错。这会侵蚀我们，让我们变得更有防御性，更加愤恨不平。而冲突循环将愈演愈烈，直至我们的工作受到不良影响。

我们可以采取不同的方法，我们可以选择认真倾听冲突一方的需求和关注点。如果我们真心寻求理解，没有虚伪，没有诡计，其他人的知识与见解就会让我们相当惊讶，就像我朋友与锡德那样，他甚至觉得在倾听的时候说话是多余的。实际上，有时候言语反而是交流的障碍。

还有很多人不接受他人的同理心，他们会情绪失控或者大打出手，当然没人可以容忍这种行为。大部分工作中的个性冲突不会达到这种程度。通常人与人之间出现高墙是因为被轻视、势力范围被侵犯以及人格冲突。这些正是 GET 中所有的要素。

在关于如何处理职场冲突的最新书籍中，你会发现，屡屡被提及的是调停、谈判或者妥协，没有一处提到协同。这些书讲的都是交易型的方法，是缓解冲突、回归均衡的粗浅方法，很少提及转变人际关系方面的内容。

交易型的冲突消解途径是有风险的，因为情绪上的失控仍然存在。人们可以平静下来，握手言和，重新回归工作，但如果人际关系没有发生结构性转变，潜藏的情感冲突仍旧难以平息。

交易型的冲突消解方式都是关于"我"的，即"我"怎样把损失降到最少才能得到我想要的；转换型的冲突消解方式都是关于"我们"的，即"我们"怎样共同创造奇迹。

你自己可以做做看。如果你身处争论中，那就停止争辩，开始倾听。如果你感到"做得正确"的需求压倒一切，就把这种需求暂时搁置一下，开始倾听。如果你陷在两种选择的困境中，那么问问另一个人："你愿意寻找另一种比我们以往想到的更好的方法吗？"

## 超越双赢：如何在销售和谈判中达成协同

传统的销售人员正逐渐消失，原因有很多。其中一个主要因素是互联网，它凭借数以亿计的交易秒杀了曾经要面对面进行的交易。[59]然而，即使是在B2B（公对公）的世界里，销售人员也在消失，卖家与买家的直接沟通已经成为常态。我认为其中的主要原因是，旧有的"卖家"概念已经过时了。

为什么呢？因为作为一种职业，销售从来没有脱离"我们对他们"的两种选择心态。当然，也许有例外，但是专业销售背后的一般动机都是"数字"：收益才是王道。请不要误解我的意思。利润是必不可少的，无利不商。可是如果一个销售人员一门心思只想业绩而不想为客户服务，那么最终他在两方面都不会成功。一个明确而坚定的原则是：生活的本质不是积累，而是奉献，即不是累积物质资产，而是为他人服务。

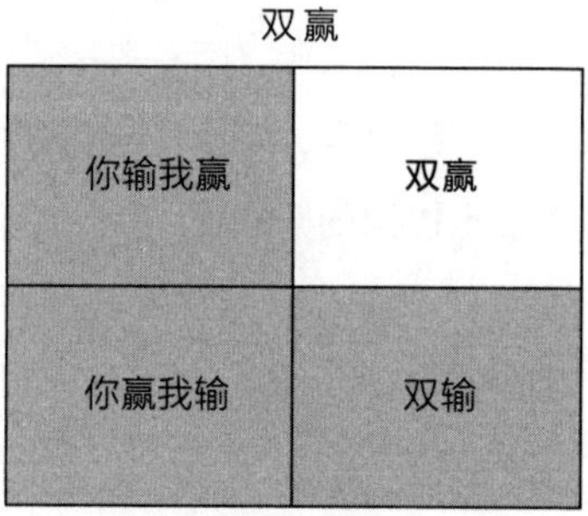

双赢

| | |
|---|---|
| 你输我赢 | 双赢 |
| 你赢我输 | 双输 |

图 3-3

注：你输我赢意味着我得到了我想要的，你赢我输意味着你得到了你想要的，双输意味着我们都没有得到自己想要的。这些都是妥协的心态。双赢是第3选择的心态。这不是你的方法或我的方法，这是更好的方法。

最为原始的销售或谈判方式是讨价还价，是你输我赢或你赢我输的零和博弈，双方都试图占据上风。这些销售人员吹嘘自己是"猎人"且"伺机杀戮"，后来产生了不同种类的"顾问式销售"，试图建立一个双赢的结果来满足双方的利益。双赢式销售与讨价还价相比，绝对是一个进步。

我认为保持双赢的心态非常重要。不仅在商业关系上，更重要的是在所有的生命关系上都要保持双赢的心态。它是进入人类心灵的入场券。没有双赢的心态，就没有信任；没有自信，就无法共同进步。令我感到欣慰的是，我相信大多数商务人士都能够理解并见证了双赢的理念遍及全球，而在这个过程中我尽了自己的绵薄之力。[60]

此外，作为一种职业，销售日渐凋敝的原因之一是，双赢思维并没有达到应有的普遍和深远程度。奥拉西奥·法尔考教授认为，对大多数人来说，你输我赢的思维模式是"默认设置"："人们总认为双赢是软弱的，这是很大的误区。双赢看上去似乎很幼稚，因为一些人可能对双赢有错误的认识或将其视为'软弱'。然而，双赢应该是乐观的而不是幼稚的，二者之间有很重要的区别。"[61]

同时，双赢思维并不是终点，而是所有和谐关系的开端。在商界同样如此，双赢思维是协同的开端而不是终点。一笔双赢的交易并不一定是最好的交易。双赢意味着双方都没有输，都比较满意，对结果感觉良好，这样做没什么不对，但是协同型的思维能做得更好。共同创造的价值没有极限。

在以往没有固定定价、只能讨价还价的时候，人们只能从不太信任的经销商那里买车，希望自己不被骗。底层汽车经销商常常被开玩笑。后来，汽车经销商变得更专业、更坦诚，他们开始更真诚地尝试为顾客带来更好的交易。

随后，出现了少数不断寻求第 3 选择、为客户提供价值的协同者。对买车的人来说，亏损是不可避免的。汽车的保值率低，几年之后，车主的投资就大幅贬值了。这是很令人沮丧的事情。我认识的一位汽车经销商在意识到这一点之后开始采用一种奇妙的方法来帮助客户投资保值，大多数客户只需在成本价上多付几百美元就可以从他手中购买新车。然后，他在下一年的新款车型上市之前帮助他们把车卖掉，售价大致与他们当初的购车价相当。结果，年复一年，他的客户总开着新车，在转手过程中损失很少甚至没有损失！他通过调查向客户提供转售价值最高的车型。尽管每辆车利润不高，但总销量却非常可观。"我宁愿一个月卖 150 辆车，每辆赚 500 美元，也不愿一个月卖 25 辆车，每辆赚 1 800 美元。"他这样说道。因为所有的车都是新的，很少需要维修，所以他没有设售后服务部。除了租用一个小小的展示厅，他并没有其他开销。更重要的是，他还拥有一批完全忠实的客户。

这位汽车经销商的第 3 选择省略了耗时耗力的销售和谈判过程，他根本没有必要做这些事情。他不得不放弃一些生意机会，因为他太受欢迎了。在帮客户避免损失的过程中，他也节省了大量的时间和精力，客户应接不暇。

以前，买家必须和销售人员打交道，只有通过他们才能获得产品、服务或者他们需要的信息。销售人员以及他们的心机经常令买家心生不满。如今，买家想要的东西大都能从网上买到了，因此即便是双赢心态的销售人员也不再不可或缺。然而，有一件东西是无法从网上买到的，那就是协同，即像这位汽车经销商这样富有创造力的人（一个真正把你的利益放在心上的人）提供的帮助。

我的一位朋友马汉·卡尔萨精通谈判，他说，"销售意味着**对**

某人做些事，而不是**为**某人或者**与**某人做事。销售早已成为一种建立在恐惧基础上的关系。客户害怕花言巧语，而销售员害怕失败。没人喜欢被'出卖'"。

我觉得这种销售观念正日渐消亡，它应该被协同型的合作关系取代。在我的公司，我们设有"客户伙伴"这一职位，他们的工作是与客户找到协同点，帮助他们找到具有竞争优势的第3选择。他们的任务就是帮助客户取得成功。

马汉说，"你必须帮助你的客户取得成功，这是思维上的重大转换"。协同型的合作关系对我们大多数人来说就是思维模式的转变。仅仅让客户购买已经远远不够了，你需要削减他们的成本，增加他们的收益，扩充他们的资产，帮助他们提升产品质量和客户忠诚度，或者让他们的表现有所改进。你要帮助他们实现宏伟的目标。

## 成为第3选择的谈判者

### 我看到自己

为了调整到第3选择的心态，我们必须首先看到不一样的自己。我们不再只是产品销售人员（讨价还价者），我们不再打电话给客户，告诉他们："我有一个新的改良版的东西，想不想试一下？"相反，我们成为协同者。我们不断寻找新方法，帮助客户在工作中取得成功。

你可能经常听到优势谈判很重要这样的话。通常情况下，这意味着一方相对另外一方处于强势地位。对我而言，意义却大不相同。不管我与对方的权力关系如何，我只会在正直、诚实、双赢的心态下同他们进行实力谈判。一个在谈判时运用权力打压对方的人，可能会取得短暂的胜利，但是这种人在市场上不值得信任。要做一个有第3选择思维的谈判者，必须首先视双赢为目标，不接受任何对人对己都不利的事情，不使任何一方失去任何东西。

我的儿子戴维有一段时间担任我们公司的销售总监。一天，一家大公司提出跟我们合作的意向。戴维的销售团队非常兴奋，这是世界上最大的公司之一，如果它能购买我们的服务，我们就能获得丰厚的收入。

可是，认真研究过交易条款之后，戴维意识到折扣打得过低，公司几乎无利可图。他不想做这笔交易，但是销售团队向他施压，让他继续，"这样的客户千载难逢！这次虽然是特价，但他们后续会给我们更多的业务，以后我们肯定会得到更优惠的条件"。

戴维一直抱有双赢心态，如果客户的胜利以牺牲我们的利益为代价，那么无论销售额多大，关于未来的模糊承诺多么动听，这样的交易都不是好交易。因此，他来到了这家大公司的总部，试图与其达成第3选择。

"每个人都知道游戏规则，"戴维说道，"对方是大公司，谈判代表的职责就是强行让经销商屈服，他们已经习惯于此。他们想回去对领导说，'看我为你做了什么'。我们不想再玩这个游戏，不双赢就免谈。"

最后，不知道对方是为我们的决绝所影响，还是真心想要我们提供服务，他们最终接受了我们的条款。这对双方来说是双赢的，我们之间也建立起了良好的、富有创造力的关系。

协同型谈判的基础是双赢心态，并且是从"我"开始的，但双赢心态只是开端，我必须乐意同你一起创造让我们都惊喜的东西。

若干年前，我们想研究一些公司未能成功实现重要目标的原因。我们计划做一项调查,于是我们把业内最好的调查公司的代表叫到一起让他们开价,他们报出的价格令我们大吃一惊,我们的反应就是销售人员口中常说的"退缩"。"什么?"我们大叫。我们从未想过做这样一项调查会花费这么多。

后来我们找到了皮特,他是一家知名调查公司的代表。他没有直接开价,而是问了一个简单的问题:"你们为什么要做这项调查?你们想做些什么?"我们详细介绍了这个项目,我们向他解释,多年来我们的业务范围都是教导个人如何提高效能,而现在有很多人想让我们帮助他们的公司提高效能。我们谈到了我们对信息的需求、客户面临的挫折以及我们要帮助他们达成的愿景。

皮特倾听了我们的想法,最终给我们提了若干条建议,没有一条建议需要花费大量费用。他提供的信息甚至不会给他带来任何收入,比如我们要采访的相关人物的介绍。他教我们如何处理数据以节省调查开支,还坦率地谈起了自己的公司在执行策略上存在的问题。

皮特所做的是很多专业谈判者告诉你不要做的事情。他做出妥协,放弃收入,教我们如何自己做调查而不是聘请他的公司去做。他的建议让我们不花钱就得到了我们想要的东西。他完全坦白自己的成本和利润并表明自己的目的。我们深入谈了很久之后,皮特才为自己的全部建议报出了一个价格。

皮特是过于单纯不会赚钱吗?在我看来,完全不是。皮特不仅是在做一笔交易,他还对我们想解决的问题感兴趣,于是他成了我们项目的忠实合作伙伴。他向我们提供了针对性解决问题的新颖而独特的方法,为我们联系了能够就最新的调查问卷设计科学知识对我们进行培训的专家,他帮助我们改变了头脑中的调查观念:为什么调查,如何调查,调查的局限是什么。我们的钱开始流向他那里。最后，我们委托给皮特的公司一项重要的调查任务，而这仅仅是我们合作的开始。当我们成为调查供应商时，他和他的同事为我们的产品设计提供了宝贵的专业意见。多年来我们一直与皮特合作，他为我们提供了数不清的服务，我们也视他为重要资源。

随着时间的推移，皮特这样的伙伴会越发珍贵。他们视自己为协同者而不是产品销售人员。很多专业销售人员由于无法坚持协同，导致其自身价值不断贬值。买家会越来越厌倦不会协同的销售人员，而不管他们有没有所谓双赢的心态。

**我看到你**

第3选择思维需要你把对方看作一个人，而不是战争或捕猎游戏中的敌对方。我们很容易陷入"我们对他们"的思维。格兰德·卢姆教授告诫说："不要把难以搞定的谈判者妖魔化，这点很重要……也许他们并不信任你的公司，也许他们在过去的谈判中被骗过，也许他们不知道还有别的谈判方式。最后，我们都成了自己利益的拥护者，都相信我们所做的才会产生最好的结果。"[62]

老派的销售人员编出一个个英勇故事，讲他们如何在一场艰苦战争中战胜了残忍的敌人，赢得了最后的胜利。这让他们自我感觉良好，但这不过是错觉。"两种选择"思维模式（"我们对他们"）妨碍了他们将对方视为"人"。他们习惯于把对方视为敌人。常规的销售和谈判训练充满了各种各样的花招和技巧，教导人们怎样在竞争中占据上风。有一种策略叫作"以退为进"，先开出高价，然后退一步得到预期的谈判收益；有一种策略叫作"得寸进尺"，在得到对方的一小步妥协之后，逐渐要求对方做出更大的妥协；还有"虚报低价"，以优惠的报价吸引客户，到最后一分钟再把杂七杂八的价格都加进去抬高价格，这跟"循序渐进"有些类似：花很长时间谈一笔交易，在最后关头提出新的要求取得胜利。原因是客户不会因为最后一分钟多出来的开支而放弃，因为他们之前已经做出了努力。

遭受这种游戏之苦的买家想出了自己的防御技巧。正如马汉·卡尔萨所言，"不良销售行为导致了对抗不良销售行为的不良购买行为"。[63] 一种叫"引诱法"，买家通过说"差不多了……接近了……更接近了……"逐渐砍下卖家的价格；还有一种叫"畏缩法"："你想什么呢？你疯啦？我想不出谁会出这样的价格。"买家也可以像卖家那样运用"循序渐进"策略。自然，卖家还会想出对抗方案——"反退缩"，我猜也会有"反反退缩"方案。

更老练的谈判者不会采用如此低劣的方式，而是采用更高明的方法。他们分析对方的压力、风险容忍度、最后期限心理以及妥协与妥协之间的时长。他们综合分析计算，做出越来越小的妥协。他们的法则是：晦涩不明，拐弯抹角，永不直言，让对方去做决定，这样就能够增加自己在交易中的筹码。

所有的常规方法都会破坏信任。每个人都在试图多争取一点儿既得利益，销售过程如此艰难，令人沮丧且耗时长久，而这还不是最糟糕的。

你还得一直说谎。最近，我的一位朋友跟我讲了他参加过的一场激烈的谈判研讨会。他说他们进行了一次实战演练，每一方了解到的对方的信息都是有限的。他们的任务是根据这些信息来达成交易，交易最好的小组将得到奖品。我朋友那一组被打败了。后来他问获胜组的组长是怎样占得优势的，"我们撒了谎，我们告诉你的基本费用比实际的要多"。

于是我的朋友找到研讨会的领导者，并告诉她"他们是靠撒谎取胜的"。研讨会的领导者是一位有数十年谈判经验的成功女商人,她转向他,"没有谎言的地方也没有真实"。

我愿意加上一句,没有真实就没有协同的希望。这些骗人的把戏在互联网时代越来越不起作用,因为我们能轻而易举地得到成本、质量和服务的比较信息。"退缩""引诱"等方式已经成为那个需要实际工作验证信息的时代遗留的产物。今天,如果你告诉我你出的价格是最好的,那么,你最好是在说实话,因为我当即就能用智能手机检验你说的话。我能查到你公司的所有信息,包括你的竞争力、你的产品、你的服务水平甚至你的人格。所有信息都在那里,你无处可藏。

拐弯抹角进行谈判的时代已经一去不复返了,再也没有人能忍受兜圈子。那些试图欺骗你的人暴露出的是他们对你的不敬。那些声称所有生活都是谈判游戏的人多是心态不好之人。如果我想成为一个拥有第3选择思维的人,我必须有好的心态——我们可以一起达成之前我们都未曾想过的无比激动人心的选择。我必须视你为人,珍视你的信任与尊敬,而不是视你为欺骗游戏中的符号。

你只要直言不讳、用同理心倾听,通常就可以绕开谈判。我的儿子戴维讲过一个故事:

> 我的女儿马德琳申请了一个全国知名的创意写作计划,却因为人数已满被拒绝了。我的第一反应是:"不,还没满。"于是我给负责人打了个电话,向她介绍了马德琳的情况:她是什么样的人,她有多么希望能够参加这门课程。我说:"再给我讲讲相关情况吧。我只是想了解情况,没有任何想强迫或操控别人的意思。"于是我开始倾听,并在倾听

的过程中与她建立起一种关系。20分钟后,电话结束了,她接受了我的女儿。

今天的人际关系准则是"发言权杖沟通法"。我通过倾听你、理解你与你交易。我直言不讳,坦诚交流。

## 我找到你

第3选择模式的谈判需要"我找到你"的思维模式。它意味着需要深度同理心。

几乎所有的销售培训都会讲到倾听技巧。然而,大多数情况下,倾听的重心是寻找"购买信号"而不是理解。有一本关于谈判艺术的畅销书只提到了一次"倾听",还只是为了在"你没有任何损失"的情况下对买家做出"妥协"。这种倾听根本没有同理心。

如果你珍视和谈判对手的关系,你就会积极主动地用同理心去倾听。你不会只是假装倾听,实则为了伺机反攻。你会表达你的同理心,因为你就是这种人,而不仅仅是因为它能带给你最大的利益。

如果你努力成为一个协同型伙伴而不是简单的卖家,那么用同理心倾听就会将你置于客户的立场。你会从他们的视角看待世界,为他们的困惑而困惑,你会感受他们的痛苦并分享他们的愿景。我知道,作为销售人员,真正放下你的产品或解决方案是很难的;但如果你是个聪明人,你就会放下这些,走进别人的内心世界。正如马汉·卡尔萨所建议的,"把整个谈话看成一场未知的发现……要清楚地认识到这并不是你为客户寻找解决方案的过程,而是双方都在致力于共同发现的过程"。[64] 这是深刻的领悟:共同发现而不是仅提供解决方案。你的商品包装袋里没有任何解决方案完全适用于客户,但是你们能够共同创建一个适用于彼此的有创造力的解决方案。

如果你用同理心倾听,你就会感受到客户的失望。你会听到类似"要了我们的命了""我们大出血了""阻碍我们的是……"这样的表达,你就会理解他们的愿望是"能够……该多好""我们的最终目标是……""我能看见那么一天"。作为一个协同者,你的任务是专注并感受那个时刻的重要性,思考并重述那些被表达出来的失望与希望。最后,你请他们把这些温和的表达转变成得力的措施。你就像一个内科医生,想了解他们到底出了多少血。你想知道他们的愿景该如何以数字来衡量——收入增加多少,份额提高多少,你想知道他们要实现怎样的目标才能切实受益。马汉从他的客户身上观察到,"无论在智力上还是在情感上,他们通常都不具备弄清楚问题与机会的真正后果的严谨性。直指事物核心会带给客户附加价值"。[65] 一旦你了解到他们的心声以及你能做的贡献,你就可以相应地为你的服务定价。也许你会发现自己的服务价值远远超过报价清单,也许你想看看利润率。"烧掉你的报价单。"马汉说道。

当然,懂得倾听的销售人员跟那种花言巧语的传统销售人员正好相反。大多数专业销售人员说得太多,可能会导致一些问题,比如不理解客户的真正需求或者过度销售。虽然他们表面看起来是在倾听,但他们的内心却没有"闭嘴"。

医药行业资深销售主管吉姆·厄斯里说,多年前,医药代表和内科医生之间就是单向交流的关系,"我们会不断地传递同样的信息,不管客户是否感兴趣。那时候,药企的策略被称为'到达率和频次',医药代表不断拜访医生。我们了解到,同一家公司可能会有 8 名医药代表为了单一产品、单一信息,带着相同的药物样品去拜访同一位医生"。单在美国,医药代表拜访内科医生的次数已经高达 95 000 次,"这是无法持续、缺乏效率的疯狂之举"。

厄斯里知道医生们厌恶这种轮番轰炸。"可怜的医生们自己的时间都不够用,管理医疗组织、患者、同事以及文书工作都需要时间。如果医药代表占用了时间,其他工作就要被放弃。"医生开始反抗:"如果他们能带来新的东西,我们会听的。但我们没有时间老是听一样的东西,我们还有患者要医治。"[66]美国南部知名内科医生兼卫生行政主管乔丹·阿舍的话代表了许多医生的观点:"药企与快餐公司没什么区别。它们公开交易,目标是为股东赚钱;只不过药企碰巧处于医药行业,这是它们之间的唯一区别。这些公司的大前提跟我们是完全不同的。为了达到销售目的,这些人能把死人说活。"[67]

"这是一种不正常的关系,"厄斯里说,"没有人在意'把患者放在哪里'。"从过去到现在,两个世界之间的高墙都无法逾越。由于药企不断受到"以奖学金、津贴、演讲费甚至午餐的方式资助内科医生提高自身影响力"的诟病,它们已经逐渐远离甚至避免这样的接触了。

但是有一些协同思维者开始寻求突破,他们通过真正地倾听彼此找到了第3选择。吉姆·富卡就是其中一个例子。他是美国一家大型药企的高级销售代表,有着丰富的销售经验。"我们的任务和职责永远是销售药品,"他说,"但是我们需要重新改造自己来提升自身的商业成功,改进我们与客户之间的关系。我们对自己价值的展示远远不够,相反,我们表现得过于急功近利。所以我们花了很多时间来改进我们的销售模式。"

## 我和你协同

倾听是建立稳固的职场关系的基础。只要能养成用同理心倾听的习惯，人们就能继续走向协同。

具有讽刺意味的是，药企通过"到达率和频次"这种销售模式在它们自己和客户之间构建了一堵高墙。药企敲门的次数越多，客户拒绝的次数就越多。事实上，有些医院甚至会有"禁止医药代表入内"的禁令。但是当像吉姆·富卡及其同事这样的医药代表开始倾听医生的时候，协同效应就出现了。富卡和他的同事通过与医生进行"发言权杖"沟通来了解药企的真正价值是什么，而不是他们会得到什么利益。

"是科学，他们重视的是科学，他们想知道正确使用我们的产品所涉及的科学问题。"这一理解催生了针对客户的第3选择：他们组成了一个由24位顶级医药代表组成的健康科学小组，与国内最富影响力的内科专家密切接触。富卡是小组组长，"他们的工作是理解学术带头人的关注点，确保他们在不受任何促销干扰的前提下得到最精确的科学信息"。

公司内部出现了反对意见。一些销售领导认为这个健康科学小组太浪费精力："他们能卖什么？收入从哪里来？"但是富卡据理力争："我们知道这是跟医生打交道最有效的途径，我们将提供他们需要的东西而不是为产品做宣传。他们不需要更多的样品、小册子或小饰品。我们所接触的学术带头人会影响他们所在的内科医生圈子，我们的销量也会随之增长。"

通过倾听，他们了解到更多深深困扰医生的问题。"患者依从性是一个大问题。医生告诉患者应该做什么，但他们就是不听。"厄斯里说，"他们想多吃、多吸烟、不运动，'给我片药让我好受一点儿吧'。"公司开始专注于提高患者依从性，"以糖尿病为例，它的治疗费用很高，患者负担很重。如果能够让患者提高依从性，那么负担就会大大减轻。于是提高患者依从性、确保患者遵守治疗方案就成为我们的共同利益。我是制药的厂家，如果患者能按医生的处方服用我们的产品，我就能从中受益；医生会得到满意的疗效，患者也会恢复得更好。整个医疗系统都会由于成本的减少而受益"。

后来他们发现，一些专业销售技巧对医生提高患者依从性也很有帮助。医生可以"销售"疗法。他们可以探求患者不肯依从的原因，用同理心倾听患者，找到潜在的原因。（"你没时间锻炼，听起来时间是个问题，我有一个并不费时的锻炼方案，你愿意试一试吗？"）他们可以像销售人员那样更认真地跟进。于是又一个第3选择诞生了：培训医生学习销售艺术。

卫生保健供应商关注的另一个问题是医疗资源分配不均。"美国东南部地区是一个很好的例子。"富卡说，硬件措施很成问题，"在亚拉巴马州，人均医生数量是还可以，然而所有医生只分布在4个城市。在肥胖与心脑血管疾病发病率高达75%左右的亚拉巴马州西部，一个医生都没有。问题最严峻的地方却没有医疗保健。"于是富卡和他的团队开始将关注点放在维持均衡上。"我们有治疗这些疾病的产品，于是我们开始寻找战略机遇，与那些尝试将更好的卫生保健带到该地区的人合作。大量的拜访是没有用的，因为那里没有医生可拜访。我们要做的是退后一步，花些时间倾听医学会、州卫生人员和大学的想法，看看我们要达成怎样的合作才能切实帮到他们。"[68]

在把自己从"行走的药品广告"变成"解决关键卫生保健问题的珍贵资源"的过程中，厄斯里和富卡以及其他人找到了对患者、医生和自己的公司都有益的第3选择，并且在寻找第3选择的过程中得到了激励和满足。

如果我具有传统的谈判思维模式，我只会看到两种选择：我赢或你赢。对我来说，所有的生活都是由妥协和进取构成的。这是一种零和博弈的世界观。相反，如果拥有第3选择思维模式，那么价值创造之路永远不会有尽头。零和交易以妥协而告终，你输我赢，或者你赢我输。相反，第3选择改变了世界。人们会发生转变，在情感和思想上更加开放，他们倾听并学习，他们以新鲜、新颖、更开阔的视角看待事物。这时第3选择令人们发生了神奇的转变。

协同型伙伴关系的目标，正如哈佛大学学者迪帕克·马尔霍特拉和马克斯·贝泽曼所言，"不仅仅是帮助双方达成共识，认可双赢，更是帮助你实现价值最大化"。[69]每位商务人士都在寻找能够让他们在市场上成为佼佼者的"伯乐"。我想说，让你鹤立鸡群的最好方法就是学会协同。

## 协同 vs 传统谈判模式

如果你以协同思维模式工作，你就会轻而易举地在日常谈判过程中找到第3选择。以下达成第3选择的4个步骤，与传统的谈判阶段形成了巨大的反差。

无论你是卖方还是买方，传统谈判通常从高要求开始，委婉地说就是"高目标"。买家想以最少的钱得到最大的价值，而卖家则想卖到最高的价格。每个人都明白，这样的开局只会令人们发现对方的疯狂，随之而来的将是大量的冲突。

然而我们是协同者。对我们来说，这是一个幼稚的游戏，是对时间的浪费。我们代之以第3选择的询问："我们都愿意达成一种比我们任何一方能想到的更好的交易吗？"在某些情况下，我们可能需要通过建立信任来赢得询问的机会。但是，如果我们已经建立了良好的声誉，那么询问不会使我们损失任何东西。

在传统的谈判中，开局之后的下一步是举证。没有人愿意过多过快地让步，所以他们要让自己的处境合理化，要以事实、数据和令人惊讶的故事来证明为什么要设定"高目标"。但如果另一方愿意达成第3选择，那么我们就会聚到一起，共同明确成功的标准和需要做的工作。我们已经建立可以产生双赢结果的伙伴关系。双赢的结果将会如何呢？

**协同 vs 传统谈判**

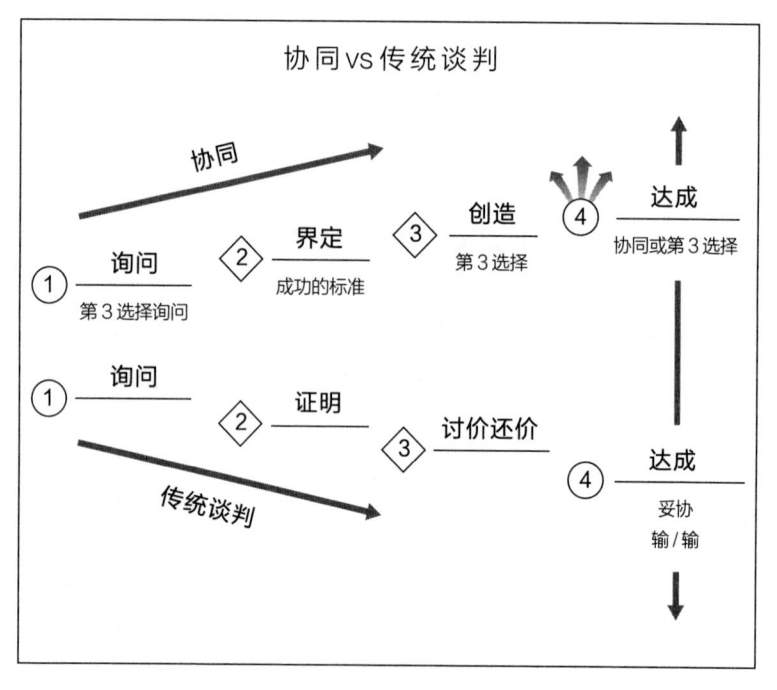

协同
① 询问 —— ② 界定 —— ③ 创造 —— ④ 达成
第3选择询问　　成功的标准　　第3选择　　协同或第3选择

① 询问 —— ② 证明 —— ③ 讨价还价 —— ④ 达成
　　　　　　　　　　　　　　　　　　妥协
传统谈判　　　　　　　　　　　　　　输/输

**图 3-4**

注：传统谈判是一种读心游戏，它讨价还价，自我辩护。它损害人际关系，常常导致妥协，也就是双输。协同稳固人际关系，导向双赢。二者之间是一个你在竞争世界里无法承受的不断扩大的机会鸿沟。

传统的谈判者竭力阐明论据，接下来他准备进行下一步了。这一步的委婉说法叫"探寻底线"，但实际上还是讨价还价。双方都希望付出最少、得到最多，都想看看对方的底线。对协同者来说，讨价还价是没有必要的。到这个阶段，双方都忙于确定可能的解决方案，即第3选择的备选方案。这是一项令人兴奋、有创造力、有活力的工作，其中一部分原因是没有人知道它会有怎样的结果。

令人厌倦的传统谈判过程的最后一步是达成妥协，敲定大家都同意的所谓的"最佳及最终报价"。尽管他们握手成交，或多或少得到满足，但是结果不会令任何人开心，毕竟每个人都在妥协中损失了一些东西。与此同时，协同者达成的是第3选择，这是一种激动人心的、完美的、意料之外的解决方案。每个人都赢，每个人得到的都比预想的多，彼此的关系更加牢固，可以继续携手创造未来。

两种方法的不同之处在于，它们之间有一个随着时间的推移不断扩大的机会鸿沟，在竞争的世界里，处于鸿沟的底部是无法生存的。传统谈判者将精力浪费在试图读心或者操控他人上，这种行为只会导致妥协的结局。第3选择思维者则将精力投到转换彼此关系及把握未来机遇上。

## 协同的创新力量

对成功公司进行的大规模研究表明，创新力量是维持商业成功的关键。"企业基业长青研究"在10年的时间里，集结了来自哈佛大学、哥伦比亚大学、麻省理工学院、达特茅斯学院、沃顿商学院及其他大学的诸多学者。他们的任务是，探究卓越而经久不衰的公司与平庸公司之间的区别。

不出所料，他们发现卓越公司都有大规模创新，而且对此并不避讳。"他们紧盯着最有利的机会和有望改变整个行业的全新产品理念或技术突破……对于只满足于两位数增长率和利润率的公司来说，适度的改进是不够的。他们的关注焦点是突破性创新，是能够把对手逼退的理念。"[70]

那么"全新"的理念和突破来自何处？创新研究专家会告诉你，它来自协同。我的好朋友克莱顿·克里斯坦森教授或许是全球最顶尖的创新领域专家了。他说，突破性创新永远是颠覆性的，[71]它往往出现在不同观点和古怪联系相互碰撞的"边缘"。它不是主流，不是那些存在于大多数公司办公场所里的同质性思维。

这是一个悖论。我们知道，卓越公司可以有高度创新性，但我们也知道，高度的创新源自市场上古怪的、前所未有的颠覆。那么，作为相对不活跃的"企业界"的一部分，卓越的公司是怎样抓住伟大创新的呢？

不断寻找！这些公司的领导者理解协同如何起作用，也积极地培养协同思维。他们很多人一直都在培养第3选择思维。相反，平庸公司的领导者对新思想抱有深深的疑虑。他们厌恶颠覆，处在一个两种选择的"我们对他们"的世界里。他们将自己缺乏进步归咎于外力，他们将颠覆性技术视为威胁。创造力专家爱德华·德博诺这样描述这种特殊心理："那些身处困境、急需新想法的公司总是到最后才去寻求颠覆性的技术。他们确信自己的想法没什么不对，只是时运不济——所以寻求更好的想法是毫无意义的……曾经有家著名公司的领导者对我说，他们面临着严峻的困难，以至没时间去创新！也许正是这种态度令他们陷入困境。"[72]

与此同时，拥有第3选择思维的公司欢迎这种颠覆。其领导者在维持现有事业成功的同时，乐于接受来自外部的多种多样的新想法。他们发展出双重人格，既能促进现在，又能开发未来。

拥有第3选择思维的公司的文化不同于缺乏创造力的公司。科学家指出，蚁群中的"新生力量"可以帮助它们在最荒凉的环境下生存，比如混凝土或者人行道的夹缝中。他们所说的"新生力量"指的是蚂蚁聚在一起，共同解决生存问题的微妙特性。我喜欢将第3选择的文化与珊瑚礁做类比。如果你在加勒比海或澳洲海岸潜水，你就会发现这些美丽的珊瑚礁，它们由鱼、蕨类、软体动物以及各种颜色和种类的海藻组成。暗礁表面看起来是活的，它们随水流摆动，就像风中花园一样，而暗礁的深层部分则是石灰岩。生物学家告诉我们，新的珊瑚物种就生长在生物多样性更强、与所谓的"物种富足中心"互动更强的"边缘地带"。[73] 公司同样如此。那些重视差异、能找出多元化思维热点的公司才会繁荣发展，而那些选择防御心态的公司则会僵化，趋于灭亡。发现协同的最好地方是"边缘地带"，那里的人们拥有多样的优势和多元观点。

## "第3选择"团队

真正的创新取决于协同，而协同需要多样性。看待事物完全一致的两个人不能协同。对他们来说，1加1等于2。但是看待问题不一样的两个人能够协同，而且对他们来说，1加1能够等于3或者10甚至1 000。因此，创新型公司故意把员工分成有多样化优势的团队。互补型团队能够扬长避短，团队成员相互完善。只有这样的团队才能创造第3选择。

我就在一个互补型的团队里工作，团队成员的优势弥补了我的劣势。现代技术是我的劣势之一，但我的同事精通于此，于是我的劣势变得无关紧要了。

互补型团队的规模或架构并没有什么限制，它可以由两个人构成，也可以包含整个世界。但是这样的团队必须相互尊重而不是排斥差异，必须摒弃协同的最大敌人——傲慢与地方主义。

## 整合分歧

互补型团队的观点是有分歧的。他们复制珊瑚礁的环境，来建立丰富的联系，开发协同。正如作家史蒂文·约翰逊所说，"把你的预感和他人的预感联系起来。你有一半观点，其他人有另一半观点，如果你们都处于正确的环境中，那么你们融合的观点就会大于部分之和"。[74]

微软前首席技术官内森·梅尔沃德创建的高智公司团队是一个了不起的互补型团队。他把背景迥异的人聚在一起，让他们"为了乐趣和利益"共同努力，以此来解决重要问题。如何让发展中国家的人民接种疫苗以挽救千百万人的生命就是其中之一。

疫苗必须一直冷藏，否则就会变质失效。即使在温热的条件下暴露几分钟，也会毁掉一批疫苗，失效的疫苗无法挽救生命，数百万美元因此被浪费。发达国家因为有冰箱和稳定的电源供给，这种情况很容易避免；但在发展中国家，这却是一个大问题。为了解决这个问题，梅尔沃德在华盛顿召集了一个由自动售货机、咖啡售卖机以及自动武器方面的专家组成的特别小组。他们的发明看起来像一个巨型热水瓶，里面是另外一个保管疫苗的瓶子，两个瓶子之间装有液氮。为了冷藏疫苗，瓶子不能被打开，因此他们设计了一个闸柄弹出每瓶疫苗，就像自动售货机弹出一罐苏打水那样。为了保持密闭性，不让温热空气进入，这个装置采用了 AK–47 冲锋枪弹药盒的工作原理。这个成本低廉的精妙装置可以在没有电源的情况下冷藏疫苗 6 个月——这挽救了数百万患有衰竭性疾病的人。

与此同时，"两种选择"的思维的影响不断扩大。政府官员、商务人士、经济学者和工程师在怎样向发展中国家提供稳定的电力和冰箱问题上争论不休，他们争论着社会主义与资本主义、企业与平民主义、可再生能源与化石燃料。这些领域的争论或许很吸引人，但是在这些有权势的人辩论时，没权势的人却因为缺乏合适的疫苗而患病和死亡。梅尔沃德说，"更好的疫苗容器可能对于真正的贫困和落后问题来说只是杯水车薪，但它能够让数百万儿童的生活发生改变，减轻一代人的负担，否则他们只能在病痛中等待进步的车轮来发展他们的社会"。[75] 梅尔沃德的第 3 选择是围绕亟须解决的问题进行协同的互补型团队的产物。如果你能想象与苏打机、咖啡壶和 AK–47 有关的人会聚一堂，你就可以想象出内森·梅尔沃德的魔幻剧场。没有人能够独自想出这样的解决方案，即使是最聪明的团队领导。

我很喜欢小说家谭恩美的一句话："创造力就是协同与重要事情之和。"[76] 这当然适用于高智公司的团队。

## 合作无边界

高科技时代一件非常棒的事情是，互助型团队知道一切是没有边界的。团队能以几年前做梦都想不到的方式协同。我们可以在任何时间、任何地点同任何人谈话、见面以及一起思考问题。我们之间的唯一的墙是文化之墙，而一些伟大的公司正努力拆毁它们。

乐高积木是一个很好的例子，这家丹麦玩具制造商被誉为世界上最值得信赖的公司。乐高重视它的数百万用户,将其视为互助型团队的积极组成部分。

如果用户秘密黑入你们公司的计算机,你会有什么样的反应?报警?当乐高遇到这种情况的时候,他们像其他人一样惊愕。但之后他们自问:"用户为什么要这样做?"身处乐高,他们对这个问题很感兴趣,并且尝试与侵入者进行"发言权杖"沟通。

与这些黑客交流后,他们发现这些人是乐高的粉丝,想拥有自己的作品。他们侵入公司的库存系统,为的是订购一些通常打包出售的散件。乐高社区开发部总监托尔莫德·阿斯卡尔德森回忆说:

> 我们的律师做好了追踪这些用户并告诉他们"你们不能这么做"的准备,但是我们也意识到,在公司之外有很多人才和高端技能。是的,他们在小修小改我们的产品,但他们也在改善它们。所以我们基本上默许了用户来黑,这是匪夷所思的事情。但如果你信任你的用户,那么他们可能会做一些真正有益的事。乐高品牌的所有者不是我们,是用户。我们拥有的是商标,但是品牌在用户心中。[77]

于是乐高开发出软件,允许乐高用户参与乐高的新设计,并且鼓励他们将设计与其他用户分享。这一回应催生了成千上万个乐高公司从来没开发过的新产品思路。"这是21世纪乐高的平台,"阿斯卡尔德森说,"这就是我们与时俱进的方法。我们可以完全根据用户的设计造出一条生产线,并把产品放到货架上出售。"

在"两种选择"思维模式的人看来,乐高除了禁止非法篡改内部系统的行为别无选择。循规蹈矩的二维思维将会在一念之间扼杀这个巨大的商业机遇。但是第3选择思维模式取得了成功，乐高发现了一种全新的商业模式：让用户设计产品，而乐高提供原材料。假若乐高没有第3选择的文化，那么这种协同就不可能实现。传统企业的思维模式是尽可能阻止这样的事情。然而，正如英国记者查尔斯·利德比特所说，"明智的组织会发展出新的模式，把'封闭'与'开放'巧妙地结合起来"。他提到了在中国遇到的一家公司：

> 在过去的10年中，2 500座摩天大楼在上海拔地而起。在其中的一座建筑物中，我跟拥有2.5亿用户的盛大游戏有限公司的领导者见了面。他只聘用了500人。他并不为用户服务，而是给他们提供平台、规则和工具，然后组织他们的活动。但实际上，内容是由用户自己创建的，这样就建立起了用户与公司之间的关联。如果你有家游戏公司，还有100万名玩家，那么只需1%的用户来共同开发，你就会拥有10 000名研发人员。

像乐高和盛大一样，伟大的公司从自己的用户中寻找协同，以创新思维考虑问题，整个世界都是魔幻剧场。利德比特继续追问着具有挑战性的问题："如果1%的学生参与教育的共同开发会怎样呢？如果1%的患者参与医院服务的共同开发会怎样呢？把用户转变为生产者、把消费者变成设计师，又会怎样呢？"[78]

## 第3选择与企业并购

公司因为很多原因合并：规模经济、市场机会、多样化等。我认为，组建一个协同型、互补型的团队是合并或者收购另一家公司最重要的原因。这是建立一家第3选择公司、让整体大于部分之和的难得机会。

然而，实际上极少有合并能获得协同。毕马威会计师事务所进行的一项里程碑式的研究表明："83%的公司并购不能提高股东价值。"[79] 更多情况下，60%的所谓商业交易实际上损害了股东价值。[80] "战略协同的虚假承诺，"病毒式营销的创始人杰弗里·瑞波特说，"已经在华尔街铺就了一条泪水之路。"[81]

为什么会这样呢？因为合并的动机往往不是协同，而是自大。另一项大型研究发现，大部分合并与"首席执行官的极度傲慢相关"，"表现在媒体赞扬与补偿金上"。换句话说，是为了高层领导的地位与金钱。[82] 一个代表性的例子就是萨奇广告公司的历史性扩张。这家传奇广告公司在20世纪80年代试图成为"世界领先的专业服务公司"。这一目标促使它吞并了大量"既无实力又无激情的企业……正如莫里斯说过的，'光自己成功还不够，其他人必须输'"。但是合并热潮导致这家盛极一时的公司最后以倒闭收场。莫里斯后来坦言："自大？是的，大概是吧。"[83]

合并开始以后，领导者都说要实现协同；但大多只是谈谈，用来掩盖露骨的傲慢。这也是商界人士讨厌"协同"的原因。所有关于协同的兴奋与激动看起来都是虚伪的，所有人都知道，合并可以令高层领导获得"真正的、极多的、惊人的财富"，尤其当多数合并后的公司表现不佳，"而领导者却从这些巨额的一次性支出中受益"的时候。[84] 只有当合并产生协同时才算成功，但是在来自两种不同文化背景的员工士气低落又担心失业的情况下，协同是不可能出现的，毕竟他们才是在两家公司的基础上创造第3选择公司的人。毕马威会计师事务所的研究将协同视为决定是否合并的首要而艰巨的标准。只有当我们能建立互补型团队、认清一方的优势是另一方的机会时，我们才会合并。

"协同是真实的，"彼得·科宁博士向我们保证，"它的作用是可以衡量或量化的。比如扩大经济规模、提高效率、减少成本、增加收益。"[85] 正如杰弗里·瑞波特指出的，"协同对企业来说是一种策略转型，协同能创造出全新的业务和产业"。[86]

确实如此。100年前，亨利·罗伊斯和查尔斯·罗尔斯阁下在英国曼彻斯特的米德兰酒店大厅初次会面。你想象不出比他们两个更不一样的人了。头发斑白、留胡子的罗伊斯是一个磨坊主的儿子，作为一名熟练技工，他为英国陆军制造蒸汽起重机，以做事尽善尽美而闻名。身高6.5英尺[①]的罗尔斯比罗伊斯高，年仅27岁的罗尔斯是一个富家子弟，父亲是男爵，罗尔斯也是英国第一个拥有汽车的大学生。在爱德华时代的英国，他们之间隔着一道巨大的社会鸿沟，但是他们都热爱汽车。在那个年代，处于萌芽期的汽车仅仅是昂贵的玩物，而且安全性非常差。有3年的时间，罗伊斯一直在他的店里摆弄一辆法国车，并且确信他能造出一辆更好的汽车。他的哲学是"力求完美，精益求精，创新进取"。

随后出现的手制汽车给罗尔斯留下了深刻印象。这时的他已经开始了一项新的业务：在引领时尚的伦敦西区开了一家汽车展厅。他同样对展出的法国车不满意。因此，这位年轻富有的出资人和那位经验丰富的老技工决定创建劳斯莱斯汽车公司。

这就是有着第3选择思维的公司，它实现了高超技术和敏锐商业意识的结合。当罗伊斯努力制造世界上引擎最好的汽车时，罗尔

---

① 1英尺≈0.3048米。——编者注

斯灵感迸发，设计出银色的车身以及一项将业务推广到英国上流社会的宣传活动。1907年，第一辆有着闪亮外观和静音引擎的"银魅"驶出工厂。

罗尔斯铤而走险，邀请媒体一同参与新车的越野耐力测试，记者们对它的表现目瞪口呆。"引擎盖下面的发动机是无声缝纫机吧。"一个人这样写道。一天天过去了，银魅穿梭于英国乡村中，媒体等待的汽车故障却从来没有出现。终于，在行驶了近1.5万英里①的时候，他们叫停了这项试验，宣布银魅是"世界上最好的汽车"。劳斯莱斯从此声名鹊起，直到今天，仍然是汽车行业里的高端品牌。

劳斯莱斯在英国200多家汽车公司的起起落落中一直屹立不倒，并且一直在生产古思特汽车。2011年2月，它发布了第一辆能够无线充电的豪华电动汽车102EX。第一辆1907版银魅投保5700万美元，是世界上最贵的汽车。

罗尔斯风光的经销商工作与罗伊斯不起眼的起重机工作的合并，诞生了一个新事物，一项第3选择的事业。两人相互尊敬，彼此爱戴。罗尔斯在一次坠机事故中遇难后，罗伊斯深受打击，此后再也没有去过工厂。但他们创造的结晶依然存在，劳斯莱斯是建立在二人的个人爱好、对互补优势的高度尊重和追求卓越的共同愿景之上的。

没有这些元素，合并不能真正成功，也不会有协同。合并不是简单的资产组合。当你提议合并时，你就踏上了一块神圣的土地——它关系着很多人的生计、身份和梦想。"发言权杖"沟通非

---

① 1英尺≈1.609千米。——编者注

常关键。如果你尊重那些人，不把他们看成工作机器，并力求理解他们的优势，你就会发现意想不到的财富，还有意想不到的协同。

## 第 3 选择的相关技巧

一个互补型团队在能够产生协同的环境中表现最好。卡尔·罗杰斯这样理解："我发现，只要我营造出真挚、珍惜和谅解的气氛，令人兴奋的事情就会发生。个人和团体在这样的氛围下将远离僵化，走向灵活……远离已存在的可能性，走向不可预知的创造力。"[87]

如何营造这种氛围呢？找到第 3 选择需要问："你愿意寻找一种比我们各自想到的更好的解决方案吗？"如果答案是"愿意"，那么我们就变成了创造者，不再是简单的因循守旧者。但它远不只是下定创新决心那么简单。德博诺说："光把创造力放在嘴边几乎是没用的。无论在任何领域，只有运用特定技巧，才可能产生新想法。"这些特定的技术技巧在魔幻剧场就可以找到。记住，支配魔幻剧场的原则是富足，而不是匮乏。思维应该生根发芽，茁壮成长。如果当你完成的时候，魔幻剧场看起来并不像创意丛林，你就没有达成协同。任何能够带来丰富创意的实践，都会使你发现第 3 选择。

### 原型法与逆向法

让我们来关注以下两种关键的魔幻剧场实践：

- **建立模型**。在白板上画示意图、流程图，构建实际模型，撰写草稿。展示而不是叙述你的想法；要尽情展现，让每个人都看到你在想些什么。这种实践方法叫作"原型法"。
- **逆向思维**。推翻传统智慧,无论它听起来多么可笑。这种实践方法叫作"逆向法"。

原型法是为检验想法而创立的模型。它可以是任何东西,从白板上的简单草图到一个产品测试样品。电子工程师制作"电路实验板",而软件工程师构建"线框图"来模拟最终的产品。作家在写作或提交别人审阅之前,可能会构思一个详细的大纲,上面有概略的图形、图表。企业主可能为了表达某种概念而试用不同的店铺设计。

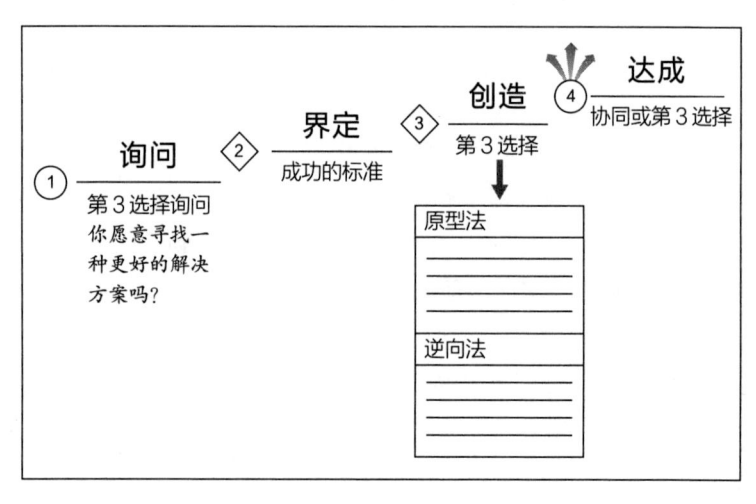

图 3-5

注:原型法/逆向法:两种创造第3选择的方法。原型法是草图、模型、实体模型,或者一种解决方案的草稿。逆向法也一样,只不过它把事情颠倒过来,挑战假想,颠覆传统方式。与其他团队成员一起运用这两种方式来检验你们的方法吧。

互补型团队采用原型法的优势是,你会事先得到对一切问题的

第3选择　　152

强烈感觉而不是后知后觉。快速成型是指迅速应用一系列已建好的原型，以保证每个人在辩论之前都感觉到自己已被倾听和理解。这就需要"发言权杖"沟通方式。在你解释你的原型时，我的工作就是倾听你的推理，了解你所了解的情况并掌握你对问题的见解。轮到我向团队展示我的原型时，你也对我做同样的事情。

你可以看到团队进行多维思考的必要性。我的原型反映我的世界观，我的片面真理。如果我是明智的，我会愿意看看反映其他人的片面真理的原型。只有那个时候我们才能共同达成一个强大的、解决所有问题的方案。举例来说，计算机程序员常常快速做出一个程序原型，然后召集利益相关者组成多样化小组，迅速审核原型，提出相关问题。客户可能会发现程序难操作，另一位工程师可能会发现一个小漏洞，市场销售人员可能会质疑软件的实用性。尽早发现问题是最好的。

逆向法是指颠覆预期的模型。它往往是一切解决方案中最富有创新性的，通过掉转假定的思路，我们常常能发现解决问题的新方法。逆向法的目的是激发、挑战、找出团队里的思想变化。

最简单的逆向法是把通常的做事方式反过来。比如，一家采用逆向法的汽车租赁公司会把汽车开到你眼前，而不是等着你来开。一家采用逆向法的电力公司可能会付费让你在家发电，而不是因发电量不足管你要越来越多的钱。或者你可能厌倦了在阳光下的海里冲浪，那么把甲板带到山上吧，在雪里冲浪，就像单板滑雪那样。

我很喜欢爱德华·德·波诺的逆向法。举个例子，他建议孩子可以组建"正派团体"，像反派团体那样在社会中获得同样的满足感，只不过是通过造福社会的方式。下面是他应对房价下跌的逆向法：

在房价下跌的时候，买家倾向于等待价格跌得更多。如果几个月后就能以更低的价格购得，为什么要现在买呢？所以房价市场跌得更加厉害，因为有些人要卖房，他们不得不降价销售。

但我们可以创造一个新的合同类型。你以今天的价格卖掉，但你与买家签订合同，约定如果一年（或者两年）之后房价继续下跌12%，那么你就退还给买家12%。这样一来，等待就没有任何意义了。于是市场就会停止下跌，届时你可能无须退还任何东西。[88]

逆向思维在21世纪的经济中正蓬勃发展。比如，耐克公司现在就在买鞋而不仅仅在卖鞋。他们回收旧鞋，循环利用塑胶跑道的橡胶、篮球场地垫的面料以及增加网球场地弹性的泡沫材料。英国薯片制造商沃尔克斯已经淘汰了用水洗土豆的方法，土豆可以利用自身被提取的水分进行自清洁。这就是逆向法。

逆向法反对"集体迷思"，一种团队成员想法过于相似的致命症状。人们的观点越一致，你就越需要逆向法来对抗只为达成共识而被采纳的站不住脚、未经检验的方法。来看一个著名的逆向法的例子。在20世纪50年代，乔治·罗姆尼接管了困境中的美国汽车公司（AMC）。通过调查他发现，美国的车型在逐渐变大，越来越费油。他打破了美国汽车制造商想当然认为客户愿意驾驶巨型"耗油恐龙"的集体迷思，以"小型车"反其道而行之。他的公司生产的小型漫步者，打破了1958年的销售纪录。他的逆向法表明，在汽车行业，很多客户只不过想从一个地方开车到另一个地方，他们并不关心车子有多大。接下来所有的公司都开始制造小型汽车，到1977

年，大部分美国制造的汽车已经缩小到漫步者的尺寸，甚至更小。

团队中的每个成员都应自由地提出逆向模型。这并不意味着扮演质疑想法、提出异议、故意唱反调的角色。一个逆向思考的人能够颠覆集体迷思，打乱原型，并且提出相反意见，"嘿，我们别光卖鞋，也买鞋吧"，或者"嘿，或许小车能带来大收益"。

原型法和逆向法是互补型团队达成第 3 选择的迅速而高效的方法。目标是找到超越所有原型、奇迹般解决问题的激动人心的解决方案。我们最后可能用灭蚊激光枪来消灭疟疾，用双排真空瓶冷藏疫苗，像 AK-47 射出弹药那样射出疫苗（一种我们从未预料过的疯狂想法），并为此而高兴！

## 整合原型

第 3 选择常常源于各种原型要素的组合。经过原型过程后，你会发现他人模型里你从未想过的好点子。例如在 20 世纪 90 年代，许多电子产品公司推出了播放数字视频的光盘来抢占市场，它们对家用录像系统与盒式视频录像系统之间代价高昂的竞争仍然记忆犹新。有近 10 年的时间，这个行业因为在支持哪一方上摇摆不定（典型的"两种选择"模式）而激怒了消费者。由于害怕再出现这种拉锯战，行业领导者聚到一起，成立了一个名为技术工作组的互补型团队，来建立数字视频的标准格式。技术工作组由 IBM 实验室的艾伦·贝尔主持，他们对许多想法进行了评估。来自东芝、索尼、菲利普、苹果以及 IBM 的极富竞争力的工程师有了展示他们的原型以及彼此学习的机会。最后，技术工作组采用了东芝 10GB（吉兆）超大容量的双面超密度光盘系统。但是他们同样欣赏来自索尼和菲利普的"EF 调制"系统，它解决了由灰尘、划痕和指纹引起的跳、卡问题。

最终，产品于 1996 年由一家联合公司推出。它被称为"数字多功能光盘"或者 DVD，结合了许多原型的最佳特性，比任何一家公司的解决方案都要好。DVD 大受欢迎，在 2007 年高峰的时候，DVD 销售了 170 亿张，行业收入达 240 亿美元。[89]

最健全的解决方案通常源于尽多尽早地汇聚思想，原型过程令思想汇聚成为可能。

## 在自然界中寻找原型

在珊瑚礁、热带雨林、沙漠，任何你能看见的地方，你都会发现自然世界产生的协同奇迹。启发性的例子不胜枚举，正如作家威廉·鲍尔斯所描述的：

> 人类的工业生产方法可以制造高强度人造纤维，这需要几千摄氏度的高温，并且需要硫酸环境。相反，蜘蛛吐丝——每克的强度是钢铁的好几倍——只需室温与水即可。人类制造陶瓷也需要类似的高温，但是鲍鱼在海水中制造贝壳只需先分泌一层蛋白再沉淀海水中的钙质即可。鲍鱼壳能够自我修复，因为它里面的裂缝实际上可以加固裂缝末端，防止裂缝继续变大，而不像汽车的风挡玻璃那样。[90]

如果我是凯芙拉防弹背心制造商，我或许需要雇一位研究蜘蛛的生物学专家。如果我是建筑师，我或许会想找一位海洋生物学家。想象一个由蛛丝制作的防护背心，或者是像鲍鱼壳一样能自我修复的窗户。充满可能性的大自然正等着我们去与它建立联系。

1941年的一天，一位名叫乔治·德梅斯特拉尔的瑞士电力工程师带着他的狗狩猎度假归来。他和他的狗身上都沾满了草籽。当他把这些讨厌的草籽从狗毛上摘下时，他很奇怪为什么它们会这么黏。他把草籽放到显微镜下，发现狗毛上黏着小小的钩子，他突然意识到他正在观察的是一个天然纽扣，这种东西可以取代一般的纽扣和拉链。德梅斯特拉尔丛林旅行的收获就是发明了维可牢尼龙搭扣。几年后，当维可牢成为一个成功的产品时，德梅斯特拉尔跟制造商开玩笑，"如果你们哪个员工要请两个星期的假去狩猎，就答应他们"。

　　在艾维·罗斯被任命为洛杉矶美泰公司的产品设计总监之前，这家玩具制造公司一直不太景气。很多人认为美泰公司已经失去了创造力。当罗斯在美泰思索如何激发创新精神的时候，她偶然读到一篇关于澳大利亚鸭嘴兽的文章。作为自然界最特殊的动物之一，鸭嘴兽看起来像河狸，但却长着喙和鸭子一样的蹼。它有爬行动物的毒液，还能像鸟类一样下蛋。罗斯决定建立一个以鸭嘴兽为模型的产品开发团队，团队成员有不同的背景和职业经历。她找来迪士尼演员、会计、包装人员、心理学家、脑科学家、音乐研究员和建筑师，把他们都聚在她的魔幻剧场里。她把他们送到游乐场观察孩子们玩耍。接着，他们口中的"鸭嘴兽"团队就开始投入工作了。不到一个月，墙上已经有了33个新玩具模型。又过了几个星期，他们推出了一款精心设计的玩具艾萝，开辟了女孩玩具这一全新领域。"鸭嘴兽"互补型团队成为美泰公司的传奇，并且催生了更多类似的团队。罗斯讲述了她组建鸭嘴兽团队时的情况：

　　刚开始的时候，每个人都想知道截止日期。每个人都想知道过程分几个阶段。我告诉他们，我们必须在12周内为美泰公司创造出前所未有的新机会,我们必须交出商业计划、产品、包装、所有的一切。该怎样实现?我还不知道。这是一次冒险。我的工作就是让事情按部就班地进行,自我调整是需要时间的。"哎呀,8个星期就要完成,而我们现在还没有产品。"我告诉他们要放松,不要惊慌,混乱是过程中的一部分。我告诉他们去拉布雷亚沥青坑,去动物园,回来后以全新的视角看待问题。于是,一切就突然发生了……

我们有了灵感迸发的瞬间。某个人进入了状态,想出了点子,人们互相对视。突然,他们意识到自己有了非常棒的创意。这不仅仅是一个人的感受,每个人都能感受到。这种情况发生的时候,即使创意出现得晚,人们仍然会为付出的努力兴奋不已。每个人都尽其所能促进这个想法实现,因为他们都在这个想法上投入了心血。与封闭、竞争的旧有工作模式相反,我们精诚合作,共创理念。这是真正的合作。[91]

罗斯描述的当然就是协同过程。她组建了一个像鸭嘴兽一样有着多方面优势的团队,结果就是创造力的爆发。

## 挑战性的原型

挑战性的问题能够启发想象力,激发新选择,例如"我们只用自己现有的产品来解决这个问题,会怎样呢",或者"如果我们没有资源来解决这个问题,会怎样呢",或者"如果我们有无限的资源,会怎样呢"。比如,耶鲁商学院战略专家巴里·内勒巴夫通过问"克罗伊索斯王会怎么做"的问题来建立概念模型。在希腊神话里,克罗伊索斯王拥有数不尽的财富。内勒巴夫说问这种问题可能会带来别出心裁又可控的解决方案。假设你想在任何时间看任何你想看的电影，如果你是个亿万富翁，你会怎么解决这个问题？以下是内勒巴夫的回答：

在他那个时代，霍华德·休斯有着像克罗伊索斯一样挥金如土的风格，为解决问题不惜花费重金。假设我们在1966年，你就是休斯。有时候，你有观看亨弗莱·鲍嘉的老电影的渴望。遗憾的是，录像机还没发明出来。你会怎么做呢？

休斯买下了拉斯维加斯电视台，把它作为自己的私人录像机。任何时候，只要他想看，他就会给电视台总经理打电话，告诉他那天晚上放什么电影。这样我们就理解为什么电视台播了那么多次《卡萨布兰卡》和《马耳他之鹰》。

问"克罗伊索斯王会怎么做"这样的问题，你不是以真正的解决方案开始的，而是以你能想到的最好的解决方案开始的。你可以买下电视台，你可以降低要求，建立更为实际的、为你提供相同结果的模型，比如播放设备或者网上服务。

**逆向商业模型**

每家公司都想成为或者应该想成为拥有第3选择思维的公司。大量研究表明，每家成功的公司都有独一无二的东西。它们没有一家看起来与其他公司一样"千篇一律"，它们之所以杰出，是因为同客户、员工一起找到了强大的协同。当你阅读客户与员工忠诚度的书籍时会发现，这些伟大的公司找到了获得深层次信念和信赖的逆向原则。

拥有第 3 选择思维的公司都会有意或无意地经历一个与常规背道而驰的逆向阶段。它们的商业模型往往违背了看似常规的东西，它们经常以令人着迷的方式颠覆传统智慧。

想想迪士尼，它花费巨资，只是为了寻找、培训和发展适合世界级主题公园的员工。还有谁会像迪士尼一样注重员工呢？想想一站式商店好市多，它提供的产品种类只有其他超市的一小部分，但是客户却像小孩子玩寻宝游戏一样蜂拥而至。想想新加坡航空公司，即便是经济舱乘客也能享受到无与伦比的服务：搁脚板、一部私人电话、源源不断供应的香槟。用餐随叫随到，饭菜堪比美食餐厅。新加坡航空公司做到了这一切，并能在大部分航空公司抛弃了客户服务并赔本的情况下赢利。[93]

每家有第 3 选择思维模式的公司都对应一种商业模型。每家公司都在做其他公司从没想过的事情。它们的共同点是：不顾常规，真正服务并关心客户，把客户当作人而不是契约或部件。正如新加坡航空公司首席执行官周俊成所说，"说到底，这仍旧是一个人才密集型行业。从你跟销售代理讲话开始，到登机，到托运行李，靠的都是人"。[94] 每天他们都问自己第 3 选择的问题："我们今天能够为我们的客户提供哪些比以往更好的服务呢？"

我有一个在加拿大做顾问的好朋友，他在多伦多主持一个有关协同的讨论会。大约 40 人参加——制造商、零售商、律师、政府工作者、会计人员、护士。他们年龄不同、种族不同，一半以上都是女士。在讨论会上，我的朋友问房间里是否有人志愿做协同实验。

第一排一位着装得体、谈吐文雅的男士举起手，我们叫他里纳尔多，我朋友请他介绍自己的情况。

"我有一家大型五金店,"他开始说,带着些微的拉丁口音,"多年来我一直努力经营好它,而且我有很好的客户群,生意一直不错。不过我想这一切快要结束了。你知道,我所在的城市要建两家大型家用建材五金零售中心。不是一家,是两家!我的店位于这两家之间,它们规模大又有实力。我肯定没办法跟它在价格上竞争,恐怕我的客户只能离我而去了。"

我的朋友哽住了,他转向变得很安静的讨论小组。你能感受到每个人对他深深的同情。

"那么,"我的朋友说,"我们要救里纳尔多,我们要进行逆向思考。里纳尔多怎样才能保住他的客户呢?我们能想出别人没想过的点子吗?"小组开始工作,他们拿出笔和纸,开始兴奋地画起逆向模型来,寻找一种完全改变现状、让里纳尔多的零售店重新繁荣起来的新商业模式。现场嘈杂而混乱——一种人们在兴奋时产生的令人愉悦的混乱。

在我的朋友宣布暂停时,显然人们已经迫不及待要分享自己的想法了。他们给出了成百上千条建议,比如:

- 为什么要等客户找你?找他们!装一大卡车产品开到建筑工地。
- 你有经验丰富的员工。把你的商店变成一个学习中心,让人们可以从真正的专家那里获得关于项目建设的建议。
- 开展即时服务。如果有客户打电话或是发短信说需要一个工具,马上发货给他!
- 我想要一个钉子就卖给我一个,这样我就不必买一整盒钉子了。

最富有成效的建议来自房间里的女士们。她们许多人谈论起家用建材五金中心和五金店如何让她们恐惧，她们多么希望能有一种迎合她们需要且符合她们利益的商店。里纳尔多应该雇用一些女员工，培训她们，发现女性最需要的家用产品。"逆向思维！女性五金店如何？"一个人大声说道。

我朋友说这是他见过的最富有成效的逆向思维会议。房间内不同职业和视角的人提出了五花八门的点子，里纳尔多坐下的时候激动得脸都红了。"现在我有希望了。"他说。在接下来的几个月，他构想了全新的商业模型来对抗大型家用建材五金中心。家用建材五金中心卖的是通用产品，未经培训的员工大多表情漠然，里纳尔多则提供专业知识和个性化服务，对女性客户有专门的延伸服务。无论大零售商做什么，里纳尔多都反其道而行之。

城镇的一边是大型家用建材中心 A，而城镇的另一边是大型家用建材中心 B。他们采用经典的"两种选择"方法争夺市场占有率，尽管它们之间并没有太大不同。与此同时，位于两个中心之间的里纳尔多采用第 3 选择，幸运地将自己的店与它们区分开来，并结合特有的服务与技术来满足日益增长的客户需求。

这些第 3 选择的组织的标志是，对为它们工作的人和与它们交易的人怀有深深的尊重和同理心。这些组织总是在问逆向问题："我怎么做才能颠覆惯例，让事情朝反方向发展呢？我怎样做才能不仅在市场上出类拔萃，还能为我的邻里带来巨大的额外价值呢？"

你对一个由顾客来决定用餐价格的餐馆有怎样的看法？不论以哪种标准，帕尼拉面包连锁店都是成功的。覆盖全美 40 个州、有着数千家面包咖啡店的帕尼拉的使命是"人手一个面包"。在美国休闲餐馆中，它的顾客忠诚度是最高的。而现在帕尼拉希望回馈社会。

"帕尼拉慈善餐馆是一种新型咖啡餐馆……一个承担共同责任的社区餐馆。"公司已经开了若干家逆向型餐馆，在那里顾客愿意付多少钱就付多少钱。帕尼拉董事长罗恩·谢赫说，"慈善餐馆的目标是确保人人都吃饱饭。我们鼓励人们各取所需，自愿捐助。那里没有价格，也没有收银机，只有捐赠标准建议和捐赠箱"。有些顾客捐得比其他人都要多，有些则捐得较少。有些人通过自愿工作来换取食物。谢赫发现，差不多有1/3的顾客留下的钱多于建议捐赠的标准。小餐馆能够收回成本并自给自足。[95]

我相信帕尼拉逆向型餐馆的收益能够回报公司的投资。帕尼拉获得了良好的商誉。它将社区转变成一个躲避生活暴风雨的港湾，它给了人们一个帮助他人与互相帮助的机会。帕尼拉教给我们，在商业中获利的方法不止一种。

## 在发展中国家找到逆向型企业

新兴国家的创造力正在颠覆世界。发展中国家灵活、廉价、低耗能的技术非常具有创新性，可能会显著改变全球经济。

有一次去蒙古访问，我的朋友克莱顿·克里斯坦森在市场上偶然发现了一种很便宜的太阳能电视机。它很好用，价格便宜。他怀疑这种产品也许有可能打破电力行业投资大型基础设施的传统。"那种电视机更贴近人们想要的功能，人们不想要巨型的电力网，只想要能看的电视机"。

印度差不多一半的家庭是没有电的。没有电力，数百万人就没有工作和受教育的机会。此外，电力短缺实际上还损害环境，数百万人生火做饭会对环境造成污染。企业与环境保护者斗争，城市利益与农村利益斗争，政府官员彼此斗争。就像世界其他地方一样，"两种选择"思维能够阻挠任何有意义的进步。

与此同时，一位来自班加罗尔的拥有第 3 选择思维的年轻工程师哈里什·汉德问了自己一个逆向问题：如何在几乎没有任何成本又保护环境的情况下发电呢？有没有比以往想过的方法更好的方法呢？

后来汉德找到了一种为印度人民供电的方法，它完全环保且几乎没有任何成本。他的公司——印度太阳电子照明公司——已经安装了 11.5 万个低价太阳能系统。他的客户，无论是辛苦的日薪工人还是小型企业，只要花几百美元就能买到一个能照亮房间的 40 瓦系统。他们的钱不多，汉德帮助他们申请贷款。孩子们终于能够在明亮的灯光而不是煤油灯下写作业了，受停电困扰的小纺织厂现在能够保证缝纫机全天工作了，家庭可以用电炉而不是熏人的炉子做饭了。年轻的三轮车司机可以收取额外的电池费用，收入也翻一番。街道照明保障了偏远村庄的安全。

汉德的第 3 选择思维改变了印度南部成千上万个家庭的生活。中国也有过类似的情况，一家名为赛捷的公司开发了一种可逆式热泵，它成本低廉，能在对环境没有任何影响的情况下用任何水资源制热或制冷，包括井水、溪水或湖水。[96]

这些以及其他环保又便宜的发明能够轻而易举地击垮发达国家的经济。想一想达特茅斯学院的维贾伊·戈文达拉扬教授说过的话："我们可能处于一个突破性发明首先在发展中国家出现的新时代。"[97]

我们生活在一个拥有第 3 选择思维的人可以建立全球联系的时代。例如印度的太阳能工程师、美国的出资人和中国的制造团队互相合作，类似这样的联系是很普遍的。新生的商业协同正在各地不断涌现，但加入这场革命需要思维模式的转换。我们要适应一个逆向型企业一夜之间发展壮大并打破所有常规的世界。我们不能只承认第3选择思维的存在并敷衍了事——我们必须擅长第3选择思维。

## 协同时代

从某种意义上来说，商业已不再存在。内与外的界限已经随着客户与员工之间差别的消失而消失，所有人都是客户。技术潮流已经摧毁了时空间的传统障碍。在一个透明的、不断变化的时代，工业时代的企业壁垒模式已经不复存在。我们已经不再是组织结构图中的单位。我们要么正常联系，要么根本不联系。

不过，我相信很多人仍旧困在工业时代牢笼的残垣断壁中。以下是关于"严峻挑战"调查的一些反馈：

- "每天我都感觉自己为工作付出太多，而回报却太少。"
- "我在寻找工作中的意义。没有意义，工作就很难做，并且很快会导致疲倦和沮丧。"
- "有时候我找不到方向以及工作的目的。"
- "我享受工作，但并不爱它，它不能'滋润'我的灵魂。工作了这么多年，但在这一刻，我却不知道如果自己不做今天从事的工作，我会做什么。"
- "我的问题在于我跟部门的价值观不一致。"
- "没有目标的感觉让我觉得自己在世界上一无是处。"
- "老板在管理上事无巨细。"
- "人们往往试图以对抗来战胜冲突，却不知不觉地使问题更加恶化。"
- "组织中的冲突导致离职的人增多,无法保证连续性。"
- "一些管理人员受不了批评,常常把别人的功劳据为己有。他们把更多的工作推给别人,而不是自己完成。"

注意这些盲目、孤立又不公正的情感。人们感觉不到自己是某种伟大的协同努力的一部分,他们充满了自我怀疑。现在唯一的墙在我们心中,它是文化上、精神上的墙:"我很孤独,没有目标,没有归属感,我并不认可这些价值,我怎么能够让自己在这种牢笼里度过余生呢?"人际的墙把我们困在我们的小领地里,产生了批判与防御的心态:"如果你与众不同,你就是种威胁。如果你跟我的看法不一致,我们之间就完了。"

如果能把禁锢人的"两种选择"思维抛弃,把傲慢的自我困扰抛弃,我们该有多么自由。在这个全球协同的时代,那是一种多么过时的心态!

你有没有在一个真正的协同型团队里工作过?你会知道即使失去一个团队成员你都承受不起;你会像一个真正的人那样,既是出众的个体,又与他人保持深厚的友谊;你们的合作日益紧密,你们的合作能力日益增强;你对第3选择的结果惊诧不已;大家单纯为活着并在一起而快乐激动。我已经经历太多次了,我希望其他没有经历过的人也试一试。对我来说,与我共事的朋友和我之间牢固的爱远远超越了个人利益和地位。

"权力和金钱对幸福都没有持续的影响——无论个体、伙伴、亲戚还是组织的幸福。"我的朋友、南非企业传奇领导者科林·霍尔这样说。"只有富于协同,整体才能大于部分之和",人们也才能专注而幸福地工作。[98]

## 从教导中学习

学习本书的最好方法，就是把本书的内容再教给别人。大家都知道，在教学过程中，老师学到的东西比学生学到的要更多。所以找一个人——同事、朋友、家人，把你学到的都传授给他。向他提出以下具有启发性的问题，或者你也可以自己再想一些问题。

- 为什么"对抗"和"逃避"是大多数公司的支配性思维模式？如果领导者想要对抗会发生什么？如果领导者想要逃避，又会怎样？
- 描述拥有第3选择思维的领导力。它在哪些方面不同于"对抗或逃避"？拥有第3选择思维的领导力的优势是什么？
- 协同的思维模式怎样帮助你解决工作中的冲突？
- 傲慢如何妨碍领导者或者公司达到协同？
- 对待冲突，交易型解决方法有哪些风险？转换型方法有什么好处？
- 描述传统谈判和第3选择式谈判的不同。第3选择式谈判的思维模式是什么？在一场谈判中，你怎么建立起协同的伙伴关系呢？
- "协同始于边缘"是什么意思？你如何将其应用在工作中？
- 描述一个协同型或互补型的团队。它如何区别于普通团队？为什么多样性对这种团队来说很重要？我们能够从乐高的故事中了解协同型团队的哪些心态？

- 解释一下原型法和逆向法是如何起作用的。为什么它们对一个协同型团队如此重要？关于这两种方法，我们能从里纳尔多或本章其他故事中学到什么？
- 我相信帕尼拉逆向型餐馆能够给公司带来远优于投资的收益。你同意吗？为什么帕尼拉是逆向法的好例子？
- 你有没有在一个真正的协同型团队里工作过？感觉怎么样？你能做些什么来帮助你的团队转变成协同型团队？

## 试试看

你在工作中有没有遇到过重要的问题或机会？有没有遇到过难做的决定？运用第3选择思维模式吧。邀请其他人加入，采用"协同的四个步骤"。

**协同的四个步骤**

① 以第3选择的思维模式提问：
"你愿意寻找一种更好的解决方案吗？"如果答案是愿意，到步骤2。
② 界定成功的标准
在以下空白处列举令双方都满意的解决方案的要点。成功是什么样的？真正要做的工作是什么？对所有人来说，"双赢"是什么样的？

③ 创造第 3 选择

在以下空白处建立模型，画图，集思广益，逆向思考，迅速而有创造性地开展工作。在达成令人兴奋的协同之前，暂不下结论。

④ 达成协同

在此处描述你的第 3 选择，如果你愿意，描述你将如何将其付诸实践。

**四步协同指南**

① 询问 第 3 选择询问　② 界定 成功的标准　③ 创造 第 3 选择　④ 达成 协同或第 3 选择

注：协同的四个步骤。这一过程有助于你发挥协同原则的效力。（1）表明寻找第 3 选择的意愿；（2）界定每个人心中成功的标准；（3）寻找解决方案；（4）达成协同。在整个过程中保持用同理心倾听。

## 如何达成协同

① 以第 3 选择的思维模式提问

在冲突或有创造性的环境中,这个问题帮助所有人放弃固执和成见,向着第 3 选择的思维模式发展。

② 界定成功的标准

列举或用一段话描述所有人眼中成功结果的特征。同时回答下列问题:

- 是否所有人都参与了标准的制定?我们是否得到了最广泛人群的最普遍想法?
- 我们真正想要的结果是什么?真正要做的工作是什么?
- 什么样的结果使每个人都成为赢家?
- 我们愿意放下原有的需求寻找更好的结果吗?

③ 创造第 3 选择

遵循以下指导方针:

- 保持游戏心态。它不是"真实的",人人都知道它是一个游戏。
- 避免下结论。避免协议或共识。
- 避免判断别人或你自己的想法。
- 建立模型。在白板上画示意图、流程图,构建实际模型,撰写草稿。
- 激发他人的创意。颠覆传统观念。

- 迅速执行。设置一个时间期限，保持活力和思维开阔。
- 酝酿多种想法。你无法预料哪一次不假思索的领悟就可能带来第 3 选择。

### ④ 达成协同

你在人们的兴奋与激情里识别出第 3 选择，新的选择符合成功的标准。注意要避免将错误性妥协与协同相混淆。妥协令人满意，但并不让人感到快乐。妥协意味着人人都有损失，协同意味着人人都有赢的可能。

第四章

# 家庭中的第 3 选择

"家庭是社会中首要的机构——它是承诺、爱情、性格、社会责任以及个人责任的发源地。"生命中家庭最需要协同,却又极易误解协同。家庭既可以让我们见证最伟大的协同,也能让我们经历最深沉的痛苦。有了第 3 选择,便能拥有一种积极正面、可以依靠、创意无限的家庭关系。

哪里有创造,哪里就有快乐。

——《奥义书》

　　协同是家庭的本质。在婚姻中,关系的转变和密切的接触往往会发生令人意想不到的奇迹。世界上每个孩子都是家庭里的第3选择,新生儿就是最能诠释协同作用的奇迹。
　　我的外祖父史蒂芬·理查兹曾经教我从家庭的角度分析地方、国家、国际、政治、教育、组织等若干领域的若干问题,如果它在家庭适用,那么它在任何地方都适用。家庭欠债和国家欠债并没有太大区别。商界里的信任和忠诚同样适用于家庭:建立信任和忠诚需要几年时间,破坏它却只要几秒。社会上的很多问题都起源于家庭,解决当然也要从家庭入手。
　　作为一位丈夫、父亲、祖父,我很热爱自己的家庭。家人是我最美好的期盼和最大的快乐。失去家人对我的尊重或者与家人失去紧密联系，将是我最大的痛苦和悲伤。

人们都有普遍需求。他们需要安全感，需要被欣赏、尊重和鼓励，需要被爱，这些需求可以体现出母子、父女以及夫妻之间最甜蜜的满足感。

在我们的调查中，被调查者反映了一些他们生活中的严峻挑战：

"我们已经产生了隔阂，对生活中什么才是最重要的这个问题，我们有不同的看法。"

"和我们最亲近的人坦诚交流，从来都不是一件容易的事。"

"我的妻子无法分享我每前进一步所获得的快乐。"

"我是一位单身母亲，对我来说，给家庭带来满意的生活一直都是比较困难的事。"

"我结婚已经31年了，两个孩子在读大学，如今我患上了可怕的空虚综合征。它影响我的婚姻和家庭生活。我怀念做母亲的快乐，渴望被需要……就是这样。"

"家庭对我来说非常重要，一旦家庭出现差错，一切都将会失去平衡。"

家庭冲突是生活中最令人悲伤的难题。这是一种苦涩的讽刺：我们既可以从家庭里感受到极致的协同，也可以感受到极度的悲伤。我相信没有任何成功可以弥补家庭中的不幸。

没有任何损失能与失去家人的痛苦相提并论。大多数父母都了解片刻与孩子失去联系的可怕感受。在集市或者人群里，孩子消失一两分钟，父母就会无法呼吸，会疯狂地寻找孩子的踪迹，直到可爱的小天使再一次出现在他们面前。

对某些人来说，这种剧痛会持续一辈子。妇女互助国际组织创始人扎伊纳比·萨尔比曾经讲过她幼年时期发生的一个故事。在巴格达的一个晚上，她被响声惊醒，恐惧万分，发现导弹就在附近爆炸了。她真诚地祷告，祈祷家人能幸存下来，然而不久她就为自己的祷告感到羞愧，因为炸弹摧毁了邻居家的房子。邻居家的小男孩和父亲永远地离开了人世，而小男孩的母亲幸存了下来。"第二个星期，他的母亲出现在我哥哥的教室里，恳求那些六七岁的小孩让她看看他们与她儿子的合照，因为她已经失去了一切。"[99]

在当今社会，每天都有人随意丢弃生命中最珍贵的礼物：家庭。曾经彼此爱慕的夫妻变得日益冷漠。美国是世界上离婚率最高的国家，初婚离婚率高达40%~50%。俄罗斯排名第二，北欧的一些国家紧随其后。实际上，在一些实际离婚率较低的国家（通常是因为不提倡离婚的文化），"感情上的隔阂"也非常普遍。

离婚导致美国每年都有上百万的孩子陷入孤独。数据显示，离婚家庭的孩子更容易出现纪律问题、心理困扰，学业成绩会更差，身体素质也更差。[100]

## 珍惜彼此的差异

很多情况下，离婚是因为背叛、身体虐待或是对婚姻的不忠诚，但更重要的是"两种选择"思维模式带来的后果。

女人可能会说："我丈夫花很多时间看体育节目，玩电子游戏，打高尔夫球，回到家后，却理所当然认为我应该照顾孩子、做家务，他并没有意识到我也工作了一天。他像极了他懒惰的父亲。他不再做那些把我放在第一位、赢得我心的小事，比如一些关心的举动或者问问我一天过得如何，他所想的全是性爱。然而他却好奇为何我已厌倦了婚姻。"

男人可能会说："我妻子只知道跟我要钱，从来不关心我工作有多辛苦。她忙于照顾孩子，都没有时间陪我。家里非常乱，然而我的妻子却跑到读书俱乐部去了。更糟糕的是，我好像做什么都是错。妻子冷酷而冷漠，再也不像从前那样热烈地欢迎我回家。事实上，她甚至不再注意我是否回了家。我希望她母亲别再来打扰我们。我的妻子没以前漂亮了，也不再打扮自己了。"

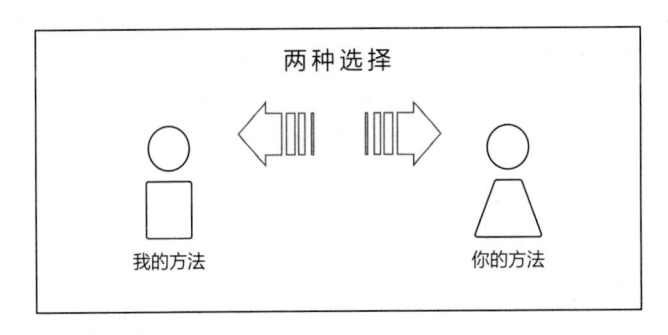

图 4-1

因为这种思想，或者更确切地说，因为这种心理，爱变成了极度的不尊重，不少家庭出现了恶意的争吵。家人变得要么全好要么全坏，夫妻之间变得"针锋相对"，心理学家把这种现象称为"分裂"。据婚姻学家马克·西奇尔观察，"在有隔阂的家庭里，分裂只会导致频繁而致命的各自为政的游戏……孩子通常也会卷入'好孩子'与'坏孩子'之争"。[101] 于是家庭成为战场，而不是孩子需要和渴望的有安全感和爱的港湾。

第四章　家庭中的第 3 选择

一些家庭有着更隐蔽、更微妙的情感虐待，比如低级的争吵、找碴儿、中伤等一系列不可理喻的行为，只是为了看谁能让谁承受更多的痛苦："如果你真的爱我，那你就应该打扫车库。""我工作了一整天，得到了什么？""你要知道，他们也是你的孩子。"于是在不知不觉中，夫妻间逐渐筑起一道高墙，直到有一天一切被冷漠代替。"如果你想毁掉生命中的某些事物，"土耳其小说家艾丽芙·沙法克说道，"你需要做的就是，用厚厚的墙把它围起来，它会在墙内干枯。"[102]

一位经验丰富的离婚案律师提到一个案件。一位女士来到她的办公室要求离婚，她说："我再也受不了了。"这位女士的丈夫是一名优秀的供货商和社会活动家，然而他不仅反驳她所说的一切，还反对她所做的一切。她在墙上挂一幅画，他便会将它移走。她想出去吃饭，他却要求在家吃。她和朋友聊天，他就一定要让朋友知道她是错的。导火线终于出现了。她邀请自己的父母来吃晚餐。吃饭时，夕阳透过窗户照在她父亲的脸上，于是她关上百叶窗。但是她丈夫却迅速起身，打开百叶窗。这些年来她一直和这个令人动怒的男人生活在一起，她再也无法忍受了。他不断贬低、否定她的世界，直至让她患上了情感幽闭恐惧症。这样的精神虐待，这种强烈的权力欲和控制欲，和身体虐待一样让人无法忍受。

这样的婚姻通常会毫无疑问地结束，但是更多婚姻的结束是因为妻子和丈夫对他们之间的分歧采取了消极态度。这位丈夫就是一个无法容忍分歧的极端例子。从某种程度来说，这样的态度是很多婚姻悲剧的原因。离婚中提到最多的因素是"不和谐"。世界上不同领域的诸多问题，比如经济上的、情感上的、社会上的、性爱上的问题，归根结底都是因为对分歧采取了愤恨的态度而不是放下分歧。"我们的看法从来都不一致"，"我实在无法理解她的想法"，"他完全不可理喻"，时间一久，彼此逐渐绝望了，离婚似乎是唯一的解脱。

相反，只有处理好夫妻间的分歧才能经营好婚姻。对美好的婚姻来说，对方的知识、怪癖、天赋、优点、反应和本能差异都是彼此快乐和创造力的源泉。他的急躁使他不擅长记账，但他的率真又让他充满乐趣。她的保守有时候令他沮丧，但她优雅的举止让他心生敬畏和爱慕。正因为珍惜彼此，他们可以分享快乐，相互尊重。

两个人结了婚，就有了创造第3选择的机会，它是一种前所未有的、以后也不会再有的独一无二的家庭文化。每对夫妻都代表着独立的社会文化、信念、规范、价值观、传统甚至是语言。一方来自一种关系深厚但有些疏离的家庭文化，他们更倾向于压制或悄悄处理冲突。而另一方来自关系热烈且充满爱意的家庭文化，他们的冲突像火山爆发，随后平息并被淡忘。现在，一种新的文化诞生了，这两种早已存在的文化之间产生一种协同作用，它可以是积极的，也可以是消极的，这完全取决于这对夫妻的心态。如果他们把差异视为威胁，那么它就是一个大问题。相反，如果他们在差异中看到亮点，互相学习并探索对方的新奇和独特，他们的婚姻就会变得幸福美满。有人说过，"娶到我妻子就像迁居国外一样，起初觉得那些新奇的风俗很有趣，她也这么认为。但现在我们知道这种探索是永无止境的，它是人生最伟大的冒险"。

我的一个朋友是退休教师。在他逝世后，他的妻子说："45年来，我总是因为他忘记带走垃圾或者忘记洗碗而批评他。但现在，我好希望晚上回家后能看见他的微笑，我希望听见他在花园里疯狂地吹口哨。我希望和他再共度一天，然后告诉他我多么欣赏他的教学能力。他不仅仅是成千上万学生的老师,也是女儿的好老师,他是一个真正有天赋的男人。"很多时候,我们只有在失去之后才会明白它的真实价值。

需要提醒的是,当我说"放下分歧"的时候,并不意味着你要容忍一切非法和令人生厌的事情,任何人都不应该一味容忍酗酒、吸毒或出轨行为,更不能将自己封闭在一个身心备受虐待的环境里而不寻求帮助。我相信你能勇往直前,毫不犹豫地面对这些虐待恶行。

当然,没有非法行为的婚姻冲突通常是由两种文化背景的价值观、信念和期望值的碰撞引发的。人们结婚不是为了吵闹和伤害,但是一半的婚姻瓦解都是因为他们没有去创造一个超越双方文化背景的第3选择。

最近一个朋友和我说起他的妹妹和妹夫。他们彼此爱慕,为了爱情一起生活。他们搬到一个遥远的城市,那里是他们的天堂。之后,他们有了两个女儿和一个可爱的儿子,一切似乎都很美好。然而,丈夫遗传了他母亲喜欢讽刺的个性,妻子在家里也学会了如何更好地打击对方。渐渐地,他们的生活陷入一种充满尖酸刻薄的指责和侮辱的一成不变的循环。这种变化过于平缓,以至他们都没有发现身边的改变,直到有一天家庭瓦解。随之而来的是冷漠的离婚,留下三个非常痛苦的孩子。

与这种消极协同造成的恶性循环不同,美满的家庭应该充满积极的协同。他们不仅能创造第3选择来抵御冲突,还能造就第3选择的精神。协同是幸福家庭文化的最高表现,是一种富有创造力和乐趣、家庭成员彼此充满敬意的家庭文化。[103]

## 第3选择式的家庭

我该如何经营一个拥有第3选择思维模式的婚姻和家庭？我该如何把积累的矛盾关系转化成我内心深处渴望的和谐亲密的关系？

**我看到自己**

当然，一切得从自己开始。正如我的一位朋友、家庭顾问布伦特·巴洛说的，"如果你想改善自己的婚姻关系，就得照照镜子"。如果我认为问题出在伴侣或孩子身上，那就是我的问题了。我这样说，并不意味着我一定是冲突的责任方。我的意思是，应该从自我认知上寻找问题更深的根源。诗人鲁米说过，"世人从不审视自己，他们只会责怪他人"。如果我把自己看作无辜的受害者，那么我只会是一个无理、冷漠、愤怒的家庭成员。我必须承认一个简单的事实：我有自由选择对任何刺激的反应，没有人可以在我的反对下强迫我感受或做任何事。也许我不能控制发生在自己身上的事，但我有能力决定如何思考、如何感受，以及如何采取措施。

太多的人没有掌握这个基本原则。我们经常听到这样的抱怨，譬如"他让我发狂"，"她让我无路可退"，"我讨厌他那样做"，"这不是我的错，她实在让人无法忍受"。虽然别人可能会欺骗我，但最后是否要选择扮演受害者的角色取决于我自己，如果我在心理上陷入一种"我对彼错"的思维模式，那么我已经深受"两种选择"思维模式的影响。凭借多年婚姻问题咨询的丰富经验，史蒂芬·斯托斯尼博士说："标榜自己是受害者只会让你一味愤恨、生气或辱骂伴侣，而不是主动解决问题。"如果我把自己视为受害者，那么我什么也不会做，只是无助地抱怨上天的不公，当然也会怀疑第3选择。

相反，如果我审视自我，我就会有独立的判断和选择，就会选择自己的回应。我就能用宽容的言辞回答不友好的言辞，我就会用微笑代替生气。当面对一个辛苦了一天而身心疲惫的另一半，我就会体贴和关心他，而不是向他抱怨自己也辛苦了一天，似乎是为了比谁更悲惨。

我相信这一根本见解可以拯救大多数被困扰的家庭。我能选择打破充满怨恨的循环。我给婚姻带来的不仅是自己的文化背景还有我自身。在发生冲突时，我不仅有"我的立场"，我还可以寻求第3选择。

归根结底，大多数家庭冲突都是身份认知上的冲突。如果我的自我价值受到威胁，我就会攻击别人的自我价值，这种反应是在弥补内心深处的脆弱。正如在精神虐待的案例中，其实大多数施虐者的自我意识都非常脆弱。当家人感到"被忽略、被轻视、被指责、被怪罪、被贬低或被歧视、被拒绝、被剥夺权利、被怀疑甚至不被爱"时，他们通常会变得有敌意。

斯托斯尼描述过家庭风暴爆发的过程。妻子说："这儿好冷。"忽然丈夫就被激怒了，于是反驳道，"你怎么能这么说呢？现在是21摄氏度！"他把她冷的感受理解为对他德行和能力的攻击："如果她冷，那就一定是我的错，我没能逗她开心，没能让她舒适。"为了自我保护，他就贬低她的感觉——她不可能冷。"虽然没人想诋毁对方，但现在他们都感觉到彼此的贬抑"。[104] 他们不断在感情上打击对方，事态随之越来越糟："我就是冷，如果你没感觉到，肯定是你有问题！""我没问题，你才在发疯！"于是事态就这样愈演愈烈。

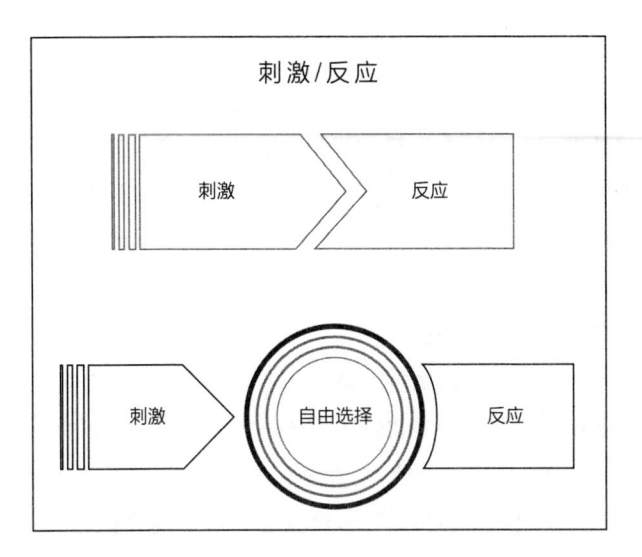

图 4-2

注：刺激/反应：外界刺激和反应之间有一个空间。存在于这个空间里的你，拥有绝对的自由决定你该如何做出反应。没有人逼你以怒制怒，你可以选择以同理心回应。

这种恶性循环的出现就是由我所说的"真实身份盗用"引起的。他独一无二、有着与生俱来的价值与能力的完整的人生已经被盗用了。与大多数人一样，他总是从别人对他的评价中寻求自己的人生价值。这种情况也许是家庭中比较文化造成的结果，例如"为什么你不能像哥哥一样聪明"，"为什么不像姐姐一样有运动天赋"，"为什么不像堂兄利奥那样用功"；也许是竞争社会强行把我们模式化的结果，例如"你就是电视节目中常见的山野村夫，典型的没感受过温暖的笨蛋"。他看见的只是自己在社会镜子面前扭曲的形象，于是他变得非常敏感，甚至假想别人侮辱他，他周围的人因此逐渐变得像在蛋壳上行走般小心翼翼，生怕风吹草动惹到他。

这是一个恰当的比喻：由于他的虚幻身份，他的自尊像蛋壳一样不堪一击。像我们大多数人一样，他总是依靠别人来寻求自己的人生价值观。结果，夫妻双方都沦为消极协同的奴隶，这种消极协同摧毁了他们之间的关系。爱德华·阿尔比的《灵欲春宵》是一部关于崩溃婚姻的精彩心理剧，剧中的妻子指责她的丈夫缺乏真实的自我："我站在那里，看着你，你不在那儿……我发誓，你要是在的话，我一定和你离婚！"[105]

找回迷失的自我认知并不是一件容易的事，却是有可能的，而且可能是瞬间的事。当我告诉人们他们是独立的个体，拥有绝对自由的选择权时，他们会恍然大悟般从椅子上跳起来。"最近我想的全是令我痛苦不堪的丈夫，"一位女士可能会这么说，"但是除了我自己没人可以让我痛苦啊！"而男人也许会下定决心说："我再也不生气、不焦虑了！"也许别人会伤害你，甚至是蓄意伤害，但正如埃莉诺·罗福斯说的："如果你不同意，没人可以让你心生自卑。"外界刺激和反应之间有一个空间。存在于这个空间里的你，拥有绝对的自由决定你该如何做出反应。在这个空间里，你可以看到自我，也可以发现你的最大价值。你可以停下来在这个空间里深思熟虑一番，想想你的道德感，想想你对家庭的爱，想想你的生活原则，你自然就会做出决定。

可惜大多数人并没有意识到这个精神空间。因为他们没有意识到自己拥有自由，他们只是在两种方法之间做出选择：要么生气，要么压制怒火，错误地以为只要他们忽略问题，问题就会迎刃而解。大家都知道压制怒火不外乎两种方式：要么闭口不言，默默忍受；要么战战兢兢地行事。无论是生气还是压制怒火，都于事无补。困于"两种选择"思维模式的你该怎么办呢？

现在你有了第 3 选择：你可以选择超脱这些情感。生气是你自己做出的选择，它并不能主动施加给你，你有权决定是否生气。别人并不能使你羞愧，只有你才能让自己羞愧。你无法控制别人的行为，但是你能控制自己如何回应。专家一致认为："相比抑制你的感情或者任由感情爆发，更好的选择就是改变它们……忠于自己内心深处的价值观，从而改变你的恐惧和羞愧，这完全取决于你的选择。[106] 学会改变，而不是怨恨、生气或者同情心泛滥。显然，改变是比'抑制'和'任性'更好的选择。"[107]

我说过，你能在瞬间将奴隶心态转换成自主心态。可是，长期维持这种新的思维模式需要付出努力。在你还来不及理清思绪的时候，旧思维会条件反射般进入你的脑海，让你不假思索地做出反应。因此，你需要深思熟虑、头脑清晰、反复实践来避免这样的条件反射，转而选择同理心。

图 4-3

如今，每当妻子说"我冷"的时候，丈夫就会做出理性的回答。这不仅仅关乎他个人，更关乎她的感受。现在他会自然而然地去爱护她，而不是攻击她、伤害她。由于他不断地体贴关心，她对他的信任和欣赏也与日俱增，他们之间的感情日益亲密，他们之间自然而然地会形成一种积极的协同作用。

另一种肯定回答就是幽默。"你明明很暖和，怎么会冷呢？"丈夫一边开着玩笑，一边用双臂带给她温暖。幽默是永恒不变的第 3 选择，因为它能让你开怀大笑，带给你意想不到的惊喜。你常常可以听见人们开怀大笑，因为他们发现了一种富有成效的第 3 选择，他们会说"太好了"！专家告诉我们，幽默是缓解紧张气氛最简单的方式，"威胁反应"会随之松懈和消失。[108]

我们没必要花上一个月的修复时间去打破冲突的周期性，但我们应该改变心态和习惯。斯托斯尼总结说："愤怒不是一个关于权力的问题，而是关于自我价值观的问题。"[109] 谁在关系中占据上风根本无关紧要，无论如何，这都是一场毫无意义的竞争游戏。第 3 选择需要你认清自我，在挑衅和愤怒之间，我有权决定自我，选择自己想要的自我。

我认识一对夫妻，妻子在一次驾车中发生车祸，失去了他们的孩子。之后很长一段时间，妻子都非常悲痛内疚，丈夫也感觉到了他们之间的隔阂。虽然他也为失去孩子深感悲痛，但像所有的男人一样，他抑制住自己的悲痛，埋头工作。然而她将他的这种行为理解为无情，于是误解随之越来越深。

一段长时间的沉默之后，事情终于发生了转变。一天晚上，丈夫正好经过卧室门口，看见妻子一动不动笔直地坐在床上。他突然意识到眼前这个已经和他走入婚姻的女人对他来说是多么重要，他不忍看见她伤心难过。可是，他不知道如何安慰她，他所能做的就是坐在她的身边。她轻轻转身，拉开和他的距离，然而他并没有离开，于是他们就这样默默无言地坐了一个小时左右。终于她轻声说道："该睡觉了。"随后他们便上床睡觉。每天晚上，这样的情景都会周而复始上演。不需要任何语言，丈夫和妻子开始感觉彼此的感情日益深厚，终于有一个晚上，妻子握住了丈夫的手。

多年之后的今天，他们仍然像情侣一样甜蜜。事情的转折点就是那天晚上。丈夫因同理心而大受触动，于是他决定当妻子背对他时采取不同的回应。这个微小的举动将他的悲伤和妻子的悲伤推向了第3选择——变成了他们共同的悲伤，也将婚姻推向了更宽敞的大道。如今，他们会谈论起他们在痛苦期间从彼此身上学到的东西。他发现，掩藏悲伤不仅会让妻子误解和生气，也会令他长期沮丧。他应该面对事实，表达自己的情感。她也从他身上学到，自己应该作为社会的一员重新回到工作中，为社会做出自己应有的贡献。他们对悲伤的不同表达方式成为他们给予彼此的礼物，最终他们的家庭变得更牢固。

你在刺激和反应之间做出的选择决定了你和配偶、搭档、父母、孩子以及朋友之间的关系。

我们可以在那个空间做出改变人生的决定。很多家长有一个双向的内部开关，他们表面上能够自我控制，实际上顷刻间就会崩溃，因而他们让孩子感到恐惧，觉得没有安全感。我个人的价值观是第3选择：执行原则时放轻松。像其他的孩子一样，我的孩子一听到要工作就露出厌恶的神情，让他们稍微做点儿家务或一点儿困难的事情就抱怨个不停。我从不马上反驳他们，相反，我给他们"两分钟的抱怨时间"，让他们可以随心所欲地抱怨。抱怨完之后，我们还是得重新回到工作中。

　　有一次，我和妻子决定带我们的孩子徒步到一个地方度假。由于这次路途漫长而陡峭，到达目的地并非一件容易的事，尤其当时还烈日炎炎。对于那次度假，我女儿辛西娅是这样回忆的：

　　　　我们以为走到科芬湖后非累死不可。父母带我们来这个美丽的地方无非是为了欣赏美景，然而躺在柔软的沙滩上才是我们最想做的事，于是我为这无趣的主意不断责怪爸爸，"这样好傻呀，除了讨厌的三明治，都没有好吃的东西吃，天气这么热，我一直在流汗"。听到这样的抱怨后，很多父亲通常都会咆哮："闭嘴，不要再抱怨了！"然而我的父亲却宣布："你们有两分钟时间可以抱怨！"于是我们就开始发泄，"好了，抱怨时间结束"。但我们并没有停止抱怨，而他只是让我们尽情发泄，不知不觉地，这样似乎有点儿奏效了。当我们把自己想说的气话都说出来之后，他一笑置之。不可思议的是，我们的看法竟然发生了改变。当我们到达科芬湖后，发现它是如此美丽，我们收获的美好体验远远超过我们为之付出的努力。

　　简言之，如果我想拥有幸福的婚姻，我就一定要学会创造积极的协同。如果我想自己的孩子能友好合作，那么作为家长，我就要给予孩子更多的理解、倾听、肯定和爱心。正如我能打造自我身份一样，我也能决定家庭的命运。

## 我看到你

"我看到你"意味着"我认同你独特的个性"。在家庭里,欣赏对方独一无二的个性并不是一件容易的事。我可以自然而然、如愿以偿地步入婚姻甚至为人父母。我对家人有所期望,但如果我把自己的思想和期望强加到他们身上,那是万万不对的。如果我爱他们,我就要把他们视为个体并尝试理解他们的差异。人不是物,疏远爱人最好的办法就是把他们转化成物。陀思妥耶夫斯基说过,"爱他就要把他视为上帝的旨意",而不是让他服从你的意愿。

爱不仅要对彼此有感觉,更要乐意视她为独立的个体,尊重她。用艾丽丝·默多克的话来说就是,"爱所难以领悟的是,你需要把对方而不仅是你自己看成真实的个体"。这就意味着我们要珍惜彼此的差异,不仅要容许它,还要欣赏它。欣赏、分享彼此的差异,发挥彼此的独特天赋。一位因儿子沉迷电子游戏而焦虑的母亲,通过学习电子游戏并参与其中的方法也许能和儿子成为朋友。一位视妹妹的艺术细胞为无知的务实派哥哥,如果学会欣赏妹妹的先锋艺术表演,也许能为自己的事业带来一些创意。一位讨厌女儿戴耳机的父亲,如果能和她一起戴起耳机,就会慢慢了解女儿喜欢的音乐,了解她的内心世界。如果我们欣赏别人的价值观,那么他们通常会做出积极的回应,也同样会欣赏我们的价值观。

当然,我们应该让家人远离有害和浪费的习惯,并引导他们从中走出来。在一些家庭里,这样的行为已然失去控制。任何人都没有义务默认甚至宽恕非法和无理的行为。我不会移情倾听虐待儿童或走私毒品的行为,但这并不意味着每种差异都是威胁。太多的家庭成员因为被迫抛弃他们独有的品质而对彼此心生敌意。如果丈夫或妻子把彼此的差异视为威胁，那他们原本可以彼此取长补短的正能量反而变成了副作用。同样，如果父母或兄弟姐妹不珍惜彼此的差异，消极的协同就会极具破坏力。

伟大的精神医学家斯特拉·切斯享年93岁，这对我们来说是一件值得庆幸的事。因为寿命长久，她进行了一项长达45年的空前研究，从研究对象的婴儿期一直延伸到成年期。从1956年开始，她就跟踪随访了来自不同家庭背景的238名新生儿，观察他们父母的不同育儿之道，探究这些因素对孩子的影响。经过最初10年的实验探究，她出版了一本书，书名很抓人眼球——《你的孩子是人》（*Your Child Is A Person*），书中指出，孩子不是一个需要父母用程序控制的小机器人。

切斯认为，每个孩子都是独一无二的，如果父母能欣赏这种独特性，孩子就能茁壮成长。她的研究验证了一位成功家长曾经对我说的育儿之道，"通过差异化的方式一视同仁地对待孩子"，尊重他们的个体差异。切斯还发现，不少孩子和父母间"配合不良"，也就是说，他们的个性、目标和价值观不一致。

切斯的研究对象诺曼就是这样一个例子。小男孩上学后，他的父母每次都忧心忡忡地来咨询她。诺曼天生是一个快乐、友善的孩子，然而他在游戏室里总是难以保持注意力。切斯诊断出他注意力不集中，但问题并不是太严重。她告诉诺曼的父母他容易分心，但在"短期学习"中也能学好。"不行！"他父亲抱怨说，"他这种行为就是不负责任，缺乏个性和意志力，他必须好好表现才对！"

切斯写道："我们唯一能做的就是旁观，我们感到无助和沮丧。几年后，诺曼的病越发严重，学习成绩随之下滑。他的父亲是一位对人苛刻、固执的成功人士,他变得越来越挑剔,总是贬低自己的儿子。"他断言儿子不负责任,生活已步入失败的境地。"这位父亲埋下了自我应验的种子",诺曼 22 岁时变得"碌碌无为,整天睡觉,要么就做他的音乐家白日梦"。40 年后,当切斯结束这项研究时,她写道:"诺曼的一生是真正残酷的悲剧人生。"[110]

今天,我们知道像诺曼这样有轻微注意力问题的孩子在父母强有力的支持下是可以茁壮成长的。事实上,他们的精力和好奇心能给一个保守、被动的团队带来巨大的价值。在珍视创造力的魔幻剧场里,诺曼就是一笔巨大的财富。如果他的父亲能重视诺曼敏捷的创造性思维,那么诺曼也许能够有所成就,他的父亲也能了解自发行为的力量。反过来,当父亲教导他要集中注意力专注于一件事时,他也能做出更好的回应。然而,诺曼的情况每况愈下。科学家认为大脑化学物质会导致注意力不集中,但他们同样知道,"家庭失能"会雪上加霜。[111]

我认识一个女人,她有三个即将成年的孩子。大儿子是一个胸无大志的吸毒者;女儿过于在乎自己的体重,以致患上了厌食症;小儿子学习成绩一塌糊涂,整天埋在电子游戏的虚拟世界中逃避现实。这些孩子原本都是聪颖、健康、有天赋的,但出身农民家庭的母亲从他们小时候起一直呵斥和恫吓他们,就因为她认为他们有性格缺陷。她不停地责骂他们懒惰:"我每天早上 5 点就起床运干草、挤奶,这些孩子到底是怎么回事儿!"她总在玩操纵游戏,比如不给他们食物,或者在他们晚归后把他们锁在外面。她要求他们完全符合她心目中乖孩子的形象,并威胁他们如果不符合,就赶他们出门。换句话说,她想让他们和她一模一样。如今他们都要离她而去,我不知道他们是否会回头。

我也认识一位父亲，一位受过正规音乐训练的音乐家。他虽然不富有，但生活很有质量。他为女儿营造出音乐氛围，让她阅读好书，跟她交流思想，然而女儿却喜欢钓鱼和摇滚乐。他该如何与女儿相处呢？"我觉得钓鱼再无聊不过了，"他说，"但是，我觉得没有什么比女儿更有趣了。"于是他就随女儿去钓鱼。回家后，他浑身发臭，皮肤被晒伤，一边抓着蚊子叮咬的包，一边和女儿讲着笑话开怀大笑。她让他听自己的混合摇滚，虽然声音让他觉得刺耳，但他仍然设法让自己跟上新的节拍和新的音乐理念。一天，他无意中听到他女儿告诉朋友说她热爱古典音乐，他不由得内心窃喜。"你从来没听说过西贝柳斯吗？"她对朋友说，"不，那是一个作曲家的名字，不是摇滚乐队。"这种罕见的家庭氛围不是分裂，而是求同存异。

每个孩子都是具有独特天赋的第 3 选择。当孩子被父母冠以某种标签或者同别人比较时，他们的自尊会受伤，然后他们开始"占有"自己的标签。我曾听到过家长当着小孩的面说，"皮特是个懒孩子"，"金不会唱歌"或者"我们的小孩很聪明"。当你按照家长的描述对待孩子时，你几乎可以预见孩子会逐渐变成标签所描述的样子。我和妻子从不拿我们的孩子和别的孩子比较，也不会给他们贴上某种标签，我们特别重视他们独特的个性和特质，我相信这样可以让他们感到舒适和自信。如果家长不拿孩子和别人比较，也不偏袒任何一个孩子，那么很多手足之争就不会发生。如你所见，每个孩子对我来说同样珍贵。

我的外孙柯维在国外生活了几年后，给他父母（我的女儿玛丽是他的母亲）写了一封信，说他正在列一个清单，希望父母能帮忙指出他的优缺点。他认为父母从小抚养他，对他最了解，他们的真知灼见能帮他发现自己需要改善的地方。然而父母在回信中只提到了他的优点。"如果非要说缺点,"母亲写道,"那你就得问上帝了,上帝会告诉你如何成为你想要成为的人。"在我看来,人们总是能充分意识到自己的缺点,却很少发现自己的优点。乔纳森·斯威夫特也赞同这一观点:"人的情况有如土地,有的地含有金矿而主人不自知。"[112] 当人们根据潜力而不是狭隘的个性来评判孩子的时候,孩子们会受到激励,也就不会变成同一个模样。

伟大的大提琴家帕布罗·卡萨尔斯的同理心智慧令我印象深刻,在他漫长的一生里,他给孩子们上了无数堂音乐课:

> 我们应该教给孩子们什么呢?2+2=4?法国的首都是巴黎?我们什么时候教他们认识自己是谁?
>
> 我们应该对他们每个人说:你知道自己是什么吗?你是一个奇迹,你是独一无二的。过往的所有日子里,从来没有出现过像你一样的孩子。你的腿、你的手、你灵巧的手指、你的一举一动,都与众不同。
>
> 你可以成为莎士比亚、米开朗琪罗或者贝多芬,你有成就一切的能力。是的,你是一个奇迹。而当你长大之后,你会忍心去伤害另一个如你一般的奇迹吗?
>
> 我们必须同心协力,让这个世界成为值得孩子们生活的乐土。[113]

"我们一点儿也不一样","我们差异太大","我们毫无共同之处",这些抱怨导致"不和谐"离婚。互相疏离的父母和子女也会如此抱怨。其实，不同的兴趣爱好、非凡的天赋、古灵精怪的个性，都能赋予生活和爱情更多的乐趣。这些关系之所以不和谐，是因为他们缺乏那位音乐家朋友的心态：如果你真的爱她，就视她的与众不同为天赋，视她为独一无二的珍宝。

"不和谐"与"同理心"是相对的。这两个词都基于"感同身受"的概念。正如史蒂芬·斯托斯尼所说，同理心"会让你对爱人的个性和弱点异常敏感，它会让你看见妻子与你的迥异之处，不同的经历，不同的气质，不同的缺点，还有不同的价值观"。[114]

很多夫妻都希望配偶崇拜自己，很多父母都希望孩子成为自己的翻版。让孩子成为自己的翻版让父母在社会上有一种虚荣感。当你孩子的思维、言谈举止和打扮都与你一样时，你的身份便得到了彰显。

然而，翻版并不是统一，一致并非团结。家庭是最完美的互补型团队，不同的天赋、彼此的深爱让家人团结一致，让人们懂得欣赏彼此截然不同的分工、感受和能力。

我给我已婚孩子的最好建议就是：不要试图让你的配偶更完美，试着让他或她更快乐。我们都有一种倾向，希望我们的配偶越来越像自己，似乎自己的方法才是更好的。然而，我从自己的婚姻中领悟到，试图改变他人的方法并不可取，这样只会让我们在婚姻中漠视对方的独特天赋。不要试图改变他们，学会欣赏他们的与众不同，配合他们，并尽你所能让他们开心。

## 我找到你

"家庭纠纷是件很痛苦的事，"正如 F. 斯科特·菲茨杰拉德所说，"就像皮肤上的裂痕一样不会愈合。"弥合家庭分歧的办法就是找到你的爱人，和他们进行"发言权杖"沟通。虽然争吵不是一个人的事，但是疗伤过程的启动只要一个人就够了。这就是第3选择解决问题的先决条件。

它是这样起作用的。当我对你说"'发言权杖'交给你了"，就意味着除了重申你的立场，我不能发表意见。我可以通过问你问题来让自己理解你的观点，但是我不能表达自己的观点，我不能表示赞同或反对。我能做的就是和你交流你的观点，直到你认为我理解了你的观点为止。然后你把"发言权杖"传给我。现在轮到我发言了，你需要安静倾听，直到我认为你理解了我的观点为止。然后我把"发言权杖"传给你。

"发言权杖"沟通法将防御性的负能量转换成创造性的正能量。原因如下：当你投入地倾听他人直到他们感觉自己被理解的时候，你传达的是"他们对你而言非常重要"的信息，你在肯定他们。这一点非常有治愈作用，以至他们无法反驳，只能逐渐向你敞开心扉。

"发言权杖"沟通法需要时间，但是我保证，在你的家庭生活中，它会帮你节省更多的时间，减轻莫大的压力。抱有多年成见的人对彼此敞开心扉，放下深深的仇恨，甚至会再一次拥抱彼此。

遗憾的是，"发言权杖"沟通在现实生活中很少见。

我曾经听到一个男人把他的妻子称为"反驳机"。他说她很急躁，无论别人说什么，她都会反驳。他的女儿如果说没有人喜欢她，妻子就会说，"荒谬，每个人都喜欢你"。这种交流方式看起来可能无害，但它会扼杀沟通：孩子会认为自己的感觉是"荒谬的"，没有人有兴趣听她把话说完。女儿如果说"我再也不去学校了"，她的母亲会回答："你疯了吗？你肯定是要去上学的。"这个回应切断了她女儿的心理氧气，最终她会强烈反抗，开始反攻。

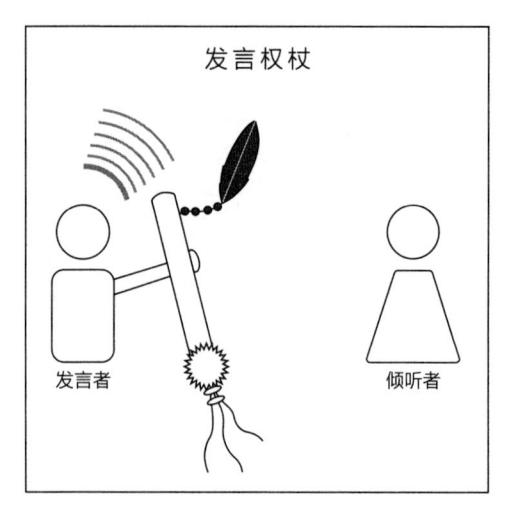

**图 4-4**

发言权杖

发言者　　倾听者

　　如果你也像这位母亲一样，在女儿说话的时候就把你的答案预先设定好了，那么你不会倾听她的。如果你本能地反驳她说的所有话，她真的可以很放松、不拘束地与你沟通吗？如果她不愿意上学，你会感受到她真正的痛苦是什么，以及她为什么会有这样的痛苦吗？

　　善意的父母常常觉得自己的工作就是解决孩子们的问题。这是父母的天性。这个妈妈不假思索地否认问题的存在，这是一种策略。更敏感的父母则以建议作为回应。当他们的孩子说"我有一个问题"时，他们回应："哎呀，有些事情你得考虑。"但是父母的真正职责是培养孩子想出自己的第 3 选择。当你的孩子说"我有一个问题"的时候，你要多加注意，他或她可能已经陷入两种选择的困境，譬如她的男朋友在给她施加压力，他在学校的成绩不达标，或者是她身边的其他孩子都沉溺于毒品等。明智的家长会这样回应："我想知道你更多的事情"，"你真的纠结于此"，"你不知道该怎么办"。

光是给出建议的做法是不对的，无论这个建议有多好。你夺走了孩子一个成长的机会，一个她向你们畅谈或畅想自己关于这个问题的复杂情感的机会；你抹杀了她的智慧和主动性，你令她丧失了提出自己的第3选择的机会，你让她变得更加依赖你，更糟糕的是，依赖会引起无助和愤恨。

你可能会说，"远离那些瘾君子，我不希望你再和他们混在一起"。这是个好建议。但是用这样一个简单的答案来压制问题，会缓解她内心的焦虑吗？这些人是她的朋友，他们之间有联系、有感情。因为你说的这些她就要远离他们吗？她应该尝试帮助他们吗？或者她应该与他们断交吗？在给出建议之前，你可以用同理心倾听，认真地听她把话说完，她可能会自己想出大部分答案。你可能会和她一起想出一个既保证她的安全又可以帮助她的朋友的第3选择。

伟大的儿童心理学家海姆·吉诺特写道：

> 倾听是智慧的开端。用同理心倾听能够让父母听到孩子的话语里试图要表达的情感，理解孩子的感受和体会……父母需要一种能够帮助他们听到各种真相的开明思想和开放心态，无论真相是否令人愉快。然而许多家长害怕倾听，因为他们或许不喜欢他们所听到的。[115]

你可能想为孩子解决他们的问题,他们可能也需要你的帮忙。但如果你做了,你就丧失了一个机会,一个你和你的孩子共同努力达到协同的机会。当父母将孩子的问题看作一个和孩子建立友好关系的机会,而不是一个亟须解决、令人消极的恼人问题时,将完全改变亲子互动的本质。父母开始变得更愿意甚至更兴奋地深入了解和帮助他们的孩子。当孩子跟你说他有一个问题的时候,你不要想"哦,不!我没有时间",而是应该想"这是一个很好的机会,让我真正帮助孩子的机会,可以增进我们之间感情的机会"。深深的爱和毫不怀疑的信任可以让孩子感觉到父母对他们的帮助以及对他们的尊重。虽然有很多失误,但我现在很庆幸我一直在努力发现并理解孩子在成长中遇到的问题。我的努力已见成效。以下是我的女儿珍妮的回忆:

  从小到大,我从来没有觉得我有理由叛逆,因为我的父母总是让我感到自己是被理解的,他们真正倾听我的想法。我见到我的朋友们会因为一个简单的问题而导致很多麻烦,比如父母不准晚上出去之类,因为他们的父母说:"这是规矩,没有讨论的余地。"于是他们就僵持住了。但是我的父母会跟我讨论这个问题,问我的意见,并且倾听我关于这个问题的想法,我觉得我不需要防备他们。那种被理解的感觉使任何蠢蠢欲动的反抗都成为消极的行为。现在面对我的孩子,如果我愿意花时间认真地去倾听、去理解他们,他们会更愿意听我说话。

  在我十几岁的时候,家人准备周末去圣丹斯度假旅行。我不想去,因为我和朋友打算做其他事情。爸爸说:"不行,今晚我们都得去圣丹斯,这是我的决定。"就像其他十几岁孩子的正常反应一样,我非常气愤,回到房间,我倒在床上,发誓绝不原谅他。他完全不听我说的话,一点儿也不在乎我的感受。几秒钟后有人敲门,是爸爸。他说:"很抱歉没有听你的意见,告诉我为什么你想待在家里吧。"听了我的理由之后,他说:"我完全理解了。"之后我们想出了一个两全其美的办法,先让我待在家里,然后在周末晚些时候带上我的朋友一起去圣丹斯旅行。

发自肺腑的道歉和倾听真的可以解决问题。我感到很幸运,因为我的一生都在倾听。老实说,我从来没有生气地推门而入,怒气冲冲地走向我的父母,对他们高呼"我走我的独木桥",因为我觉得倾听是有效的,所以我很乐意去倾听他们说的话。

现在身为家长的我试着提醒自己,"不要只想着你的想法,停下来听听他们说的话"。

如果你和你爱的人陷入争吵,你可以选择用同理心回应。一位专家说过:"如果你踩到家人的脚趾,或者如果你的家人在盛怒之下说出一些令你愤怒或沮丧的话时,把它当作沟通障碍吧,把它当作一个邀请,去找出你们话不投机的原因。"[116] 我喜欢这种思考问题的方式,你有权决定是生气还是理解你爱的人告诉你的事。如果你把它当作协同的开端,那么片刻的紧张会让你们的关系更加紧密而不是破裂。

你和你的女儿之间可能存在冲突。当你说"我想要你离开那些经常吸毒的朋友"时,她可能会回应,"不,我不,他们是我的朋友，他们是唯一关心我的人"。你的直觉告诉你要反驳："如果他们想要你吸毒，他们就不是你的朋友，也肯定不是唯一关心你的人。他们关心毒品多过关心你！"但如果你是一个明智的家长，你会退后一步，不再强行给出建议与解决方案。你会认识到，她只是想以抨击你身份的形式把她的纠结传递给你。虽然很不公平，但是没有办法，你会觉得受到了伤害。但如果你是一个第3选择思维者，你会抓住这个机会，采取比你之前的想法更好的行动。首先，你会请她告诉你她的故事，你将认真地移情倾听。你会冷静下来说："那么，告诉我发生在你身上的事情吧。"这是一个中立的邀请。

她回答："你关心的只是你自己，你只不过不想有一个吸毒的女儿，因为那会让你很没有面子。"

唉，当然，这完全是不公平的。但是请记住，你对所谓的公平并不是真的在乎，你在乎的是你女儿的幸福。换位思考，暂时把伤害和忧虑抛开。此时此刻，你所关注的是她的故事，"难为你了"。

过了一会儿，她说："我觉得我很孤独。你有你的工作，每个人在学校里都有事情做，但我什么事都没有。里亚和马特是我唯一可以说话的人。"

此时1 000种反应充斥你的大脑："你并不孤独，我一直都在这里，你对我的重要性远远超过我的工作。你那么聪明、漂亮、有天赋，有那么多人爱你。里亚和马特其实对你有不良影响。"诸如此类，但你什么都没说。现在"发言权杖"还不在你的手上。相反，你表达她的想法而不是你的："所以你真的很依赖里亚和马特。"

"我很努力地融入，"她说，"我想交朋友，但在我周围除了他们没有别人。而且他们对我很好，他们爱我，我们一直聊天。我知道他们因为毒品给自己惹了大麻烦。"

你说："你很担心他们。"

她说："昨晚他们给了我一些毒品，他们一直在谈论吸毒如何酷，让人感觉如何什么的，但他们吸毒的样子真的很可怕。"

你说："看到你的朋友受苦，你一定很难受。"

她说："是的，我不能想象我自己也这样的话会如何。"

对话就这样进行下去。作为同理心倾听者，你在女儿身上发现了更深层次、更重要的东西。你发现了她的寂寞，她为了得到别人的接纳所付出的努力，她对那些接纳了她却苦苦挣扎的朋友的关爱。你还发现她其实是抵制毒品的，她知道毒品的害处，并且承认她朋友都陷入了危机。你明白了你所想的并不是问题的关键。她不会吸毒成瘾，她不是在反抗你。尽管她言辞伤人，但那只是她站在她的立场上做出的防御反应而不是针对你。

体会一下你女儿的内心世界。你倾听的意愿使她愿意向你坦露她的脆弱。渐渐地，你成为她的朋友，而不是隔绝在高墙之外的针锋相对的敌人。事情发生了变化，你现在是"我们中的一员"。

注意，你并没有同意或者不同意她所说的任何话，你还没有原谅她的朋友滥用毒品或向你女儿提供毒品的行为，你还没有认定她的自我形象是令人讨厌或令人憎恨的。你只是简单地去倾听，以便你能理解内情。这个时候，你的反应就是见她所见、感她所感，对她说："你看事情的角度和我不同，我需要听听你的看法。"

现在你要准备走向第3选择。当然，你不知道它是什么样的。寻找第3选择的过程总会存在风险，你不能保证你会得到更好的东西，你不知道你和你女儿的感受之旅会在哪里结束。但是如果你不能以同理心倾听，我保证你一定会在你和女儿之间建起误解和痛苦的壁垒。打破这些壁垒将是艰巨的挑战。

相反，关于她的故事你听得越多，你和女儿之间的情感障碍就会越少。"故事带我们跨过壁垒。"艾丽芙·沙法克说。墙由坚硬的石头砌成，而"故事就像流水"，流水可以穿石。[117]故事就像一条小溪，它会找到自己的路，带你去一个意想不到的目的地。你越是随着故事的节奏，越会有更好的第3选择的前景。

在单刀直入处理麻烦、解决问题的文化里，我们没有耐心听完彼此的故事，因而忽视了很多看问题的视角。挣扎、痛苦、失败和成功的复杂故事，对我们每个人来说都是独一无二的，我们认为自己已经知道了一切。专家说，"建立关系最大的困难是：我们不能看清或者说完全专注于另一个人的心灵、思想和体验，在婚姻中尤其如此。凭借多年（有时只是数月）的经验，我们以为自己已经完全了解我们的伴侣"。[118]最终我们否认、逃避、不再倾听彼此，我们用冲突孤立了我们和孩子，结果就是"同理心缺失"。

有些地区的文化做得更好。几千年来，南非的科萨人鼓励所有族人在一个被称为科特拉会议的开放场所讲述自己的故事，以此来解决冲突。科特拉会议可能会持续数天，目的是让每个人都有被倾听的机会，"直到当事人完全忘记了他们的负面情绪"。战争对科萨人来说是不存在的。[119]同样，加拿大原住民文化中利用故事来化解紧张，教导孩子解决冲突。发生争吵的时候，家庭或团体就会聚集在一起"围圈发言"，以同理心倾听。一个工作在原住民部落家庭作坊的人解释了他是如何做的：

通常人们会因为孩子没有按他们的想法做事而制止孩子。在我们这里的许多人看来，把孩子跟他的群体隔绝与我们想让他学习的东西是相悖的。也许孩子需要的是跟他的圈子更加紧密，以便听取朋友们想要达成的目标。然后他才会知道他该如何帮助他的群体。

当孩子听到别人解决问题的故事时，他们就懂得了同理心以及"社会道德价值观和行为期望"，故事比直接指令或纠正更好，它可以"与孩子的心灵对话"。[120]

我的儿子肖恩和我分享了他改善自己和儿子之间关系的过程。

在大学里我实现了毕生的梦想，成了大学橄榄球队的四分卫。在领导球队两年后，我的梦想因为膝盖韧带拉伤而破灭了。多年以后，已经结婚、工作的我有了第一个孩子，一个男孩，你可以想象我是多么兴奋！训练他成为一个伟大的四分卫该是多么令人兴奋的事情！所以，从他一年级到八年级，我一直在指导他、训练他。年复一年，他成了一名优秀的橄榄球四分卫。你可以想见我有多么骄傲，每次看他比赛我都会说，"我儿子真棒"。

然而在上九年级之前的一个夏日，迈克尔·肖恩告诉我，他以后不想再打橄榄球了。我很震惊："你疯了吗？你知道你有多优秀吗？你知道我花了多少时间训练你吗？"他只是轻描淡写地说他不想打了，这个想法让我既担心又震惊。显然，让他成为一名伟大的橄榄球运动员是我的安全感的主要来源。随后几天，我一直试图说服他，但没有取得太大的进展。

具有讽刺意味的是,在那个时候,作为一名产品开发人员,我的工作是设计研讨会,讨论如何成为一名优秀的倾听者。当我意识到自己没有真正倾听过儿子的想法时,我深受打击。我想我真正害怕的是他不再打橄榄球这件事。在准备真正倾听的过程中,我不得不先直视我内心的动机。我是想培养一名橄榄球运动员还是培养一个儿子。我这样做是为他还是为我自己?认真思考之后我明白了,我需要培养一个儿子。在这个伟大的计划中,橄榄球其实并不重要。

不久,我就有了一个机会,"肖恩,明年你不想再打橄榄球了?"

"是的。"他回答说。

我保持安静。

"去年我真的不是很喜欢橄榄球。"他说。

"所以去年对你来说不怎么好过,对吗?"

"是的。"

我只是点了点头,肯定了他说的话。

"去年我讨厌橄榄球,爸爸。我在球场上被打败了。我的意思是,你看看我的体格,只有别人的一半大。"

"你去年被打败了?"这个时候肖恩已经明白了我真正关心的是什么,明白了我现在只想了解他,所以他开始敞开心扉。

"是的,我的意思是,每个人的块头都比我大那么多。我还没到发育期,爸爸,而且这个夏天我还是没有长高。你年轻的时候很高大,你不会明白的。"

"你认为我不会明白？"

谈话持续着。关于我的儿子，我有很多新的了解。他觉得自己个子矮小，没有安全感，很脆弱。我们刚刚搬到一个新的社区，他认识的人不多。他去年受到了打击，达到我对他的期望让他觉得很有压力。

几分钟后，在我还试图理解他的时候，他问："爸爸，你觉得我应该怎么做？"

我说："怎么做都好，真的。你想打球，很好。你不想打球，也很好。你来决定，无论怎样我都支持你。"

没过几天，他找到我说："爸爸，我明年想继续打橄榄球。"我很高兴听到这个消息，但是这对我来说并没有什么大不了的，我也会接受其他的选择。好消息是，那一天后儿子和我的距离拉近了，并且此后都很亲密。我发现，当涉及人际关系时，快就是慢，慢就是快。花上30分钟真正去理解，就能够解决一个可能已经持续数月或引起很多摩擦的问题。真的，同理心是最快的沟通方式。

深入理解对方的内心感受，会不由自主地激发同情心。当我们真正可以透过眼泪看待事情时，当我们终于感受到心中的爱人时，我们就转变了。我们的思维模式就会全然变化。懵懂少年变成独立而上进的少男少女，沉默、孤僻的丈夫变成一个必须克制内心弱点、沮丧和心碎的男人。我们看到风烛残年的父母的内心，看到消逝的机会带给他们的创伤，以及他们在生命衰落的过程中感到的绝望。每个人的心都是柔软的，当我们触及那片柔软时，我们就到达了一个神圣的地方。

在捷克斯洛伐克作家卡雷尔·恰佩克的故事《最后的审判》中，残忍凶手的灵魂被带到天堂的审判台前，三个令人生厌的法官审理他的案件。他们传唤证人出庭做证，"一位气宇非凡、一脸大胡子的绅士穿着缀满金星的蓝色长袍"。原来他是唯一的证人，"无所不知的上帝"。被告被警告不要打断证人的阐述，因为"这位证人知晓一切，所以任何否认都无济于事"。证人证明了被告犯下的暴行，但做了其他补充。当被告还是一个孩子时，他深爱自己的母亲却不知如何表达。在六岁的时候，他失去了他唯一的玩具，一颗珍贵的彩色玻璃弹珠，于是他哭了。在七岁的时候，他偷了一朵玫瑰，把它送给一个小女孩，但是她长大之后却拒绝了他，嫁给了一个有钱人。作为一个无家可归的年轻人，他拿出食物与其他流浪者分享。"他慷慨，乐于助人。他对女性温柔，善待动物，信守诺言。"

不过，不出所料，法官们判定被告终身监禁。被告问上帝："为什么你自己不做法官？"上帝回答说："因为我知晓一切。如果法官知晓所有的一切，他们也无法审判，因为他们会明白一切，他们会于心不忍……我知道你的一切，所有的一切，所以我无法审判你。"[121]

在我看来，这个故事说明了一个道理：越了解你，我就会对你越温柔，会让你受到的伤害越少。我对你了解得越少，我越有可能把你当作一样"东西"来评判、控制和抛弃。

从你自己开始，请你的孩子、年迈的父母、配偶告诉你关于他们的故事，特别是他们在困境中的故事，你就可以打造一种同理心的家庭文化。增强自己同理心的力量，让他们讲述所面对的冲突、遇到的误解和奋斗的故事。当你以同理心与他人建立起关系时，你会发现他们也会做出同样的回应。同理心是可以传染的。

我的哥哥约翰有丰富的家庭咨询和培训经验，他告诉我一个故事。有一个家庭表面上看起来很和睦、完美，但家庭成员之间却严重缺乏同理心：

> 这个家庭的成员都很优秀，父母聪明，孩子优秀。父母邀请我们过去，因为他们青春期的孩子一切都不对劲儿了。
>
> 于是我们先请家长去另外一个房间，然后和孩子们坐下来谈心。起初他们不愿意说话，但他们毕竟都是聪明伶俐、善于表达的孩子。很快他们便敞开心扉，告诉我们：他们的父母就是不听他们说话，父母那里没有尊重和同理心。"发言权杖"沟通不仅仅是倾听，还表达出深深的敬意。所以，我们与他们进行了同理心沟通。他们只是被命令这辈子要做什么，却从来没有表达自己自由意志的权利。他们与父母的积怨由来已久。他们从来没有被倾听过，也从来不被允许协同与自由发展。
>
> 我们听他们说了一整天。然后邀请他们的父母进来，给他们所有人做测试，"在纸上写下围绕'朋友'你所能想到的任意一个词"。
>
> 随后我们比较了列表。没有一个词是相同的，词与词之间的差别很大。当母亲意识到这个测试的目的时，她终于明白了。她从抽屉里拿出了一把尺子，把它交给她的孩子，"从现在开始，如果你有话要说，就举起尺子。这表示'我想和你说话，我有话和你说'"，然后母亲开始倾听。于是，家庭文化发生了改变。
>
> 他们说每个星期天下午都要一起骑车游玩，为的是相互

熟悉，增进了解。[122]

先贤告诉我们，"不能令你超越自我的知识远比无知更可怕"。[123] 希望了解你内心的意愿越强烈，我和你共同超越分歧、拥有更好的第3选择的力量就越强大。

## 我和你协同

家庭本身就是一个第3选择。它以两个独立的人以及两种不同的文化背景相结合的婚姻开始。如果尊重自我与配偶并具有同理心，结果就是产生第三种文化，一种新的卓有成效的关系，从中我们可以找到最真切的快乐和最深刻的满足感。

我们审慎地选择协同思维模式来打造第3选择的家庭：既不是我的方法，也不是你的方法，而是更好的方法。我们在交互中坚持不懈地寻找第3选择，以培养自己的协同思维模式。怎样培养孩子、管理资金、平衡家庭与事业、选择宗教信仰、促进亲密关系，这些都是需要用协同来处理的重要问题。

人们在处理这些问题时，往往不仅没有协同，甚至没有尊重和同理心，以下面的交流为例：

- "我不明白为什么我们总是负债，我们明明赚了不少钱。""唉，不要再烦我了。"
- "我希望你对孩子不要那么苛刻。""如果不严格要求，他们怎么能学好呢？"
- "你总是不回家。""为了养这个家，我累死累活地工作，而你就知道抱怨。"

大多数冲突并不涉及如此严峻的问题。比如，在度假的时候，我想要躺在海滩上而你却想打高尔夫球。这类事情通常不需要协同。我们可以把一个下午分开，两件事都做，或选择其中一件事做。这没什么大不了的。

很多年前，在我儿子乔希大约 13 岁的时候，一个星期六的下午，我带他去打高尔夫球。我打算跟他打 9 洞高尔夫球，然后回家听一个重要的广播。我没有意识到他想玩 18 洞的，当我告诉他我们必须放弃 18 洞一起回家的时候，他非常伤心。他喜欢打高尔夫球，我们在一起的时间实在太少了。瞬间我面临一个真正的两难问题——让我儿子失望并错失与他待在一起的时光，或错过一个对我的工作来说十分重要的广播。然而，永远有第 3 选择：我的车里有一台小收音机，我插上耳机，两件事情就都做到了。乔希和我共同度过了一段非常珍贵的时光，而我大致了解了广播的内容。

我们可以随时找到这样的第 3 选择。小冲突只需要一点点创造力和直觉就可以找到第 3 选择。不过，如果我们长期处于较大的冲突中，那么一个小小的冲突就足以引发一场战争。在这种情况下，就不再是海滩或者高尔夫球的问题，而是真正的关系问题了。这个时候，我们是选择积极协同还是消极协同呢？

如果你想进入积极的协同状态，不能过分强调"我看到自己""我看到你""我找到你"等思维模式的重要性，甚至不要刻意去想我要和你共同达成第 3 选择，除非你有同理心并尊重他人。否则，协同尝试只会沦为心理游戏。协同是发自肺腑的，如果我只是在玩游戏，你会感觉到的。

尽管同理心是必不可少的，但它本身不足以解决真正艰难的挑战。正如哲学家 J.D. 特劳特所说，"同理心是一个起点。遗憾的是，许多人在同理心形成之前就已经麻木了"。[124] 同理心本身有改变的作用，但除非我们达成第3选择，否则问题依然存在。家庭冲突只会令有些人精疲力竭。还有一些人不相信第3选择的可能性，他们可能深深理解他们的亲人为什么会有那样的行为，甚至能以同理心对待他们，但他们已经放弃了任何改变的希望。还有些人相信协同，相信其他家庭可以实现协同，却不相信自己的家庭有技巧或能力实现它，他们怀疑自我。

夫妻双方可以在"感情破裂状态"下共同生活几十年。相同的问题会引发一次又一次的战争，因为两个人都没有勇气去问对方："你愿意去找比我们现在所拥有的更好的东西吗？"

但如果我们问出了这句话，我们就有可能进入某些专家所说的"第三空间"。我不是让你同意我的看法或放弃你的主张，而是找到一个整合我们两个人最佳见解的新选择。在第三空间里，我们"做出根本性的转变，脱离不考虑现实感受的二元空间，采用整合互补的思维模式，将不同的价值观、行为和信仰融合为一个崭新的整体"。更简单的表达是，我们停止思考"我的方法和你的方法"，开始思考"我们的方法"，一种善加利用我们独特优势的方法。在第三空间里，"我们的所到之处是我们从未到过的地方"。[125]

父母与女儿之间关于毒品交流的故事到这里还没有结束。在女儿倾诉的过程中，他们逐渐一起进入第三空间，一个有着无限选择的不可思议的魔幻剧场。回想一下，女儿刚刚透露害怕看到朋友们滥用毒品的痛苦状况。

你说："看到你的朋友受苦，你一定很难受。"

她回答："我认为他们也害怕毒品，但他们不知道如何停止。他们找不到人倾诉，他们不能跟父母说……他们不像我这样可以和你谈话。"

现在你想对自己说:"不错,同理心是有作用的。"但"发言权杖"仍然在你女儿手中,所以你说:"如果能够得到一些帮助,对里亚和马特来说是非常重要的。"

她继续说:"他们的父母如果知道他们吸毒会杀了他们的。关于毒品的事,学校的老师总是唠叨个不停,但没有人听。辅导员能帮上忙,但是他们太忙了。他们还能和谁说呢?"

"你怎么想的?"你问。

到目前为止,你所做的是感受她内心的混乱,现在她在你的帮助下放松了,进入魔幻剧场。现在有许多可行的备选方案,但都与你女儿吸毒无关。相反,听起来她已经做出了自己的选择,她要帮助她的朋友脱离苦海。

几年前,一位名叫杰拉尔多·冈萨雷斯的人面临着同样的问题。还是一个小男孩的时候,他的父母把他从古巴带到佛罗里达,他在普通的难民家庭中长大,大学对他来说遥不可及。在一家商店打工时,他和朋友报名参加了社区大学课程,从此他开始对知识分子的生活方式产生了兴趣。他喜欢读书,经常参加辩论赛。他说,"通过接受教育,我的世界观完全转变了,我觉得自己学得还远远不够"。[126]

杰拉尔多想学更多的东西。不久以后,他接到了佛罗里达大学的录取通知书,他的梦想成真了。可是进了大学后,他发现自己被从未预料到的噩梦包围了:其他的学生,包括他的朋友和同学,周末都会喝得酩酊大醉。交通事故、酒精中毒、打架,所有的可怕后果都令他不安。当然,大学有反酗酒活动,警察也会打击酗酒行为,但都无济于事。杰拉尔多既不愿放弃他的朋友,又不想加入他们自我毁灭的行列，于是他开始思索第3选择。

意识到这个年龄段的人更听得进同龄人而不是专家的意见后，他协助成立了一个学生组织，教导他们的朋友并希望他们停止狂欢。该组织自称巴克斯，以"提高酒精意识，关注大学生健康"为宗旨。他们取得了惊人的成功。这种方法很快被推广到其他大学，大学生酗酒的不良之风得以纠正。几十年后，巴克斯打出了这样的宣传语——"当前高等学府最大、最活跃的学生组织"。杰拉尔多和他的朋友们开创了一个帮助年轻人避免危险行为的全新方案，就是现在所谓的"同伴教育"或"同伴支持"运动。同伴教育有许多种形式，已经成为许多学校对抗药物和酒精滥用的标准工具。[127]这是一个强大的第3选择，既不同于压制、也不同于忽视——它真的起到了作用，或许比其他任何方法都奏效。[128]顺便说一句，如今的杰拉尔多博士成为一名大学教授，同时是美国一所大学的教育学院院长。

对于前面提到的案例，我可以设想出一种亲子合作关系，比如通过同伴支持活动帮助她的朋友。对女儿来说，这可能是一个真正的第3选择，既避免了"断交"，又避免了加入他们的行列。对于这种虚假的两难境地，可能还有许多其他可行的第3选择。他们可能不一定成功，但他们所经历的协同过程会给予他们巨大的回报。父母和孩子之间的关系在相互尊重和同理心之下会变得更加牢固。在不可思议的魔幻剧场里，当他们为现实问题共同寻找一个创造性的解决方案时，他们的关系发生了转变。想一想父母的其他选择：命令、建议、恳求、训斥、收买、把孩子锁在房间里、冷战、"惩罚记名"，这些是不是都需要转变？

## 家庭危机和第 3 选择

危机时刻最需要协同。我们面临的最艰难的问题可以转化为促进家庭关系的最好机会。孩子出生、失业、滥用毒品、一场使人衰弱的变故或疾病，这类改变人生的事件可以使一个家庭破裂或重新开始，结果如何取决于心态。我不想谈论拥有积极态度的问题，我要谈论的是采取创造性而不是破坏性的思维模式。

例如，裁员带来的经济压力会让人产生新的认同危机，这是一个对自我价值突如其来的意外打击。家庭暴力会随着失业率上升而增多。失业的人在家里的大部分时间都很沮丧，"毒品和酒精是一触即发的危机的催化剂"。[129] 这些负面协同可以摧毁一个家庭。

但是，如果你采取创造性的思维模式，你会看到自己，并且意识到你有更多的天赋、智力、能力和创造力，远远超过你之前工作的要求，甚至满足你新岗位的更高要求。失去那份工作给了你一次做出更大贡献的机会。如果你能够看到别人，你就会理解他们的需求，以及如何用你的智慧来满足他们的需求。如果你找到他们，倾听他们的想法，你很快就会发现，你可以为他们创造更好的生活。在这个世界上，缺的不是工作机会，而是第 3 选择思维者。

我认识一个男人，年龄不小了，妻子又得了慢性疾病，就在这个倒霉的时候他又失业了。失去固定收入令他们的生活异常窘迫，但他有家具行业的工作经验。多年来，他观察到许多人只看橱窗不买货，进店逛完之后会空手离开。于是他约了一个大型零售家具连锁店的老板会面，对他说："一天大约有 4 000 人离开你的商店却没有买东西，按人均销售额计算，有多少钱已经流失了？"老板估计每年有数百万美元。"如果我能让其中哪怕20%的人买东西，对你来说意味着什么？"听完他的话，老板当场就聘用了他。他必须考虑如何兑现自己的承诺，现在轮到他的妻子出场了。虽然她无法像正常人那样工作，但她有扎实的企业管理经验。他们通过第3选择思维模式，策划出一系列创意，创造出的商业效益已经远远超过了当初的承诺。

家庭是一个优势组合。当金融危机迫在眉睫的时候，家庭可以成为你最珍贵的协同资源。几千年来，家庭成员齐心协力走向成功。在如今的专业化年代，协同可能更加困难。考虑一下丈夫和妻子都失业的情况。妻子是税务会计，丈夫是一名食品销售员，他们有三个健壮的十几岁的儿子要养。他们没有加入失业大军或陷入绝望，而是决定举家庭之力共同创造。儿子们灵活又强壮，妻子懂得如何理财，而丈夫是个天生的推销员。他们住的地方有很多新楼盘，于是他们开始了一项围栏业务。丈夫做销售，妻子打理业务，儿子安装栅栏。他们取得了巨大的成功。

当然，你不一定和家人一起经商。尽管在困难时期家庭应该毫不犹豫地寻求外界的帮助，但是家庭成员共同面对挑战可以成为一个加强联系、培养能力、创造崭新未来的大好时机。对许多人而言，第一种选择就是费尽心思寻找另一份不安稳的工作，挤进格子间。同样对很多人而言，第二种选择就是放弃，成为永远的受害者。而第三种选择是设计你自己的工作，你喜欢做的、满足实际需求的工作，然后找到这样的工作。想一想，有幸拥有第3选择思维模式的家庭将会有多么强大的复原能力。

另一个巨大挑战是孩子的诞生。关于婚姻的一切——沟通、财务状况、优先级、亲密关系——都因孩子的降生而发生巨大的变化。家务活儿增长6倍。父母花在自己身上的时间大幅减少，花在彼此身上的时间也不多。[130] 可悲的是，新生婴儿可能会导致感情破裂和离婚。

许多单亲家庭生活艰难，难以摆脱困境。举个例子，你经常被困于妈妈与职场人士的角色之间。某一天，你的孩子生病了，而你必须去工作不能留下来陪他。孩子的学校因下雪放假，而你却不能在家照看他。你想看孩子的校园演出，但是你的老板就在那个时候派你去办事。幸运的是，许多工作是可以通融的，但你不能长此以往，否则将失去工作。你该怎么办呢？

如果你是一位单身母亲，第3选择思维模式可以解救你。你知道这些冲突将会发生，于是你提前完成工作，用第3选择避免错过儿子的演出或丢掉工作。安排一次会面，向老板解释你面临的角色冲突。用同理心倾听你的老板：他或她如何看待这种情况呢？他有可能接受你的理由，并愿意与你继续合作。如果没有也不要变得有防御性，你倾听得越多，老板越有可能来倾听你。

接下来进入魔幻剧场模式。想出解决问题的方法，而不是仅仅提出问题。在紧急情况下有谁能顶替你吗？你可以带孩子去工作吗？除了这些显而易见的方法，你可能会变得更有创造力，并且利用这个机会重新定义你在工作中的角色。如果你被允许在家里办公，你能解决业务上的什么问题？你甚至可能获得更多的收入，因为你为雇主节约了成本。一位年轻的单身母亲是银行的初级职员，非弹性工作制对她来说是一个真正的问题，所以她提出了新的想法。她注意到银行有许多丧失抵押品赎回权的房产需要管理，她主动提出以比银行找专业服务更低廉的价格去维护这些房屋。银行喜欢这个点子，她也可以按照自己的时间工作，甚至可以带孩子工作（这就是所谓的"双赢"）。这个第 3 选择最终让她开创了自己的事业，她雇了其他人来做这项工作，财务也打理得相当好！

你不需要经历一场真正的危机才会陷入危机。家庭是脆弱的，撕裂家庭的力量是持久而强大的。除非我们珍视彼此的差异，否则光这些差异就可以把我们分开。

也有家庭差异巨大但并没有分裂的例子。一对年轻夫妻，丈夫擅长体育，在城里每个队里都是主力，竞技能力非常强，还擅长数学并且有商业头脑。他娶了一个对他做的所有事情都不感兴趣的女人，她喜欢舞蹈、戏剧、艺术。他是纯粹的工人阶层，但她的父母都很富有。他身材高大、健壮、朴实，她娇小、纤细、优雅。你简直找不出比他们的共同点更少的夫妻。

你也许会想象到一种有着真正冲突的生活。因为兴趣爱好不一致，你可以想见，随着时间的推移，他们会越来越疏远，妻子去看歌剧，而丈夫待在家里盯着体育节目不换台。但生活并未像你预料的那样发展，这是一个真正的第 3 选择的家庭，这两个人有足够的智慧欣赏彼此的差异。

妻子让她的孩子加入当地的社区剧院。剧院境况惨淡，位置在一个沿公路商业区的昏暗旧餐厅里。数千美元的负债使剧院一直濒临倒闭的边缘。妻子劝说丈夫去看兴高采烈的孩子们在一场戏中的表演。表演触动了他的心，显然妻子和孩子们喜欢这个破旧的地方。他环顾四周，看到一片破败。他喜欢劳动，于是他主动帮助他们搭建布景。他的商业头脑让他发起了筹募基金活动，很快他就成了剧院的托管人，后来又当上了总经理。

这个丈夫从来没有上台表演过，但是他的孩子和邻居们每晚在舞台上大放异彩的样子令他越发对剧院的事情着迷。他的妻子成为创意总监。很快两人又吸引朋友来做服装、布景、伴奏并上台表演。对他来说，质量就是口号。很快，每个参与进来的人都发现，在剧院经营方面他是一个完美主义者，就像他在运动场上一样。

这个年轻的家庭随着剧院的发展成长起来。每个孩子都为公司贡献自己的一份力。一个儿子是一名优秀的演员，另一个舞蹈跳得非常专业。十几岁的女儿原本打算做一名兽医，但是当她发现自己在业务分析上的天赋之后，她改变了主意。她列举数字说明如何提高季票销售，节省运营成本，成了一名真正懂得舞台技术和剧院管理的复合型人才。

令人兴奋的事不只是小剧院的成长。显然小剧院已经跟不上他们业务发展的步伐了，所以他们规划了一座漂亮的新设施。丈夫用他的商业技能在一个大型社区帮工，努力筹集资金。经过15年的共同努力，这个家庭与全镇人一同迎来了一家大剧院的开放——也是对他们所做的奉献与协同的永久纪念。

求同存异，这个家庭的成员诠释了我所说的家庭里的第3选择文化的含义。每个人都很重要，每个人都有贡献，不抛弃、不放弃。丈夫和妻子的两种文化背景融合为前所未有的、远远超过部分之和的第三种文化。

## 行不通怎么办

现实是，许多家庭选择了分裂。当你努力创造在一起的条件却行不通的时候，你会怎么做呢？

离婚并不一定意味着一个家庭协同的终止。人们离婚的原因有很多，但他们不必成为两种选择下相互指责的敌人。尊重他人、保持同理心，曾经的配偶可以改变孩子的生活以及现有关系的性质。只要一个人能够打破怨恨的循环，即使另一方不做任何回应也可以。记住，我们可以选择不让别人冒犯我们。

所有法律诉讼中最痛苦的莫过于离婚夫妻争夺孩子抚养权的诉讼，孩子监护权案件甚至比轰动一时的谋杀案件更为棘手。我的朋友拉里·博伊尔是一名法官，有一天他目睹了另一个著名法官在抚养权诉讼中采取的第3选择。那一天，一个7岁女孩和一个5岁男孩的命运将被决定。"父母分开坐着，谁也不看谁。律师陈词的时候，妻子用一团纸巾轻轻地擦拭眼睛，丈夫则抱着双臂，直视前方"。随后法官走进法庭并就座。

妻子的代理律师宣布他将拿出证据证明丈夫将大部分时间花在和朋友钓鱼、打猎、打保龄球上，并且回家太晚。丈夫的代理律师则宣布他要出示妻子与同事有暧昧关系的证据。两个人都想要孩子的独立抚养权。

法官摘掉老花眼镜，顿了顿平静地说：

今天我要花几个小时听证，然后我会决定相信谁。我可以裁定父亲是个聚会狂，而母亲有风流韵事。然后我将做出一个你们作为父母本该放下一己私利、以孩子为重的决定，你们要为此承担风险。

你们知道，我对你们的孩子没有爱。我关心他们的福利，但是我不像你们那样爱他们。然而我将做出会影响两个孩子生活的决定，一个很可能是错误的决定。

我建议你们两个成熟些，优先考虑孩子。我现在休庭30

分钟，在这段时间里，你们两个分别和各自的律师探讨一下，什么才是真正最适合孩子的，为他们的未来打算。如果你们能把你们的骄傲和自尊放在一边，你们应该能够做出对孩子最有利的决定。

否则你们将会把他们的未来放在我的手中，一个完全不知道他们是谁的陌生人手中。30分钟后我再来见你们。"

几个星期后，拉里了解到事情的进展。那天早上丈夫和妻子在一起待了好几个小时，有时是和他们的律师交流，但主要是两个人私下交谈，倾听另一个人的话并相互致歉。他们直面现实与宣战后彼此的所作所为。丈夫并不是一个真正爱玩爱闹的人，妻子也并不是有真有婚外情，这些都是他们带着攻击心态对彼此恶意而幼稚的指责。万分沮丧的她跟上司聊过她所面临的问题，但仅此而已。而他只是不成熟，却并不是一个坏父亲。

尽管他们已经产生隔阂并选择分手，但是当他们将关注点放在孩子身上以后，他们决定共同抚养孩子长大。丈夫认为妻子更有条件、更适合做监护人；妻子同意丈夫任何时候都可以带孩子。他们仍要尽最大可能维持一个家的感觉。[131]

"我见到了真正的和平使者在行动。"拉里·博伊尔说。这位家事法庭的法官没有花一整天的时间去听幼稚的指控，也没有从最糟糕的"两种选择"思维模式出发试图做出决定，而是选择了第3选择。法官知道，她的工作不是给家长提供争执、辩论的场所，而是尽可能为小女孩和小男孩创造最好的未来。幸运的是，这对父母意识到了这也是他们的职责。

当然，离婚的男女双方不一定需要在法官的启发下才能达成积极协同而不是破坏性协同。这取决于他们的选择，他们不需要成为彼此的受害者。协同法则适用于他们，也适用于所有人：尊重自己和配偶，以同理心对待彼此，下定决心在面临的每个问题上达成第3选择，无论是家庭、财产还是彼此的关系。

如果前任配偶对这些不做回应，那么采取第3选择的心态需要极大的勇气和意志力。但这是有可能的，第3选择带来的内心平静是无价的。

前段时间，我在一个专业集会上做培训的时候经历了一件不同寻常的事。当我谈到要对自己的人生负责时，一位坐在观众席中的绅士站了起来，说了以下的话（大意如此）："上周我的妻子离开了我，这完全出乎我的意料。我感觉受伤、愤怒、被背叛、尴尬，心情复杂。但今天听完您的培训，我决定不再生气了。我要选择快乐，而不是受伤或尴尬。"

这个男人的谦虚、勇气以及他对成为自己人生的原动力的渴望，令我深受触动。我敢肯定，他曾经深受打击，觉得自己是周围环境和夫妻关系的受害者，感觉自己的世界已经倒塌。但是他自我觉醒了，他意识到面对毁灭性的挑战，自己仍然可以选择回应的方式。他发现自己可以行动起来，于是他不再心灰意冷。

我称赞了他的决定，并且断言他可以选择抛弃愤怒，原谅过去，开创新的生活。在他这种痛苦的情况下，做到这些是很困难的。观众为他鼓掌，我也为他鼓掌，我从来没有见过这样的情况。我不知道他和他妻子未来会怎样，但我知道，如果他能掌握这种创造性的思维模式，将自己视为自己人生抉择的原动力，他就会发现自己人生的意义和满足感，最终找到内心的宁静。

"家庭是社会中首要的机构——它是承诺、爱情、性格、社会责任以及个人责任的发源地。"[132] 我完全同意美国总统特许的这一家庭委员会的宣言。生命中家庭最需要协同，却又极易误解协同。

我熟悉的一位女性朋友每次下班回家时，都要在门外停顿片刻。在进屋之前，她需要花上一分钟时间想一想她的家人。她会设想自己想与家人打造的世界的模样，然后推开门，让设想成真。

## 从教导中学习

学习本书的最好方法，就是把本书的内容再教给别人。大家都知道，在教学过程中，老师学到的东西比学生学到的要更多。所以找一个人——同事、朋友、家人，把你学到的都传授给他。向他提出以下具有启发性的问题，或者你也可以自己再想一些问题。

- 两种选择应为目前的高离婚率负怎样的责任？如何定义"不和谐"最恰当？为什么同理心是不和谐的对立面？
- "成功的家庭里充满了积极协同。"为什么说协同对一个成功的家庭来说是至关重要的？
- "归根结底，大多数家庭的冲突是身份认知冲突。"为什么家庭成员会为外人看来微不足道的小事苦苦争吵？"真实身份盗用"是如何破坏家庭的？它是如何做到的？
- 为何要庆幸家庭成员之间存在差异？它是如何起作用的？
- 将愤怒和怨恨转化为协同需要哪些步骤？
- 如何分辨家庭成员是否被卷入两种选择问题？怎样帮助他们转换到第3选择思维模式中去？

- 将攻击性的言辞或行为妥善处理为同理心倾听有什么好处？
- 在家庭冲突中，同理心的优势是什么？
- 你需要哪些步骤来形成家庭同理心文化？
- 第 3 选择思维方式在你的家庭生活中会遭遇哪些挑战？
- 你如何对实践协同的家庭成员表达你的欣赏？

## 试试看

你是不是陷入与家人或朋友的冲突了？面临来自家庭的挑战，你需要一个创造性的解决方案吗？开始第 3 选择吧，邀请别人一起加入，采用"协同的四个步骤"。

**协同的四个步骤**

① 以第 3 选择的思维模式提问：

"你愿意寻找一种更好的解决方案吗？"如果答案是愿意，到步骤 2。

② 界定成功的标准

在以下空白处列举令双方都满意的解决方案的要点。成功是什么样的？真正要做的工作是什么？对所有人来说，"双赢"是什么样的？

```




```

③ 创造第3选择

在以下空白处建立模型，画图，集思广益，逆向思考，迅速而有创造性地开展工作。在达成令人兴奋的协同之前，暂不下结论。

④ 达成协同

在此处描述你的第3选择，如果你愿意，描述你将如何将其付诸实践。

**四步协同指南**

① ——— ② ——— ③ ——— ④ ———
询问　　　界定　　　创造　　　达成
第3选择询问　成功的标准　第3选择　协同或第3选择

注：协同的四个步骤。这一过程有助于你发挥协同原则的效力。（1）表明寻找第3选择的意愿；（2）界定每个人心中成功的标准；（3）寻找解决方案；（4）达成协同。在整个过程中保持用同理心倾听。

## 如何达成协同

① 以第 3 选择的思维模式提问

在冲突或有创造性的环境中,这个问题帮助所有人放弃固执和成见,向着第 3 选择的思维模式发展。

② 界定成功的标准

列举或用一段话描述所有人眼中成功结果的特征。同时回答下列问题:

- 是否所有人都参与了标准的制定?我们是否得到了最广泛人群的最普遍想法?
- 我们真正想要的结果是什么?真正要做的工作是什么?
- 什么样的结果使每个人都成为赢家?
- 我们愿意放下原有的需求寻找更好的结果吗?

③ 创造第 3 选择

遵循以下指导方针:

- 保持游戏心态。它不是"真实的",人人都知道它是一个游戏。
- 避免下结论。避免协议或共识。
- 避免判断别人或你自己的想法。
- 建立模型。在白板上画示意图、流程图,构建实际模型,撰写草稿。
- 激发他人的创意。颠覆传统观念。
- 迅速执行。设置一个时间期限,保持活力和思维开阔。
- 酝酿多种想法。你无法预料哪一次不假思索的领悟就可能带来第 3 选择。

④ 达成协同

你在人们的兴奋与激情里识别出第 3 选择，新的选择符合成功的标准。注意要避免将错误性妥协与协同相混淆。妥协令人满意，但并不让人感到快乐。妥协意味着人人都有损失，协同意味着人人都有赢的可能。

第五章

# 校园中的第 3 选择

如果学校不能让孩子们每天都有成就感,那么其他能够提供孩子们成就感的方式就会取得胜利。如果强迫他们服从,他们就会像所有不开心的客户那样愤愤不平地屈服或者改变游戏规则。第 3 选择的教育,是学会做内心的领导者。

释放孩子的潜力，世界因此而不同。

——玛利亚·蒙台梭利

在我到访过的每一个国家，我看到，孩子们都闪耀着智慧的光芒，拥有灿烂的微笑。任何人只要留意看，都可以在每张独一无二的脸上感觉到孩子们那无限的期许。这些期许无法成真对社会来说将是无法估量的损失。

我们相信，孩子们的成就很大程度上依赖于学校的教育。在全球范围内，家长和教师通力合作，扫除障碍，尽他们最大的努力为孩子们提供最好的学习机会。大多数人都同意，教育孩子不仅是让他们脱离物质贫穷、精神贫穷、灵魂贫穷的必要条件，也是为他们打开世界未来之门的钥匙。

在我看来，这个问题既是全球性的，也是个体化的。在夜晚，看着星星点点的地球卫星图，我知道那些灯光代表着无数家庭和儿童的梦想，我好奇其中有多少会成功，多少会失败。我也有自己的孙辈，他们未来的快乐对我来说至关重要。

大多数人和我有一样的担忧。在我们的"严峻挑战"调查中，我们请到来自各大洲的受访者谈一谈当地面临的最严峻的挑战是什么。结果显示，"解决就业""提供良好教育"排名最高。当问及原因时，受访者给了我们以下答案：

- "良好的教育是解决我们面临的所有困难的基本条件。"
- "良好的教育是我们建设更美好、更有创新性未来的基础。世界的总体发展速度领先于我们，与其他强国相比，我们投入的教育资金严重匮乏。"
- "通过教育可以解决其他问题。我们的教育系统已经失灵了。老师懒散、腐败，并且不认真工作。"
- "我们需要一个真正可以为学生们提供保障和机会的教育模式。"
- "良好的教育是一切的基础。受过教育的人有自己的思维模式，不会偏信救世主或虚假的承诺。如果我们享有教育权利，一切事情都会迎刃而解。"
- "许多像我们一样贫困或新兴国家的孩子受教育程度不足，尤其是女孩。教育可以解决世界上许多其他问题。"
- "良好的教育是繁荣、就业、经济增长的基础。"
- "不良教育已经影响到我们的现状。我在公立学校教了10年书。我们需要改变我们的教育结构，否则就太迟了。"
- "教育是最重要的。教育会令其他所有努力变得更有成效。"

显然，我们所面临的最大挑战之一，是如何最好地帮助孩子们学习并满足他们的未来期许。在某些国家，大城市的优良教育水平远远超过偏远地区的教育水平。芬兰和韩国的教育质量非常高，因为它们具有支持性、同质性的文化。然而，在加拿大、英国、美国，新闻头条令人担忧：

- 多伦多："不识字的约翰尼上了大学。"
- 伦敦："英国毕业生不能读写，态度堪忧。"
- 华盛顿："82%的美国学校教育失败。"[133]

每个国家都面临不同的挑战，但整个世界都面临同样的问题：有没有可能为每个孩子提供一个优秀的，至少是过得去的教育环境？

## 大辩论

这个问题催生了有着许多细微差别的大辩论，但辩论者通常分为两大阵营。一方认为教育落后是由于缺乏公正：贫穷、种族歧视、不健全的家庭、政府不愿意给所有学校都提供充足的资源。这些声音往往来自教育组织。另一方认为是教育组织本身的问题。教育组织墨守成规，无法跟上不断变化的世界的步伐。这往往是商界的看法。

商业领袖不能理解为什么教育工作者不倾听一下他们的声音。他们为教育机构的平庸而沮丧。他们认为，只有学校具备"长期以来令美国私营部门成为全球繁荣引擎的特质——具有活力、创造力和对效率与效益的不懈追求"，学校才称得上成功。在他们眼里，教育组织是一个奄奄一息的庞然大物,缺乏茁壮成长的市场激励。他们说,学校需要竞争来推动创新、提高质量。许多"政校分离"的拥护者表示,应该出售并私有化整个教育体系。

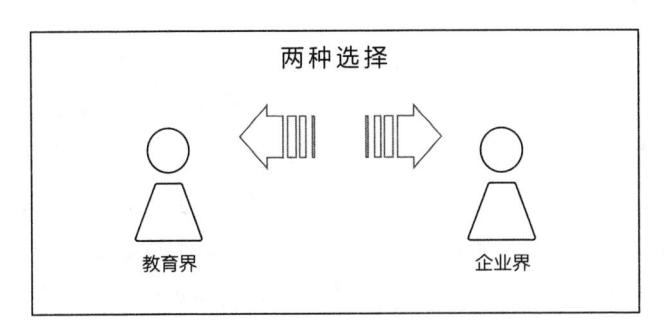

**两种选择**

教育界 ⇐ ⇒ 企业界

图 5-1

商业领袖从教育工作者那里听到的想法令他们十分恼火:"给我们更多的钱,否则你们的孩子就会遭殃。你的吝啬是教育水平不断下滑的原因。显然你们并不重视你们的孩子,否则你们会为我们提供充足的资金。我们享受着短工时、长假期,你们也管好自己的事吧。"许多商业人士对教育组织的愤怒就像他们痛恨自己陷入金钱陷阱且不能自拔一样。

当然,教育工作者有完全不同的思维模式。他们认为商业在本质上与教育是不同的,所以商业领袖无权干涉学校事务。教育不应受到利润动机的污染;它是天职,而不是一份工作。私有制会迅速导致不公平现象:富裕家庭能够负担得起最好的学校,而贫困家庭却只能得到面包屑。少数努力学习的孩子和更多享有特权的孩子之间有着巨大的"成绩落差"。私立学校可以随时招收自己想要的学生,但公立学校有责任接纳任何一个走进校门的学生。新生可能有学习障碍或只会讲一门外语,他可能来自一个不健全的家庭甚至刚从监狱释放出来。无论如何,公立学校都有培养这些人的道义责任。"我们不像公司那样可以为了年终账目更好看而解雇表现不好的人。"

教育工作者从商业领袖那里听到的想法令他们恐慌:"我们用公费训练我们的员工生产部件、驾驶卡车或者制作电子表格,甚至你们都做不好的事情。我们只对批量生产的工人感兴趣,我们叫他做什么,他就做什么。除此之外,所有这些'可互换员工'要学一点儿阅读和数学。浮华的建筑、艺术教育、自我感觉良好的课程都是华而不实的东西。"难怪许多教育工作者认为商业是压迫性的,是没有灵魂的。

用美国商会的话说就是:

> 坦白地说,我们认为我们的教育系统需要被彻底改造。经过几十年的政治不作为和无效的改革,我们的学校一直在培养和教育对严酷的现代工作准备不足的学生。准备不足的程度令人吃惊。粗略地统计,只有1/3的八年级学生精通阅读,只有60%以上的学生按时完成了学业并从高中毕业。[134]

商业人士对此感到愤怒,而教育工作者却感到不知所措。所以双方一直在相互指责。

当然,每种观点对另一种观点来说都是不公平的。双方谁也没有倾听对方。他们暴露出了自己的"两种选择"思维模式。他们把对方当作敌人一样来讽刺,而这只不过是建立了另一个虚假的两难困境:"我们或他们"的选择。他们在争论中展现出的片面真理没有改变两种选择的本质。

被卷入这场文化冲突的孩子和青年只好尽最大的努力去应对。他们中的大多数感到绝望，相当多的学生喜欢学校生活，但大多数学生成绩平平地蒙混过关。尽管天才比比皆是，但是没有人相信公立学校体制能始终如一地保障每个孩子都能发挥他们的潜能。

## 工业时代的教育

在我看来，大辩论的双方都应该承担教育组织有失人性化的责任。一个世纪以前，发展中的工业要求公立学校生产对他们有用的"产品"。让我们看一看这篇写于1927年的文章："一项对教育体制的客观研究得出结论，它们的产品质量远远达不到现代商业的要求。"[135] 大多数学校成为工厂，孩子们成为"产品"而不是人。

古往今来，永远都有启蒙者怀着最崇高的理想，相信并激发学生的潜力。对于他们，我们致以最深的感激。然而，许多身在教育行业的工作者，默许并保持着工业时代的思维模式。这种思维模式过度依赖测试结果而无视孩子的全面发展。具有讽刺意味的是，尽管公立学校很大程度上采取了工业与商业思维模式，商界却比以往任何时候都更不满意，他们的抱怨自1927年以来从未改变过。

工业时代将孩子视为商品的思维是教育挑战的根源。

在工业时代，人们被当作物来看待，是必需品但可以交换。通过"劳工单位"，你可以挑选任何工人，当他们精疲力竭的时候，你只需简单地将他们替换掉。如果你想要的只是一副有体温的躯体来完成一份工作，你的确不用在意这个人的思想、内心或精神。工业时代的教育控制模式抑制了人类潜能的释放，但是坦白地说，这一套在知识经济时代是行不通的。

我认识一个女人,她的成年时光大部分在监狱里度过。酗酒与毒品成瘾的她是教育系统一名高官的女儿,她曾经是一名前途无量的大学生。多年来她一直在积极克服自己的不良问题。一天,她说,监狱和学校其实非常像,同样的教室、时间安排、组织纪律、一成不变的排队等候。而监狱中最能让她想起学校的,是无时不在、无处不在的监视。

1785年,哲学家杰里米·边沁提出建立一种名为"圆形监狱"的新型监狱,这是一个设计巧妙的独创性建筑,可以让守卫同时看到所有囚犯。现代哲学家米歇尔·福柯把"圆形监狱"视为"监视社会"的标志,我们身处其中,永远被监视、被观察。看一看学校的教室或者公司里的"格子间",你就会明白福柯的意思:学校、公司都和"圆形监狱"相似。他认为,随着监视的增加,对个性的尊重越来越少。赏罚取决于我们是否能闭嘴听话并执行指令,而不是我们是否有以自己独特的天赋做出贡献的意愿。当我们的人民被领导而不是成为领导者时,社会就会出问题。

工业时代的类监狱思维不仅对学校里的我们施加控制,而且影响着我们的整个生活和社会发展。它让我们对生活产生根本的误解:我们就像生活在蚁群里被动工作的工蚁。我们中的太多人,孩提时被告知要做什么样的孩子,成年后被训练成适应工作岗位的成人,年老退休后无所事事。我们潜移默化地成为受害者。如果我们不适应学校,我们就毫无价值、微不足道。如果我们失去工作,我们就失去了自我身份。最终我们变得习惯于依赖:如果我们能够适应这样的生活,我们会找到别人来照顾我们;如果我们不能适应,别人就会指责我们。

在工业时代的教育框架下，父母也有自己的挣扎。有些人全力支持，有些人选择退出，有些人则在体制内勉力维持。一方面，我们看到孩子们的生活完全被固定化，他们永远学不会如何支配自己的人生。父母不断鞭策他们实现目标，却没有教他们分辨在竞争中取胜与在人生中做出有意义的贡献两者之间的区别。另一方面，我们看到孩子成为父母注意缺陷障碍的受害者，孩子根本不在乎，因为他们的父母不在乎。于是他们辍学了。最后这个群体占到了全体学生的 1/3。中间派则勉力支撑，寄希望于最好的结果。很少有父母能敏锐地察觉到自己的孩子正在被培养成依赖他人的人。

只要教育还在训练孩子学习如何依赖、如何成为"优秀"的追随者，我们就永远无法开启发挥每个孩子与生俱来的天赋的进程。当辩论者还在修剪"教育病树"的叶子、为如何最好地维持工业模式争论不休的时候，根底的毒瘤已在悄然生长。

## 要做的工作

几年前碰到美国总统的时候，他问我，教育面临的最大挑战是什么。我这样回答："建立教师、家长、社会的创造性伙伴关系，释放所有孩子主动支配而不是被动接受自己人生的潜能。"

这将是教育的转折性而不是交易性变化。辩论者不断争论的是如何最好地"制造产品"，这是一个交易性问题：是通过公共系统重组还是通过提高市场效率？是通过技术课程还是人文课程？是通过在线教育还是传统教育？是通过更多的考试还是更少的考试？

但是，问题的关键根本就不是"制造产品"。孩子们并不是等待包装上市的原材料。每个孩子来到世间，都有他们独一无二的天赋和选择如何利用他们天赋的权利。教育的任务是帮助所有孩子最大限度地发挥他们的潜能。

哈佛商学院终身教授克莱顿·克里斯坦森是我的好朋友,他认为,学校的教育长时间处于错位状态。他喜欢把学生视为雇用学校为之工作的独立承包商。那么这项工作是什么呢?

> 理解人们雇用学校做什么工作至关重要。学生为什么没有积极性?无论郊区还是城市,学生们辍学、旷课,或者坐在那里,脸上满是轻蔑和厌倦——你知道那个表情。他们想得到什么?
>
> 学生和老师希望每天都有成就感!这是他们想要的。他们可以雇用学校来做这件事,也可以雇用一个机构来做这件事。他们也可以雇一辆车四处招摇,找到成就感。学校如何与这些给学生带来成就感的方式竞争?
>
> 我们的学校被设计成让大多数孩子有挫败感的地方。一旦理解了这一点,你就能够创造出一种截然不同的方式,让学生获得成就感![136]

如果学校不能让孩子们每天都有成就感,那么其他能够给孩子们提供成就感的方式就会取得胜利。如果强迫他们服从,他们就会像所有不开心的客户那样愤愤不平地屈服或者改变游戏规则。他们会寻求其他形式的成功,或许我们所熟悉的青少年的口头禅("无所谓,我不在乎,没什么区别")就是他们在成就感破碎之后绝望地抓住的最后一根稻草,也是对失败的最后一道防线。

## 第3选择的教育

第3选择的教育，是学会做领导者。

我要解释一下，我说的领导者，不是那种身居高位的领导者。我们总认为领导者就是CEO（首席执行官）或总统。这种领导者观点是工业时代的产物，我们早已摒弃了这种等级思维。我所谈的领导力，是支配你自己人生的能力，成为朋友、家庭中的领导者，成为自己世界中积极性、创造性的力量。

真正的领导者通过开发个性与技能，采取有原则的行动，定义并实现持久的成功。他们不会坐等别人为他们下定义，因为他们认为自己就是独一无二的，他们只与自己而不与别人竞争。用经济术语来说，他们是自己产品的唯一供应商，所以他们可以把自己的天赋拍卖给出价最高的竞买人。领导者创造自己的未来。也许受时间与环境的限制，他们暂时达不到目标，但他们永远不会失败。

图 5-2

如果孩子被教育成这样的领导者，那么他们的成功是由内而外而不是由外而内的。由外而内的成功是较小的次要成功，回报是好成绩、短期学术名声、赚大钱或以后上头版头条。人们为这样的成功而竞争。但是由内而外的成功是主要成功，自我感觉良好，发现自己的特长，尊重别人与自我的回报，做出独特的、创造性贡献，获得极大的满足，诚实，提供无私的服务。这样可以获得更多的回报。没有人争夺它们，但它们常常自然地带来二次成功。

有些孩子找到了自己获得第3选择的方法，因为他们天生拥有这样的内在力量。谷歌律师及高管奥赖·奥科罗来自肯尼亚一个社会秩序混乱的地方，她通过哈佛法学院来帮助推进非洲的政治改革。她解释了自己如何决心摆脱附着在文化教育模式上的精神枷锁：

> 我的父母没有积蓄，因为他们要供养兄弟姐妹、表兄弟姐妹以及他们的父母。事情总是不确定的。在肯尼亚，我们上高中之前有入学考试……我因为一分之差错过了梦想中的学校，我非常失望。
>
> 我的父亲说："我们试着跟那个女校长谈一谈吧，就差一分。如果他们正好有空缺，也许他们会让你入学的。"我们去了学校，我们都是无足轻重的小人物，父亲是平民，我们没有特权，他被视为尘埃。我坐在那里，听到校长对他说："你以为你是谁？如果你认为你能得到一个空缺，你一定是在开玩笑。"
>
> 我跟其他政客的子女一起上学，他们的表现比我差多了，但是他们却可以享有空缺名额，获得上学的机会。没有

什么比看到父母在自己面前被人羞辱更糟糕的事情了。我们离开了学校。我对自己发誓:"在我的生命中,我永远、永远不会乞求什么。"两个星期后他们打电话给我说:"哦,你现在能来学校上学了。"我告诉他们我不去了。[137]

奥科罗可以向教育体制屈服,但她没有,她掌握了主动权,让它为她而工作。从本质来说,她是一个领导者,因为她拒绝让缺乏思想的社会来定义她的成功。为了帮助全世界人民挣脱思想的牢笼,她开创的群众性新闻采集系统在非洲和中东新兴国家的民主运动中起到了至关重要的作用。她将冲突地区的信息发布到社交网络和媒体,以便受到伤害和残暴统治的人民可以迅速得到帮助。

在我看来,教育最重要的目的就是创造奥赖·奥科罗这样有着改变世界的个性的领导者。世界有多种定义,它可以是一个家庭、一个社区、一个城镇、一个国家,或是整个世界。

迈克·弗里茨是加拿大阿尔伯塔省红鹿市约瑟夫·威尔士小学的校长。他给我讲过一个孩子如何学会领导自己生活的故事。学校采用的是《7个习惯教出优秀学生》中的领导力模型(下文有描述),迈克教导他的学生,他们都是支配自己生活的领导者。他赋予孩子们领导角色,采用通用的领导语言,举办领导活动等。每隔几年,迈克的主管会要求每个辖区内的校长向教育委员会和高级管理人员汇报他们在学校都做了什么。迈克通常与其他员工一起汇报,但是现在他管理的是一个领导学校,因此他决定让学生们自己做汇报。

有几个学生自告奋勇,包括赖利,一个患有孤独症的三年级学生。赖利刚刚开始学习第8个领导习惯:发现自我。他告诉迈克,他想通过汇报找到自我。老师们全力支持孩子们去做汇报，他们对赖利的加入感到骄傲。

汇报的大日子来了，迈克、赖利和其他小朋友来到主管的办公室。赖利已经准备好一张大脑海报，上面有蓝色、红色和黑色的斑点。他一边举起海报，一边解释说，他是一个患有孤独症的孩子，他的大脑跟别人的不一样。红色表示愤怒，黑色代表沮丧，蓝色代表宁静。赖利指出，这个学区还有许多像他这样的人，学区需要了解他们以及他们的特殊需要。最后，赖利得到了大家长时间的起立鼓掌，很多董事会成员潸然泪下。

第二天，迈克发现一个很有趣的现象。赖利出现在大家面前，穿着一件带领衬衫，系着一条领带。事实上，在接下来的几周里，赖利每天都系着领带去学校。最后，迈克跑去拜访赖利的妈妈，好奇地问："赖利怎么了？他每天都系领带去学校，已经好几个星期了。"赖利的妈妈说："他来这个学校之前，经常醒来后对我说，'我今天不想去上学，妈妈。我这么笨，我不想感觉自己这么笨'。但自从来到这里后，他完全变了。每一天他都被告知，他是一个领导者，他是有才华的。在给学校主管做完演讲以后，赖利非常自豪，他回到家告诉我，'妈妈，从现在开始我要系领带，因为重要的人都会系领带！'"

在写这本书的时候，这件事已经过去一年多了，赖利仍然主动提出承担领导任务，他计划继续读书，考上大学，而且每隔几天还系着领带去上学。

教育的首要目的是培养出像赖利这样的领导者，支配自己命运的领导者。[138] 当然，教育还有次要目的，比如塑造一个有思想、有知识的公民，传授繁荣经济所需的技能。我特别喜欢克莱顿·克里斯坦森提出的目标：培养对差异性的理解和尊重，而不是迫害。[139]
帮助每个孩子成为领导者，是教育最主要的目的。这一点非常重要，因为次要目的能否成功也取决于它。我们都知道，缺乏品格的高技术人才是有破坏性的。

我曾经有一位才华横溢、英俊慷慨的商业伙伴，他有几个本科学士学位，有一个和睦温馨的家庭。他曾经是大学教授和全美人文教育主任。他进入商界，用敏捷的头脑为他的公司带来了巨额财富。但次要成功并不是主要成功，狂妄自大、整日酗酒可以变成毁灭性的力量。在这种情况下，无论是婚姻还是事业都拯救不了他。

我朋友的惨痛经历证明，如果以主要成功为目标，那么每个孩子的心灵和灵魂都要像智力一样接受教化。在内心深处，我们都知道这一点。大多数父母也做到了。我们需要继续做下去。

## 成功是可能的

教育大辩论中常见的抱怨是，功能失调的社会里不可能出现优秀学校。当然，在充满犯罪和疾病的社区，学校也几乎不能幸免。而其他学校，外观看起来很漂亮，但是里面的学生却在挣扎：许多学生沉迷于毒品、计算机和电子游戏，以及其他逃避社会的方法。所有这些理由都是真实的，但它们仍然是借口。

即使在最恶劣的条件下，优秀的学校也存在并且越来越多。"为美国而教"创始人、第3选择思维者温迪·科普已经注意到了这一点。该组织招募最优秀的大学毕业生在一定时间内到贫困学校支教。温迪所了解的东西令她惊讶："我们不需要通过修复社会甚至修复家庭来修复教育。它是另一种方式……低收入的父母欣然接受教育机会，以打破贫困的恶性循环。在具有挑战性的学校，成功的教学就是人们热情投入的领导力行为。"[140]

理查德·埃斯帕扎就是这样一位热情投入的领导者。埃斯帕扎在华盛顿亚基马谷任格兰杰中学校长的时候，情况并不乐观。大多数学生是本身没有受过教育的农业工人的孩子。学生对摆脱贫困这件事几乎不抱任何希望。统计数据令人沮丧：

- 只有20%的学生达到国家阅读标准。
- 只有11%的学生达到国家写作标准。
- 只有4%的学生达到国家数学标准。

理查德·埃斯帕扎拥有同样的背景，但他知道，他和这些年轻人不是别人口中"笨得像顽石"一样没有学习能力的人。他向自己证明了这一点。大学毕业后，他带着使命回来做老师，确保其他孩子也能看到真实的自己。新校长把埃斯帕扎看作期望的改革者。他的成功标准明确且可衡量："我希望所有学生取得成功，我相信他们可以，我希望所有的老师都要相信这一点。我的目标是消除钟形曲线——它的存在是没有理由的。所有的学生都是有能力的。"

当然，他的目标面临着令人畏惧的障碍。两年来，他说："除了对抗，别无他法。"90%的学生属于少数族群。不仅家长，连学生们都认为自己没有希望——老师当然也这样认为。帮派盛行，涂鸦满墙，游客观看篮球比赛需要警方护送。很显然，埃斯帕扎必须帮助学生改变他们对成功人生的定义。他必须帮助每个学生成为自己人生的领导者。

但他不知道如何去完成它，也没有模式可以参考。如何将一所差中学变成一所好中学呢？埃斯帕扎说："如果我有一个样板可以模仿，变化会平稳许多。"被迫即兴发挥的他将格兰杰中学变成了一个调查和实验的魔幻剧场。

他的第一个尝试就是让那些乱七八糟的涂鸦消失。象征帮派权力的标签必须被去除。除了让负责人在24小时内把墙上的所有涂鸦都掩盖起来，他还带上自己车里的喷漆罐，随时将涂鸦喷掉。一直这样做了大约两年，那些"艺术家"开始气馁了，学校恢复了整洁。同时，他也杜绝所有帮派服装和标识。

在任何一所学校，成功的关键都是父母的支持和参与。但在格兰杰中学，只有10%的家长参加家长会。埃斯帕扎宣布："如果他们不来找我们，我们就会去找他们。"他组织教师们去每个学生的家里家访，和他们坦率地谈论他们孩子的进步。家访的目的是说服学生家长参与学校教育，参加家长会。

有些老师不愿意去做家访，埃斯帕扎告诉他们："你是一个很棒的老师，但是和我们学校的教学理念是不一样的，我很愿意为你写推荐信，让你能够在其他学校任职。"有些老师离开了。（这让我想起了日本的教师，为了让家长更多地了解孩子的情况，帮助孩子提高学习成绩，他们不辞辛苦地骑着自行车去家访，有时候到深夜才回来。但是他们把学校和家庭的力量整合到了一起。这是一种非常好的教育模式。）

经过几年的努力，格兰杰中学取得了成功。家长会家长的出席率达到了100%。但是家长会并不由老师主持，而是由学生自己主持发言，讲述自己的学习情况、毕业要求、成绩、阅读水平及大学计划。家长会的目的是让包括学生、家长、老师在内的所有人获取相同的信息。埃斯帕扎说："有些人问我，你们学校的家长会家长出席率怎么能达到 100%？我的回答是：一次就请一个家长。"[141]

埃斯帕扎认为，个性化教育能够确保每个孩子都有自己的个性化成功方案和个人导师。它的理念是，每个学生每天都可以就个人进步与自己的导师交流。因为一位老师不可能每天指导 150 名学生，所以学校将 20 人分为一组，每一组由一位老师专门负责。老师一星期和小组成员进行 4 次沟通，评估每个学生的进步情况。同样，当老师认为自己"不是社工"不想这样做的时候，埃斯帕扎就会和他们说："你是一个很棒的老师，但是和我们学校的教学理念是不一样的，我很愿意为你写推荐信，让你能够在其他学校任职。"

咨询小组具有转变的力量。埃斯帕扎的继任者保罗·沙特朗说：

> 每个学生都可以找人诉说心声，每个孩子都有人照顾。学生们知道，即使他们碰到了问题，也能够向自己信任的人诉说，找到解决办法。导师们随时待命，给予他们无微不至的照顾……个性化是整个计划的关键，每个学生都能感觉到自己是非常重要的。如果小组开会有学生没有来，导师就会打学生家里电话或者去做家访了解具体的原因，看自己能否帮上忙。[142]

埃斯帕扎用尽各种办法激励学生。钱就是其中之一，虽然他知道钱不是激励学生上进的唯一办法。埃斯帕扎在一个箱子里放了 42 万美元的象征性假钞，告诉学生们，如果不能高中毕业，他们就挣不到这些钱。在日常的"荣誉排行榜"上，埃斯帕扎通常会把象征性假币放在手绘海报旁边的台子上。海报上画的是 3 种学生——成绩好的、成绩中等的、成绩差的——将来的成就。埃斯帕扎告诉学生们要正视现实："如果你没有金山银山可以依靠，教育就是你的出路。"通常，埃斯帕扎会给荣誉榜上的学生颁发奖状，给他们印有"没有成绩就没有荣耀"的 T 恤，还会请他们到食堂里吃冰激凌以资鼓励。[143]

另一个难题是学生旷课。格兰杰的学生有逃课习惯。埃斯帕扎绞尽脑汁，然后意识到计分板可以解决这个问题。把计分板放在学校大厅里，记录每个学生的逃课次数。学生逃课的次数越多，信誉度就越低。为了挽回良好的信誉度，他们就要提早来学校或是留堂和老师交流。这个方法果然奏效，两年后格兰杰中学的缺席率下降了 1/3。

最重要的是，埃斯帕扎定下了一个"没有失败的规则"，以保证每个学生都能取得学术成功。导师们要辅导成绩差的学生，指导每名学生的薄弱环节，鼓励学生们拿到 C 以上的成绩。如果不能如愿，导师们就会鼓励学生重考，直到及格为止。不放弃一名学生，不让任何一名学生掉队。

埃斯帕扎接管格兰杰中学时，升学率徘徊在 30% 左右。5 年之后，升学率飙升到 90%。学生阅读达标率从 20% 上升到 60%，是国家标准的 3 倍。数学和写作成绩也以类似的速度上升。有的学生上大学之前阅读能力很差，但在格兰杰中学学习后，能力获得了提升。一个叫佩德罗的学生在九年级时入读格兰杰中学，但他当时的阅读能力还不如五年级的学生。他说："学校一直在鼓励我。在毕业那年，我通过了大学预修，获得了中央华盛顿大学的奖学金。"现如今，在格兰杰中学这种例子屡见不鲜。

温迪·科普的体会是，贫困地区的家长会拼尽全力打破地域限制把孩子送到格兰杰中学上学,希望孩子将来能够出人头地。现如今,在格兰杰中学的学生与教师会议中,家长的出席率是100%。沙特朗校长说,很多周边社区的家长尤其是低收入人群和低教育水平家长都极力申请让孩子到格兰杰中学就读。格兰杰中学改革还有一个有趣的作用,附近犯罪率直线下降,越来越多的人因为格兰杰中学而骄傲自豪。

虽然埃斯帕扎对于自己的成就非常自豪,但是他并不满足于此。他说:"我希望孩子能够100%成功。我知道这需要一段时间,但是我拥有理想主义的心……现实主义的大脑。"他的汽车牌照上有一句西班牙语"Se Puede",意思是能够成功。[144]

埃斯帕扎是第3选择教育家的典型代表。他本可以坐在办公室里,看到问题的时候将矛头指向社会、家长、教师工会,或者把不能改变社会的责任归为立法的失败,或者他也可以辞去职位,加入评论家队伍,说社会所有的关系都应该被废除。

相反,他做出了第3选择。他的故事说明,改变不需要等待教育、社会、经济和政治的大辩论。坚持不懈地努力才能改变世界。埃斯帕扎选择对每个学生都一视同仁,把他们视为世界上的独特馈赠而不是失败的统计数据。他抹去了黑恶势力对成功真相的扭曲,建立了真正成功的新图景:努力工作,坚持不懈,成就自我。他给无望的家庭带来了希望。结果不言自明,90%的格兰杰学生考上大学或职业学校。

虽然埃斯帕扎像其他人一样明白教育体制的弊端,但他向世人证明了教育体制并不是问题。抱有"我不行,这太难了,教育体制不好,工会不能发挥自己的作用,社区很乱,世界不会站在我这边,钱不够,没人会配合,反正没人关心"等心态的人,才是真正的问题所在。这种消极无望的思维模式就注定了失败。

然而，埃斯帕扎和他的团队向愤世嫉俗的世界证明，教育体制虽然有弊端，但是不代表教育本身就不能成功。如果思维方式错了，再好的体制都不会成功。真正的问题是，我们是否有协同的思维方式，我们可以问下自己："你愿意去尝试任何人都没有想过的可能吗？成功是可能的吗？"

## "内心的领导者"

1999年，北卡罗来纳州罗利市的库姆斯小学正挣扎于如何在威克县建立磁石学校（吸引学生学习学校正常教授内容以外的知识，如特定的主题或者技能的学校）。学校本可以容纳800名学生，但是只有350人报名。库姆斯小学学生的学习成绩在整个区是最差的。只有2/3的学生能勉强通过期末考试，教师士气低落。学校缺乏共同的使命，教师、家长、学生感觉无望。学校的基础设施非常落后，家长极其不满。此外，学校的社会经济条件也很差。学校沟通交流的语言有29种，超过50%的学生吃免费或者减价午餐。此时，缪里尔·萨默斯校长面临着严峻的挑战。

那年萨默斯校长参加了一次我在华盛顿讲授《高效能人士的七个习惯》的演讲。在演讲中，我讲述了一套有助于维持社会繁荣、组织团结、家庭和睦和个人成功的普遍、永恒、不言自明的原则。休息期间她找到我并自我介绍，她直视我的眼睛，问："柯维博士，你认为这些习惯也可以教给小孩子吗？"我说："几岁？"她说："五岁。"我简单明了地说："为什么不呢？如果你要在你的学校尝试，请告知我。"

坦率地说，关于这点，她当时没有多想。但是坏消息来了，民政事务处打电话给她，通知她库姆斯小学的磁石学校计划将被终止。萨默斯恳求宽限一些时间，再给他们一次机会。"校长坐在真皮座椅上，出资人能感觉到萨默斯的心情。他动了恻隐之心，于是给了一个星期的期限，要求提交一份吸引更多学生的计划。"她一路哭着回家，但她和学校员工碰面时，他们意识到这种威胁实际上可以成为一个很好的机会。"我们决定提交一份全美国最理想学校的方案，不会有一所学校和我们雷同，但是我们只有一个星期。"

萨默斯马上和每个利益相关者，包括孩子、他们的父母、老师、社区和商界领袖见面，问他们第3选择的问题："一所理想的学校是什么样的？"萨默斯不带任何成见，问了一个很基本的问题："要建立一所比所有人想过的还要好的学校，我们应该怎么做？"

那是快速制作原型的一周。时间的压力可能起到帮助作用，各种各样的想法源源不断地涌来。孩子们希望教师"爱我们，真心了解我们是谁，对我们好，我们犯错的时候原谅我们，知道我们的希望和梦想"。教师尊重儿童，致力于改变他们的生活，让孩子喜欢学习并善待彼此。家长重视责任承担、解决问题的能力，设定目标和自我方向的定位。

企业领导者的观点是个惊喜的意外。你猜想他们肯定会说希望学生能够学习具体的工作技能，但是他们居然要求"诚实和正直，团队合作和人际沟通技巧，强烈的工作热情"。工作技能被排在列表的最后。

有趣的是，没有人向萨默斯提议良好的基本技能或更高的测试分数。在热烈的讨论中，有一个主题让她感触最深，那就是领导力。一个有魄力的领导者让所有持股人心悦诚服。一位有魄力的领导者能够把握自我方向,有强烈的责任感,解决问题能力强,高度重视团队合作和诚信。在这一切的背后,她听到了一种渴望有所作为的呼声,渴望为孩子们带来希望和未来的呼声。她说:"就是它了!我们将把领导力作为我们的主题。"

萨默斯后来回忆说:"我们在网上搜索,发现没有人把领导力作为学校的理念,我们将是唯一以此为主题的学校。在接下来那个周一的下午3点,我在学校董事会上宣布,我们将把领导力作为主题,成为全美唯一一所注重领导力培养的小学。我将永远不会忘记管理者脸上的神情。他很快就提醒我,我得不到资金支持或人力支持,但他赞成我们坚持下去,去改变人们的观念,改变世界。"

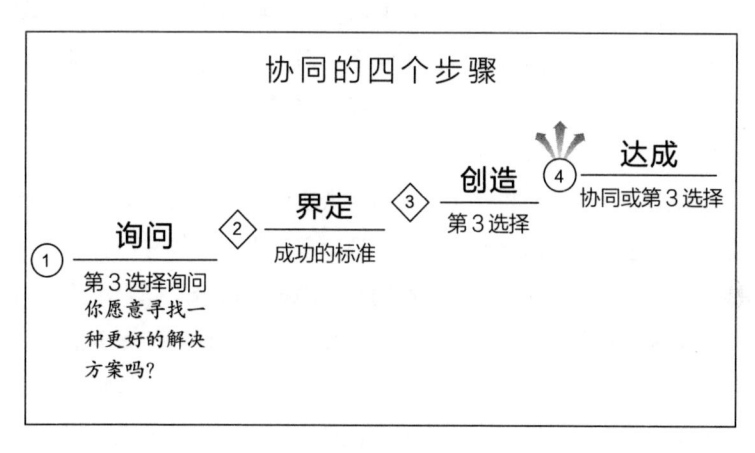

**协同的四个步骤**

① 询问 — 第3选择询问你愿意寻找一种更好的解决方案吗?
② 界定 — 成功的标准
③ 创造 — 第3选择
④ 达成 — 协同或第3选择

图 5-3

注:就像库姆斯小学,要么找到第3选择的出路,要么关门大吉。所有人都来定义成功的标准,创造新任务的原型,最后庆祝第3选择带来的成果——"领导者的摇篮"。

焕发生命力的库姆斯小学发布了使命性宣言:开发每个学生,

培养全球领导者。萨默斯明白，这是一个艰巨的任务，不是随随便便就能达成的。每个月停课讲几分钟关于如何成为一位杰出领导者的内容是不够的，这个使命要渗透到学习的方方面面。

有使命是一回事，要怎么做又是另外一回事。萨默斯和她的团队阅读和研究一切关于领导者的资料。他们开始对质量管理文献着迷，并决定采取"持续改进"的方法来测量每个学生的进步。每个学生都将树立可衡量的学习目标，学校采用"六西格玛"法跟进学生的学习情况。"六西格玛"通常被企业用来提高经营质量。

但那些成为领导者的品质和特征，如主动性、远见、决策力、解决问题与建立关系的能力，都是成为杰出领导者必备的特质吗？教师们需要找到真正的优秀品质并将其贯穿到学生的生活中。萨默斯还记得我介绍的高效能人士的7个习惯，她以此为教学的基础框架，激发孩子们成为有魄力的领导者的内在素质。她说："我们现在把7个习惯融入每个课程领域。"这是一种"由内而外"的方法，教师和管理人员带头将这7个习惯融入生活，纳入每一天的教学计划，最终改变学生的学习和生活习惯。事实上，学校并没有添加新的课程。教师创造性地把这些原则有效地融入每个主题。不论是阅读、数学、艺术，还是历史、科学、社会研究，他们都完全把7个习惯融入其中。从学生跨进校门那一刻起到他们毕业，教师们一直告诉孩子们他们是自己生命的主宰，具有不可替代的天赋，将来肯定能够有所作为。每个学生都知道6字箴言：内心的领导者。他们不断在日常学习中了解怎样成为一名领导者：领导者要积极主动，以终为始，要事第一（"先做作业，然后去玩"）。他们学习双赢思维（"每个人都可以赢，不要输！"）。他们每天学习如何知彼解己（"将心比心地交流"），他们学习如何协同（"不要争了，想一个更好的办法")。他们学习"不断更新",学习平衡学习和娱乐的关系、锻炼和学习的关系、朋友和家人的关系。

学校不断加强领导素质教育。这是一个永久的教学理念,也是一个魔幻剧场。如果你参观过库姆斯小学,你会看到墙壁和走廊上挂有7个习惯的海报,上面写着"主动广场"、"双赢道"和"协同街"。你会听到孩子们唱与之相关的歌曲。你会看到孩子们扮演领导者的角色。你会发现人人都有"发言权杖"。你会看到伟大领袖的肖像,听到他们的故事。孩子们也会采访不同的社区领导者,包括州长,探讨如何才能成为一名领导者。

老师每讲一个关于领导力的故事,学生很快就吸收到例子中的优良品质。有一名学生的脾气很坏,碰到老师会对他们大吼大叫:"去死,在我面前消失!"老师从容应对:"我们这里不使用这种语言,我们用一种不同的语言来表达我们的情感,但我们很高兴你在这儿。"老师每天告诉那个男孩他们爱他,但小男孩继续谩骂。但很快,小男孩也告诉老师们,他也爱他们。他的生活发生了变化。他在光荣榜上赢得了一席之地。老师们的关爱和耐心给心怀戒备的学生留下了深刻的印象,他们也以自己的热情温暖其他陷入困境的同学。

孩子们也学会如何做一名领导者:如何握手,如何主持会议,如何脱颖而出。他们进入教室会与老师和同班同学寒暄,下课后会向老师说谢谢,以示感激。当老师发卷子时,孩子们会感谢老师。他们会说"是的,夫人"或"不,夫人"。在学校里,老师们教导学生们建立关系要有"双赢"的心态。

"如果这是一个领导者的摇篮,那是不是应该让学生自己管理学校?"萨默斯问自己。考虑到这一点,在库姆斯小学,她发明了许多领导角色。孩子们可以是音乐、艺术或科学领导者,视听领导者、班级迎宾领导者、监视零食领导者、操场领导者，等等。孩子们申请这些职位，也非常严肃地对待自己的岗位。不同领导角色的调换，让每个孩子都有机会成为某一类的领导者。萨默斯尽可能让孩子们运作学校。学生们自己主持会议，播报早间新闻，当游客来学校时扮演导游的角色。我问我们是否可以拍摄更多学校的图片，萨默斯说："当然可以，我会让视听领导者协助你们的工作。"[145]

也许最令人欣慰的是孩子们之间协同思维模式的散播。他们知道自己可以选择如何反应，他们知道如何超越冲突，如何找到一种更好的解决方式。盖尔·冈萨雷斯和埃里克·约翰逊有3个孩子就读于库姆斯小学，他们讲述了一个这样的故事：

> 我女儿所在的班级新来了一个男孩，脾气暴躁。老师采用了激励的处理方式。一天下午男孩没来上课，于是老师对同学们说："最近班里的火药味很浓，不能再这样下去了。"她让他们参与解决方案的制定。孩子们明白了，问题主要出在这个新学生身上。学生们形成了一个支持团队。他们说他们可以帮助这个新来的男孩，会比老师做得更好。这个男孩开始转变，他人生中第一次有了巨大的学习进步。后来这个男孩搬家了，班上的同学哭了起来。他们已经学会了爱他。

这些孩子是第3选择思维者。他们不是去欺负或回避新来的同学，而是发明了自己的第3选择来解决问题，让每个人都成为赢家。显然，库姆斯小学的学生知道什么是最主要的胜利。

那么相关的学习结果怎么样呢？

在第一年，库姆斯小学学生的学习成绩从全区垫底跃升至97%

的学生达到或超过年级水平。纪律快速好转，老师表现出强烈的参与感与协作精神。家长的满意度调查达到 100%。孩子们学会了如何过自己的生活，并为自己承担责任，拿出最好表现成就他们的第二天性。多年来成绩的平均值有上下起伏，但总体情况非常乐观。

库姆斯小学把教育作为一个整体，其中的一个重要问题是如何帮助每个学生都做到出类拔萃。每所学校的理念是不同的。有人说，卓越指的是文化精英；另一些人认为，除非给学生设定一个卓越的高标准（无论是什么），否则就都是平庸。不管怎么说，双方都各执一词。

但是，库姆斯小学有第 3 选择，萨默斯称之为"一个巨大的思维模式的转变"。他们不关心绩效标准本身，而是把重点放在教授领导原则而产生高绩效上。坦率地说，学习成绩是一个次要目标，是他们主要目标的副产品。"教以模式，行为从之"，库姆斯小学就是典范。她回忆说："工作人员最初认为这将提高 90% 的学生的成绩。后来，我们提高了 95%。关键的一点是，不达到 100% 我们誓不罢休。"

库姆斯小学的逆转使得它的教学理念广为流传，其他教育家争相效仿。每年来自世界各地的数千人来到库姆斯小学，参加那里每年两次的"领导力日"，学习如何在自己的学校实施同样的方法。其中一位参观者是来自冠军教练网络的杰夫·詹森，他这样说道：

> 进入这所学校，我立即感受到了它的特殊之处。当我走到前门，一个学前班学生走近我，看着我的眼睛，给了我一个坚定的握手，用清晰热情的声音说："早上好，先生，我的名字是迈克尔。很高兴您来到我们的学校。"这种温暖、真诚、专

业的问候，在这所学校同年龄段的学生中随处可见。[146]

从因为入学人数不够面临倒闭，到现在学生招收超标，库姆斯小学由原来的 350 名学生升到 860 名学生，通常还有超过 500 名等候者。该地区的住房价格飞涨。有的家长开一个小时的车送孩子上学。萨默斯每天会收到成百上千份教师的应聘申请（顺便说一下，5 年级学生会参与新教师面试）。这个小"领导学校"被美国各地认可，并赢得了以下荣誉：

- 国家级蓝带学校称号
- 2006 届全国卓越小学
- 北卡罗来纳州州长创业奖和优秀学校
- 全国最佳称号
- 国家级磁石学校
- 2003 年全国最具特色学校

最重要的是，库姆斯小学改变了学生的人生。以下是部分例子：

- 内森·贝克，残疾学生："专注于做你最擅长做的事情，不要责怪别人。"
- 利利亚娜，学生："去年我去拜访我的导师，告诉她我在这 3 年中一直在遭受性侵。但我可以选择，如果我选择继续容忍，我就不会说出来。但是我想生活得更好，我需要你的帮助。"
- 小约翰·拉普，西点军校学生："因为就读于库姆斯小学，我才能考上西点军校。"

- 帕姆·阿尔蒙德，教师："我的丈夫是一名警察，眼睛被射伤，因为我学会了库姆斯小学的理念，让我们能够度过生活中最困难的时候。"
- 普瑞高·尚卡尔，一名来自印度的学生："我在库姆斯小学学到如何建立自信心。我学会了专注地解决事情，而不是过分担心。"

若干年后，萨默斯联系上我，向我讲述了库姆斯小学发生的一切。因为当时她答应我会告诉我事情的进程。我感到很惊讶。我觉得这个故事应该广为传播，所以我写了一本名叫《7个习惯教出优秀学生》的书，其中详细描述了发生在库姆斯小学的事情以及许多其他学校的学习模式。这本书的中心思想是，要把孩子们作为领导者来看待，而不是把他们当成被动接受教育的小容器。

有一天去参观库姆斯小学，萨默斯对我的儿子肖恩说："每天都有校长打电话想推行我们这种领导力模式。我没有时间，也不知道如何将这个模式推广至整个世界。我还要打理学校。拜托了，能不能请你做点儿什么？"肖恩非常重视萨默斯的话，他认真研究了这种教学模式，编纂成册，让整个过程一目了然，这样任何一所学校都可以借鉴这种模式。由于《7个习惯教出优秀学生》的出版，以领导力模式为理念的学校如雨后春笋般层出不穷。危地马拉、日本、菲律宾、澳大利亚、印度尼西亚、新加坡、泰国、印度、巴西、英国和美国等地的学校纷纷效仿。在我写这本书期间，世界上已经有500多所领导力学校。这种模式增加了学生的信心，教师也更好地参与工作，学生成绩得到提高。捷报频传，家长吵着要更多学校建立起这种模式。一位哥伦比亚大学教授在读完这本书后，收拾好他的行李，离开纽约，定居北卡罗来纳州，就是为了让他的孩子能够入读库姆斯小学。

我一直心存疑虑：是否所有采用领导力模式的学校都能取得成功？它们有些成效卓著，但还有一些学校的改革结果却不尽如人意。这一模式的精髓有以下 4 点。

第一，学校采取的思维模式不同。它们没有按照钟形曲线区别对待不同的孩子，它们对所有孩子一视同仁，认为每个孩子都是有才能的，每个孩子都是领导者。这种思维模式改变了一切。

第二，它是从内到外发挥作用的。萨默斯也证明，让教师和工作人员养成良好的习惯，才能在日常教学中影响学生，达到融会贯通。如果连教师都没有改变自己，那就不能指望他们的学生会改变。正如伟大的教育家罗兰·S.巴思所说："成人的品质相比其他因素更影响学生的学习态度，以及学生将来所取得的成就。"[147] 这种模式是一种由内而外的模式，无论成人、孩子都是一样，首先要通过教师的改变促进学生，进而影响父母。

第三，使用共同的语言。当教师、学生和家长开始使用相同的语言，沟通中才不会有误解，才能带来惊人的效果。这 7 个习惯建立在共同的语言上，例如，"要事第一"、"知彼解己"或"积极主动"等。如果大家都能明白其中的道理，世界真会大不同。领导力模式学校的学生经常以这样的语言和父母沟通："要事第一，先做功课再去玩"，"我要双赢思考"或"爸爸，你太消极了"。

第四，领导力理念的执行是时时刻刻、无处不在的，它不是每周二下午一点的一节领导力课程。萨默斯和她的团队运用完整的步骤，把他们所做的一切转化为领导力培训的一部分。因此，这种模型将影响一切活动——传统、事件、组织、文化、教学方法和学校课程。但是，教师会告诉你："这不是在做一件事，而是以更好的方式去做事。"[148]

而教育大辩论的双方仍然指指点点,高呼结构改革。他们相互指责,从孩子身上的小缺点一直到文明的败坏。但是缪里尔·萨默斯和理查德·埃斯帕扎等人却在悄悄改变我们的生活,激发着孩子们的潜能,真正培养出了杰出的社会精英。他们代表了大辩论双方在咆哮之外的真正的第3选择。他们不相互指责,相反,他们积极主动地投入,并带动了整个社会的参与。当地商业领袖会积极投入资金,孩子的父母会充满信心和活力,教师和学生一样一生受益。这些协同思维者远比大辩论者更进步,他们给社会带来了不可估量的精神财富。

不久前,我应邀到宾夕法尼亚州的一所大学做教育演讲。我在那里遇到几位从库姆斯小学毕业的年轻学生。在我开始演讲之前,我邀请这几位学生上台聊聊自己的母校,他们在母校里学到了什么。台下有上千名观众,包括学者、教授和管理人员,但他们丝毫不紧张,他们的演讲引爆全场。他们的勇气和信心传达着领导者的气息。这一经历让我难忘。这个时刻,那些所谓的大辩论赛都显得空洞且无聊。

我不反对教育体制重组,但我也不赞成把整个教育体制付之一炬。不过,如果辩论结束后,双方都真正开始做事,我会非常高兴:释放每个年轻人的领导力,释放无穷的潜力,改变生活,改变家庭,改变世界。

所有的孩子都有闪闪发光的无限潜能。科学家告诉我们,每个原子里蕴藏的能量是它本身质量的35亿倍。原子结合并释放巨大的力量,释放光明和温暖。同样,每个孩子都有无限的潜能创造未来。你的母亲是不是诺贝尔奖得主并不重要,最重要的是双方相互影响，相互付出。真正伟大的教育工作者会摒弃工业时代的精神控制，带来新时代的解放。

## 把大学作为"平衡片"

大学和大专院校也在经历身份危机。我一直在问："大学的目标是什么？"有人说是为就业做好准备。他们认为现在的大学里没落的知识分子就像象牙塔里的花朵，学校白白浪费他们4年时间，让他们学习一些没用的专业，然后把他们推向社会，这些人的学历毫无用处。他们坚持认为，真正的工作需要的是职业培训，以营利为目的的大学在侧重于工作技能的教育。

这种狭隘的思维模式影响了许多高校教师。威廉·戴蒙是位教育学教授，他说，去任何一个典型的大学教室，如果学生问教授他们为什么要来上课，"你会听到许多狭隘的观点和功利性的言辞，如学好课程、得到好成绩、避免失败，或者，如果学生足够幸运，你会听到学习特定技能的价值"。[149]

难怪当今许多大学生都专注于次要成功。特聘教育学教授阿瑟·莱文说，现在的学生把大学视为另一个耗材市场。"我问过一些学生想和大学建立一种怎样的关系。他们告诉我，他们想要一种实用型的关系，就像公司、超市或银行——这里强调的是便利性、服务、质量和承受能力。"

一位企业家告诉莱文："一个价值数十亿美元的行业，如果生产效率低下，成本高，管理不善，没有技术，那么这样的产业不能长久，必须调整。营利性行业会取代管理不善的非营利性行业。"[150]（当然，以营利为目的的高等教育的兴起并没有完全解决成本问题和管理问题。）这一趋势已经引起了高等教育的警惕。把大学视为治学圣地的人并不喜欢这样的想法。这是典型的抱怨：

> 坦率地说，短短不到一代的时间，大学中推进和传播知识的治学理念已经差不多被摒弃了，大学成为满足市场即时需求的制造厂。为社会提供学者、知识分子的承诺已经荡然无存，学校成为急功近利的地方。[151]

今天的市场和治学之间的紧张关系就像古老的"师生与市民"冲突的回声，两者都是虚假的两难困境。虽然他们双方占有的都是片面真理，但是双方的思想都有闪光点，如果他们能跨越过去的两种模式互相帮助，也会碰撞出火花。具有讽刺意味的是，当他们协同工作的时候，他们真的创造了奇迹，否则就没有我们今天所享有的先进的高科技文明，以及无数的艺术和科学成就了。

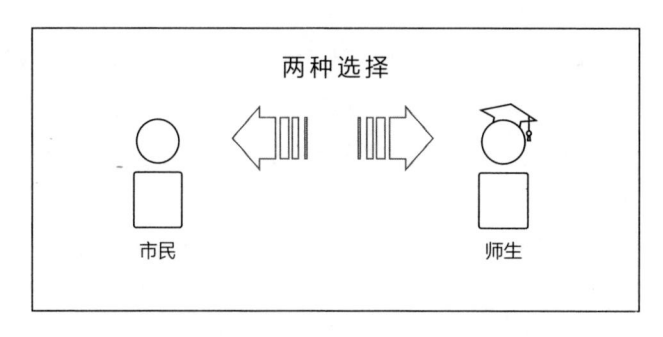

图 5-4

同时，我相信大辩论的双方都没有把握真正要做的工作。辩论的一方把所有工作都看作交易，都是不惜一切代价先赚钱，最后也是为了赚钱。我们积累的智慧告诉我们，这种追求会带来精神上的空虚，甚至有更严重的后果。2008年的全球金融危机比世界上的任何一次恐怖行动更具破坏性，数百万人的生活受到沉重打击。全球金融危机完全是急功近利的思想和教育造成的。用历史学家罗伯特·布彻的话说就是：

> 全球灾难的原因众所周知：当大量的个人和组织进行系统博弈时，一旦失败，随之而来的就会是欺骗、偷窃、欺诈和贪婪。
> 
> MBA是怎么教育出来的，他们是怎么处理问题的。整个MBA教育培养了一批缺少社会道德的管理人才。MBA的核心难题不是说这个人是坏人，或是这个人心术不正，而是坏结果使得所有的价值、短期目标和利润都成为一场空。这种不惜任何代价的心态产生了泡沫，使人陷入绝境。[152]

然而，另外一方的论点也好不到哪儿去。学院很久以前就与空想划清了界限，现在再去维护未免为时已晚。终身聘用制和自我推销的政治让学生学会了所有急功近利的方法。有人说过，大学已经对它的学生失去了兴趣。一位观察员说，今天的大学是一个"精神萎靡不振，同时失去理想主义和社会意识"的地方，大学是一个"不断累积的失望和沮丧导致孤独的追求和支离破碎的生活"的地方。[153]

辩论双方都过分强调次要成功，歪曲了高等教育的真正目的。当然，每个人都应该学习如何谋生，但大学的真正使命是尽所有能力做出巨大贡献。顺便说一句，当人们专注于主要成功时，次要成功会随之而来。

作为一名大学教授，近 30 年的管理经验让我在这些压力中挣扎。我很清楚大学会逐步演变成"文凭工厂"，以学生日后找工作为重心。在家里我总是灌输这样的理念：去学校首先是去学习如何学习，其次才是找一份工作。所有 9 个孩子都取得了大学本科学历，专攻不同的专业，如历史、英语、国际关系、政治学和美国研究，其中 6 个具有研究生学历。我很高兴每个孩子都看到了大学的教育价值。最重要的是，大学赋予了他们推敲想法的能力，这对在生活中寻求第 3 选择是至关重要的。

在我看来，大学"真正需要做的"变革是创造第 3 选择。新知识是在第 3 选择中诞生的。正如托马斯·库恩所说，知识的进步"取决于革命性的变化过程。有些伟大的变革与我们耳熟能详的名字相关：哥白尼，牛顿，达尔文"。有些影响就没有那么深远。但是，所有的知识变革需要"以一种别样的思考"，达成协同的思维模式。

所以，高等教育真正的"工作"和低年级的教育目标是一样的：培养领导者，让有能力的人有机会做出独特贡献，改变世界。

前段时间，加拿大一所大学的管理层邀请我参与商讨他们的未来发展方向。他们不知道该如何前进。他们认同我描述的大学身份危机："我们的目的是什么？我们是为市场提供技工吗？或者我们应该致力于纯粹的知识并将自己与'现实世界'隔绝？"

我向大家描述了舵手如何调整小舵的故事，进而介绍了第 3 选择。固定在每艘船舶的大舵上的是一种叫作"平衡片"的小舵。当平衡片转动到一边时，水中就会出现真空，大舵就可以轻松滑入真空。通过熟练控制平衡片，船员可以毫不费力地驾驶重达 50 万吨的油轮驶向海洋。

有些领导者正在寻找一个能改变大学尴尬处境的"平衡片"，

我邀请这些领导者探求大学的出路，为大学注入新的活力。我邀请他们来扩展自己的使命，想象一个比他们的管理范围甚至比他们的组织更大的空间。

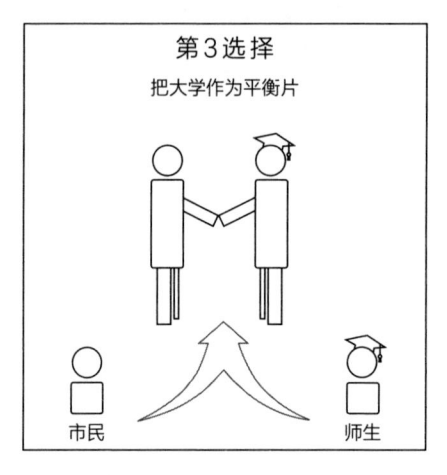

**第3选择**
**把大学作为平衡片**

市民　　师生

图 5-5

现在，帮助他们找到第 3 选择的出路极具挑战性。他们已陷入政治斗争，钩心斗角，部门抗衡，每个人都在寻找自己的保护伞，保护自己的领地。他们的目标是非常矛盾的。专业学者互相嫉妒，我知道他们不喜欢相互沟通交流。但是，他们很希望我提供指导，所以我尽最大的能力给了他们如下建议：坚持深入了解组织中的所有人，通过"发言权杖"沟通并表达各自的想法，真正了解彼此的观点。渐渐地，随着他们走出自己的部门、学科和政治，他们调整学校使命的思维模式开始形成。这个想法产生了重要的影响，他们原本卑微的灵魂绽放出了壮丽的花朵。今天，在他们的指导下，大学的目标非常明确——追求主要成功。在全美各地的高校，这些学校正发挥着它们的影响力。

大学通过服务社区与现实世界挂钩,这也使大学的角色做了相应的调整。在这个过程中,学生也是调整自己的舵手。第3选择多种多样,一所学校的改变能够改变周围的世界,有些学校做到了,就如你前面看到的例子。

## 崛起

荷兰吕伐登的斯坦德大学也是一所经历了调整变革的大学。斯坦德的所有人,包括老师和学生无须考虑自己的身份,他们将为事业准备的学习计划、奖学金和社会服务的奖励相结合,这种做法得到一致好评。事实上,我们很难定义我们从哪里结束,从哪里开始。董事会前主席罗伯特·文斯特拉说:"我认为以领导力为教育重心的大学能教育出最好的学生。我们需要培养能够改变世界的领导者。我总是在思考如何'成为改革者,成为领头羊'。我们需要敢于站出来的人,我们需要有人能够追求更好的事物。"

在文斯特拉看来,学校真正的工作是释放每个人心中的领导力。斯坦德大学在荷兰拥有 11 000 名学生,在南亚有各种各样的分校,斯坦德自称为"领导者的大学",领导者被定义为"根据普遍原则,勇于承担责任,看重人的差异,自我增值,自我发展"的人士。

这个任务是如何转化为现实的? 2003 年,斯坦德大学在南非海岸边的美丽小镇艾尔弗雷德港建立了分校。新机构将培养从事酒店、餐饮和旅游业工作的人员。艾尔弗雷德港气候宜人且拥有漫长的海岸线,是一个度假胜地。许多富豪退休后携家眷在此定居。与艾尔弗雷德港相邻的却是一个完全不同的世界——纳尔逊·曼德拉镇的内马托，这个地方失业率、文盲率和犯罪率很高。小商店勉强维持生存。最可悲的是，流落街头的儿童到处游荡，无处可去、无事可做的孩子很多都吸食大麻。

文斯特拉和他的同事们知道，这个地方是建立第 3 选择大学的最佳选择。新学校叫作职业进修教育研究所（以下简称职修所），这个名字有双重含义：在课堂上，学生会接受服务行业的培训，同时学生要向有需要的社区提供服务。课堂工作和实地工作之间没有边界。职修所的第一任校长是雷蒙德·姆拉巴，他是种族隔离制度抵抗运动的英雄，也是罗本岛的犯人之一。雷蒙德·姆拉巴任职不久后就英年早逝，但是他比任何人都明白内马托所面临的严峻挑战。

用文斯特拉的话说，职修所"开始就是一个大冒险"，就像所有第 3 选择实验一样。"参与的人不知道会是什么结果，他们只是想把高等教育和社区发展带到南非最贫穷的地区去，为青少年建设通往更好生活的桥梁。他们希望学生不仅学习到服务技能，更要学习服务的思维模式。"

神奇的协同效应将职修所与当地人联系在一起，他们开始互相帮助。职修所开设了烘焙课程。烘焙课程不仅教学生烘焙面包，也为城镇居民提供了就业机会，并帮助他们发展自我支持精神。面包店的口号是"进步是我们的生活方式！"。职修所开设了其他项目，项目成员全部是学生，这些项目包括菜园、多功能活动中心、艾滋病预防方案、帮助附近学校的残疾人等。

小企业主积极参与职修所的"崛起"项目。学生在这个项目中受益良多，学生辅导业主业务规划、记账、市场营销。业主聘请学生到商店上班。这种协同让大家都受益：业主学习到新的技能，学生巩固了知识。一位名叫乔伊斯的年轻女性曾试图做缝纫生意，她自己会做衣服，但不知道如何吸引客户。职修所的学生教她如何做预算和营销，如何将她的小生意做起来。斯木浦玮·韩兰根有一个木工车间，但并不擅长做生意。他非常善良，只收有能力付账的人的钱，有时候甚至提供免费服务。他在职修所的合作伙伴教他会计、市场营销和如何拥有商业头脑。

除了帮助商业组织，职修所还组织学生帮助当地的流浪儿童，像夏洛尼、农慈妮这些孩子。夏洛尼13岁，只上到小学二年级就辍学了。他的母亲终日饮酒，奶奶也已经老了，照顾不了他。夏洛尼很想上学，但他没有了食指指尖，再也不好意思尝试写字了。十几岁的农慈妮和她的奶奶住在一起，但大部分时间游荡在周围的垃圾场里。她想去上学，但没有成功，她很气馁，最后跑回了垃圾场。某一天，她在垃圾场被一群男生轮奸。

像这样的故事在内马托太常见了。职修所开始帮助像夏洛尼和农慈妮这样的孩子。职修所的学生开始和夏洛尼交流，夏洛尼同意离开垃圾场，每天去活动中心。他在那里参加了一个禁止青少年滥用药物的项目。起初，他的积极性不高，说的话也很简单："这个周末我不会去喝酒。"最终职修所的实习生开始学习养育子女的技能，训练夏洛尼讲卫生。他们密切关注夏洛尼的出勤率。同样，农慈妮也得到了帮助。她的奶奶成为她疗伤的关键，接受了职修所的培训后，她们再次成为幸福的家庭。职修所的学生带头将青少年从毒品的阴霾中解救出来，让孩子们重拾信心。

职修所扩大了工作范围，学校还资助赢得"自由企业中优秀学生"比赛的同学，这个比赛涉及42 000多名学生，40多个新兴国家参与竞争。他们会在一个偏远的山庄建立一个计算机中心，为农民提供维修服务。这些都不是课外项目，而是核心课程。职修所的学生帮助小企业和农民自力更生，帮助孩子远离毒品，培养自己的价值。这些年轻人不管身在何处，都能改变世界。

职修所（现在被称为南非斯坦德）让学生同时学习服务技能和服务理念。学术成果也日益丰富，教室和社区之间的学习不设边界。学生的头脑和心灵都受到教育，他们明白了贡献是什么意思。文斯特拉承认，南非斯坦德是不寻常的高等教育，对此有很多人持怀疑态度，文斯特拉说："推行职修所期间，我时常遇到阻力。人们只是不知道社区的工作与发挥领导力的工作相结合会产生很好的效果，或者他们只是不想这样做。"[154]

就我而言，我认为这是教育模式未来发展的方向。如果大学继续与学生的生活和他们本应服务的社区隔绝开来，这将是一种耻辱。如果大多数学生的大学只是坐在计算机屏幕前，不参与人与人之间的互动，在学校里只是不断地做选择题，这对学生、教师、社会来说，都是一个悲剧。相比之下，南非斯坦德是一个标准的第3选择，它不是一个纯粹的学术组织或一所预编程的贸易学校，它有更高的目标，就是将学生培养成为生活中的领导者。

斯坦德实现这个目标的创新方法被称为参与学习或在职学习。美国前教育专员欧内斯特·博耶博士是一位有远见的领导者，他是早期大学和社会之间走向协同的倡导者。他写道：

> 参与奖学金带来更丰富的大学资源，也将最紧迫的社会、公民和道德问题带给我们的孩子、我们的学校、我们的老师、我们的城市……在更深的层次我们需要的不只是更多项目，我们还需要更高的目标、更大的使命感，为公民生活指明方向。[155]

现在，更大的目标是鼓励其他院校通过社会服务帮助学生学习。每个学科都可以融入进去。例如，在一所大学，会计专业的学生可以在美国大城市建立一个流浪者收容所，这就需要学生熟悉银行业务，具备优秀的预算技能。他们必须学会节约每一分钱，这样才能保证更多的人有家可回。当地一家银行设立了储蓄账户，账户可以先存入 1 美元。帮助有需要的人对学生有着深远的影响。一本书中曾这样写道："这里的人都实实在在地教会我很多，在这里接触到的现实深深触动了我，使我的情绪波澜起伏，但是在大学里，很少有事情能像这样影响我的情绪。"这里还有一个经典的角色逆转，学生们教流浪者知识，流浪者教会他们同情并尊重每个人的价值。这就是我说的协同学习，他们相互学习、相互影响、共同进步。

在一个法律学校，学生有机会在社区法律中心为低收入人群提供法律咨询服务。他们处理过一位墨西哥移民拉斐尔的案件，拉斐尔是一位面包师，被不公正地解雇了。除了帮拉斐尔讨回公道，法律中心呼吁学财务和审计的学生帮他开一家属于自己的面包店。这些学生帮他准备商业计划书，获得了一笔小额贷款。学语言的学生为他翻译，甚至有些校友参与监督法律和商业合同。不久之后，他再也不需要原来的工作了，他有了自己的店。对拉斐尔来说，法律问题高深莫测，他根本没办法处理。这就是一个很好的第 3 选择的法律案件。真正的跨学科相互协同学习将会碰撞出智慧之花。[156]

这种协同作用将使我们重新定义所谓的教育。通常说的教育就是在空空的脑袋里装满各种知识，然后测试，看看学生掌握了多少。这就是所谓的"自动贩卖机"模式（老师塞硬币到自动贩卖机里面，出来一个糖果），是工业时代的假象。与协同教育模式相比，这种模式的作用是非常有限的。协同教育模式将教师、学生和社会的知识贡献出来，实现第3选择的思维模式，理念创新带来了丰硕的成果。协同教育模式有利于社会的发展，维多利亚大学帮助加拿大原住民就是一个很好的例子。

## 鹰羽的两面

在加拿大，有超过600个印第安族群，也就是今天我们所熟悉的加拿大原住民。许多原住民希望融入主流社会，接受高等教育，找到一份好工作，但他们也想保持自己古老的生活方式。多年来，当局试图以西方教育方式培养他们，引导他们走出自己的本土文化。原住民接受高中后教育的记录让人沮丧不已。教师说学生根本不会认真听课，他们会盯着地板说话。也有极少数原住民学生拿到大学文凭，由于他们只适应原始或落后的生活方式，这些学生出来之后无法应对复杂的现代文明。

这样的困境可以解释所谓的学校成绩差距。少数族裔学生很少有技能测试，但他们和任何人一样都能够学习。但是想象一下，如果有人强迫你进入他们的学校学习，你会如何应对。比如，如果外星人接管你的城市，强迫你进入他们的学校学习，以他们的文化智慧和知识来测试你。再想象一下，这些外星人认为只有自己的文化值得学习，你的文化毫无价值。这样，成绩差距自然会产生，这只是缺少同理心吗？我认为不是这样。

原住民就陷入了这种文化上的冲突，他们不愿放弃，萨斯喀彻温省梅多莱克的部落议员联系了维多利亚大学的杰茜卡·鲍尔教授和艾伦·彭斯教授，为他们9个部落的儿童开发课程。他们非常担心原住民的失业以及毒品和酒精滥用等现象，并希望维多利亚大学的教授们能帮助部落的父母提高培养子女的能力。

  身为儿童发展教育专家的鲍尔和彭斯教授对加拿大的教育系统无法融入原住民深有体会。他们认为不能简单地给出解决方案。他们想听听部落长老、家长和其他社区成员的意见。终于有人听到他们的声音了。各方都阐述了自己的意见，包括教授。通过综合各方意见，一个新的课程出炉了，这个课程和其他学校的课程大不相同。这个课程是一个第3选择课程。他结合了印第安人的智慧和西方文化。[157]学生学习传统知识的同时，也学习社会上的主流科学。当他们发现自己的传统文化受到尊重时，学生们开始有信心了。此外，课程不是具体的条条框框，学生自己也是课程的一部分。一位老师把它称为"活课程"。这个课程尊重了原住民的传统文化，很多课程不做确切的规定。[158]

  这种课程设置让导师和学生一样能够学到很多知识。例如，一本教科书上说对付一个发脾气的孩子就是把孩子隔离，给他时间冷静下来。但他们采取相反的措施，他们把孩子带到大家庭中，并让他说出自己的沮丧。不否定孩子的任何想法，探索各种可能性，给予孩子尊重。

  起初这方面的经验让部分每天跟着大纲教学的老师失去了方向，因为教育由学生和社区自己做决策是绝无仅有的。一位老师说："我觉得是我坐在教室里听课。"但他们很快就意识到："所有家庭都有自己的智慧，每个家庭都有养育子女的独特方法，每个社区都有自己的特点。不管是代代相传的智慧还是网络知识，不管是民族财富还是文化传统，都有自己的特点和优势，对孩子的成长都是有帮助的。"[159]

  通过把学生当作自己的同事，这些老师创造出了一种新的思维模式。他们反对稀缺性思维定式，反对只有部分人拥有智慧。他们赞成丰富多彩的思维模式，每个人都有宝贵的知识财富，每个人对社会都有贡献。在课堂上换位思考总是带来意想不到的惊喜。伟大的导师卡尔·罗杰斯知道："站在学生的角度想问题，从他们的视角看问题，这种观念以前是没有的。但是如果老师用学生能听懂的话与他们沟通，而不是评判或评估学生的观点，这对学生有着巨大的影响。"[160]

梅多莱克的协同教学实验硕果累累。该校的升学率从20%飙升到78%。部落担心的原住民人才流失的问题也迎刃而解：由于对传统知识和文化的教授，95%的学生愿意留在家乡，为家乡的富裕繁荣做贡献。4/5的家长说他们培养子女的技巧提高了。[161] 改革带来的变化随处可见。孩子们更加自信，更加懂得尊重他人。原住民的长老感激地说：

"我们经常在新闻上看到原住民社会中的灾害，如年轻人自杀、财政管理不善、酗酒和暴力等种种问题。我会想：我们就没有什么优良的东西吗？但我们自己知道，原住民充满智慧和经验，我们只是需要一个平台来展现我们的爱和民族的力量。"

一个部落议员说："借助这个平台，每个人都飞得更高。"另一位长者把传统文化和主流知识的协同组合比作"鹰羽的两面……都是飞翔时需要的"。[162]

我们看到的这些例子是更高形式的高等教育。只以工作为中心或以知识为中心的大学都是极端的，进入大学只为将来的工作，或者单方面只学文化知识而与社会脱离，这两种教学模式都是不正确的。南非斯坦德和梅多莱克不仅丰富了当地学生们的头脑，也纯净了他们的心灵，勤劳了他们的双手。伟大的天主教教育家彼得·汉斯·科尔芬巴赫说："当经验触动心灵时，想法也会随之改变。如果对别人的痛苦做出不公正的判断，我们就要反思自己的知识和道德在哪里出错了。"[163]

一所我教过的大学门口的牌匾上写着这样的座右铭："社会就是我们的校园。"每次去上班的时候，我就会习惯性地想："这能塑造一个很好的氛围。"但是现在，这成为高等教育追求的目标。我们有机会彻底改变教学和服务的目的，重要的是让学生们掌握自己的命运，发挥自己的领导力，进而改变世界。透过服务学习，他们可以成为看重主要成功的公仆式领导。我们为下一代的领导者进行教育调整，而下一代人又可以接着去改变世界，让这个世界更美好。

## 从教导中学习

学习本书的最好方法，就是把本书的内容再教给别人。大家都知道，在教学过程中，老师学到的东西比学生学到的要更多。所以找一个人——同事、朋友、家人，把你学到的都传授给他。向他提出以下具有启发性的问题，或者你也可以自己再想一些问题。

- 在教育大辩论中，"两种选择"思维模式是怎样的？如果采取大辩论中的任何一种方法，结果又会怎样？
- 学校的哪些做法仍然停留在工业时代的思维模式中？
- 为什么说把孩子视为商品是教育受到质疑的根源？

- 教育中的第 3 选择是教孩子成为一个领导者。但不是人人都可以成为国家的总统或公司的首席执行官。什么样的方式能够让每个人都成为领导者？
- 我们都希望孩子成功，但我们应该搞清楚什么是"成功"。主要成功和次要成功有什么不同？为什么主要成功往往会带来次要成功？牺牲主要成功追求次要成功的表现是什么？
- 理查德·埃斯帕扎和缪里尔·萨默斯在没有任何额外资源的情况下，是如何在体制内改变教学模式的？
- 缪里尔·萨默斯在库姆斯小学的使命是帮助每个学生开发"内心的领导者"，这个使命的具体含义是什么？
- 大学的目标是成为平衡片。什么是平衡片？学校或学院如何成为影响周边社区的平衡片？个人如何成为人际圈里的平衡片？
- 梅多莱克实验在哪些方面产生了协同作用？"鹰羽的两面"指的是什么？
- 如果你是一名学生，你觉得第 3 选择如何帮助你面对挑战？
- 如果你的孩子在学校里，你觉得哪些挑战需要运用第 3 选择思维方式？
- 考虑下加拿大的大学管理者提出的问题，将它应用在你自己身上："我的目的是什么？我只是市场需要的技工吗？我应该为我生命中最重要的角色做出哪些贡献？"

## 试一试

选择一个家庭、学校或社区的教育问题或机会，开始第 3 选择吧。邀请别人一起加入。使用"协同的四个步骤"。

**协同的四个步骤**

① 以第 3 选择的思维模式提问：

"你愿意寻找一种更好的解决方案吗？"如果答案是愿意，到步骤 2。

② 界定成功的标准

在以下空白处列举令双方都满意的解决方案的要点。成功是什么样的？真正要做的工作是什么？对所有人来说，"双赢"是什么样的？

③ 创造第 3 选择

在以下空白处建立模型，画图，集思广益，逆向思考，迅速而有创造性地开展工作。在达成令人兴奋的协同之前，暂不下结论。

④ 达成协同

在此处描述你的第 3 选择，如果你愿意，描述你将如何将其付诸实践。

**四步协同指南**

① 询问
第3选择询问

② 界定
成功的标准

③ 创造
第3选择

④ 达成
协同或第3选择

注：协同的四个步骤。这一过程有助于你发挥协同原则的效力。（1）表明寻找第3选择的意愿；（2）界定每个人心中成功的标准；（3）寻找解决方案；（4）达成协同。在整个过程中保持用同理心倾听。

**如何达成协同**

① 以第3选择的思维模式提问

在冲突或有创造性的环境中，这个问题帮助所有人放弃固执和成见，向着第3选择的思维模式发展。

② 界定成功的标准

列举或用一段话描述所有人眼中成功结果的特征。同时回答下列问题：

• 是否所有人都参与了标准的制定？我们是否得到了最广泛人群的

最普遍想法？
- 我们真正想要的结果是什么？真正要做的工作是什么？
- 什么样的结果使每个人都成为赢家？
- 我们愿意放下原有的需求寻找更好的结果吗？

③ 创造第 3 选择

遵循以下指导方针：

- 保持游戏心态。它不是"真实的"，人人都知道它是一个游戏。
- 避免下结论。避免协议或共识。
- 避免判断别人或你自己的想法。
- 建立模型。在白板上画示意图、流程图，构建实际模型，撰写草稿。
- 激发他人的创意。颠覆传统观念。
- 迅速执行。设置一个时间期限，保持活力和思维开阔。
- 酝酿多种想法。你无法预料哪一次不假思索的领悟就可能带来第 3 选择。

④ 达成协同

你在人们的兴奋与激情里识别出第 3 选择，新的选择符合成功的标准。注意要避免将错误性妥协与协同相混淆。妥协令人满意，但并不让人感到快乐。妥协意味着人人都有损失，协同意味着人人都有赢的可能。

第六章

# 第 3 选择与法律

第 3 选择思维者的目标不是报复,而是重建。对抗制鼓励人们考虑所谓的"输或赢","我的方法或你的方法"。然而,通往内心、个人以及整个世界的和平之路是第 3 选择,是"我们的方法"。

成功的诉讼不需要警察。

——罗伯特·弗罗斯特

每年,英国布雷顿山村的所有村民都会聚在一起,进行一场滑稽表演:村民整晚穿着奇装异服唱着荒诞的歌曲。他们会花好几个星期来准备表演,每个人都爱看他们的邻居出"洋相"。在几十年前由乡村捐款建成的小学礼堂里表演舞台剧,也成为村里的一个传统。

但是这个传统在新上任的女校长接管这个学校后意外终止了。她说这是出于安全考虑,并提议将滑稽表演安排在其他地点举办。村民对此提出异议。校长提出要付800英镑才能使用这个礼堂,这让每个人都倒吸了一口冷气。因为没有人支付得起那么昂贵的费用,所以他们请求村委会同意他们免费使用礼堂,但是村委会拒绝了他们的请求。半个世纪以来,布雷顿第一次没有举办滑稽表演。

争执很快升级到了法庭诉讼。犯罪记录局在调查了相关情况之后，认为必须由进入学校礼堂的所有村民来分担费用。村民纷纷提出抗议。几年前村民已经支付了 3 000 英镑来建设这座礼堂，他们理所当然地认为自己可以免费进入，而不是像罪犯一样接受调查。

但是学校官方认为，礼堂的经费应该增长，不然他们无法继续对外开放，并认为免费的请求是"无理且不可行的"。他们无法忍受所有村民都免费使用礼堂。

这场诉讼持续了 7 年时间，耗资 670 万英镑，最后英国高等法院维持原判，驳回了布雷顿村民的请求，甚至要求村民支付诉讼费。校长和教区牧师早已辞职，老朋友们都相视无言，村民和村委会之间的关系也恶化到了不可挽回的地步。曾经是村里快乐源泉的滑稽戏，现在却一去不复返了。[164]

这个故事典型得令人吃惊。布雷顿事件只是具有破坏性且劳民伤财的法庭对抗的一个缩影。这种司法体制是一种典型的"两种选择"思维模式。

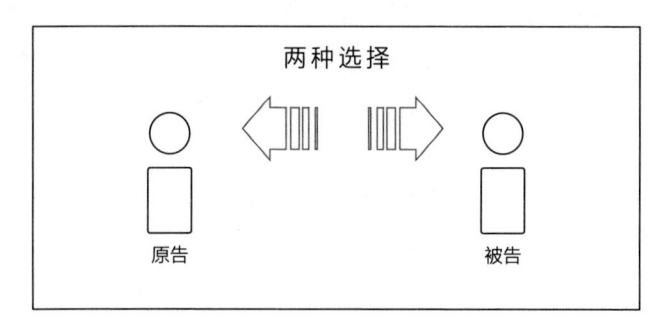

图 6-1

我们的法院充斥着各种诉讼，小到鸡毛蒜皮，大到国家事件。

即使花费大量金钱，付出关系破裂的代价，最终也没有真正的赢家。亚伯拉罕·林肯说："不要诉讼……无论从金钱的浪费还是时间的浪费来说，名义上的赢家往往都是真正的输家。"

这样的故事不胜枚举。一位年轻的美国支教者把一个 12 岁的作弊学生赶出了教室，家长状告学校要求赔偿 2 000 万美元。在另一起案件中，一名男子因为干洗店弄丢了他的裤子而起诉店家要求赔偿 6 700 万美元。没有人知道每年这样的诉讼要浪费多少金钱，但肯定都是天文数字——仅在美国，按小时收费的律师费用已增加至 710 亿美元。现在美国有超过 100 万名律师，巴西有 50 万，英国有 15 万。

## 无与伦比的和平使者

我们对那些崇高的法律从业者致以敬意。他们拥有至高无上的机会纾解民困，创造解决方案，和平地处理个人矛盾和棘手的问题，使世界更加和谐。《圣经新约》告诉我们："使人和睦的人有福了，因为他们必称为神的儿子。"如果某个时刻我们需要和平使者，譬如今日，那么律师是唯一能充当这个角色的人。"律师有着更好的机会成为和平使者。"林肯说。

本章的主要目的是帮助执业律师了解这个缔造和平的机会。拉里对此有如下见解。

首先，我必须承认偏见，披露事实；我喜欢律师并且与他们一起工作了 40 多年。在我为州及联邦法院服务前的几年，我与我的合作伙伴开过一家成功的律师事务所，代理客户既有个人也有世界500强企业。我能理解律师职业的责任要求和巨大压力。多年来,作为律师和法律界人士,我受到了足够多的尊重。绝大部分的律师诚实、能干、正派,他们以合理的价格为客户提供优质及时的服务。不过,法律程序中也存在严重的问题,影响着所有牵涉其中的人的健康和幸福。这里我将开诚布公地讨论这些问题。

我们都相信,大多数律师进入法律界时都有着崇高的理想,或出于对司法和法治的爱,或出于为自己和家人提供良好生活的梦想以及为人类服务的真诚愿望。许多人成功地实现了理想,创造了非凡的职业生涯,他们提供的充满救济性与创造性的解决方案使无数人从中受益。然而,作为年轻的代理律师,开"公司"或成为"合伙人"的诱惑以及与对手针锋相对的斗争,令许多人偏离了最初的理想。他们把工作与私人生活割裂开来,并经常感到情绪、心理和精神上的空虚。[165]

最终,许多律师不再是和平使者。法学教授、法学院前院长,现任明尼苏达州联邦法院法官的帕特里克·J. 席尔茨告诫法学院的毕业生:"我有一个好消息和一个坏消息。坏消息是,你即将进入的行业是地球上最不快乐、最危险的行业,甚至在许多人看来,它还是一个最不道德的行业;好消息是,加入这个行业后,你仍然拥有快乐、健康和美德。"

按照席尔茨的说法,律师似乎是美国最郁闷的人群。一项研究表明,法学院学生和律师中焦虑、敌对和偏执的比率较高。

席尔茨还注意到,很多律师有酗酒的恶习。研究表明,有1/3的律师酗酒或滥用毒品。此外,研究表明,律师的离婚率可能比其他行业更高，据报道，律师想自杀的概率也比其他行业的人高。

席尔茨引用了兰德民事司法研究所针对加利福尼亚州律师的一项研究。结果表明，"如果让他们从头开始，只有一半的人愿意成为律师"。此外，40%的北卡罗来纳州律师不鼓励自己的孩子或其他优秀人员从事法律工作。

席尔茨补充说："长期受沮丧、焦虑、酗酒、吸毒、离婚、自杀困扰的人是不健康的，当然也不会幸福。律师实际上是不幸福的，这并不令人惊讶。同样不应惊讶的是，他们的不幸福源于他们的共同点，即他们都是律师。"[166]

律师行业为什么会产生这么多的痛苦呢？我们相信这很大程度上是对抗心态的结果，这是由"两种选择"思维模式造成的。再加上一些有主见的客户会坚持自己的意见，律师所承担的压力会更沉重。

对抗制拥有古老而辉煌的历史。大多数国家，尤其是在欧洲和美洲，在应用它的某些变体。毫无疑问，它源于以决斗判胜负的方法。但在今天，这个复杂的体系对原告和被告的责权有着严格的规定。使用得当，这个体制能够维护公正，但是正如我们前面说过的，第3选择思维者要寻找超越正义和公平的协同。席尔茨指出："（律师们）在玩游戏。金钱决定了他们在游戏中的得分。"[167]

著名的美国最高法院前大法官桑德拉·戴·奥康纳对法律逐渐制造了冲突而不是解决矛盾的趋势表示十分震惊。

> 有人说，一个国家的法律是它的人民最高理想的表达。遗憾的是，在美国，律师的行为有时是最低级的表现……敌意、自私、不计代价取胜的心态在业内盛行。一位最近停止

执业的律师绝望地道出了他离开这个行业的原因："我厌倦了欺骗，我厌倦了强辩，最重要的是，我已经厌倦了我的工作给他人造成的痛苦。"

我们与其他律师之间的关系如同敌人，我们往往也会采取相应的行动。想一想律师描述他们日常工作时的措辞：

"我必须攻击他们证据的每一个薄弱点。"

"她的批评目标正确。"

"我推翻了他的立场。"

"如果我们用这一策略，她会消灭我们。"

"我击破了他的所有论点。"

律师们不满意自己的职业，并不是简单地因为长时间艰苦的工作。相反，许多律师质疑的是，在一天结束的时候，他们究竟做出了哪些有价值的社会贡献。[168]

法庭往往是彼此解决矛盾的终点。法院可能是最好的地点，但是我们有第 3 选择，以及律师从业者的协同帮助。对抗制鼓励人们考虑所谓的"输或赢"，"我的方法或你的方法"。然而，通往内心、个人以及整个世界的和平之路是第 3 选择，是"我们的方法"。

## 第 3 选择的法律实践？

在法律实践上，特别是在客户强硬苛刻的情况下，第 3 选择也能有余地吗？是的，在某种程度上，它已经发生了。一个积极信号是许多司法管辖区、政府机构和企业里的"可选择的争端解决方法（ADR）"正在呈爆炸式增长，人们通过调解人员或仲裁人员解决纠纷，而不是对簿公堂。著名职业调解员彼得·阿德勒说："调解已经完全与法律联姻，进入了司法体制。"

"可选择的争端解决方法"是一个缓解诉讼带来的紧张和压力的好办法。相对诉讼来说，它以更少的损耗，给当事人带来更好、更快、更划算的结果。"可选择的争端解决方法"与协同极其相似。调解员通常更感兴趣的是如何解决问题，而不是纠结谁赢或者谁输。他们总是努力维持当事人之间的关系。一个优秀的调解员会把一场令人痛苦的离婚转变为可行性安排，双方继续各自的生活，合理解决子女监护以及财产分配等问题。我们非常欣赏调解员不可估量的积极影响！

"可选择的争端解决方法"早期的支持者、律师、调解员托马斯·博伊尔说："这就像战场上的和平帐篷，它以和解的共同目标联合战争双方。"[169]

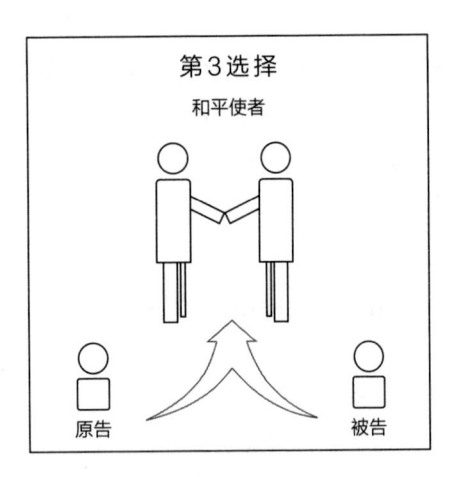

图 6-2

但是，如果缺少了第3选择思维模式，"可选择的争端解决方法"往往以变相的诉讼而告终，它本身无法对抗根深蒂固的不尊重与防御型思维模式。"可选择的争端解决方法"在业务上实现了公平、公正的解决方案，但未必会达成协同。阿德勒反思"可选择的争端解决方法"的局限性时说："很多时候，将我们联系到一起的共同价值观和技术往往是表层的欲望而不是真正的共同点。"[170]

协同就是取得"真正的共同点"，因此需要思维模式的转变。它是一种摆脱竞争与妥协，去拥抱第3选择的心态。

甘地的行动和精神打破了两种选择的局限，这让我们备受鼓舞。作为一个训练有素的伦敦律师，甘地深谙对抗制。加入南非的律师事务所后，他发现自己作为一名印度人，不断受到白人权力的欺侮。他因为坐在头等车厢而被赶下火车，但他手里却握着一张头等车厢的车票。酒店拒绝他入住，餐馆也拒绝为他服务。

他并不是唯一的受害者。南非德兰士瓦省聚集了很多受压迫的少数族群。根据新的《亚洲登记法案》，除白人外所有人都要接受政府登记和指纹采集，1906年9月11日，德兰士瓦省的印度居民举行了一场大规模的群众集会，以示抗议。就在人群辩论是屈服还是还击时，一个受人尊敬的声音出现在人群中。甘地内心纠结该如何回应。被不公正对待时人人都会愤怒，但他清楚地知道，以暴制暴是行不通的。与此同时，他也不能生活在暴政中。终于他找到了自己的答案，找到了第3选择，达成了"公正"与印度教不杀生的"非暴力"传统这两个重要原则之间的协同。

在一次演讲中，甘地向群众提出了他的第3选择：非暴力不合作。他不会放弃人权和尊严去遵守不公正的法律，这是违反原则的。但是他也不会使用武力抵抗。他还鼓励其他人顺从逮捕，不要暴力对抗。

印度人用非暴力抵抗着暴力，超过1万人以和平的方式进入监狱，却从未放弃自己的权利，这种安静的大规模抗议游行吸引了整个世界的目光。最终，甘地也进了监狱，在那里他亲手做了一双凉鞋，送给了德兰士瓦省主席贾恩·克里斯蒂安·史马茨。这种行为表现出甘地的第3选择的独特性。他不只是抗议不公，他还希望与他的对手成为朋友。虽然史马茨拘禁了他3次，甘地却从来没有放弃过与他结交的想法，最后他终于成功了。所谓的"黑色法案"最终被废除了。许多年以后，史马茨出席甘地的生日宴会时说："我不配站在这么伟大的人身边。"

回到家乡后，甘地积极推动印度脱离英国的统治。他觉得解放对印度和英国都是好事。他写道："如果英国人撤出，如果他们能够冷静地思考，他们将解除奴役全体人民的巨大负担。"[171] 即使面临虐待和监禁，甘地仍然坚持把英国当作朋友，并建议其他人也这样做。他对他的同胞说："我的兄弟，我们和英国人已经走过了漫长的道路。当他们离开时，我希望他们像朋友一样离开。如果我们真想改变什么，比起袭击火车或者刺杀，还有更好的方法。我想改变他们的想法，而不是杀死他们。"

众多的"非暴力不合作"运动使印度的独立成为一个传奇。最引人注目的就是甘地，这个领导者从未畏惧过任何官方或其他形式的权威。作为一名训练有素的律师，他选择去做一个和平使者而不是敌对者。他只通过第3选择的思维方式就解放了亿万印度人民。1947年，英国和平友好地撤出印度。

第3选择的心态蕴含着巨大的奥秘：把敌人变成朋友。甘地从来没有动摇过这个信念："即使是最坚硬的心都能被对手真诚的爱打动。"[172]这位身材矮小的印度律师以爱的方式改变了世界。

当然,首先改变的是甘地自己的头脑和心灵。他说:"人类的伟大之处与其说是能够改造世界,不如说是重塑自己。"

另一个影响美国法律的重要人物是瑟古德·马歇尔,他以正直和诚信著称。此外,他还是一个第3选择思维者。虽然他有充分的理由生气并以牙还牙,但是他对自己要求很高,知道自己的目标是平等,而不是冲突和争吵。他的非洲裔美国同事因为他与对方律师、一个种族主义者共进午餐而指责他,马歇尔简单地回答说:"我们都是律师,我们都是公民。与你的对手建立个人关系是非常重要的。"

具有里程碑意义的"布朗诉教育委员会案"提交给美国最高法院的最后陈词是这样的:"马歇尔多次改动案情摘要,删除了对方白人律师带有种族歧视的不当言论,这是典型的马歇尔式的专业做法。"

有着第3选择思维的马歇尔能屈能伸,从历史的角度来衡量,他的思维和方法极大地促进了新的美国少数族裔保护法的诞生。[173]

把自己视为调解者、沟通者与和平使者的律师,将每个案件都视为他达成第3选择的契机,与摧毁对手相比,他们完成了更高尚、更令人满意的挑战。

诉讼当事人应该把自己和对手视为虽有缺陷但仍值得尊敬的人,并深入地相互了解。他们需要面对这样的现实:世界不是非黑即白的,我们都有自己的原则,愤怒只会让每个人都卷入灾难,包括他们自己。

# 法律与"发言权杖"

诉讼可以成为一种"搜寻并摧毁"的作战形式,其目标在于找出弱点并摧毁对手。相比之下,和平使者的第一诉求就是共鸣(或共感)——一种寻找并真正了解对手的决心。拉里讲述了下面的故事。

我记得在一次调解中,双方的律师都告诉我:"当事人意见分歧如此之大,我们真看不到和解的希望。"我从事法律工作40多年,从来没有看到有人如此不肯松口或是面部表情如此严肃。唯一比他们的嘴还要紧的就是他们的钱袋子了。

这个悲惨故事很俗套:两个商业合作伙伴,曾经是很好的朋友,现在却变成了死对头,都向对方要求高额的赔偿。当两人投入大量时间和精力讨伐对方时,我想知道这中间究竟耽误了多少笔生意、错过了多少机会以及浪费了多少金钱。

我很少看到这样的案例——诉讼双方旗鼓相当,双方都有大量的证据支撑。但有一点我很清楚,那就是双方都没有真正理解对方的立场。双方都过于关注自身,而对对方的证据熟视无睹。我一度转向律师们,问道:"你们理解对方的立场吗?"

"是的。"一位律师自信地回答说。

但另一位律师停顿了一下,说:"我知道他们争论的是什么,但我真不理解他们的立场。"于是,我给他们讲述了"发言权杖"的含义。

我接下来要求他们做出从未有过的转变。我说,律师有发言的机会,但在发表评论支持自己的立场之前,他们需要陈述令对手满意的对手的立场。从本质上来说,他们相当于转接了对手的案子。

被告的代理律师尝试了 3 次，站在原告立场上的陈述才令原告满意。接着轮到原告，他的律师也试了两次。

然后，一件非常有意思的事情发生了，被告不再将双臂交叉在胸前，严厉的表情也消失了。他看着原告说："布拉德，这是你的立场？"

"是的，差不多。"

"我以为你……"

律师们坐了回去，看着他们的客户自诉讼后两年以来头一次进行交谈。最后，他们达成了一个充满吸引力的、双方都获利的和解。更重要的是，他们找回了原本已经消失的相互尊重。

我知道这个案件若经审判，一方将满载而归，而另一方将空手而返并负债累累。这就是传统的法律模式。双方在这个过程中都会花费大量金钱，这意味着最后的赢家也是失败者。但他们没有这样，没有对抗到最后，取而代之的是双方达成了一个他们之前从未设想过的和平和自愿的解决方案。这一切都源于"发言权杖"的作用，它开辟了和解的道路。

在法庭审理中，用同理心沟通同样具有革命性的意义。尽管西方的司法体系是对抗制，但这并不意味着我们一定要用对抗的思维模式。同情与协同的思维模式当然可以取代"搜寻并摧毁"的思维模式。

许多司法体系依靠的是换位思考，而不是对抗型思维模式。许多国家解决纠纷的时候，没有抱着非赢即输的心态。在日本，调解法院的目的不是惩罚，而是恢复"和平与安宁"，正因如此，日本或许是世界上诉讼最少的国家。

犹太人遵循其古老的尊重法律的传统，同样对同理心与和解有高度的评价。犹太教法院设立的目的也不是赢得诉讼。对于犹太律师和法官来说,《圣经》里的亚伦、立法者摩西的哥哥是他们学习的榜样。作为以色列的祭司和法官,亚伦"爱好和平,追求和平,帮助人与人之间和平相处",将人际关系放在了法律的中心位置。伟大的犹太学者内森拉比描述了亚伦所扮演的角色:

> 两个人在吵架。亚伦走过去,坐在其中一个身边。对他说:我的孩子,看你的朋友做了什么。他心烦意乱;他撕毁了他的衣服(由于争吵的悲痛);他在说:我有罪,我将如何面对我的朋友?我不好意思出现在他面前,因为我冤枉了他。他(亚伦)和他一起坐着,直到他消除了心中的嫉妒。
> 
> 然后亚伦离开了,去和另一个人坐在一起,对他说:我的孩子,看你的朋友做了什么。他心烦意乱;他撕毁了他的衣服(由于争吵的悲痛);他还说:我有罪,我将如何面对我的朋友?我不好意思出现在他面前,因为我冤枉了他。他(亚伦)和他一起坐着,直到他消除了心中的嫉妒。当两个人碰面时,他们拥抱在一起并亲吻了对方。[174]

传统观念认为,亚伦能够令冲突中的人们和解,而用不着去法庭解决。他不会谈论冲突本身,他只是抚平受伤的心,维护彼此的关系。他会问:"怎么了?你怎么生气了?你们俩的经历是一样的,你们都没有得到尊重。"争吵的夫妻于是倾听他,倾听彼此,给他们的孩子取名叫亚伦。对于伟大的祭司亚伦来说,最终结果不是判决一方占据上风,另一方失败,而是一个更加和平的第3选择,进而形成一种更加紧密的关系。[175]

对抗型思维模式是"赢家通吃",而犹太法庭通常要帮助处于争端中的每个人。一个以色列工人用所在公司的枪支杀了人,受害人家属起诉了雇主,理由是公司应该对员工异常的精神状态有所了解,并且预见员工可能会使用武器。这一官司打到了以色列最高法院,梅纳赫姆·埃隆法官决定判公司胜诉。但是当他向公司宣读判决书时,他说:"这里有一个寡妇和一群孤儿,尽管你不负法律责任,你也应该尽你所能帮助他们……这是每个犹太法庭的做法,富人应该履行其正确和适当的义务。"换句话说,法院在对公司说:"法律站在你这边。但是,你需要做正确的事。"[176] 双赢的解决方案是犹太律师和法官的渴望和理想,正因如此,甚至连非犹太人也经常诉诸犹太法庭寻求帮助。

伊斯兰法律同样看重和解,而非惩罚。伊斯兰法律的一个重要工具,是一个听取冲突双方代表意见的委员会。首先,代表要求休战,以尊重受害者的家属。然后,他们开始讨论。这个委员会以沟通为导向,人们聚集在一起倾听彼此。委员会代表会问:"你认为他说的是什么意思?你将如何回答他?"如果达成协议,他们都将满意回家。这个过程比正式的庭审效果更好。正式庭审中的决定通常并没有了结问题。一个古老的伊斯兰寓言说:"有一半人都是法官的敌人。"对比之下,这样的委员会更具实用性,成本更低,并且能真正解决问题。[177]

根据对抗型思维模式做出的决定往往没有真正的赢家。正如没有一个国家在经历长期战争后会变得更好一样,几乎没有哪个诉讼能让当事人的情况得到改善。最终的结果往往是遍体鳞伤,情绪低落,更糟糕的情况是财务状况变差。在法庭上,你将自己的命运交给了一个对你的情绪没有兴趣的独立机构。在审判过程中,事情会在瞬间发生戏剧性变化。证人可能会没有说服力，证物也可能当不了证据。当这种情况发生时，结果可能出乎意料。当双方未能找到第3选择解决方案时，不好的事情将会发生。拉里的儿子布赖恩·博伊尔是一个才干卓著而成功的律师。他描述了冲突和诉讼对当事人的影响。

去法院不仅会有财务压力，更多的还是情感和心理压力。参与者陷入案件，这阻碍了他们在生活的其他方面的积极性和成效。他们发现，法律诉讼时间漫长到仅次于地质时间。因为人们会为此失眠。最终在律师事务所了结一切的时候，他们经常会情绪激动，愤怒不已，辩护是他们所需的一切。

例如，在离婚案件中，你碰到一个很痛苦的女人或男人。财务问题往往是第五优先事项。妻子真正希望法官告诉她丈夫的是，他就是个大浑蛋，和她想的一样。另一方也是如此。它让你深陷其中，分散了你在生活其他方面的注意力。

调解程序的兴起有望将法律引向协同。如今在许多地区，强制执行的调解成本更低，比法庭审判更有人情味。但只有当同理心取代了对抗型思维模式之后，调解才能产生第3选择。

另一个著名的和平使者是威廉·谢菲尔德法官，他被称为加利福尼亚州的"终极调解员"。当没有人能打破僵局时，人们就会邀请谢菲尔德。如他所说，他的第一个调停撒手锏是用同理心倾听。当其他调解员过来，花一个上午讨论案件，提出一项建议，然后出去吃晚饭后，谢菲尔德就会脱掉他的外套，即刻深入了解每一方的情况。他希望每个人都发言，直到每个人都觉得自己被完全理解了。"你不能在10分钟内做成这样的事，"他说，"在他们信任你之前，他们必须知道你理解他们。"他不像其他调解员，案件得不到解决时他愿意等待。

他的目标就是说服各方实际一点儿。"如果你不追求实际，一旦上了法庭，那么你的胜算会有多大？"通常，每个法律纠纷的双方都抱着"我要打败你"的心态。谢菲尔德的工作就是使人们醒悟。"我经常说，'你最好打电话给毛伊岛的经销商，告诉他们把交易取消，因为这个案子我们赢不了'。"

谢菲尔德的第二个调解撒手锏是什么？那就是更多地用同理心倾听。

> 如果没有进展，我将进一步深入了解诉讼双方。我有一个顽固的原告客户，他身体不便需要坐轮椅。他从城市租赁土地，种植西红柿。他声称城市一方没有正确对待自己的残疾，双方均争执不下。一段时间后我去了他的种植场，和他一起吃西红柿，我们品尝了他种植的所有品种。他给我讲他的生活、他的斗争以及他参加奥运代表团时的一切。我们变得非常亲密，他感到被我理解得越多，我们之间的关系就越亲近，也更能让他感到自己没有被忽视。这是最重要的。所以虽然他们经常说，"我想要10万美元，以及他们向我道歉"，但是更多时候他们真正想要的是感觉自己很重要，觉得被理解，没有被遗忘。
> 
> 你必须给他们时间去发泄，让他们感觉到自己真正得到

了想要的一切。然后他们将会撤销诉讼，从而避免了一年或两年以上的更加昂贵的诉讼。投入短短的一天时间去倾听，就可以解决一个已持续多年的冲突。[178]

没有人——律师或当事人，是以对抗型思维模式来解决冲突的。成本太大，收益也无法保证。我们可以选择将冲突看作一种误解，本着协同和用同理心倾听的精神对待它。这么做也不需要得到法院的许可，谢菲尔德就是一个很好的例子。

有一天我接到某公司总裁的电话，问我是否能帮他处理一个高额且高风险的诉讼。我对这个总裁很熟悉。多年来，我们一直谈论第3选择思维模式，我感到他已经领悟了。他能力非常强，但将讨论投入实际应用时，他却没有了自信。他卷入的这起诉讼对他和他的企业是一个重大威胁，他希望我帮忙调解。但我告诉他："你真不需要我，你自己就可以解决。"

于是他打电话给诉讼的对方，另外一家公司的总裁，问他是否可以见面讨论情况。对方不想见面，但我的朋友向他解释了自己的意图。"听着，"他说道，"我不会带律师，你却可以带。如果你的律师建议你不说什么，那你就不用说。"

在此基础上，对方同意见面。后来，他向我描述了那次会面发生的事。

对方和他的律师一起出现了，大家围坐在一个会议桌旁边。我的朋友掏出一本便签，说："首先，我想看看我是否理解你在这起诉讼中的立场。"

犹豫了一番，对方开始说话。他从他的角度将问题进行了说明，涉及产品所有权纠纷。

我的朋友只是倾听并做笔记。最后，他说："下面我谈谈我是否理解你。"然后他尽己所能将对方的话重述了一遍，并问："这是你的立场吗？"

那人浏览了笔记后说："是的，就是这样的。但是还有两点你不清楚。"

这名男子的律师打断道："我认为我们没必要在这里谈论所有细节问题。"

令人惊讶的是，这人对他的律师说："杰弗里，我知道是我把你叫到这里来的，但是为什么我们不试试这么做呢？"律师感觉到形势走向了第3选择。于是，对方总裁仔细地描述了他剩下的两点。

我的朋友记了下来，重申了这两点，然后问道："这样理解您的立场正确吗？"

"是的。"

"还有什么地方我没说到吗？"

"没有了，都涵盖在里面。"

"太好了，"我的朋友说道，"现在，你是否愿意倾听一下我的立场呢？"

停顿了一会儿之后，那人说："好吧。"

一个双向的对话开始了。他们的新理解里有了谦卑，却没有了分歧。他们开始相信，第3选择是可能的。

几个小时后，两人以第3选择结束了会议。解决他们问题的第3选择挽救了他们的关系，节省了诉讼成本，并奠定了未来更好的合作方式的基础。整个事件发生了逆转。[179]

## 协同和法律

受到伤害的常见反应是追求公平。"他们不能这样对我。他们以为自己是谁。我要起诉他们！"我们都需要正义和公平。当有人伤害了我们，我们自然希望他进行弥补。正因如此，我们会有律师、法官和法院。

但是请记住，如果我们有协同思维模式，那么我们就不会满足于公正了，我们会寻找比公正更好的事物。我们想要更强而不是更弱的关系。比起报复，我们对和解更感兴趣。我们正在寻找一个比仅仅得到公正更好的解决方案，一个让参与其中的每个人都比以前过得更好的解决方案。

此外，协同者对妥协并不感兴趣。这是一个常用的法律工具，但妥协意味着各方必须放弃一些东西。我们为什么不先探索是否有第3选择呢？妥协也存在道德风险，因为它通常并不支持我们所珍视的原则。伟大的尼日利亚作家钦努阿·阿契贝说："对正直的检验就是看其是否直截了当地拒绝妥协。"这样的见解深刻而富有洞察力。

当我们遇到冲突时，我们既不希望"以眼还眼，以牙还牙"，也不希望直接妥协。我们希望有更富想象力的做法，以下便是斯蒂芬举的一个例子。

经过多年的工作和储蓄，我一个朋友终于完成了自己的梦想之屋。他聘请城里最好的承包商来完成他的构想——高大教堂式的天花板以及精心雕刻的模具和木制品，这简直是一个艺术作品。然后，油漆工来添加最后一笔。

那天晚上油漆工离开后，我的朋友走进房子，这时，他几乎崩溃了。每一面墙，每一个房间，每一个模具都被粉刷得模糊、不均匀。拱形窗户上的油漆掉落了，有一些窗户是定制的，本身就是艺术品。整个房子看起来就好像被一个孩子用油漆罐喷过一样。

我的朋友给他的律师以及承包商分别打了电话。幸运的是，承包商最先到达那里。他是一个身材瘦高但精力充沛的人。他为人诚信，否则我的朋友也不会聘请他。当承包商看到房子的时候，他张大了嘴。他立即打电话给油漆工，要求他过来。

接下来发生的事情震惊了我的朋友。这已经是深夜了，我的朋友料想这个经历了漫长而劳累的一天的承包商肯定会唾骂、解雇他的油漆工，并要求他退还工资和赔偿费用。相反，他在门口接见了油漆工并与他握了握手。

油漆工是一个年轻人，20岁出头。他不自然地笑了笑，紧张地问承包商他的工作怎么样。承包商伸手搂住了他，表情淡然地和他走进房子，指出各处的问题。然后3个人都坐下来开始聊天。承包商问了几个问题，很明显油漆工夸大了他的工作能力和资质。尽管他之前做过一些小活儿，但这确实是他第一次粉刷房子。

承包商并没有就此停止。他问了问这个年轻人的家庭，在哪里上的学以及他的生活怎么样。我朋友很想知道这些问题与房子粉刷有何关系，但很快他们得知他辍学了，很早就结了婚，有妻子和孩子需要照顾。很明显，他试图用他能想到的这种唯一的方式来谋生。

当他们站起来时，承包商向我的朋友道歉，因为在雇用油漆工之前没有彻底核实他的信息。然后让年轻人将他的粉刷设备带回屋里。他平静地说:"我来教你如何正确做这份工作。"

我的朋友对此很疑惑,他耸耸肩,就回去睡觉了。过了几天,他顺路去看看事情怎么样了。承包商和油漆工也在那里。他们一边清理窗户、擦洗污迹,打磨和重新粉刷墙壁,一边有说有笑。最后,在承包商的监督下,粉刷好的房子非常美丽。在随后的几个月里,年轻人跟着承包商学艺,变得越来越能干,随便哪个工作都能干得有模有样。他逐渐成为承包商对油漆工的唯一选择,而且能够胜任更多的工作。

这个小城市的承包商用其第3选择思维模式向人们证明了,只要有协同思维就能够创造奇迹。他没有在盛怒之下解雇油漆工,或是更糟糕,要求他赔偿损失,毁掉他的生活,而是选择帮助这个年轻人,并且在这个过程中使他变为自己事业的一笔宝贵的财富。从某种意义上说,他是一个真正的制造商。

当律师到场后,她很欣赏我的朋友将事情处理得很好。没有诉讼,没有法院的争吵,也没有将一个脆弱的年轻家庭毁掉。没有第1选择与第2选择的博弈,没有对公平、正义和平等的要求。

将协同和缔造和平贯穿于整个法律体系是有可能的。然而,它需要一个巨大的模式转变。有些转变已经发生。有些文明将第3选择的期望构建到司法系统里。以犹太扎布拉法院为例,诉讼双方各自选择一名法官,然后由第三方独立法官寻求第3选择。西方法理学体系没有必要被改变,需要改变的是其背后的思维模式。当思维模式变化时，实践也跟着变化。以下是拉里对这个过程的描述。

我在联邦法院的同事要求我担任他们案件中监督公平的调停员。我们这个联邦地区会定期召开案件解决方案的会议。只要有可能，我都试图将"发言权杖"的理念引入会议和内庭。将对立双方的敌意感化为同情和理解是一个有条不紊的过程。

一旦冲突中的每个人都感觉得到了倾听和理解，我就让当事人列出他们关于成功与失败的标准清单。我在一张纸上画一条竖线，并说："如果你感到满意，则在左边一列列出陪审团赞同你的原因；如果你感到失望，则在右边一列列出陪审团反对你的原因。"我让当事人不使用实际术语起草第3选择的原型。在页面的最上方，我写上"解决方案"，并且让各方写下了他们各自的方案。有时需要打3个或4个草稿才行。在大多数情况下，通过运用这种方法，事情都能得以解决。因为当事人及其律师在深度分析利弊后对合理的解决方案往往有创新性观点。我使用这个第3选择的过程解决了一个我遇到的最复杂的案件——黑鸟矿案件。

爱达荷州山区古老的黑鸟矿区是美洲钴矿的唯一来源。钴是冷战时期一种战略地位十分重要的金属。20世纪五六十年代，矿工们在此疯狂地开采，在70年代，矿区被废弃了。采矿作业留下了大量硫酸和金属毒物，对美丽的鲑鱼河地区的土地、水和野生动物造成了致命性打击。然后就像多米诺骨牌效应一样，国家、私人环保团体以及一些联邦机构起诉矿主或互相起诉，强制对矿区进行清理。一场暴风雨般的索赔和反索赔诉讼开始了。

当我担任案件调解员的时候，此案已经被法庭搁置了12年之久。清理费用超过6 000万美元，但没有人愿意承担责任。诉讼双方分歧过大，先前试图解决案件的尝试都失败了。文件增加到数千页，无数提议有待表决。审判持续数月，有数百件证物和数十名专家证人。此后又有数年的上诉，整个司法系统一片混乱。

面对这种复杂的情况，同事建议我不要去想如何解决它："这是不可能解决的，我希望你能解决一些外围问题，从而使审判变得可管理。"我决定尝试第3选择的方法。

在拥挤的法庭上（陪审团也座无虚席）与各方会面之后，我决定关闭法庭的大门，将所有利益相关方安置在不同的会议室，并邀请双方首席律师到我的私人房间。我对他们说："你们每个人都了解案件的事实，而且知道你的立场的优势和劣势，给你们两个小时的时间，我将派我的手下联系你们，到时要告诉我你这一方处理这个案件的计划。"

律师们对这个要求都表示吃惊，他们回到各自的房间，开始在画架上描述他们的提议。我开展了好几轮这样的会议。不是因为我想看到计划，而是因为我正在寻找一个人，一个领导者，一个有着第3选择思维的领导者。我在约翰·科普兰·内格尔身上发现了第3选择思维，他后来成为圣母大学法学院副院长。这位杰出的律师和法学教授写过关于美国环境法的书籍。[180]但更重要的是，内格尔看起来没有攻击性，有能力却不冷漠，是一个天生的领导者。当诉讼双方制订了计划后，我让他做我的联络人。但我真正看重的是他解决问题的天赋。他回到我身边，对我说："这是立场A"。然后我们共同想出一个比 A 更好的解决方案。当团队共同思考自己的解决方案时，就像我期待的那样，他们对问题有了更深入的认识。他们从来没有像现在这样努力地思考过他们自己的第 3 选择。

在接下来的几周、几个月里，我让当事人和双方律师回来开了至少两次会议。每一次他们都会提出更加完善的解决方案，而不只是简化问题。这都是第 3 选择思维的作用。

再也没有戏剧性的审判、拥挤的法庭和扣人心弦的媒体表演了，因为经过几个月的努力，这个长达数十年的诉讼彻底结束了。各方共同承担责任，修复损伤。黑鸟矿区的案件是一个成功故事。这是一个快速协议——第一个侧重于实现快速、高效修复的环境和解。清理由此开始，这是"埃克森·瓦尔迪兹号"油轮泄漏事故之前一次最大的清理活动，很快鲑鱼就能够回到曾经被黑鸟矿严重污染的河流里了。

如果不是这个解决方案，联邦法官还会在接下来的一年甚至数年在同样的法庭里继续主持该案件，听取议案、解决程序和法律问题，看着人们指指点点，听他们彼此指责对方有多邪恶，数百万美元的成本和费用将会投入进去，审理此案的法官也将会承受长期而艰苦的审判工作。一旦做出某个决定，上诉就会重现，接着是又一轮审判，而污染依旧。我选择尽一切可能阻止这一切，调动原则的力量，开启第 3 选择的创造过程。伟大的结果并非来自我，而是来自第 3 选择的创造过程，以及杰出律师们尚未释放出来的天赋。

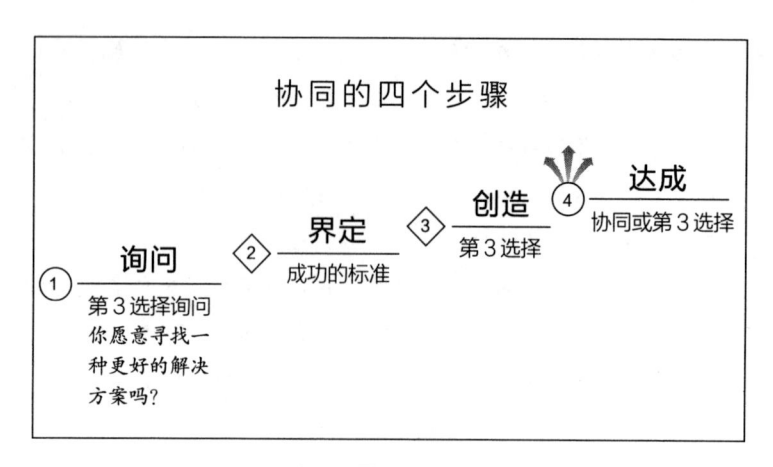

```
协同的四个步骤

①  询问            ②  界定            ③  创造            ④  达成
   第3选择询问        成功的标准          第3选择           协同或第3选择
   你愿意寻找一
   种更好的解决
   方案吗？
```

图 6-3

注：协同有四个步骤。这一过程有助于发挥协同原则的效力。四个步骤分别是：（1）表明寻找第3选择的意愿；（2）界定每个人心中成功的标准；（3）寻找解决方案；（4）达成协同。在整个过程中要保持用同理心倾听。

第3选择思维者的目标不是报复，而是重建。说起来容易，但个人在实践时却并不如此。如果有人真的伤害我们呢？真正的毁灭性罪恶是什么？如果是没有能力的人、疏忽大意的人或者有预谋的人给我们造成了严重的伤害呢？难道他们不应该负责吗？难道他们不应该为他们的所作所为付出代价吗？

他们当然应该付出代价。我们每个人都有权保护我们的社会远离那些邪恶的或从事犯罪活动的人。但是，美国法院只有1/5是刑事案件，其他都是民事诉讼。[181] 在最常出现纠纷和冲突的民事法律领域，永恒的第3选择原则是最有效、最有益的解决方案。

在这种情况下，对于一个协同思维者来说，问题就是："我们真正想要做什么样的工作？我们真正追求什么样的结果？"每个案例都是不同的。面对一个笨拙的不诚实的油漆工，承包商有充分的理由把他告上法庭，毁了他，让他再也没有工作可做。爱达荷州的人们以及美国政府有理由起诉给黑鸟矿区造成污染的所有承包商。但为何当初政府施加压力让他们尽快开采钴矿呢？本应防止破坏环境的监管者是不是也没有做好自己的工作呢？爱达荷州居民自身呢？当开矿给他们的政府带来大量财富的时候，他们不也很开心吗？在上述每种情况下，第3选择无疑都是且总是最佳的选择。

南非人民也将第3选择原则运用到解决激烈的种族冲突中。当纳尔逊·曼德拉于1994年当选总统并废除种族隔离制度时，长达数个世纪的种族隔离、压迫和虐待在理论上结束了。但这些伟大的象征性事件并没有治愈种族隔离时期的所有情感伤害。那时候人们被赶进贫民窟，饱受虐待，无故被监禁，甚至就此人间"蒸发"。

南非面临巨大的法律风暴的威胁。有些新当权者希望效法著名的审判纳粹战争罪行的纽伦堡审判，去审判责任人。其他人则提出进行大赦，让过去的事都过去吧。

对善于思考的南非人民来说，两种选择都是不能接受的。"我们可能会因此获得正义，"大主教图图说，"却是惩罚性的正义，可以让南非化为灰烬。"纽伦堡审判的方法可能意味着内战。"但施暴者也不能就这样被轻易原谅和遗忘……大赦是真正的失忆。"图图说，他发现大赦的选择同样不受欢迎。"没有人能够命令自己'过去的事情就让它过去'……过去不应消失或者归于平静，它会一直困扰我们，让我们难以忘怀，直到它得到妥善的处理。"

否决了两种选择思维后，智慧的南非领导人不停地问自己，他们想要的究竟是一个什么结果，他们未来想建立的是一个什么样的国家。经过多次的灵魂探索，他们认同了图图大主教所说的"'第三条道路'……可以对个人大赦，但条件是他们要充分披露被赦免的罪行。换句话说，如果作恶者公开披露他们罪行的全部事实，他们就不会被起诉"。

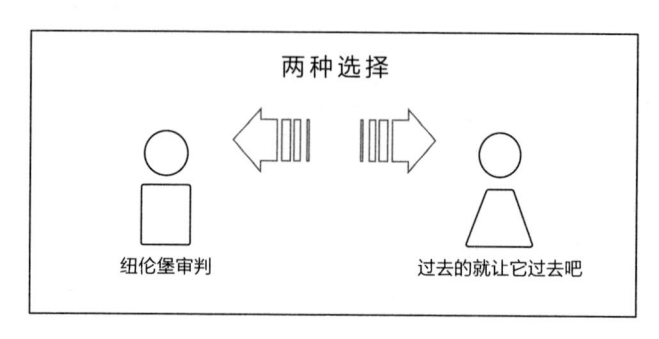

```
┌─────────────────────────────────────┐
│              两种选择                │
│                                     │
│      ⬤        ⇐   ⇒        ⬤      │
│     ┃┃┃                   ┃┃┃     │
│                                     │
│    纽伦堡审判            过去的就让它过去吧 │
└─────────────────────────────────────┘
```

图 6-4

所以，一个新的机构——真相与和解委员会（TRC）成立了。那些寻求赦免的人将在该委员会面前讲述他们的罪行。他们的受害者也有机会倾听并说出他们的故事。然后，当各方都觉得每个人的真相已被告知和听取时，委员会将对他们予以赦免。

对非洲之外的人来说，真相与和解委员会看起来很奇怪，但它已经深深植根于非洲乌班图的传统。图图大主教说："赦免的第3选择是符合非洲世界观的中心思想的，即我们所说的'乌班图'。"乌班图意味着，只有我完全看到并珍视你的人性，我才能成为真正的人。我不能妖魔化你却仍然称自己是人类，我不能随便将你看作没有人道的恶魔。[182]

当然，真相与和解委员会也受到了广泛的质疑。如果人们不为自己的罪行付出代价，那么何谈正义？这又是一种什么样的第3选择呢？

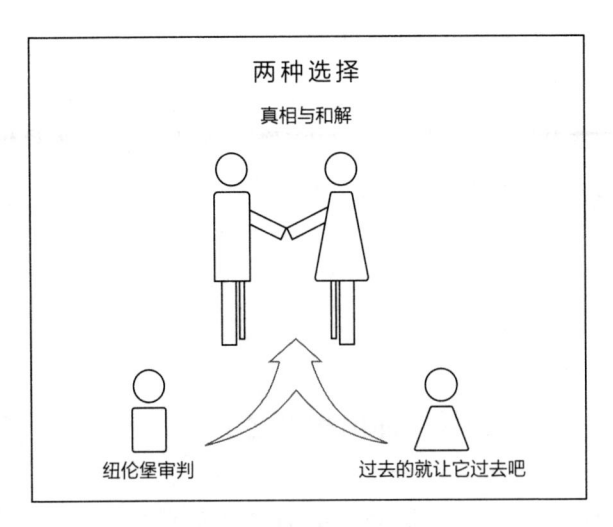

```
┌─────────────────────────────────┐
│          两种选择                │
│         真相与和解                │
│         👤  👤                  │
│                                 │
│    👤    ⬆    👤               │
│  纽伦堡审判    过去的就让它过去吧  │
└─────────────────────────────────┘
```

图 6-5

我们认为，真相与和解委员会符合第 3 选择的标准。它具有独创性，超越了妥协。但最重要的是，它为人民工作。马克·格平指出："他们只是想被倾听，并不一定要看到他们的对手被绞死。"每个人都需要被倾听，真相与和解委员会就是这样一个所有人都能被倾听的法律过程。"法律不是虚设的，法律将人们的痛苦考虑在内。"[183] 有趣的是，那些被种族隔离制度伤害最深的科萨族人以及其他人，通常都很满意真相与和解委员会的调解结果。一项重要的研究发现："非洲的南非人比欧洲的南非人对真相与和解委员会的结果更加认可……科萨族人更容易接受真相与和解委员会的调解结果。"[184]

大主教图图回应了对真相与和解委员会的一些批评：

> 当正义被理解为惩罚性正义，把主要目标放在惩罚上，这样的正义不是真正的正义……还有另一种正义，恢复性的正

义……乌班图精神最关心的是裂痕的愈合，对不平衡的纠正，对破损关系的修复以及对受害者和犯罪者的重新安置。在此，应该给犯罪者重新融入被他伤害过的社会的机会…当人们努力去愈合、原谅以及和解时，人们需要的是恢复性的正义。[185]

当一个民族能够与那些对自己犯下严重罪行的人和解时，我们当然应该反思我们动不动就为一点儿小事诉诸法律的行为。

## 伸出和平之手

参加过1924年美国总统竞选的著名律师约翰·W.戴维斯谈到以调解为目的的法律时说："是的，我们没有架桥，我们没有建塔，我们没有引擎，我们没有画画……我们所做的一切很少被人们看到。但是我们消除了困难，缓解了压力，改正了错误，还承担起了其他人的责任。通过努力，我们使平静的生活在和平的国度里成为可能。"[186]

在执业律师的内心深处，许多人都想成为和平使者。但是麻烦的问题仍然存在："我能靠此为生吗？"我们的经验和信念是，他们可以成为世界上最成功的律师：财务上的成功（单指一个正直的人靠迅速而创造性地解决问题赚取正当收益），与同事和客户的关系上的成功，做出伟大的服务和贡献的成功，健康和幸福的成功，在家里的成功以及生活上的成功。事实上，真正的成功总是可持续的，并且涉及整个人生。

至于我们其余的人——有史以来诉讼最多的社会成员，如果单单为了我们自己，则更应该在每个冲突中寻找第3选择而不是发起诉讼。布雷顿村的村民完全可以坐下来喝杯茶，思考如何打破僵局。他们可以倾听，用真心倾听，理解彼此的担忧。他们可以协同第3选择的任何方面：免费为学校提供服务，志愿做安全检查，把滑稽表演转变为村里和学校合办，作为学生的学习内容，让学生们画布景、配音乐或做道具。他们可以选择积极而不是消极的协同。他们可以建立一个更强大、更完善的社区，而不是让自己变得贫穷，破坏友谊和传统。

如果你被卷入严重的纠纷，你同样拥有选择的权利。你可以选择积极或消极的协同，但你一定要做出选择。如果你拒绝第3选择，那么你可能选择了悲剧立场。你可能会身陷法律纠纷，如同一辆失控的火车，最终不过是一具残骸。我们不是建议你放弃使用法律手段——某些情况下绝对需要它，我建议你将法庭作为最后而不是第一位的求助对象。一旦上了法庭，你将对解决争端的方法失去控制，除非你最后找到一个第3选择。

你可能会问："当别人攻击我时，我怎样选择积极的协同呢？"虽然你不能控制别人的思维，但是你可以从自己开始，即使是在敌对的环境中。你可以选择不被冒犯。你可以找到你的对手，用同理心倾听。这样你将会扩展自己的观点，你可能会发现单单用同理心倾听就能平息冲突。你可以坚持询问第3选择的问题："你是否愿意寻找一个更好的解决方案？"

我们知道有许多人互相有矛盾，最后他们通过法律程序为自己的立场辩护，从而加剧了矛盾。我们向他们询问第3选择的问题，几乎所有的结果都令人震惊。持续困扰他们数月乃至数年的法律和心理上的问题仅仅在几个小时或几天内就被解决。创造性协同能量的释放是难以置信的。

除此之外我们也知道，当我们超越本性中"报复"的一面并寻找第3选择时,我们自身也赢得了尊重。也许这是违反直觉的,但我们心灵的安宁是建立在伸出和平之手的基础上的。正如马丁·路德·金所说:"以牙还牙的老规律让人们受到了蒙蔽。现在该去做正确的事情了。"

在某个时刻,一个人、一个律师和一家法院可以完成从"两种选择"思维到第3选择思维的转变。这个过程会在什么时候开始?就从现在开始。约翰·肯尼迪的话证明了我的观点:"我们不仅要在当下,还要穷尽我们一生去思考和行动。"这让我想起了法国伟大的利奥泰元帅让他的园丁种树的故事。园丁说这棵树生长缓慢,一百年都不会长大。元帅回答:"既然这样,事不宜迟,今天下午就种上吧。"[187]

## 从教导中学习

- 你如何解释当前司法系统不是解决问题而是扩大冲突的现象?这一趋势会给律师及其客户带来什么样的结果?
- 亚伯拉罕·林肯说:"律师有着更好的机会成为和平使者。"这个机会是什么?为什么很多律师不去利用这个机会?
- 法律实践能够被第3选择思维转变吗?如果能发生转变,在哪些方面呢?
- 甘地在思想和心灵上发生哪些重大变化使他成为一名和平使者?这一变化为他及他人的人生带来了什么样的影响?
- 描述博伊尔法官达成第3选择的协同过程。这一过程与正常诉讼议程有何不同?
- 在某公司总裁试图应对一个高风险诉讼的故事中,他采取什么措施解决冲突?他的方法可行吗?为什么?

- 现在你在哪些关系中隔着一堵需要拆除的墙？
- 承包商和油漆工的故事是如何将可能的消极协同转化为积极协同的？
- 在废除种族隔离制度后，南非领导人面临的两种不能接受的选择是什么？对他们提出的第3选择你怎么看？你认为他们的第3选择的优点和缺点分别是什么？
- 在别人攻击你的时候，你如何选择积极的协同？

## 试试看

你有没有可能陷入对簿公堂的纠纷？开始第3选择吧，邀请别人一起加入。使用"协同的四个步骤"。

**协同的四个步骤**

① 以第3选择的思维模式提问：

"你愿意寻找一种更好的解决方案吗？"如果答案是愿意，到步骤2。

② 界定成功的标准

在以下空白处列举令双方都满意的解决方案的要点。成功是什么样的？真正要做的工作是什么？对所有人来说，"双赢"是什么样的？

③ 创造第 3 选择

在以下空白处建立模型，画图，集思广益，逆向思考，迅速而有创造性地开展工作。在达成令人兴奋的协同之前，暂不下结论。

④ 达成协同

在此处描述你的第 3 选择，如果你愿意，描述你将如何将其付诸实践。

**四步协同指南**

① 询问
第 3 选择询问

② 界定
成功的标准

③ 创造
第 3 选择

④ 达成
协同或第 3 选择

注：协同的四个步骤。这一过程有助于你发挥协同原则的效力。（1）表明寻找第 3 选择的意愿；（2）界定每个人心中成功的标准；（3）寻找解决方案；（4）达成协同。在整个过程中保持用同理心倾听。

## 如何达成协同

① 以第 3 选择的思维模式提问

在冲突或有创造性的环境中,这个问题帮助所有人放弃固执和成见,向着第 3 选择的思维模式发展。

② 界定成功的标准

列举或用一段话描述所有人眼中成功结果的特征。同时回答下列问题:

- 是否所有人都参与了标准的制定?我们是否得到了最广泛人群的最普遍想法?
- 我们真正想要的结果是什么?真正要做的工作是什么?
- 什么样的结果使每个人都成为赢家?
- 我们愿意放下原有的需求寻找更好的结果吗?

③ 创造第 3 选择

遵循以下指导方针:

- 保持游戏心态。它不是"真实的",人人都知道它是一个游戏。
- 避免下结论。避免协议或共识。
- 避免判断别人或你自己的想法。
- 建立模型。在白板上画示意图、流程图,构建实际模型,撰写草稿。
- 激发他人的创意。颠覆传统观念。

- 迅速执行。设置一个时间期限，保持活力和思维开阔。
- 酝酿多种想法。你无法预料哪一次不假思索的领悟就可能带来第 3 选择。

### ④ 达成协同

你在人们的兴奋与激情里识别出第 3 选择，新的选择符合成功的标准。注意要避免将错误性妥协与协同相混淆。妥协令人满意，但并不让人感到快乐。妥协意味着人人都有损失，协同意味着人人都有赢的可能。

第七章

# 社会中的第 3 选择

每个人都想消除暴力、饥饿、疾病、无家可归和污染问题。每个人都想要他们的孩子生活在一个和平、繁荣与健康的世界里。然而，我们不用受困于虚假困境，我们不必等待社会改变，我们可以主宰自己的改变。

> 多数情况下，事情的解决方法往往在人们认为已经别无选择、没有任何真正可替代的选择时出现。一旦情况发生改变，人们就会跳出故步自封的思维框架，去寻求第3选择。
>
> ——保罗·瓦茨拉维克

社会所面临的艰巨挑战，比如犯罪、疾病、贫穷、战争以及精神和环境方面的污染，就像社会本身的历史一样悠久。尽管我们与这些旧疾的斗争取得了鼓舞人心的进步，但不同领域所取得的进步并不均衡。

作为个体，我们可能会忽视远高于我们阶层之上的社会问题，可能会暗想自己对此无能为力，但不可否认，这些社会问题深深地影响着我们的生活。我们也许还没有意识到它们对我们的影响究竟有多大。科学证据表明，无论别人离我们多么遥远，他们的苦难都会对我们造成伤害。"社会的苦难与肉体的痛苦一样，激活的是大脑中同样的疼痛感觉区域！人们的大脑被深深地烙上社会的印记，里面充斥着无数的社会回路"。[188] 为了自身的幸福，我们不能埋头逃避，对周遭世界的苦难视而不见。套用查尔斯·狄更斯的话，"人类才是你的事业，公众福利才是你的事业，要学习慷慨布施、仁慈怜悯、宽宏大量，还有心地善良"。[189]

同样，你可以通过观察和学习人们运用第3选择思维解决社会问题的方式，将其运用到解决你自身的问题中。一直在世界上最动荡的地区为和平而努力的马克·格平先生认为，社会冲突和个人冲突的唯一区别就在于二者规模不一样：

> 敌对国家间的长期不和给整个世界带来了太多的困扰和争执，个人及家庭间的斗争则对个人产生了深深的不利与消极影响。我发现二者之间存在根本的相似点。尽管规模和利害关系明显不同，但过程和结果是相同的。[190]

虽然我们常常将挑战视为私事，但它们通常既是个人的事，又是关乎全体的大事。

在"严峻挑战"调查中，被调查者认为"消除贫困和失业"以及"治理环境：土地、水和空气"是我们当前所面临的仅次于战争的最严峻的两个挑战。他们同样关注犯罪和健康问题。下面是他们的肺腑之言：

- 亚洲中层管理人员："我们人口中的大多数都属于贫困阶层。就业不足，教育水平低下，基础设施不健全，债务繁重，政府管理措施不到位，腐败猖獗。"

- 北美企业主管人员："通常伴随战争、恐怖行动和失业而来的是贫穷，它催生了愤怒、憎恨、贪婪和妒忌，解决贫困问题是缓解社会矛盾最有力的措施。"
- 拉丁美洲财务经理："消除贫困是非常重要的，有时候饥饿会逼迫你为了生存而不得不做出丑陋、邪恶的事情。"
- 欧洲IT（信息技术）经理："在拥有如此多富人的世界里，贫穷应该不复存在。"
- 亚洲商人："看起来人们彼此漠不关心，社会变得越来越冷漠。整个社会只有自我，其他人都被遗忘了。"
- 南亚商务经理："贪污腐败是这里的一种生活方式，它已经成为这个国家充分发挥其潜能的最大障碍。"
- 欧洲商人："自然资源是有限的，而我们却过于贪婪。过度的开采利用将导致没有资源留给子孙后代。对于一个靠美丽的自然风光发展的国家来说，过度开采利用自然资源将导致这种经济模式无法长久维持下去。"
- 北美律师："如果没有健康，那么什么都无关紧要了。"
- 欧洲经理："预防和阻止互联网上的儿童色情作品……是当前欧洲面临的最重要问题。"
- 东南亚中层管理人员："从全球来看，没有健康的环境，也就没有生命。因为我们污染了环境，这个星球将没有明天。"

每个人都想消除暴力、饥饿、疾病、无家可归和污染问题。每个人都希望他们的孩子能够生活在一个和平、繁荣与健康的世界里。人们需要做的工作已经足够清晰，但是我们的社会对如何去做这项工作存在分歧，这令人感到绝望。世界上存在两大根本对立的哲学思想：左翼和右翼。大多数发达国家在这两种哲学思想间摇摆不定，如同鸟儿不知道该飞往哪个方向。而且，这种分裂正在不断扩大而不是缩小。

## 巨大的分裂

艾伦·格林斯潘的一番话令善于思考的人忧心忡忡："这个社会普遍的分裂状态越来越具有破坏性。"事实证明，政客的言辞越来越激烈了。从右翼分子那里，我们可以听到以下言论：

- 自由主义者！受不了他们，恨不得杀了他们。
- 他们就像被宠坏的孩子，抗拒成年人的正当责任，还要求政府像父母那样一辈子都满足他们的需求。崇尚自由主义是一种精神疾病。
- 自由主义者乐善好施，却是用别人的钱来借花献佛。
- 自由主义是最具破坏性的，用征税和规范令我们失业，还用无用的、导致人懒惰的福利措施骗取选票。

从左翼分子那里，我们则听到以下言论：

- 保守党吝啬、自私、贪婪。
- 无论在哪里，只要有一个因无耻地剥削员工而发家致富的贪婪老板，你就会发现一群崇拜他及其自由市场天赋的保守派人士。
- 保守党想要我们生病、不安、无助、绝望，只有那样他们才能在药品和保险的巨额投资中继续肮脏地敛财。
- 保守党缺乏社会责任感、偏执、伪善,使人类蒙羞。

与此同时,在他们互相指责、辱骂且音调越来越高的时候,他们所讨论的社会问题在持续恶化。犯罪活动和腐败现象不断滋生,医疗卫生成本飞速增长,失业不断增加,污染严重。夹在两派中间的大多数人不知道该相信谁,也毫无希望。他们这几年会相信这一派,隔几年又会相信那一派,天真地以为这一次也许会有所不同。然而,思想家关注的似乎只是得到权力或者维持原有权力,而不是直视并解决社会所面临的严峻挑战。他们最主要的目的是制造市场运行良好的假象以赢得选票,而不管这种假象是如何浮夸、不切实际。所以,他们为了激发民众热情所宣扬的意识形态频遭质疑。

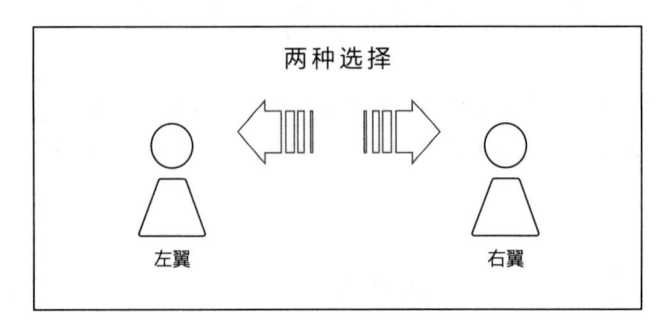

图 7-1

当然,大多数人都是怀着真正有所作为的愿望参与政治的,并且取得了不错的成就。然而,为了保持自身的优势地位,不少人会把对手妖魔化。几乎所有人都能从他们伪饰的言辞里听出他们处理复杂问题时的"我们对他们"的心声。

不过，一旦超越愚蠢，我们就能找到一种从根本上有别于上述两种派别的哲学思想。

右翼的基本原则是个人自由。他们强调个人的责任，不信任任何限制个人行动自由的措施。因此，他们对社会行动甚至对"社会"一词本身都持怀疑态度。他们坚信自由的市场将自动消除社会弊病。令人尊敬的英国保守党领导人玛格丽特·撒切尔夫人如此说道：

> 大多数人一直坚信，一旦他们有什么困难，政府就有义务和责任去解决。"我有困难，我将得到补助金"，"我无家可归了，政府得给我安排住处"，他们把自己的困难强加给社会。没有所谓的社会，只有单个的男人、女人以及家庭。

与之相反，左翼的一个基本原则是社会责任。他们强调像在一个社区里那样工作，一起缓和社会弊端、分担社会压力和负担。他们怀疑保守党派的动机，因为保守党派通常经济富裕，并且似乎对捍卫特权比捍卫自由更感兴趣。美国前国务卿希拉里·克林顿是自由主义的典型代表人物：

> 我们必须停止思考独立个体，应开始思考对社会而言怎样才是最好的……我们都是各自家庭的一部分，抚养一个健康、快乐、对生活充满希望的孩子需要我们所有人的努力。是的，需要整个村庄的努力。

这些都是具有煽动性的声明和主张。当与上述两位女性代表的派别思想不同的人变成和她们一样时,此前的抗议和反对将转变为赞同和支持。毫无疑问,和你一样,我常常很钦佩和赞赏保守党和自由党两派的人。在教学生涯中,我的多数时间都在提醒人们他们是有权利的个体,他们被赋予了足智多谋、首创精神以及能够为这个世界做贡献的能力。同时,我也担忧这种无拘束、无限制的自我意识,担忧人们在追求个人目标时不关心整个社会的福利。

图 7-2

尽管有时候我会更倾向于某一派的观点,但我认为这两个派别的思想观点都是有缺陷的。一方面,自由主义者理想的社区行动包含依赖的成分。当他人介入你的生活并关心你时,你会变得没那么重要。作为个体,你将停止成长,你为这个社会贡献的潜能将逐渐被削弱。另一方面,保守党派理想的个人主义也有独立的成分,这本身是有价值的。然而,独立性并不是最重要的。人们不会主动走向协同，他们一起工作时完成的事情远远超过各自独立时所做的。

两种思维模式之外的第 3 选择就是相互依赖。相互依赖的人们既能够自力更生，也能够对彼此完全负起责任。当保守党和自由党以牺牲对方为代价宣扬各自的观点时，拥有第 3 选择思维模式的人在寻求一种解决社会弊端的互相依赖的路径。当一些人毫无意义地争吵，陷入"两种选择"思维方式的僵局时，另一些人则逐渐趋于协同。

## 互相依赖的君主

两千多年前，当印度的阿育王进攻和摧毁卡林加那片和平、安宁的土地时，他发现自己处于碎石瓦砾中，周围都是伤亡人员，他对自己所做的事情感到惊恐。值得称赞的是，阿育王的后半生都在弥补自己之前所做的错事。他宣布放弃征服土地的贪婪野心，并且致力于从经济和精神两个层面消除暴力和贫困。他颁布了数百个法令，将其刻在石头上一代又一代地传下去，敦促着他的子民向着和平与繁荣努力，恳求他们成为令人尊重、忠实和纯真的人。

阿育王微服出巡，在他在位的后 28 年周游全国。从波斯到泰国，他跟民众聊天，了解百姓的困难，并且尽他的最大努力教导人们自力更生以及同情他人。据说，阿育王统治的黄金时期是印度历史上最繁荣、最和平的时期。H.G. 韦尔斯提起阿育王时说道："历史上成千上万的君主中，阿育王的名字像一颗星星一样熠熠发光。"[191] 阿育王可能是历史上第一位试图去解决社会问题、没有因为野心和贪婪让这些社会问题进一步恶化的伟大君主。他教导广大人民按法则来生活，告诫人们有爱自己和爱他人的义务和责任。

阿育王的教义和我提出的协同思维类似。教义的两个主要方面是自律和慈悲，这对相互依赖的思维模式来说是最根本的。如果你拥有教义中的自律，你将成为一种解决方法而不是一个需要解决的问题。你认为自己具备能力，能够给予社会主动精神和内在资源，而不是向社会索取。如果你拥有教义中的慈悲，你就能看到别人的内心，他们的痛苦和欢乐也将成为你的痛苦和欢乐。这就是雕刻在印度每根柱子上的伟大的阿育王的信条和教义。

当我为我自己的孩子祈祷时，当我祈祷他们今生和来世的健康与快乐时，我也在为所有人祈祷。你们不能理解我的祈祷有多么虔诚，即使你们中的一些人能够理解，你们也不会完全理解我的祈祷和渴望。

在这些原则的指导和教化下，阿育王这位卓越非凡的君主彻底变身，从拥有两极思维、攻击和杀害任何反对他的残忍、凶狠的人转变为协同的化身。通过设计公路、旅店、大学、灌溉系统、寺庙以及医院，阿育王成为一名积极的为人民着想和服务的社会改革家。他废除了惩治犯罪的暴力措施。法则精神的教化使得阿育王下定决心杜绝冲突，再也不发动和卷入战争。他是首个为保护少数族群和促进所有宗教间的和睦共处而制定法律的君主。按他所言，他甚至想象有这么一个协同化的宗教，包含了各种信仰的真谛。有证据表明，阿育王曾经派使者拜访希腊和波斯的国王，邀请他们加入，成为兄弟。

阿育王说过："一个人行善前必定要经历一番苦难。"他用他的英雄主义思想来逃避两种选择的"我们对他们"思维模式的竞争，并寻求彻底的改变。一方面，由于每个人都在进行着是自由还是保守的激烈思想斗争，你的第3选择思维没有支持者；另一方面，在这场游戏中，双方在巨大的压力下都错置了自己的信仰。一个是政府，另一个是市场，它们都像天气一样值得信赖，但是你不能依赖巨大的、不可预测的、没有人情味的外在力量。作为协同的一部分，你可以改变它，但你不能支配它。你相信通过与其他足智多谋、聪明的人协同，你就可以开始创建一个理论家运用所有修辞都想象不到的新的未来。

一个社会能够健康发展，关键在于要使其社会意愿、价值体系和协同原则相一致、相吻合。这也是我对自由党和保守党之争并不真正感兴趣的原因。我更感兴趣的是那些实际要做的工作，即从第3选择协同理论不可思议的力量中发现能够真正消除社会弊端的创新精神。本章将介绍一些正在做上述工作的卓越非凡的人，他们正在消除犯罪、拯救个人以及改变荒芜的自然环境，他们正在治疗慢性疾病，他们正在向贫穷的老百姓灌输自强自立的想法和观念。

我们不是君主和国王，但是在我们能影响的范围内，我们同样能够做些好事。当阿育王在其庞大的帝国里艰难奋斗时，是协同的精神支撑着他。他需要直面不公正、贫穷、疾病以及精神上的折磨，他需要同他的子民商量，他可能不清楚自己要做什么，但是无论他走到哪里，对上述问题他都给出了前人没有想到的解决方法。这也是历史学家将他的统治时期称为"人类动乱史上最动人的一段插曲"的原因。[192] 两千多年后，另一位伟大的协同主义者莫罕达斯·甘地为印度指引了一个新的未来和方向，再一次将象征阿育王时代的法则视为新印度的标志。

# 城市的复兴

纽约城里百老汇街和42街的交叉处被称为世界中心是有充分理由的。庆祝胜利的游行、巨大的播放最新新闻的电子显示屏、新年前夜的拥挤人群，标志着时代广场是美国最大城市的心脏。作为一个世纪前娱乐区的中心，时代广场的周边地区聚集过多家著名的百老汇剧院。奢华的阿斯特酒店如同宏伟的花岗岩堡垒般伫立。不夜城吸引着世界各地的观光客。

但是到了19世纪70年代，引用琳内·萨加林教授的话，这个曾经的伟大剧院区已经成为社会堕落的象征，"滥交、酗酒、吸毒、逃亡、乞讨、恶棍……肮脏污秽的道路取代了曾经的不夜街"。[193]多数老剧院都关闭了，依旧营业的则夜以继日地播放色情作品，这个蔓延全美的问题足以令这个城市堕落腐败。"最差街区"的堕落由内而外，经济衰败，道德缺失。许多人担心这个城市最肮脏的地方会带坏整个文化。

现在情况发生了彻底的改变。曾经是社会弊端最严重象征的时代广场，以焕然一新的形象闪耀着光芒。如今，时代广场成为人们通过协同力量共同追求美好事物的象征。一位作家称之为"时代广场的精神与肉体复兴了"。这个故事教给我们，当我们下定决心打破"两种选择"思维模式转入第3选择思维模式的时候，我们该怎样改造我们的社会。

尽管许多人对时代广场的复兴做出了当之无愧的贡献，但是几乎很少有人听说过复兴的动力来自一位拥有第3选择思维的人——一位叫赫布·施图茨的社会活动家。施图茨是来自新泽西州的理想主义者，少年时立志成为一名作家，但是长大后由于太多的社会原因中途放弃了这一理想。施图茨热爱童子军，大学毕业后就到童子军杂志《男孩生活》找了份写稿的工作。在一篇致总统候选人肯尼迪的信里，他曾建议肯尼迪创立一支全国性的青年军队。

20世纪60年代早期，当时只是一个青年记者的施图茨了解到纽约市的监狱里面关押着数百名因为太穷而支付不起保释金的少年犯。当施图茨了解到美国宪法规定保释金不能过多时，他开始为帮助这些男孩进行抗议示威活动。不久，他发现自己陷入了两种意识派别的挣扎：把他的努力视为"假惺惺的自由主义"的"强硬派"，以及空有热情抱负但没时间没钱的理想主义者。

因此，施图茨悄然推进，帮助青少年罪犯行使他们的权利。他从纽约法学院招收学生作为顾问。他们从男孩们那里搜集数据，然后使用当时最流行的计算机打孔卡片为每个人保存档案。他们提交给法官的"40点"报告显示，被告中很少一部分人有潜逃的风险。他还向反对者证明了曼哈顿保释计划将为纳税人节省费用而不是增加开支。这是一次巨大的成功。

保释计划只是赫布·施图茨事业的起点。他一生都在致力于寻找第3选择，来帮助吸毒者、失业青年和参加课后项目的儿童。他以他的天赋向人们证明了什么是真正的工作，以及如何创造性地完成工作。施图茨的伟大之处就在于，他总是能看到两极世界中的第3选择。据他的传记作者所述，施图茨反对自由派和保守派"肤浅、跳跃的思维模式"，对他们"权力下放、加强监管、多快好省"的陈词滥调感到反感，更倾向于用切实可行的策略解决社会问题。说起反政府的保守派时，他说道："有些人根本就不希望政府发挥作用，因此他们从一开始就坚持认为政府无能。"但是他同样认为单单靠政府不能使社会发生真正的改变。

1979年，施图茨首次以纽约市代理市长的身份参政。当时的时代广场已经是一个真正令人感到恐惧的地方，城里最古老的笑话就是"必须采取行动"。然而，施图茨真的明确了要采取的行动，那就是"我们想要将梦幻带回时代广场，改变糟糕的现状"。[194]

## "棘手的混乱"

当纽约市公布重建时代广场的计划时，设计蓝图让许多人为之震惊。整个地区将被拆毁，新建4幢摩天大楼，"这些摩天大楼整齐划一、千篇一律……体积庞大、古板、缺乏活力，与时代广场不相符……巨大灰暗的建筑幽灵……将时代广场变成黑暗的井底"。[195] 不过，这个蓝图也有它积极的一面：它激发了人们的行动。

业主们立刻进行了多次法律诉讼，被征地的企业发出抗议，它们的效益很不错，为什么要被逼停业破产？环保人士和城市积极分子也反对这一计划：它将使时代广场变成另一个没有个性的商业区。施图茨也不赞成这一计划，他希望能够"维持时代广场的鲜明特色与活力"。

拥有时代广场周边地区大部分财产的西摩·德斯特家族是争议中的核心反对者，他们反对政府补贴私人开发。西摩·德斯特非常鄙视政府补贴，因此他在第六大道上竖起一个巨大的电子钟，以秒记录美国债务的增长情况。纽约市提供了数百万美元的公共开支来帮助想来该地区投资的开发商。尽管许多业主的目的是得到他们能够得到的最好交易，但德斯特家族出于原则拒绝参与任何项目。

面对这一棘手的混乱局面，经验丰富的城市规划师丽贝卡·罗伯逊挺身而出。施图茨聘请她为城市开发工程的负责人，她知道时代广场已经成为"纽约的腋窝"，[196] 也乐于接受这一令人着迷的协同挑战：如何将数十位意见不一的城市领导者以及他们的支持者团结起来，为纽约共同创建一个新的心脏？

罗伯逊公开了城市的重建计划，并询问所有关心此事的人："你们愿意迈出一步，建立一个更好的、之前从没有人想到过的时代广场吗？"这个问题就是寻找第3选择的必要条件。

她召集了一次全市范围内的讨论，讨论神奇的新剧院区应该是什么样子的。知名开发商卡尔·魏斯布罗德、42街上充满异国情调的餐厅老板让–克洛德·巴克、强大的德斯特家族，还有决心把儿童剧院搬到42街的剧院导演科拉·卡恩，以及环保人士、历史学家、艺术家、城市规划者和私人开发商都参与了讨论。

最终，多种看法达成一致，遵循众人共享的标准。"伟大的城市之所以伟大，是因为它独有的神话。"罗伯逊说。对时代广场来说，它的神话则是源自"活力四射、花哨时髦、情色动感的42街"、宏伟的百老汇剧院以及像《百老汇旋律》和《齐格菲歌舞团》这样的经典电影。"我不想终结那条街上的喧嚣和大众化，"她坚称，"一条干净的街道当然很好，但我认为那个区域的神话就在于它的混乱和嘈杂。"[197] 对于罗伯逊来说，"美学应该有其第一要务……人们来到时代广场是为了看这里的事物"。她的设想是保护天然的"嘈杂、兴奋和民主的街头氛围，每个人都有平等进入并享受该区域的权利……它应该像一家动物园，但应该是一家运转良好的动物园，而不是凋敝的、人迹罕至的、被毁坏的动物园"。[198]

罗伯逊的想象力为工程注入了新的灵感。一种不同的思维模式——第3选择——在人们的脑海中形成了。正如作家詹姆斯·特劳布所说："人们开始认识到42街不是简单的城市病案例，而是一个严重失修的娱乐圣地。"[199] 成功的标准清晰且被广泛认同，是时候进入原型设计阶段了。

对娱乐公司来说，原计划并不是一个非常受欢迎的计划。新的蓝图将打造"迪士尼和维亚康姆集团的形象"，这里有"最好的人行道，纽约最好的旅游市场……每年2 000万游客，39栋百老汇洋房，750万戏剧爱好者"。[200] 新蓝图最大的创新在于：只要时代广场的开发商能够恢复一家剧院，他们就能获得高额的税收减免。第一家恢复的剧院是新胜利剧院，"恢复了19世纪时的辉煌"。福特汽车公司之后出资将李瑞克剧院和阿波罗剧院修复成一个新的表演艺术中心。[201] 也许最重要的是，迪士尼公司同意将最著名的百老汇剧院——新阿姆斯特丹剧院，用于基于其热门电影改编的现场演出。

## 广场的重生

德斯特家族依旧拒绝参与任何由政府补贴的工程。但是，经理道格拉斯·德斯特开始思考过去的思维模式。一度是罗伯逊主要对手的德斯特通过诉讼申请获得了关于工程的一些秘密信息。他很快意识到，税收减免政策能够使城市开发成为可能。因此他放弃了原先的反对立场，并且提出自筹资金建立一座具有革命性意义的新型办公大厦：时代广场4号。谈到丽贝卡·罗伯逊时，他说："我和她打了很多年官司，那段日子很艰难。但是如今我们能够一起合作，实在是太好了。"[202]

新的时代广场充满了激情和活力，每天都有很多的游客，巨型电子显示屏照亮了黑夜，复建后的辉煌剧院进行着现场演出。1980年新年前夜5万人在广场上欢度的景象已不复存在，取而代之的是由500盏水晶灯和旋转金字塔形镜子装饰的落球仪式表演，可以容纳百万人进行新年倒计时。你甚至还可以买到一个由乐高公司生产的时代广场的模型。丽贝卡·罗伯逊说："这是重生,这是一个你想去的地方,你渴望去的地方。"

让我们仔细思考一下协同过程以及从时代广场的复兴中吸取的经验教训。

时代广场重建工程的成功在很大程度上应归功于赫布·施图茨冲破重重阻碍后的平静与坚持。"没有他的领导和热心,绝对不会取得如此进展。"市长说道。[203] 他对第3选择思维模式的形成是起了促进作用的。值得赞扬的是,政府领导者最终通过了将时代广场改造成一个商业中心这一大规模计划。坦白说,这需要巨额投资。丽贝卡·罗伯逊和道格拉斯·德斯特一直对此争论不已,双方都投入了相当多的情感才看到一个比他们各自的方案更好的解决方法。幸运的是,两人都愿意抛开长久以来的偏见,这一新的愿景让他们感到惊奇、激动。[204]

共享成功的标准有助于时代广场复兴计划中所有利益相关者表达他们对未来最大的向往和想象。以下是其中的部分标准:

- 新时代广场必须传承旧时代广场以"浮华和粗俗"著称的戏剧神话,打造城市娱乐中心。以科拉·卡恩开创性地将儿童剧院移植到这里为开端,39家专业剧院中的一些剧院也开始重建。
- 必须重建城市的媒体中心。巨大的电子显示屏将日夜播放新闻、广告以及在时代广场工作室录制的美国广播公司的作品。这里将是音乐电视(MTV)以及出版顶级杂志《风尚》、《纽约客》、《智族》和《名利场》的康泰纳仕出版集团的总部。
- 必须免费开放可以容纳数百万游客的通道入口、新的地铁车站和公园。

- 尽管坐落于商业区，建筑风格必须先锋、前卫，但同时要庄严。

到访时代广场的游客可以证明，如今的一切早已超越了当初的设想。

## 第 3 选择的建筑

当道格拉斯·德斯特计划建造时代广场 4 号时，社区民众对他建造 48 层摩天大楼的提议感到惊诧。它会不会只是又一座毫无特色的纽约巨型建筑呢？它会终结时代广场之前声誉欠佳的形象吗？

作为一名有权有势的房产大亨，德斯特本可以对这些担忧充耳不闻，但是他没有。他聘请的建筑师福克斯和福尔都以独创性和环保设计而闻名。在认真听取时代广场众多利益相关者的意见后，设计师提出一套具有挑战性的成功标准和方案。新建筑必须在看似冲突的文化需求之间实现协同效应：商业社区的需求与作为美国娱乐中心对形象标志的期望。为了获得成功，建筑物的构造必须满足以下要求：

- 呈现优雅的特色，与曼哈顿市中心以及布莱恩特公园商务区的氛围契合。[205]
- 反映时代广场剧院繁荣、标识鲜明以及游客如织的热闹景象。
- 顺应环境的变化，彰显社会责任感，最大可能采取绿色环保措施。
- 吸引零售业入驻较低楼层，与新时代广场的顾客友好理念相一致。

就像盲人摸象试图给大象下定义那样，每一组利益相关者的心中都对时代广场的建设有自己的看法。尽管每个想法都有值得借鉴的地方，但最终还是由设计者做出决定。建筑物既要有活力又要庄严，怎样才能同时满足这些标准呢？

建筑师的答案——将多种风格完美地拼接在一起——是协同的典范。面向热闹的时代广场那一面，建筑物全部由铂金和凸面玻璃建成，正面是巨大的电子显示屏。而面向市中心的那一面，建筑物则全部由灰白色的砖石砌成，看起来像银行一样。整个建筑物就是一个第3选择的结果。

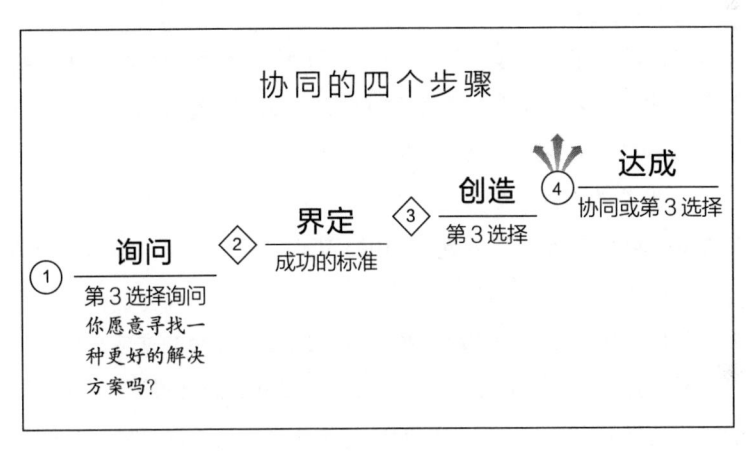

**协同的四个步骤**

① 询问 — 第3选择询问你愿意寻找一种更好的解决方案吗？

② 界定 — 成功的标准

③ 创造 — 第3选择

④ 达成 — 协同或第3选择

图 7-3

注：四步协同：在忽视时代广场和将其建设成商业区之间寻找第3选择，广大市民纷纷定义了他们关于成功的标准，设计了多种选择蓝图，最终达成了令所有游客都满意的协同解决方案。

建筑物最迷人的特点却是看不见的，它是有史以来建造的第一座"绿色"摩天大楼。48个楼层由巨大的燃料电池供电，这些燃料电池无须燃烧即可发电。燃料电池产生的热量可以为整栋建筑提供热水。特别设计的竖井和管道可以过滤空气，使办公大楼空气中的灰尘含量仅为15%，而普通办公楼通常为65%。天然气冷却装置替代耗电量大的空调为建筑物降温，节省了20%的电能。更多的电能来自环绕顶部19个楼层的太阳能电池板。

尽管时代广场4号消耗的能源比预期的要多，但它仍然比纽约市办公大楼的平均消耗量少1/3。这已经非常了不起了，因为建筑物表面耗电的电子显示屏通宵亮着。[206] 这些显示屏中最耀眼的当数纳斯达克股票交易市场——一个位于时代广场楔形光顶端的7层楼高的圆柱形电子屏。

经过数十年的恢复、革新，如今的时代广场始终名列美国最吸引游客的景点名单榜首。飞速发展的商业给纽约市创造了2.4万个新工作岗位，带来4亿美元的新收益。[207] 高犯罪率一度使之成为纽约市最差的街区，如今已是最好的街区之一。1984年重罪案件为2 300起（每天超过6起），1995年时不到60起。2000—2010年，整体犯罪率下降了50%。[208]

时代广场的复兴史实际上彰显了人们改造社会的意志、纪律和必备品质。人们需要做的工作就是将最差的改造成最好的，而人们确实成功做到了。但令人惊讶的是，这些人来自不同领域，包括极端保守的商人、社会活动家、环保主义者、银行家、乐队指挥、餐馆老板、公务员以及私营企业主。一些人支持政府，另一些人则反对政府。最终，自由派或保守派理论家几乎没有什么贡献。人们多样化的思想汇集为同一个愿景时，协同精神将影响其中的每个人。

## 犯罪的终止

犯罪是威胁这个世界的令人震惊且让人痛苦的现实。犯罪的影响看得见、有一定的独特性且是真实发生的，各警局领导者都熟知这些。最近的犯罪数据反映了一些发人深省、令人压抑的现实：

- 全球每年超过160万人因暴力犯罪而丧生。暴力是引起全球15~44岁的人丧生的首要原因，在引起男性死亡的原因中占14%，在女性中占7%。相对于因遭受暴力侵害而死亡的人，更多人因暴力行为受伤，遭受着身心折磨。而且，暴力给国民经济造成了沉重的负担，这些国家每年都要耗费数十亿美元弥补医疗、执法以及生产方面的损失。[209]
- 全球每年发生的政治恐怖犯罪案件超过1万起，其中包括绑架、伤害和谋杀。每年近6万人被恐怖分子杀害。[210]
- 根据美国联邦调查局（FBI）的数据，美国每年的暴力犯罪案件近130万起，加上900万起财产犯罪，累计损失超过150亿美元。[211]犯罪发生频率如下：每32分钟发生一起谋杀案，每2分钟发生一起强奸案，每55秒发生一起抢劫案，每7秒发生一起重度袭击案，每2秒发生一起盗窃或偷窃案。[212]
- 联合国的报告显示，在全球15~64岁的人口中，大约有5%，即约2亿人口滥用毒品，全球可能有多达3800万的吸毒者。[213]
- 在拉丁美洲，暴力是目前引起死亡的五大原因之一。在巴西、哥伦比亚、委内瑞拉、萨尔瓦多和墨西哥，暴力是引起死亡的最主要原因。[214]
- 迈克菲首席执行官戴维·德瓦特指出，网络犯罪造成的经济损失目前已达 1 050 亿美元，超过了全球非法毒品贸易总值。[215]
- 白领金融犯罪造成的经济损失使其他类型的犯罪相形见绌。无人知晓真正的数字，但美国联邦调查局估计每年为 3 000 亿~6 000 亿美元。[216]
- 20 世纪末，犯罪给美国造成的经济负担的年净值超过了 17 000 亿美元。[217] 难以想象现在的负担有多重。

毫无疑问，这些数据触目惊心。数据每年都有升有降，但它们却是令人沮丧的必然事实。它们导致心灵破碎、生活起伏不平、人际关系破裂，给人们带来了难以估量的伤痛，这是一种旷日持久的剧痛。我们用数据来权衡犯罪，对犯罪习以为常并学会接受犯罪。我们说，犯罪将永远伴随我们。

面对这一根源性挑战，我们试图消除这些犯罪行为。过去，我们尝试了大多数强硬手段——一种"快速修复"、打击犯罪的手段。由于美国全国性打击犯罪行动和长期的强制监禁，美国监狱里的囚犯人数自 1980 年以来迅猛上涨，从大约 33 万人增加到 200 万人以上。刑法系统的开支给国家带来了沉重的负担，但根本问题仍未得到解决。

这种强硬手段是否真的减少了犯罪？美国大学的詹姆斯·P. 林奇和威廉·J. 萨博尔评论道："监禁手段的大量增加不能达到大幅减少暴力犯罪的预期目标。"[218] 很多专家认为，采取强硬手段事实上导致犯罪分子犯下更多罪行，因为强硬措施使他们感觉受到了羞辱与蔑视，令他们感觉自己完全与社会隔离，并且摧毁了他们改过的潜能，让他们陷入绝望。[219]

与强硬手段相对应的是"软方法"。虽然没人想要被贴上"对犯罪示弱"的标签，但此种方法的目的在于破坏犯罪产生的条件。这个方法的初衷当然非常合理，但方法拥护者的所作所为并没有破坏犯罪形成的条件。他们做的要么太多，要么太少。例如他们回购枪支，但调查显示，此举并没有降低犯罪率。[220] 又如，他们抱怨说除非我们能改变整个社会结构，消除贫穷、文盲和经济不公平，否则我们对犯罪行为就无能为力。但问题是，犯罪正在发生，生命正在受到摧残。

人们通常认为保守派认可强硬手段，而自由派支持软方法。但这种以意识形态来区分的方法在这里并不适用。我们必须忽略这种非此即彼的"两种选择"思维模式，大多关于犯罪的传统思考都止步于此。著名的犯罪学家劳伦斯·W.舍曼解释道："人们在关于犯罪的辩论中，常常将预防和惩罚视为相互排斥的概念，把针对犯罪所采取的'软方法'和'硬措施'放在一个统一体的两个极端；没有这样的两分法……这样会导致政策决策更多地根据情感诉求来制定，而不是根据能够提高有效性的确凿证据来制定。"[221]

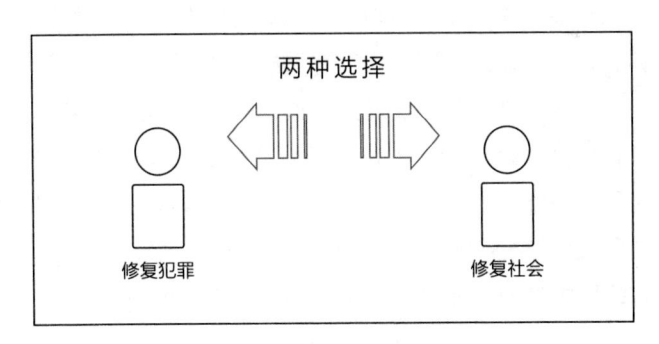

图 7-4

由于这种二选一的思维模式，犯罪猖獗的社会所带来的剧痛持久存在，无法消除。我们只有改变自己的思维，才能取得相反的结果，所以一定要有第3选择。

**第3选择的警务**

1985年6月23日，印度航空公司从多伦多飞往新德里的182航班在爱尔兰海上空发生爆炸，导致300多人丧生。经过追踪发现，炸弹是有人放在行李中，但在温哥华国际机场通过了安检。因此，调查者将目标锁定为里士满（温哥华郊区）的一群锡克教极端分子。这场爆炸源于印度政府和锡克教极端分子之间的持久战争，因为后者想要争取旁遮普的独立。

这一可怕的犯罪竟然源于相隔半个地球之遥的内战，这个事实令太平洋沿岸的人们震惊不已，住在温哥华的锡克教徒超过10万。分析者后来得出结论，如果温哥华的警察一开始就信任锡克教社区，那么他们就能够获得情报来阻止爆炸事件的发生。[222]

不仅加拿大这样，全球都该如此：对付犯罪的措施不只是执行法律，在犯罪事实发生后追捕罪犯。真正要做的事情是建立一个公民社会，一个以相互尊重和富有同情心的人际关系为基础的社会。而这需要创造性的第3选择思维，即沃德·克拉彭所遵循的思维模式。克拉彭是一名有30年经验的加拿大皇家骑警，现已退休。沃德常身穿红色外套，戴帽子，身材高大伟岸。他为自己是一名加拿大骑警深感自豪，而且他也应该感到自豪，这是我所知道的所有警局中唯一一个在其远景宣言中提到"积极行动"的警局。他们的任务主要是"维持和平"，这个概念比简单地执法要意义深远。

刚开始工作时，沃德是加拿大北部的一名年轻巡警。有天他和当地原住民儿童聊天，问他们认为警察应该做什么事情，他们回答：“你是一个捕猎者，在灌木丛里等待，然后把我们的爸爸妈妈抓到监狱里。”[223] 沃德了解了，那些孩子怕他，这个问题时常困扰着他。

他工作的一部分内容是阅读与那些问题青少年有关的文件，但接连不断地阅读文件让他感到气馁。他知道这些青少年中有很多人最终会入狱或者接受更糟糕的判决。而且，他因没人注意该采取些措施来阻止这样的结果而感到困扰。这是个艰巨的挑战，强硬手段不是解决问题的办法。就在学校、教堂和政府为该怎么做而争论不休的时候，他无法不采取措施，"这就好像你在瀑布的上游，看着人们在水里挣扎。你知道将会发生什么，但感到无助"。

沃德被派到亚伯达的一个小镇后，发现那里的居民对失控的青年感到气愤。有一天，他接到一通愤怒的电话，说是一些小孩在马路中央玩曲棍球造成交通堵塞。他在巡警车里喊话，下了车，站在垂头看地面的小孩子面前。他们之前已经被警告过了，沃德知道他们此时非常害怕。

当时，"维持和平"的念头在他的脑海里闪现。在这样的场景下，他该怎么做才能维持和平呢？不是通过关押这些不守规矩的孩子而获得暂时的、虚假的和平，而是获得持久的和平。

因此，他说："我让你们自己选择，要么我给你们所有人开一张交通罚款单，要么让我和你们一起玩曲棍球。"

这些孩子惊呆了。接着就出现了一名警官抓着曲棍追着一个冰球跟孩子们一起嬉笑的场景。他那顶令人印象深刻的帽子被风吹掉，堵在马路上的人们愤怒了，于是接下来的几天里，很多因此而遭受一时不便的人投诉了他，但自此以后，他与镇上那些孩子的关系改变了。

在他的整个职业生涯中，沃德不断以第3选择的积极思维模式让那些公民以及他的上司感到出乎意料。另一个镇上的店主经常因为向未成年人售烟而被起诉，而且惩罚相当严厉。沃德去找法官，请求给他一个机会让他尝试使用一种不一样的解决方法：如果店家能够在自己的店里开课宣传禁烟，就取消对其的惩罚。这个方法听起来相当疯狂，但店家乐意去做，因此商店员工和附近的年轻人很快就知道了吸烟的危害。这样一来，向未成年人售烟的现象大大减少了。对沃德来说，最重要的事情是很多年轻人再也不会犯烟瘾了。

沃德看到了犯罪问题的根源，而不仅仅看到问题的表象。他说，"我们要么继续在瀑布底下收拾破碎的尸体，要么第一时间在瀑布的上游阻止他们"，而这需要运用第3选择的思维方式。"我们可以——虽然这让我们感到羞耻——仅仅接受这个事实，即犯罪和暴力将继续成为我们以及我们后代的生活方式，但我说了，'不，不是的，我们有更好的方法来解决这个问题'。"

很快，沃德就晋升为不列颠哥伦比亚省里士满市分局局长，当时这个城市的人口大约为17.5万。里士满和温哥华有着庞大的来自不同文化背景的人口，所以无法明确区分这两个地方之间的边界。里士满有超过一半的人口来自南亚或东印度，尖锐的种族矛盾和经济差异导致年轻人处于一个艰难的环境里。他发现这里有着最典型的城市警察部门，"是一种发生事故后拨打911的治安模式"。警察的工作就是抓坏人，让孩子们远离街道。那种可以预防犯罪的人际关系模式还未建立起来。于是，沃德决心与下属一起协作改变这种心态，打造一种新的文化：

警察是在警校接受训练的，所以你的工具包里唯一能用的工具就是执行法律。"我们也执法"，但我开始尝试让他们拓展自己的思维，我问他们作为一名"和平警员"意味着什么。我们谈到了150年前在伦敦组建第一家警局的罗伯特·皮尔爵士。他曾经说过，警察是维持和平的。我们莫名其妙地从维持和平变成了执行法律，但我们还有机会让警务回归维持和平的领域，建立一个可持续发展的公民社会，达到终止犯罪行为的目的。

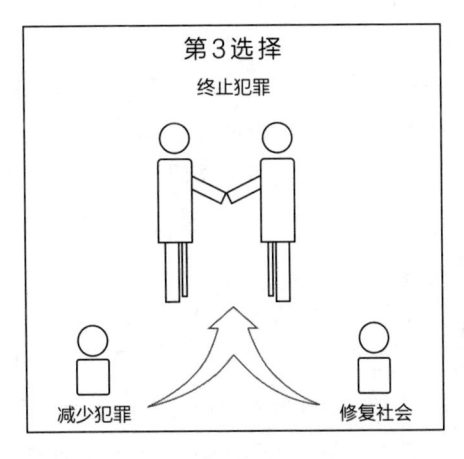

图 7-5

"终止犯罪"的概念是真正的第3选择思维。我们不是要向犯罪发起外部战争，而是要终止犯罪！我们要阻止它，这有可能吗？或许吧，但需要我们像沃德一样，不再觉得阻止犯罪是一种无关紧要的工作，而是要意识到它就是工作的全部。

预防的名声不佳。对大多数人来说，预防意味着所有能够阻止犯罪的、类似瀑布上游的事情。这需要社会的巨大改变，要消除贫困，要有更好的家庭教育和学校教育。这些事情很好，但任务太繁重，因此，警察工作就被默认为捉拿麻烦制造者。

让公民远离麻烦不是我们的工作，但这是解决问题的方法，它不仅关乎你在瀑布上游所做的事情，虽然那很重要。我们要建议的是，对警察工作来说，阻止应该成为一个完整的连续行动，包括上游、中游和下游。

这非凡的第3选择洞察力改变了一切。不管是在麻烦到来之前、到来之时还是到来之后，你都可以做点儿事情——可控制的事情。沃德的思维改变了里士满的执法理念，他没有忽视调查和执法，同时他还为避免犯罪的发生以及防止更多的犯罪而不遗余力地推动协同思维的发展。

改变整个警队的思维模式是个巨大的挑战。他在"9·11"恐怖袭击事件发生的几天后接管了里士满分局。"9·11"恐袭之后，当地关于印度航空182航班带来的痛苦记忆逐渐浮现出来。"这场危机使我们回到了以前的专业治安模式中，而且这种心态比以往任何时候都更严重，"他说，"愤怒的人们在寻找一种快速的解决方法、强硬的手段和激进的战术，甚至不惜牺牲自己的一些权利。危机让我们再次用战斗的心理来对抗罪犯。"

但沃德下定了决心，他很快为警局、镇领导以及里士满的各个社区成立了一个发言权杖论坛，社区成员包括穆斯林、锡克教徒等，以及每一位原住民。既然沟通局面已经打开，社区成员纷纷发言:"警察都在做什么?人们管我们叫恐怖分子,我们全被归到一起,遭受种族定性。我们因此感到愤怒又害怕,我们不会仅仅因为肤色就成为恐怖分子。"温哥华国际机场的亚裔出租车司机抱怨人们不愿意坐他们的车子,而店家也害怕他们这样的顾客。沃德回忆道:"我们只是让大家来说说这些事情,让他们有发泄的机会,让他们觉得有人理解他们。这个大论坛提供了第一个打破固有思维模式的机会,我从中学到的最有价值的经验就是,让发言权杖论坛发挥作用,然后我们开始采取行动,做出改变。"

发言权杖论坛是扭转沃德整个团队思维模式的重要工具。与大多数警察局一样,里士满分局也有他们自己的"日报",即向警长汇报,警员在汇报后等待长官的决定。但沃德彻底改变了这一局面,他让每日简报变成了一个魔幻剧场。"我们能够做出什么不一样的事情?我们还没做什么?"他问,"他们花了整整6个月时间来适应这种每日说出自己想法的报告方式。我们坚持相互倾听,并确保每个人都有被倾听的感觉。"

"我采取了混合方式。每天我都坐在房间的不同地方,有时候坐在角落里,然后让警员开始说。我们总会回到'寻求理解是首要'的原则上来。我一直认为正确的答案不止一个,不管什么时候我都要提到这一点,因为这会拓展我们的思维以及交流范围。"

这种要求说出想法的方法逐渐应用于社区。加拿大皇家骑警的一个重要目标是为了社区治安而与公民团体建立起伙伴关系。一天,加拿大皇家骑警的一名审计员来到里士满,说道:"你们没有报告你们与整个社区的关系。"沃德笑着说道:"噢,那样做就好比要我将自己呼吸的每一口气和我的每一次眨眼都记录下来,也包括我的每个下属,因为那正是我们做的所有事,它就是伙伴关系。"

于是他们开始记录，然后发现他们每天都有 30 次、40 次、80 次的接触。

因为沃德的第 3 选择思维总是寻求以前无人想到的更好方法，所以他遭到了"两种选择"思维模式者的强烈反对。他经常听到别人评价他"对犯罪不采取强硬措施就是懦弱"。

> 我和当下的现状发生了直接冲突。维持现状的呼声很高、很清晰，别人都希望我们遵循事后修正模式以及指挥控制模式来行事，并对这种行为予以嘉奖。因此，当你开始把自己的人都变成领导者，让大家共享领导权，并且将首要目标定位为预防犯罪时，你就成了那些异议者的众矢之的。
>
> 有 3 个月的时间，我每天都要花半天时间来证明自己。他们时不时到我这里来证明我是错误的，打压我，让我遵循当下的模式。他们打开法典，指出我违反了哪条规定。

但"软硬之争"的两难困境对沃德来说一点儿意义都没有，他在寻找能够真正做出改变的第 3 选择。

"我将每年的 18 000 次犯罪看作 18 000 次失败。我所做的事情是要将这个数字变小，那么这件事情就是成功的。"

**奖励单**

沃德对第 3 选择的探索取得了出人意料的丰硕成果，但在他参加的一个研讨会上，有人问了一个问题，像闪电一样击中了他。那个人问："如果我们看到做好事的孩子，我们该怎么做呢？"沃德职业生涯的大部分时间都在讨论如何对待犯错误的年轻人，但如果事情正好相反，那又会怎样呢？如果他们做好事时被警察看到了又如何呢？"他们违反法律时，我们给他们开罚单，"沃德说，"如果他们遵守法律，做了一些有意义的事情，我们也给他们发票单怎么样？"这就是"奖励单"出现的缘由，这是一种完全相反的情况。至于奖励单的形式，沃德找了他在社区里的很多伙伴以及数十家当地企业，让他们提供快餐优惠券、免费冰激凌，并对舞厅和体育比赛门票打折。里士满市还在社区中心提供了游泳和滑旱冰的机会。奖励单上写着："奖励做好事的人！"票单可以用来兑换所有东西，从一块比萨饼到一部便携式音乐播放器。

一天傍晚，里士满的一个年轻人（我们叫他约翰）正往家走，突然看见一个小孩子跑到了马路上，他出于本能反应，把孩子安全地拽回人行道。一个巡逻经过的加拿大皇家骑警看到了这一幕，停了下来。约翰当时一定还没听说过奖励单，因为当警察向他走来时，他的反应就和大多数年轻人见到警察时的反应一样，胃搅成一团，身上发凉，心跳加速。他以为自己有麻烦了。

后来，约翰的养母说："我的养子回来告诉我，他被警察拦下，收到一张票单。我的第一反应就是他做了坏事。然后他说，'不是的，妈妈，我拿到了一张奖励单'。""你在说什么？"约翰解释说："一个小孩跑到马路上，我追上他，把他拉回了人行道。一个警察停车问我叫什么名字，我当时很害怕。我想他要对我发火了，因为他会以为我伤害了那个小孩。但是，那个警察说他为我感到骄傲，说我做了件好事，然后他给我一张可以免费游泳、滑旱冰和打高尔夫球的门票。"

这位母亲眼里噙着泪水，她继续提到，那张票现在贴在约翰卧室的墙上。她最近问约翰为什么不把这张票用掉。他回答："妈妈，我永远也不会用掉这张票的。有个警察说我是好孩子，还说我可以成为自己想要成为的任何人。妈妈，我永远也不会用掉那张票的。"

"我们每年平均向那些做好事的年轻人发出4万张奖励单。我们是猎人，"沃德笑着说，"寻找他们做的好事。"男警察可能会因为一个男孩戴安全头盔骑自行车的行为而把他拦下来，给他一张奖励单。女警察也可能因为一群女孩子没有在大街上抽烟或咒骂而给她们发奖励单。这些都是边缘化的年轻人，对他们小小的善举进行奖励可以促使他们做出更多正面的事情：走人行道、进图书馆借书、把垃圾丢进垃圾筒而不是随意扔在街上。

除了票单，警察也给他们发描述卡片。这些卡片不是商业名片，而是印有警察自己的照片、个人兴趣爱好（"滑雪、攀岩、曲棍球、音乐"）以及最喜欢的人生哲理的卡片。沃德的卡片上写着："你不需要依靠毒品来寻求生命的制高点。"这让年轻人开始把他们当作独立的个人来看待，而不仅仅是警察中的一分子。

这个社区开始发生变化。不列颠哥伦比亚省男生女生俱乐部管理人基思·帕廷森说："当警察局开始注意年轻人的优点时，他们就能发现他们之间的关系发生了变化。孩子们不再对开车经过的警察唯恐避之不及，反而会叫住警察并告诉他们，'今晚将有不好的事情发生，有人也许会受伤，你们应该查看一下'。"[224]

沃德看到了变化。"大多数人都避免与警察打交道，不想被开罚单。我们用奖励单奖励做了好事的年轻人，所以他们看到警察时不再逃避，而是纷纷向我们靠近。"各种友好关系慢慢建立起来。年轻人不再害怕警察，而是向警察求助。警察不再是没有人情味儿的执法者，而是变成了他们生活中积极的一部分，是对他们的叛逆加以引导的朋友。

沃德也为自己的警队发放同样的奖励单：礼物小卡片用于奖励为改变里士满的社会风气而做出贡献的警员。当然，此举让他立即陷入了违背法律的麻烦："你不能用纳税人的钱购买礼品卡片，对下属做的好事进行奖励。"他们将我的政府信用卡拿走，并让我参加一个4小时的课程，可我拒绝上这门课。但是，当我将这件事告诉里士满市领导的时候，有趣的事情发生了，他们问："如果你将现在做的事情继续下去，你还需要多少钱？"然后他们给了我一张信用卡，因为他们看到我所做的事情产生的价值会给他们付出的金钱带来10倍的回报。这不过跟法律的规定有一点儿偏差而已。他们信任我，将枪支、子弹和辣椒喷雾剂交给了我，却没有将改变社会风气的工具交给我。

但整个社区喜欢这样的改变。当他们开始看到成功时，他们就想取得更多的成功。社区是促使我坚持下去的原因，因为驱动我坚持下去的力量是我对目标的渴望——终止这个城市的犯罪。

奖励单只是沃德和他的团队为建立起能够阻止冲突的友好人际关系而采取的众多协同想法中的一个。当他想让每一名警察"选择一所学校"并在那里结交朋友时，他知道他无法获得资金。但是他庞大的关系网提供了支票，使其变成了可能。他们还启动了不越位计划，为警察带领那些孩子参加专业体育比赛提供资金。有一名警察整个暑假都在和几个辍学的中学生一起攀岩，最后成功地将他们劝回学校上课。

我们听到很多关于小孩子在公园和商业区骑自行车的抱怨。我们不是简单地传讯他们，而是组织团队，然后提出第3选择。我们让这个城市捐出一些土地，然后和小孩子一起建自行车公园，现在我们都在建好的自行车公园里与这些孩子一起骑车、比赛。我们与这些孩子之间建立起来的关系是无价的。顺便说一下，那些抱怨也随之消失了。

街上的高速飙车对里士满的警察来说是一个祸害。当沃德的一个同事因为试图阻止一起飙车活动而去世后，沃德自己都想半途而废，回归强硬手段，"这样做有什么好处呢？我们已经为此奋斗了好几年，每年却还要因为飙车而失去4个年轻的生命，而现在我们的成员也为此而丧命"。因此，里士满分局举行了一次协同会议，讨论如何才能引导那些年轻的飙车者。其中一个同事提出了相当不一样的方法："如果我们无法让他们赞成我们的观点，那就让我们赞成他们的观点吧。我们找一辆MINI Cooper，把法律允许加到汽车上的所有附件都安装到这辆车子上，然后把它带到车展上。我们对车子做一些标记，让它看上去像我们警局的车子。这将是他们见过的最酷的事情。"

飙车者很喜欢装饰自己的车子。他们寻找非法的大车头、油门踏板、排气管——一切可以增加动力的东西，而且他们也喜欢将车子送到车展去展示。因此，警察将一辆捐赠得来的MINI Cooper改装成一辆警车，使其成为车展上最吸引人眼球的车。很快，那些飙车者就团团围住警察们，然后这些警察就开始与这些人建立友好关系，培养信任，与他们谈论在马路上飙车的危险。

当然，上级不允许沃德这么做："我的上司听说了这件事情后，来到了车展，命令我们把车移走。我们要么不服从上级命令，要么放弃这个唯一能够让这些飙车者听进去话的工具。"正如你想的那样，他们想出了一个第3选择。他们将 MINI 车重新刷漆，但也做了假的磁性警察盾牌和便携式光杆，让车子能够随时变成一辆警车。然后他们继续参加车展。"2003 年以后，我们再也没有发生过一起飙车死亡事故。"他报告说。

**荣耀队**

新闻媒体对温哥华的锡克教年轻人所做的报道给人留下了不好的刻板印象。受此困扰，沃德的下属中约有 24 名警察一起成立了一个叫作荣耀队（Team Izzat）的篮球队，"Izzat"这个词在旁遮普语中意为"尊重"。这支球队对外开放，但主要由来自南亚的年轻人组成。杰特·辛纳中士来自南亚，是这个球队的创建者之一，他说："虽然人们对南亚有负面印象，那里还存在有组织的犯罪行为和毒品交易，但我们想告诉大家，那不是我们真正的样子，那里 99% 的人都是好人。"

篮球竟然能够如此深刻地影响一个孩子的人生，这让辛纳为之惊奇。3 年后，荣耀队发展为 30 支球队，教练主要是加拿大皇家骑警中的年轻警察以及大学生志愿者。辛纳挑选大学生是因为他想让自己的篮球队员视这些大学生为效仿的榜样。他的目标之一是招募 50 名优秀大学生，与自己的队员谈论如何才能获得真正的成功。

荣耀队不仅仅是打球，他们还为整个社区举办青年论坛，讨论毒品、性虐待以及学校中的成功。加拿大公共安全部长已经正式认可这个球队："荣耀队为年轻人提供了所需的工具，教导他们要为社区做出自己的贡献，因此我要表扬荣耀队的这一特殊贡献。通过荣耀队青年人论坛等活动，年轻领导者不仅对当今社会存在的问题有了深刻的了解（例如剥削儿童和吸毒），而且面临着一个巨大的挑战，即如何创建足以与犯罪行为相对抗的、强大且健全的周边社区。"[225] 你也会想知道，像荣耀队这样的存在是否可以缓和诸如造成印度航空 182 航班悲剧的疏离感和愤怒情绪。

辛纳这种帮助年轻人的热情给沃德留下了深刻的印象，结果他调整了自己的团队，以奖励那些善于帮助年轻人的同事："我刚来时，能看出我们警队并没有将最优秀的警员放到管理年轻人的部门里。晋升至探员职位是最大的奖励。因此，我现在不采取这种做法，而是要让最优秀的警员为年轻人工作，我们将庆祝年轻人部门的成立。"于是他将晋升工作作为首要任务。今天，被选入年轻人部门是一种至高无上的奖励，警员需要接受大量的培训并完成严格的申请程序。

沃德没有忘记那些身陷麻烦的人，也就是他自己所说的那些在"瀑布下游挣扎的人"。他明显将工作重点放在这里，旨在让罪犯重新融入社会，阻止更多的犯罪行为发生。加拿大皇家骑警成立了里士满司法改过中心，用于帮助年轻罪犯面对他们造成的伤害，但不是以惩罚的方式让他们面对。他们没有被关到监狱里，而是要去见那些受害人、目击者、警察和一位中间人，因为这个中间人帮助所有这些人就伤害处理达成了一致意见。这是一个投入强烈情感的聆听式会谈，有助于年轻罪犯了解自己对别人做了什么，也有助于他们被别人理解。

一个从印度移民过来的年轻人谎称自己受到一群年轻白人的攻击和殴打。结果查清楚这个指控纯属捏造，这个年轻人被送到了里士满司法改过中心。他从被自己指控的那些人那里知道了自己的谎言给他们造成了多深的伤害。他在这里能够宣泄自己长期以来的沮丧心情，这样的沮丧来自他的孤独、他感觉被冷落以及周遭人对他抱有的偏见。这并不容易，但每个人都有自己的一片"心灵净土"，那个移民男孩通过社区服务劳动弥补自己犯下的过错。

**它有作用吗？**

尽管做了很多创造性的工作，但沃德不是没有被人批评过。在人们眼中，里士满的警察只会陪着小孩子到处"闲晃"、玩球、开奖励单。"你们为什么不出去抓坏人？到底这些玩意儿有没有起作用？"他们常这么问，沃德对此感到很气愤。

> 我们所做的事情起了很大的作用，包括跟年轻人建立起来的联系，他们所获得的积极信息影响了他们的决定，阻止他们犯罪，以免酿成悲剧。我们既认可好的小孩，也认可边缘化的孩子，使他们继续保持好的那一面。我们看到很多让警察头疼的孩子改变了他们的人生。10年后，这些孩子就成年了，他们会支持那些我们为了他们和他们的孩子着想而做的事情。

而且，还有很多实实在在的数据可以证明里士满分局的做法带来了很好的效果：

- 青少年犯罪率在沃德在任的前3年就下降了41%。
- 处理一个青少年罪犯的费用，在10年间从2 200加元降至约250加元，降幅近90%。

- 在司法改过中心的帮助下，青少年罪犯的再次犯罪率降到了12%；而在没有实施该项目的一般情况下，再次犯罪率高达61%。[226]
- 在加拿大皇家骑警中，里士满分局的士气通常是最高昂的。

最显著的是，在2010年冬奥会的前几个月，温哥华地区还发生了爆炸事件。政府禁止毒品走私导致毒品价格飞涨，结果造成帮派之间在街头火并。[227] 但里士满大部分地区都没有受到影响，城市相当安静。加拿大皇家骑警里士满分局使这座城市在10年间发生了转变。

多年来，各地纷纷邀请沃德来讲述这个故事。他已经在53个国家提到过奖励单，各种书籍杂志也都刊登了他的照片。我们曾一起为伦敦大都会警察以及英国其他警队的高级领导者做过演讲，当时我有幸跟他做了几次汇报。[228]

下面与读者分享一下我从沃德那里学到的经验。

**他的身上体现了"我看见自己"的思维模式。** 早在刚开始工作时，他就已经认识到自己不是一部只会按照命令行事的工作机器，也不能像其他人那样工作。他觉得自己内心深处有一股要进行革新、做出伟大贡献的冲动。他把自己视为一名"和平维护者"，不只是一个"猎人"或"执法者"。他遵从了自己内心深处的良知，对于未来还会发生犯罪和暴力死亡事件，他感到尤为不满。

**他也遵循"我看见你"的思维模式。** 他着手处理的青少年罪犯并不只是逮捕清单上的数字；他想要了解这些孩子，与他们交朋友，他也希望这些孩子能了解他，与他成为朋友。他的同事不是下属，而是一群能够发挥自己才能的聪明人。沃德认为，解决犯罪问题的方法是在人与人之间建立起深厚的信任纽带。

**他实践着"我找到你"的思维模式。**我还从没见过谁像他一样如此渴望从自己能找到的所有人那里寻求想法。他在分局里并不是坐在桌子一头主持会议，而是融入下属。他每天都坐在不同的位置，恳求下属说出他们的想法，甚至要他们绞尽脑汁地想。他还到更远的社区去寻找灵感，不停地阅读、不停地奔走，就为了向最优秀的人学习。如果他没有经常学习的习惯，他绝对无法突然想到奖励单这样的主意。

**他坚定不移地相信"我和你协同"的格言。**通过与自己的团队以及这个小镇协同，他已预先想出各种闻所未闻的方法，来解决维持和平这个持久的难题。他的魔幻剧场会议充斥着各种第3选择，其中一些很怪异，一些相当有见地，例如奖励单、飙车的MINI Cooper以及荣耀队。他所付出的努力很可能为这个分散的社区带来了一代人的和平，要不是他，这个社区本来没有希望拥有这样的未来。通过与年轻人合作，他是否已经创造出一个可以让暴力犯罪最终成为历史的新局面？沃德说："我是警局的领导，但是我喜欢被人叫作'带来希望的领导'。"

沃德承认自己是"规矩破坏者"，但他遵守合理的规则。当规则不合理时，他坚决将其推翻。有时候他拗不过法律，但他不会被这些传统的智慧打倒，而是继续前进。

我很喜欢梭罗的一句话："有一千人在伐着罪恶的枝丫，却只有一人在猛砍罪恶之根。"[229] 梭罗的这一洞见揭示了两种选择思维模式所带来的后果。那些主张"严惩犯罪"的人满足于与小小的罪行做斗争，而那些对犯罪采取"软方法"的人经常忽视小罪行。他们坚决认为，除非我们能够深入问题根源，解决导致犯罪的重大社会问题，否则做什么都无济于事。但是，如果梭罗也为犯罪问题烦恼，我想他也一定认为小罪行需要我们花心思去处理。

所以，我才对沃德印象深刻。他完全知道社会的弊端会滋生犯罪，但在这些弊端消失之前，他不满足于仅仅处理这些犯罪，他也不想将那些问题青年当垃圾一样看待，好借此证明他疾恶如仇。他有着第3选择的思维模式，他能从根本上彻底解决这些犯罪问题。

**预防犯罪的第3选择：建立爱的联系**

鲁瓦娜·马茨就是那种能够从根本上有效打击犯罪的人。这个伟大的女人自称"专业养育者"，她来到路易斯安那州的沼泽地，帮助贫穷的年轻妈妈生出健康的孩子，并让其茁壮成长，这种做法能从根本上杜绝犯罪的发生。

犯罪的根源来自生命之初。现在的学者可以证明，孕妇的健康跟她小孩日后成为罪犯的可能性有着清晰且强大的联系。与关心自身健康的母亲相比，抽烟、喝酒、滥用毒品的母亲生出的小孩以后更有可能成为罪犯。[230] 马茨是一名护士，在她工作的地区，1/3婴儿的母亲存在这些问题，因此她可能是最彻底的犯罪预防者。作为一名上门服务的护士，"她通过挨家挨户拜访，就日常住所、母乳喂养等问题给出意见，她还建议要将猎枪放在孩子够不到的地方"。[231] 她知道，如果婴儿在出生后的前两年能够健康成长，那么这个孩子日后进监狱的概率就能减少一半。

马茨和很多护士一起参加了一个叫作护士家庭伙伴关系（NFP）的项目，此项目归路易斯安那州管理。该项目培养出了一名真正具有第3选择思维模式的人，即戴维·奥尔兹教授。1970年大学毕业以后，奥尔兹的第一份工作是在巴尔的摩一家专门接收低收入家庭孩子的日间看护中心从事教学工作。这份工作让他深深地感到沮丧。

很多孩子受到虐待，犯有胎儿酒精综合征，其他孩子则深受父母行为的影响。他记得一个4岁的孩子，"一个有着温和性格的羸弱的小男孩"，因为他母亲在怀他的时候吸毒、喝酒，所以他只会发出狗一样的叫声以及咕噜声。还有一个小男孩因为晚上尿床被父母打，结果他在午睡时都不敢入睡。[232]

虽然日间看护中心为他们提供了良好的幼儿教育，但奥尔兹大部分的工作都收效甚微。他知道这些有着不正常父母的孩子没有光明的未来。这些问题似乎找不到解决的办法，因为当时全国主要有两个派别就这个问题展开了辩论，其中一方主张遵纪守法，而另一方认为只有彻底的社会改革才能解决犯罪问题。国家在教育和扶贫计划中投入了大量的资源，但这些努力对于那些已经在苦苦挣扎的孩子来说太迟了，于是他开始寻找第3选择。

奥尔兹的远见在于将重心从已出生的孩子转移到未出生的孩子身上。监狱里的犯人，1/3以上其母亲滥用药物，贫困潦倒，没有医疗保险。准妈妈如果有酒瘾或毒瘾，会造成诸如婴儿酒精综合征这样的后果，这会使孩子日后生活不正常的概率大大增加。[233] 适合的产前保健可能是预防犯罪的最主要方法。他还专门为低收入孕妇开设了一些求助项目，但那些面临高危险概率的母亲也是最不愿意寻求帮助的人，于是奥尔兹决定，如果她们不来找他，他就自己去找这些母亲。

在纽约州经济最不景气地区的一个乡村，奥尔兹开始用他所谓的"模式"进行实验。专业护士会到那些第一次怀孕的年轻妈妈家里去，然后帮助她们戒烟、戒酒、戒毒，教会她们一些处理技巧。

在婴儿出生后的 21 个月内，护士们会一直登门拜访。虽然早期的结果看起来很有希望，但奥尔兹想要确保他的模式真正奏效。他一直追踪观察了 15 年参与该项目以及未参与该项目的母亲和孩子的生活，最终，他对自己的结论确信无疑："当这些小孩长到 15 岁时，那些护士上门拜访过的家庭的孩子，其犯罪率要比没有拜访过的家庭的孩子少 72%。"[234] 奥尔兹的模式对减少犯罪产生了巨大的影响。

这就是 NFP 产生的经过。继第一个实验之后，许多随机的、严格进行参数控制的实验不断显示了这个模式的惊人之处。全球超过 10 万家庭的母亲和孩子在此模式的帮助下过上了健康幸福的生活。算上医疗保健和执法方面省下的花费，这个模式的投资回报率约为 500%！

当然，这一成功得来不易。参与 NFP 项目的女人都饱受贫穷、疾病、缺乏教育、成瘾和虐待的折磨，而且她们学会了不信任。去她们家拜访的上门护士每天都面临着我们大多数人无法想象的麻烦。其中一个是不信任别人的"邦妮"，她是一个典型的年轻妈妈，住在一个肮脏、蟑螂出没的地下室。护士跟邦妮之间的关系进展缓慢，因为当护士建议邦妮戒烟的时候，她竟然威胁要扇护士耳光。邦妮既抽烟又酗酒，小时候就遭受虐待，而且因为曾经虐待自己看护的小孩而被判入狱。但是，几次拜访之后，邦妮承认，"我害怕我会虐待自己的小孩"。[235]

护士安静地倾听。NFP 方法的一个重要部分就是"沉思"，或者投入感情用心倾听。事实上，用心倾听是那些护士教给这些新妈妈的技巧之一，"那些妈妈对自己的生活都有丰富的经验"，一个研究人员注意到，"那些护士并不会告诉她们要做什么，而是尊重她们，鼓励她们自己做决定"。[236] 一旦 NFP 的护士取得了邦妮的信任，她们就开始一起制订计划。护士会教她无法让孩子停止哭泣时她应该怎么办,她们还为她安排了一个新住处。如果孩子早产,邦妮就和她的护士一起照顾孩子。长大后,孩子就能避免邦妮小时候的遭遇,然后顺利地从中学毕业。[237]

最重要的是,这些像马茨一样伟大的 NFP 上门护士教会了年轻的妈妈学会爱护自己的孩子,她们中的很多人还从来不知道什么是爱。

她们学会爱远远超出了照顾,它包括了供孩子吃、穿、受教育以及把孩子养大。生命之初的关爱可以终结犯罪,马茨把它叫作"爱的连接"。"它是一个循环。如果婴儿没有一个安全的避风港——当你无法满足他的基本需求,无法让他吃饱穿暖时——就无法产生信任,爱也就失去了赖以生存的基础。而那时你养大的孩子可能就是一个潜在的杀人犯。"[238]

大部分犯罪行为是由那些不受尊重和不受欢迎的人内心的绝望引起的。这个事实绝对不是为违法者找借口,这是一个不争的事实。解决的方法是真正互相尊重,寻求相互理解,找出第 3 选择的解决办法,以应对绝望。这是一种新的思维模式,不仅仅是抓捕、惩罚罪犯,而是在警察、医疗保健系统、父母、学校、年轻人,尤其是被边缘化的年轻人之间建立起伙伴关系,以改变社会风气。

沃德·克拉彭、杰特·辛纳、戴维·奥尔兹和 NFP 的鲁瓦娜·马茨这些人与那些想要把罪犯扣起来然后扔掉监狱钥匙的人有着多么巨大的差异啊!他们与那些明知现在社会对付犯罪的方法收效甚微,却无法打破"两种选择"思维禁锢的人有着多大的区别啊!我们都说,犯罪会永远伴随着我们,但随后我们遇到了这些人,他们会问为何不尝试第 3 选择?为何不终结犯罪?

# 全面健康

发达国家面临着医疗费暴涨的噩梦般的现状。我们的医疗保健系统越来越倾向于技术复杂化和高度专业化,结果导致医疗花费上涨。在北美、欧洲和日本,花钱购买医疗保险的劳动人口迅速减少,而老龄人口不断增加。到 2050 年,超过 65 岁的日本人将达到其总人口的 40%,欧洲和美国则达到 35%。随着老龄人口花费增多,贡献减少,社会为他们承担的医疗花费将持续增加。

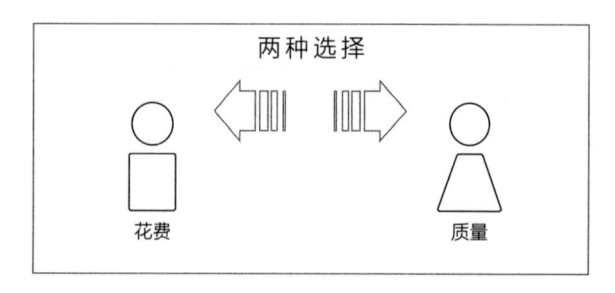

**图 7-6**

我的好朋友斯科特·帕克是国际医院联盟的前主席,他常常讽刺医疗保健的旧准则:"你可以拥有更多的就医渠道,质量高、花费低,但质优价廉不可能兼得。"矛盾的是,随着我们医疗知识水平的提高,我们却发现自己比以前更难将这样的知识运用到有需要的人身上。

对于这种情况,我们该怎么办呢?跟往常一样,人们通常分成两个阵营。自由主义者认为每个人都拥有享受最好的医疗服务的权利,所以不管花多少钱,社会都应当负担。但这种想法会使医疗花费出现毁灭性增长,影响社会发展。许多人相信这会使我们自己陷入破产危机。保守派认为，医疗服务和其他的服务一样，因为不是每个人都负担得起质量最好的医疗服务，所以人们应该根据自己的经济实力治疗。让我们假定，一个自由的市场机制最终会满足每个人的医疗保障需求。但这种想法忽略了老年人、穷人和那些弱势群体的社会保障福利，而这些人最经常患病。

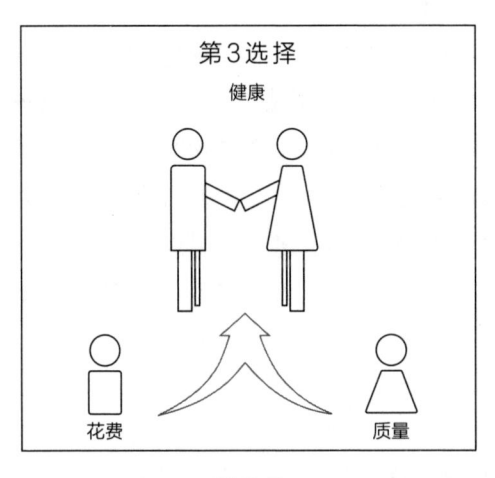

**图 7-7**

我抨击这两个阵营，但它们却是发展趋势，整个世界都卷入这样的冲突。在美国，敌对的意识形态相互激烈斗争。这些人都是双方阵营中高智商、有原则的人，而且他们都有各自的理由和说辞。但是，他们并没有相互问出最重要的第3选择问题："你愿意寻找一个比我们两方提出的方法都好的策略吗？"如果他们扪心自问，就会引出其他的问题：如果我们的假设是错的呢？我们怎么知道不可能在给每个人提供最好的医疗服务的同时也减少花费呢？我们真正想要的是怎样的结果呢？我们正在创建的体系是否能够实现这样的结果呢？

花点儿时间想象一下，如果争论的双方坐到一起，不再争辩，而是相互协同会怎样呢？想象一下，当双方正处心积虑想要打败对方的时候，如果他们把这些时间用来认真考虑真正应该做的事情，又会怎样呢？他们会发现，医疗保健危机的产生不是因为缺少解决方法，而是因为缺少协同。

真正要做的事情不是治病，而是预防疾病。在任何国家，最大的医疗产业其实都是"疾病产业"。弗兰克·雅诺维茨医生终其一生都在研究健康，而不是疾病。他喜欢讲一个学生的故事，这个学生正跟自己的教授沿着河边走，突然他们看到一个溺水的男人在下游挣扎。这个学生跳进水里，把那个男人拉到岸上，给他做人工呼吸，救了他一命。当然，这个学生希望这件事能给他的教授留下深刻印象。然后，不知为何，他们看到另一个溺水的人，这个学生又跳下去把人救了上来。很快，河里挤满了溺水的人，累得气喘吁吁的学生再也受不了了。"我知道我是医生，有救死扶伤的义务，但我没办法这样一直救下去！"他向教授喊道，教授回答："那你怎么不去阻止把这些不幸的家伙推下桥的人呢？"

对雅诺维茨这种具有第3选择思维的人来说，这个故事完全适用于医疗行业。我们发展出一门精密的科学，将生病的人从河里救出来，却没有想过首先让这些人远离河边。乔丹·阿舍是一名著名的内科医生和医疗执行官，他做了以下评价：

> 美国的医疗服务完全以疾病为导向。我们通常在疾病出现后才采取保健措施。如果你得了心脏病，那么这个世界上你找不到比美国更好的地方进行医治；但如果你想要预防

心脏病，美国就是世界上最糟糕的地方。美国如果想让水流停止，就试图挤压软管，而不是想着怎么找到水的来源。"[239]

坦率地说，美国的这种状况与世界其他地方并无多大差异。随着国家资源的耗尽，要解决人口老龄化带来的日益泛滥的健康问题，人们对做出改变进行辩论是很正常的。但每个人都在为如何以最好的方式治理洪水而争吵，而不是转换到第3选择思维，即阻止洪水的发生，或至少减缓洪水的势头。

一个世纪以前，医生专注于病人还是有道理的。大多数人死于早已被征服的传染病。在21世纪，只有2%的人会死于这类疾病。当今发达国家存在的问题是所谓的生活方式疾病——心脏病、糖尿病、癌症，一旦患上这些疾病，生命和金钱的代价都将非常惨痛，但通过简单的生活方式的调整，这些疾病在很大程度上都是可以预防的。

世界卫生组织将健康定义为"一种完整的生理、心理和社会幸福的状态，而不仅仅是不患疾病或身体不虚弱的状态"。[240]这是健康的真正定义——全面健康。对于我们目前经历的医疗保健危机，第3选择是将"疾病产业"的思维模式转换为"健康产业"的思维模式。

那么健康医师在哪儿呢？哪家医学院能不把健康视为课程里的脚注？能够调整整个行业的方向并使其向着有意义的方向行进的第3选择思维者又在哪里？

我能听到医疗行业抗议的声音，"但是人们不关心他们的健康，除非他们生病了，他们甚至都不愿意做次体检。他们也拒绝花时间和精力锻炼身体，也不会戒烟。他们吃得太多，承受的压力太大"。这些都是事实。不可回避的是，我们每个人都对自己的健康负有责任。具有讽刺意味的是，合理的饮食和适度的锻炼可预防大部分由生活方式引起的疾病。为什么我们不更严肃地对待这一责任呢？

我们大多数人将其归咎于缺乏自律，但还有更深层次的原因。我想，我们可以透过工业时代的厚透镜审视自己。我们看待自己的身体就像机器一样，如果某个部位出了毛病，还可以"修理"。我们把自己视为生产者，必须一直运行，而不是需要休整、友谊和心灵茁壮成长才能蓬勃发展的贡献者。我们需要在公园里悠闲地散步，保持我们的心脏系统更加平和与愉悦。我们相信，我们需要有所喜好，这样我们就可以继续生产，但我们真正需要的是真实、深刻的天赋和远见，正如《圣经》所说，"因我受造，奇妙可畏"。我们需要从整体上看待自己——生理、心理、智力、精神，并滋养和培育上天赐予我们的这些无价之宝。

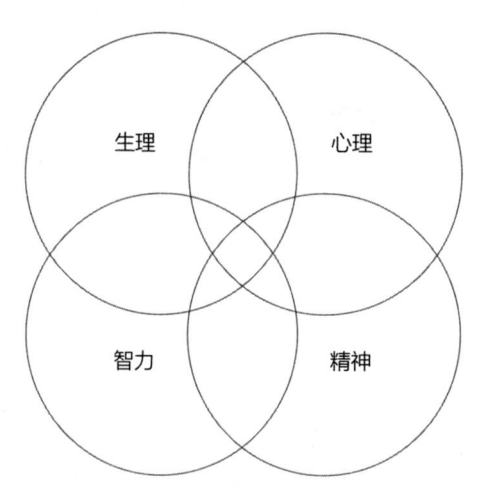

图 7-8

注：全面健康模式：为使医疗保健行业做出一些改变，我们必须从"疾病思维模式"转换到确保整个人精神、智力、心理以及生理健康的思维模式。

制定锻炼目标，正确饮食，减肥，到最后再将这一切抛诸脑后，被这一循环过程挫败是很常见的事。我们因为懒惰和缺乏自律而自责。我的经验是，最大的问题不是自律，而是我们根本没看清自己是谁。

但坦率地说，人们不关心自己身体的另一个主要原因在于保健行业本身。医疗组织是结构化的、经过培训和认证的，并且是补偿性的，它旨在治疗，却未提倡提前预防疾病。根本没有足够的时间和金钱来把重点放在预防上，因为急症护理的迫切需求占据了这一切。一位考虑周到的分析师对这一情况做了分析，"医疗保健中的危机来自资源缺乏，以及这些资源对那些最有支付能力的人的分配不公……这种稀缺范式表明，个人必须为稀缺资源而彼此竞争，它主宰了西方的保健行业，并对这一危机提供了背后支持"。[241] 换句话说，正是我们的思维模式使得医疗保健成为稀缺资源和昂贵的商品。有稀缺心态的人会认为，只有这么多资源；对医生来说，时间也是有限的。每个人都知道，预防疾病比治疗疾病更好，但医生分身乏术，没有时间关注预防。他们甚至不能为患者做一个彻底的年检，因为当这些患者生病时，需要花费太多的时间对他们进行治疗。他们太忙了，忙着打苍蝇，却无暇堵住纱门上的洞。

由于稀缺心态，我们强调治疗，而相对忽视了预防，反过来又增加了治疗的成本，更不用谈身体承受的痛苦与生命的消逝。医生"习惯于患者的思维过程，而不是预防保健的思想过程"。[242] 这造成的结果就是，人们站在医院急诊室门口排长队，而这些人其实可以不必生病。

"这就是高代价的原因。"纳什维尔的医疗保健执行官肖恩·莫里斯说道：

没人想去急诊室和医院,但大多数人的生命都在那里结束。只有生病的时候你才会去看医生,你是幸运的,因为他还可以抽出6分钟时间给你。对此,他也很沮丧,一切都是因为那个叫服务费的东西,这也是补偿他们的方式。他们没有因为为患者做了很多有益的事而得到回报,所以医生一直不停地忙碌着。他们无法停下来检查你是否需要做胃肠镜检查或乳腺X光检查。如果你感冒了,他们也不会脱下你的鞋子,给你做一个足部检查,看看你的糖尿病是否越来越严重了。

莫里斯不仅了解这个问题,他还和同事为紧迫性驱使的保健设计出第3选择,但他们也忽视了一点,那就是乐活健康中心。

## 一种新型的"健康俱乐部"

在美国田纳西州的加拉廷,乐活健康中心有着南部朴实的氛围,还有摇椅、石壁炉、棋盘,一些人懒洋洋地躺在壁炉前,只为了玩跳棋。俱乐部所有人称它为"以患者为中心的医疗之家",但它更像加拉廷的老年人聚会场所,有一位平易近人的"服务大使"为人们提供服务,或只与他们交往。这里有很多锻炼团体,也有绘画、插花、烹饪之类的课程。

但在这些场景幕后,该中心正致力于为客户的健康服务。老年人可以随时过来,但会有人仔细跟踪和保存他们的医疗保健表,这是一份含32个风险因素的清单。清单上定期为老年男性做PSA(前列腺特异抗原)测试的项目,能检测前列腺癌,如果能够早期检测出来,有99.7%的治愈率。这份清单也给医生提了个醒,必须警惕糖尿病和心脏病之类的无形杀手。在这里，医生和患者的交流时间不再是 6 分钟（全美平均数），而是想多久就多久，他们可以做完清单上的所有检查项目，走完每一个步骤，聊聊天也是可以的。也有初级保健医生训练他们所谓的"以患者为中心的医学"。他们逐渐熟悉每一位患者，并与患者建立起一种信任关系。

乐活健康中心的一个主要目标是，尽量使患者能不去医院就不去医院，一切都旨在预防和控制慢性病。由于细致、协调的监督和跟踪，重大疾病的发生率不断降低，这意味着这些俱乐部成员得心脏病、癌症、中风、糖尿病和慢性疾病的概率越来越小。由此节约下来的成本，医生可以以奖金的形式共享。肖恩·莫里斯说道："我们正在尝试改变医生赚钱方式的整个思维模式，这样他们就能花更多时间在患者身上。治疗慢性病需要很多时间，预防保健也一样。医院是用来应对重大疾病和紧急病情的。人们不能仅仅因为他们不能控制常规的可控疾病，例如哮喘或糖尿病，而让生命在医院结束，其实这些疾病在门诊可以得到更好的治疗和控制。"当患者出现严重的健康问题时，乐活健康中心就将患者转向异地，以使患者得到更专业的护理。但该中心的过渡小组会将患者带回家，做家庭健康检查，并在家居环境中工作，所有这一切都是为了让患者免于再次住院。

与医疗服务提供者的平均服务水平相比，乐活健康中心提供的服务水平高出 55%。"我们在 90% 以上，国家平均水平在 45%~50%。"莫里斯说道。[243] 这意味着，无论在医疗方面还是社会方面，该中心都使患者更健康，同时还为他们节约了大量的成本。

该中心由具有协同思维模式的人创立。它不仅仅是医生和护士的杰作，也是厨师、私人教练、插花师、教师、牧师和社交活动负责人的杰作，他们致力于全身心的健康——以满足生理、心理、精神和社会的需求。这个地方不仅仅训练人们的身体，也帮助他们学习、交朋友和享受乐趣。

因此，乐活健康中心为"健康俱乐部"这一术语赋予了全新的意义。它是会晤场所，而不是急诊室。它是娱乐中心，而不是充斥着医生名字和吓人的首字母缩写的冷冰冰的办公大楼。它是一个避难所，而不是一个"组织"。自助餐、游戏机和大电视机，都让人感觉仿佛置身游艇。实际上，人们都喜欢随便逛逛。这就是人们来乐活健康中心的原因——而不是被哄骗来做体检。该中心的工作人员利用这一切，使乐活健康中心成为符合人们全身心健康发展的一个场所。

关于医疗保健的关键问题之一，即医生得到补偿的方式，该中心也有巧妙的解决方案。通常医院有两种方法："按服务收费"，这意味着医生每做一项检查就能得到报酬，因此他们有动力看更多的患者，为他们做更多的检查；"每人均摊费用"，意思是医生有固定的报酬，这样他们就不用争着抢着看患者，为他们做检查，因为无论他们有没有为患者服务，他们都可以得到报酬。当然，个别医生可能会有不同的做法。我们再次面临"两种选择"的思维，以上没有任何一种选择能够提供一个健康的激励机制。

但在乐活健康中心，医生只要做了应做的事，就可以得到报酬，这些应做的事包括帮助患者处理好生活的方方面面。这种系统被称为"协调保健"。一位主治医生将协调所有的保健，确保患者掌握他们的治疗方法和测试。为患者提供高质量服务后，医生可以得到报酬，还将获得使患者远离医院的健康奖金。针对两种补偿医生的常规方法外的第3选择，既提高了保健质量，又降低了成本。

显然，乐活健康中心这类地方是超越意识形态争论的第3选择。通过做该做的事，乐活健康中心为人们提供了一种更好的医疗保健方法，而不是消极地等待辩论的结果。

## 诺曼诊所：第3选择思维模式

与此同时，辩论仍在继续，但或多或少是徒劳的。

"不是每个人都有权利享受最好的医疗服务吗？"

"但成本在不断上涨，怎么办？如果为每个人都提供最好的医疗服务，每个家庭、每个国家都会破产的。"

"那我们就让负担不起的患者生病，然后死掉？"

"谁来承担这笔费用？我还是你？"

稍微思考一下，你就会发现这些困境都是虚假的。正如乐活健康中心所展示的，确保每个人得到真正的治疗并控制住成本，两者是可以同时做到的。事实上，为什么质量提高了成本却降不下来呢？这仅仅是有没有考虑到第3选择的问题。

真正存在的问题既不是成本也不是质量。真正的问题是思维模式固化。医疗保健组织沉浸在"两种选择"的思维中，这种奇怪、不合逻辑的思维定式使得你必须在质量和成本效益中二选一，没有其他选择。

诺曼诊所的故事使这一说法不攻自破。

星期二早晨5点，佛罗里达州坦帕总医院的诺曼甲状旁腺诊所开门了。微笑着服务的工作人员迅速为来自加拿大、印度、拉丁美洲和美国几个州的13名患者挂了号。每个患者都去一个小房间，那里有医生告诉他们相关的病情，并教他们手术之后应该做些什么。医生解释说，他们必须服用一段时间的钙片，这样才能为手术做好准备。

中午，13名患者鲜为人知但并非罕见的疾病——甲状旁腺功能亢进症——被成功治愈了。我们生下来就有4个微小的甲状旁腺，每个都是米粒般大小。这些腺体分布在更大的甲状腺周围，控制着血液中的钙水平。偶尔会有一个腺体失控，促使身体吸收越来越多的钙进入血液。结果就是骨质流失，全身疼痛，使患者抑郁、疲惫——"呻吟、骨头疼、呻吟，还有幻想"。如果不治疗，这种病将使人彻底虚弱无力，甚至导致中风或癌症。

每一千人中大约有一个人会患上这种疾病。原因未知，但治疗过程很简单：切除引发问题的腺体。数小时内，患者的激素水平就会恢复到正常水平，因为有其他未受影响的腺体在发挥补偿作用。

虽说治疗简单，但手术并不简单。因为甲状旁腺位于颈部，做手术时外科医生必须小心翼翼，以免伤害到颈内动脉、喉头、喉神经和其他复杂而又微妙的身体结构。因此，甲状旁腺切除术通常被认为是重要的手术。医生通常需要在左耳和右耳之间做颈部切口，然后花近3个小时做手术。患者术后需要住院几天，几个星期才能康复。自20世纪20年代以来，经典的手术过程没有发生过重大变化，治愈率为88%~94%，5%会出现并发症。手术费用很昂贵，在美国，这种手术需要花费大约3万美元。

与此形成对比的是，诺曼诊所的患者平均只需要在手术室里待上16分钟，几个小时就可以出院。该手术的唯一疤痕是咽喉下端1英寸大小的切口。坦帕的治愈率为99.4%，几乎无并发症，所需成本大约为通常手术的1/3。

吉姆·诺曼医生性格直率，有些严肃。"我们不治疗这种疾病，我们直接治愈它。"他很干脆地说道。近百分之百的治愈率给了他需要的所有信心。作为诺曼甲状旁腺诊所的创始人，他已经实施了1.4万例手术——远超历史上所有其他手术，他已经将它做成了一门科学。他每周大约要做42台手术，而美国内分泌科手术量最大的外科医生一年才做那么多。

作为一名年轻的外科医生，诺曼专注于内分泌系统，并实施了所有常规手术。有一天，他向他做汽车推销员的父亲抱怨甲状旁腺手术过程异常复杂："从6~8英寸的孔里面取出一个细小的腺体，有很高的风险，大量排水，脖子里面有很多东西，并发症、颈动脉、神经。"他父亲问道："你为什么不开个小点儿的口呢？"

这只是一个想法的种子。接下来的几年里，诺曼不断用越来越小的切口做实验，发明工具，例如放射性探针，直到他最终开创了一种叫微创甲状旁腺手术的全新方法。通过纯粹的专注、重复与数千小时的训练，吉姆·诺曼成为世界上切除侵入型甲状旁腺最好、最快的外科医生。

与此同时，他也发明了一种新的商业模式。他周围的工作人员全是专家，他吸收了每一位想跟他一样优秀的医生。诊所的扫描技术越来越好了，因为放射科医生一年要做两千多例扫描；护士每天也做着同样的事情，对患者都有第六感了，她们能立即看出患者在一个小时或半小时之内能否变好。医生很少问东问西，他们不断思考："我们如何让患者有更好的看病体验？"

在诺曼诊所，协同比比皆是。当它声名鹊起时，世界各地的患者全部涌了过来，他们需要地方休息。大多数患者都是前一天到达坦帕，第二天进行手术，第三天回家。因此，诊所与周边的酒店和汽车服务商已经商量好了折扣方案。在机场，会有人接待患者，将他们载到酒店，那里的工作人员明白这类客户的每一项额外需求。

诊所的业务经理马克·莱瑟姆说道："我们试图掌控患者从家里来到回家里去的整个过程。我们给酒店提供了很多业务，他们也向我们的基金会捐钱。我们让他们的工作人员参观我们的诊所，这样他们就能明白患者需要些什么，就可以储备雪糕和冰激凌之类的食品。你也可以在酒店买到钙片。"

诺曼诊所和坦帕总医院也从非凡的协同效应中受益。高业务量是医院的一个招牌，不仅仅因为收入，还因为诺曼如此高效。诊所只使用了两间手术室，回报却高得惊人。诊所不需要恢复室，每4 000名患者中只有一名需要留在这里过夜。医院也从这种可预测性中受益颇多。放射科医生和麻醉师都明白将会发生什么。诊所的所有患者在手术之前都已付清款项，录入系统。"我们的大多数患者需承担到坦帕的费用，这是真的，"坦帕说道，"但算上漫长的侵入性手术、并发症和在医院待的时间，来这么专业的医院只花费这些已经很值了。要知道，普通治疗方式的总成本更高。"

诺曼诊所节约成本的策略是，确保所有患者在来坦帕之前都已经做好安排。他们利用互联网与患者沟通。网站设计得很平实，用简单的英语写就。患者可以观看手术视频，阅读以往患者写的故事和诗歌，甚至可以查看患者来自世界的哪个地方。使用互联网来介绍患者和记录过程，能够为诊所节约时间和金钱。

总之，吉姆·诺曼博士以更低的价格为患者提供了一流的服务。"如果整个医疗保健行业都注意到我们，它会好得多。"莱瑟姆说道，"我们的知名度这么高，真的让我很吃惊。很多论文和演讲都提到了我们，其他人都做不到这一点。无论什么原因，没有人做到这一点。"[244]

当然，"没有人做到这一点"背后的原因很明显。因为"两种选择"的意识形态主宰了整个医疗保健辩论，这场辩论没有出现理论家，没有第3选择，而第3选择却能够显著降低成本，增强保健服务效果。第3选择是非常有必要的。想想诺曼诊所、坦帕医院、酒店和患者自己取得的许多协同效应，所有这一切结合起来使成本降低，使服务质量提高。

但仍然有强大的力量联合起来对抗拥有第3选择思维的诺曼医生。"我们只占据了全美市场的12%。医生们不会将患者推给我们。正常手术的利益团体是医生、外科医生和保险公司，他们勾结到一起，互相推荐，他们所说的'管理式保健'更像是一个中世纪的行会。他们不会让我们抢他们的生意的。"[245] 大多数患者不会自行购买医疗保健服务，他们习惯于听医生和保险公司的话，而这些利益团体不会告诉患者要打破体制，去佛罗里达的诺曼诊所看病。

大致相同的问题阻碍了世界各地的患者来诺曼诊所看病。在大多数国家，这些手术都是免费的，因为有国家医疗保险，花那么多钱跑佛罗里达看病，实在有点儿讲不通。然而，那些了解手术效果的有钱人仍然蜂拥而至。

这样，我们又回到了成本与质量的虚假的困境中。就医疗保健的大辩论来说，热心的自由主义者会说，每个人都应能去诺曼博士那里看病，州政府应该提高税率，以负担这些费用。热心的保守主义者会说，每个负担得起的人都应能去诺曼博士那里看病，州政府无权向我们所有人征税。事实上，我们中只有一部分人会去佛罗里达看病。但是，这两种立场都是有缺陷的，因为他们的假设就是有缺陷的，正如山间医疗保健的故事所讲述的那样。

第七章　社会中的第3选择

## 世界典范

"你可以拥有广泛的渠道、高质量或低成本，但不可能同时拥有这一切。"这是帕克在明尼苏达大学学习医院管理时学到的传统铁律。每个人都这么讲，每个人都点头同意，每个人都知道这是真理。但当20世纪70年代帕克成为美国最大的非营利性连锁医院之一的院长时，他开始怀疑这一传统铁律的三重制约因素。

山间医疗保健公司（IHC）是一个拥有15家连锁医院的组织，其受托人要求帕克领导一个团队，将他们的体制改造成"世界医疗保健服务的典范"。这项挑战让帕克与团队成员既兴奋又气馁，这意味着IHC要真正变得与众不同，而这项使其变得与众不同的使命将永远不会终止。

当然，大多数医院都遭遇过这种困境：如何平衡医疗服务的质量与价格。许多医院都只提供一套狭窄的标准服务，只要能够获得他人的认可并有微薄利润，他们就满足了。他们回避创新，只停留在能够接受的死亡率和感染率范围内，并尽量避免风险。一旦手术过程标准化了，他们就利用它，不会过多考虑。

因此，IHC的领导者问帕克及其团队成员："我们该怎样做才能与众不同？怎样才可以做得更好？如果我们决定成为典范，需要做出哪些改变？"帕克团队对成本与质量问题不甚乐观，所以起初决定将重点放在渠道上，即三重制约因素中的第三方面。

医院一般都会试图治疗来医院的每位患者。这就是急诊室一直挤满了患者的原因，而不管他们的支付能力如何。对那些前来找他们看病的人，IHC感觉到有一种特殊的责任。然而，帕克团队考虑的是那些没有来看病的人和那些太穷或住得太远而无法寻求帮助的人。IHC服务美国西部的广大地区，面积超过10万平方英里，那里有很多规模较小的偏远小镇没有医生。因此，IHC 决定去那边发展。虽然那时它取得的经济效益很少，但很多新型的小医院和诊所已经开始在西部发展起来。当它们成长起来时，患者也闻声而来。这些设施花费了很长时间才能自给自足，但成千上万的人最后还是来了。

随后，在 20 世纪 80 年代，一位从哈佛大学毕业的名叫布伦特·詹姆斯的生物统计学家和外科医生来拜见帕克。他说，提高医疗服务质量并降低大量成本是可以实现的。帕克不相信，他认为在疗效这方面需要投资很多，才能有一点点改变。90% 的患者出院时状态良好，哪怕改变那么一点点，也要付出很昂贵的代价。

但詹姆斯花了几天时间说服了 IHC 的领导班子与他一起研究如何科学地改进这些过程："IHC 可能成为旧式的成本与质量困境的第 3 选择吗？我们能够以任何医院都未经历过的方式做出成绩吗？"于是，他们给了詹姆斯一次机会，来做一项实验。IHC 外科手术团队将成为实验小白鼠。根据统计数据，詹姆斯衡量了每个患者在这个团队中经历的一切：诊断、入院、手术准备、麻醉、手术、护理、食物、药物和后续跟进。然后，他与涉及的部门会面，展示了这些数据，问他们："你的角色是什么？我们可以采取哪些措施来改进这些过程？"

整个房间成了一个魔幻剧场。每个部门都提供了想法。护士们知道了该如何改进手术准备过程。外科医生知道了该如何安排他们的工作，使之更有效。他们发现，术后抗生素的使用太过随意。甚至营养师都给出建议，指导患者如何合理饮食。他们将这些想法聚集在一起，然后将其运用到日常工作中。

詹姆斯每周都会与团队会面，用分布曲线展示这一周的结果。部门之间开始竞争，这样在工作中他们就会越来越有一致性。对这一切印象颇为深刻的帕克变了，他要求詹姆斯把他的"科学项目"变成一个管理医疗服务的完整系统。最终，有50多个关键的临床过程经历了相同的审查。

它的工作原理是这样的：团队评估他们已经在做的东西和诸如清单与准则之类的原型工具，来提高一致性，节省时间，或更有效地利用资源。然后，他们测试这些原型，并反复测试，直到他们看到可以衡量的改进之处。

结果是显而易见的。现代医院的克星——院内感染率显著下降。药物使用不当事件（过量、药量不足、过敏反应）降低了一半。每年美国有170万患者因肺炎住院，其中14%死亡，但IHC将这一数字降低了40%。经历重大外科手术的患者死亡率降至1.5%，而全美平均水平则为3%。与其他医院相比，再次住院的情形也很少发生。这意味着，诊所每年都能拯救成千上万人的生命。

不太重要但很明显的是，这也帮助医院节省了数百万美元。"我们刚刚开始在诊所案例中考虑成本效应。"詹姆斯回忆道。具有讽刺意味的是，尽管有保险可以报销，但他们却控制花钱的过程。詹姆斯对此感到很尴尬，他觉得他必须向IHC的执行团队道歉，但令他吃惊的是，他因道歉遭到了批评。"你已经让患者有了更好的医治效果，无须道歉。"首席财务官比尔·纳尔逊说道，"如何平衡财务收支，是我们管理人员的职责。"[246] 然而，最终的情况是，与美国其他医院的平均收费相比，IHC医院的常规收费整整减少了30%。

财务状况只是一个并发症。最难的事情是改变医务人员的思维定式。詹姆斯解释了个中缘由：

作为一名医生，挑战我的医治水平在一定意义上是挑战我的能力、我的专业能力，挑战我个人……对于很多医生和护士来说，这是很具威胁性的。

为此，医生需要在如何看待自己这方面做出重大转变。事实上，过去我是拥有自主能力的个体，只对上帝和我自己负责。我可以告诉你我为患者做了哪些，告诉你我多么优秀，但差别是，直到今天，我们仍在衡量它。我们发现，在与患者有关的治疗效果方面，我们并非那么优秀。当然，我们希望有所改进。[247]

当然，这个问题不会持续很久，因为医生的天性就在于竞争。在质量竞争方面，他们不想落后于他人。

已经退休的帕克仍然热衷于追求质量。他非常看重新想法，他去了所有他能够学习的医院进行交流。他与如此多的医院董事成为朋友，他们带给他奇思妙想，以较大的折扣采购和购买保险，这再一次节约了数百万美元。业内人士尊敬他，推举他为美国医院协会会长，帕克最终成为国际医院联盟主席。[248]

在帕克的想法中，高质量与低成本不可兼得这一铁律是错的。通过一切措施，IHC 的医疗保健质量远远高于全国平均水平。显然，这项成就完成了 IHC 的使命，使其成为医疗保健服务的典范。研究医疗保健体系多年的达特茅斯学院约翰·温伯格博士说："这是这个国家最好的典范，它告诉我们可以做哪些事情来改变医疗保健行业。"[249]《华尔街日报》写道："如果美国的其他地方也能提供山间医疗保健的高质低价医疗服务，美国的医疗保健问题就能得到解决。"[250]

吉姆·诺曼只是做了小规模尝试，而 IHC 团队进行了大规模尝试。IHC 已成长为一家拥有 23 家医院和 50 万患者的连锁医院，它正在蓬勃发展第 3 选择来替代陈旧的假设，即医疗服务必须按量分配，否则将成本飞涨。诺曼和帕克对医疗保健的大辩论都不感兴趣，他们抛弃过去的理论，因为他们明白要做的工作是什么：提升治疗效果，同时不断降低成本。大辩论只会失去创造第 3 选择的机会。

但现代医学并没有失败，它是一个奇迹。随着患者与医疗保健人士之间出现越来越多的协同效应，正如布伦特·詹姆斯说的那样，"我们远远超过了我们想要成为的样子"。

## 地球的健康

当附近城镇的垃圾堆积如山时，曾经美丽的黎巴嫩赛达海滩上的有毒废物越来越多。这些垃圾山有 4 层楼高，体积有 50 万立方米，小山一般的垃圾堆像冰山一样涌入大海，污染着地中海，使本地海龟窒息，堵塞的海滩蔓延至叙利亚和土耳其。

附近国家的每个人都希望这堆垃圾能够得到清理。

赛达市说，这是国家的问题。国家说，这是地方政府的责任。双方的论点都是站不住脚的。当双方争论不休时，垃圾山变得越来越大，毒物侵入水和空气，不少鱼类死亡，当地居民感到呼吸困难，很多儿童都患上哮喘病。[251]

赛达的"垃圾山"仅仅是"两种选择"思维模式中的一例，这导致世界范围内环境的不断恶化。地球上的任何地方都未幸免于难。这不是"自由与保守"的问题，但人们为了它疯狂地争辩。对于每个社会来说，地球的健康都是人们面临的最艰难的挑战之一。我们的"严峻挑战"调查受访者选择"环境管理"作为三大全球问题之一：

- 智利："大多数世界问题都源于人们没有可持续地生活。"
- 印度："我们需要考虑我们的环境。我们滥用的程度已经超过了我们的想象。"
- 荷兰："处于海拔较低位置的国家可能会遭受环境破坏带来的惨重损失。"
- 美国："我们不能再这样继续下去了，除非我们的生活方式发生重大改变。自然资源是有限的，我们太贪婪了，未来人们将什么都没有了。"

当然，这些说法值得商榷，但它们反映了世界各地人们的恐惧。人们对这一问题的热情空前高涨，正如人们对"地球一小时"行动的大规模回应一样，"地球一小时"是一场互联网行动，要求全球的人和组织在每年的某个特定时间熄灯一小时。像埃菲尔铁塔和悉尼歌剧院这样的地标建筑，以及数以百万计的家庭，都会关灯变黑，以节省一个小时的电力。具有讽刺意味的是，"地球一小时"在很多国家以火把游行的方式庆祝，黑色的烟又污染了空气，这表明在环境保护方面人们有可能好心办坏事。

在社会的各个层面，环境辩论都有可能走向两极化，从最私人化到最全球化。这种下滑速度非常快。正如我写到的，在我居住的美丽的犹他州，成千上万人对政府决意拆迁他们的房屋以修建马路的举措非常愤怒，他们质问政府为何不向西修建马路，穿过野生生物密布的湿地。"谁更重要？"他们喊道，"我的家庭还是罕见的青蛙？"其他人反驳道："你总能找到一栋房子，但青蛙不能！"

摆在我们面前的问题正如戴维·佩珀所总结的："关于环境开发的冲突，我们能实现双赢解决方案而不是'零和'解决方案吗？作为一个全球科技社会，我们能否在实现自身富裕的同时让环境变得更美好？"[252]

在全球的层面上，人们对科学团体的研究非常担忧，担心人类活动会让气候变得更糟。大多数科学家都在真诚地努力，以尽可能客观地汇报他们的研究成果。对于结论，他们显得审慎而严谨。这就是科学家的工作方式，但它也给应做决定的人造成了一些问题。

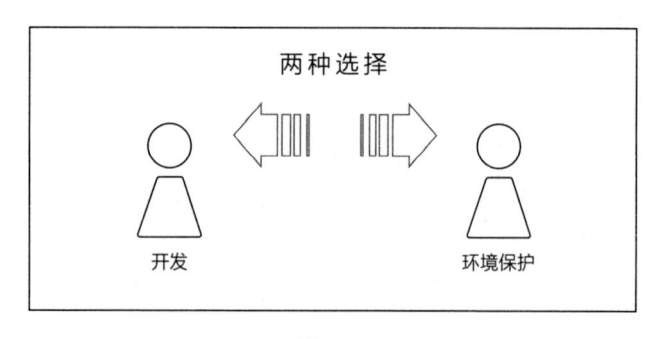

图 7-9

大多数科学家似乎都倾向于这一观点，那就是，工业科技使地球以非自然的方式变暖，有些人对此深信不疑。"我们的孙辈处于一个艰难的时期，"美国国家航空航天局太空研究所物理学家詹姆斯·汉森说道，"地球正面临迫在眉睫的危险。"他预测，大量燃烧化石燃料产生的温度上升将导致"北极海冰消失，冰盖和冰川融化"，这反过来又会引发气候灾难，"不仅会对其他数以百万计的物种造成威胁，也会对人类自身的生存造成威胁"。[253]

另一方面，许多有名的科学家也认为这种威胁被高估了。麻省理工学院气象学家理查德·林德森总结道："全球变暖这一预测根本没有实质性基础，他们只是从观察到的几种温室气体的增加得出这样的结论，例如二氧化碳、甲烷和含氯氟烃。"[254]

如果它与我们的社会没有太大的关系，这就是一个具有一定趣味性的学术讨论问题。如果气候向着我们无法生存的方向发展变化，必须有人做出决定该怎么办。什么都不做跟采取措施一样，也是一个决定。不幸的是，这个问题已经变得非常政治化，而且"两种选择"的思考者正忙于分散我们的注意力，妖魔化对方。一方声称，需要对气候变化做出响应：

（环保主义者）想让你生活在一个更小、更方便、更舒服、更昂贵、娱乐活动更少和希望更少的地方。环保人士的道德恐吓仅仅是个开始，他们还会以不厌其烦的热情通过法律效力限定你的活动、饮食、家庭能源使用、住宅的大小、你可以旅行多远，甚至你可以有多少孩子……绿色生活是指别人对你进行微调控，缩小你的梦想，把我们每个人塞进一个全新的社会秩序中……让你生活在环保人士的控制中。[255]

另一方则坚持认为这种怀疑是错误的：

否认气候变化的言论像瘟疫一样传播开来。它的证据或理由并不充分，任何试图让人们关注科学发现的努力都会遭到激烈的谩骂。这一领域以惊人的速度扩张……这些书和网站都迎合新的文学市场：具有低智商的人……宣称自己持怀疑态度的人，他们相信任何过时的哗众取宠的观点，我对他们这种行为感到非常震惊。[256]

当然，这些都是来自拥有"两种选择"思维模式的人的声音。谁会知道相互侮辱会得到如此多的关注？给反派打上有精神病、险恶或愚蠢的标签很容易。根据盖洛普的调查，全球观点倾向于这两大类。[257]

## 我们属于哪一类人？

很明显，对一些有强烈情感的人来说，关于环境问题的争论是一个痛处。左翼和右翼中都有极端分子，但是大多数人都只是渴望不以牺牲文明为代价得到清洁的空气、水和多产的土地。这些目标具有竞争性，或者说是矛盾的。但是作为一名协同主义者，无论何时听到只有两种选择时，我们都要意识到这是两难的困境，我们要高兴、激动地向第3选择前进。我们同样知道走向第3选择需要什么。

我们必须将自己视为学习者和困难解决者，而不仅仅是主张一种观点，要用尊重和同理心对待别人。我们找寻他们的意图在于理解他们，而不是加入令人厌烦的辩论怪圈。最终，我们共享达到协同的目标；共享创建第3选择的目标，使全世界（包括土地、空气、水、野生动物、我们自己以及我们的家庭）实现多赢。

当教授人们这些协同原则时，我经常会有这样的疑问：这里有多少人能够对保护环境、水和空气的纯粹方法产生强烈的共鸣？通常约有一半的人会举起手来。我接着问：有多少人认为纯粹的方法有点儿遥不可及，而且没有足够关心我们要求进步和发展的需求？通常另一半人会举起手来。然后我从两组中分别邀请一位代表加入。我同时问他们："你准备好去寻找一个比你现在的想法更好的解决方法了吗？"

如果他们回答"是"，我就会强调他们当前的共同目标就是达到协同——寻找一种比他们任何一方想法都好的解决方案。他们得去思考讨论结果的协同。如果他们不能充分坚持自己的想法，如果他们不能确保自身的完整和对他人的尊重，我将质疑他们能否达到协同。出于深深的信念，他们不能评判他人。当他们同意去找寻第 3 选择时，他们都将拥有一个暂定的互利共赢的态度，但他们不知道接下来会发生什么，这时需要创建第 3 选择。

然后我让他们开始谈话。下面是由我主持的一次会议中一位女士和一位男士的讨论过程。

她说："他们在污染我们的星球，我们将遭受不可挽回的损失。看看他们在雨林里做了些什么，你再看看我们的峡谷。森林、山谷应该保持原始状态，只有那样我们才可以享受这些自然资源。我认为我们不需要以牺牲环境为代价的进步。"

他说："我赞成你的观点，但是在某种程度上，我们需要取得一定的科技进步。"

她说："但是为什么呢？人们从一开始就这么说，但是看看他们都做了什么。"

他说："我理解你的说法，让我们看看能否帮助你厘清观点。你穿合成纤维的衣服吗？"

她说："不，这是蚕丝做的衣服。"

他问:"那鞋子呢?没有死去的动物,哪里有皮革呢?"

她回答:"我不知道。"

他说:"我喜欢我的皮鞋。"

她说:"嗯,牛也喜欢。"

他反问:"这些不是科技产品,来源于石油吗?"

她说:"不,它们是棉花,这只是棉线。"

他说:"你难道不认为我们需要在进步和维持传统之间找到一个合理的平衡点吗?"

她说:"虽说如此,你难道不认为科技进步已经走得太远了吗?"

他说:"很明显你是对的。一定数量的生产是我们所需要的。有人说机器的过度使用破坏了环境。我们应当谨慎些,应当学会合理利用。你赞同吗?"

她说:"那是他们常说的(却没有落实行动)。"

很明显,这里并没有相互理解。讨论过程变得有些不耐烦,双方一直在兜圈子。因此,我教他们采取"发言权杖"的方法,教他们用同理心倾听的思维模式和技能。基本规则是,你不能发表你的观点,直到你能够复述其他人的观点并使对方满意为止。这样,其他人就会感觉得到了理解。

这位女士尝试了一下,犹豫了一会儿,她看着她的搭档说:"你认为,如果谨慎些,可以在取得进步的同时保护我们的环境。当生产需求增多而环境监管不力时,就很容易触碰到底线。因此,如果适度保持平衡,我们就可以运用我们的智慧,不对环境造成引起小动物死亡的恶劣影响。"

这并不表明她赞同这一点。她并没有站在他的立场上,她仅仅是试图去理解。然而，对她的理解，他并不感到满意。他感觉她在模仿他。她必须从他的立场考虑问题。

我问这位男士："如果从 1 到 10 打分，她对你的理解有几分呢？"他告诉我有 5 分。而她只给自己评了 1 分，我对这个结果并不吃惊。虽然对方并没有理解，但尝试用"发言权杖"沟通会让人感觉自己被理解了。当你努力去理解一个人时，你其实是在劝说自己，你告诉自己："我不要评判他，我要坚持，我要换位思考，理解他的感受。"

现在轮到他来理解她了。我要求他尽可能地表达她的观点，传递相同程度的理念，在这方面尽力达到 8 分、9 分，甚至 10 分。他说："环境质量在下降，动物、自然环境都在遭受损害，人们的生活质量也随着环境的恶劣而下降。子孙后代将生存在比现在更差的环境中，垃圾正在毁灭动植物的生活环境。"

她给他打了 7 分，而他给自己的评分要低一些。我认为他的音调、表达的感情和她传达的一样丰富。我们越来越趋向共鸣。

我问他们俩："你们有没有发现自己迫不及待地想回答？感觉该你说了？抑或真的理解对方了？而且真心地向对方打开心扉了？"

他们认为他们正朝着正确的方向前进，但这位男士问我："那我们现在进展到哪里了呢？换位思考有什么用呢？"

显然他忘记了我们的目标。我说："你一开始的目标是什么？是协同，这是比你以前想到的更巧妙的解决方法。你们俩都生活在地球上，你们、你们的家人、整个人类都是相互关联的。"他点点头，看似刚开始明白我们想要得到什么样的结果。

这就是我们花费时间得到的结果，他们之间开始出现的共鸣鼓

第七章　社会中的第 3 选择

舞了我，因为这对协同来说是必不可少的。最后，他们俩看似对对方都更加尊重和敬佩了。如果时间允许，他们或许最终可以解决世界性问题。

归根结底，自然环境和我们是一体的。我们对彼此的尊重和理解也会延伸到其他生命身上。说到我们和环境之间的关系，要我们摸着良心说出我们心底的动机是很残酷的。我们浪费？冷漠？故步自封？心胸狭窄？贪婪？盲从？用一些思维缜密的学者的话来说，就是"在回答做什么之前，先问问我们是什么人"。[258]

## 像自然一样思考

理想情况下，对所要做的工作达成共识是协同的第一步。不为成功设定标准，你就不知道怎样才算成功，而你取得成功的方法也不会好到哪里去。这也是对持不同观点的人进行换位思考的关键原因。老是讥讽、侮辱彼此，你是不会获得第3选择的。只有更加仔细，从各个方面周全地理解所要做的工作，你才更有可能取得成功。

当热心的群众熄灭电灯来减少发电厂的污染，并举着冒烟的火把在大街上游行时，思想更深邃的人会坐下来沉思："有没有人真正理解我们要做的工作呢？如果对这份工作没有理解，那么我们的行动就会失效，由此产生的结果也会很无力，甚至适得其反。"

例如，几十年前，在美国西北部，工程师疏浚了那些堆积在流入普吉特海湾的河流中的大量古老的原木堵塞物。他们这样做不仅为了打通水上运输，而且使要产卵的鲑鱼更容易溯河洄游。他们在做这一切的时候，没有考虑过几个世纪以来一直在那片水域以渔业为生、被认为是愚昧无知的美洲原住民。然而很快，那些水域中曾随处可见的大鳞大马哈鱼（帝王鲑）就开始神秘消失。

实际上，这没有什么神秘可言。斯卡吉特人或斯诺夸尔米人可以告诉工程师，大鳞大马哈鱼最喜欢的栖息地就是原木经年累月所形成的堰塞湖。一旦没有这些阻塞，大鳞大马哈鱼就流离失所了。但这只是普吉特海湾鲑鱼减产的开端。几十年来，西雅图地区的大规模开发污染了普吉特海湾，鱼类中毒，氧气缺乏。大坝和过度捕捞使得鱼类数量急剧减少。今天太平洋的鲑鱼面临灭绝的危险。在过去的一个半世纪中，鲑鱼的产量下降了40%，而且这一趋势还在加剧。1/3 的原栖息地里的鲑鱼已经完全消失。科学家发现，每年普吉特海湾丧失 50 万吨的营养成分，其周围的森林和野生动物都在饱受饥荒之苦。最终的结果对整个地区来说将是一场灾难。西雅图科学家约翰·隆巴德通过对整个普吉特家园的观察得出结论："如果我们任由它沦落为一个孤独、贫瘠、人迹罕至的地方，我们就是丧尽天良。"[259]

当然，没人愿意看到这样的结果，不同的人有不同的指责：渔民责怪伐木工，伐木工责怪开发商，而每个人都责怪政府。一些人耸耸肩说失去鲑鱼也是进步的代价。其他人则感到很震惊，他们要求禁止伐木、捕捞或施工。要么要鱼，要么要人。但按理说，对于环境，我们大多数人都不会满足"你赢我输"或"你输我赢"的心态。我们要的是双赢，不然最后我们都是输家。

而这就是我们要做的工作。"生态"一词基本上描述的就是自然中的协同：万事万物相互联系。在这一关系中，创造性的部分被最大化了。我们生活在一个相互联系的星球上，这里的整体并不意味着部分的组合，因此我们不能单个地对待每个部分，抑或认为它们无关紧要。正如一个工作小组，如果单个成员不能取胜，整个团队也不能获胜。彼得·科宁博士警告我们，必须以协同的思维模式看待整个世界。

在加深对系统中所有"部分"的理解,以及系统所创造的相互依赖模式方面,我们不断被挑战。我们的短见令人不悦,让人惊讶,而这种危险是永恒存在的。出于同样的原因,我们必须学着找出更加复杂的方法,来理解我们的行为所产生的更大的后果。[260]

世界的协同奇迹取决于整体的完善。只有在环境恶化的时候,我们才不得不采取一些措施。正如我们所见,我们也是这样对待健康问题的。我们透过"工业时代"的透镜看待我们自己,如果机器坏了,是可以"修理"的。我们也是如此看待环境,把它视为机器。正是这样的心态,才导致保健成了一种疾病产业,而非健康产业。

然而,正如科宁所说,"认为生物过程是确定性、机械化的思维模式有本质上的缺陷"。[261]世界是个鲜活的体系,不是一部僵死的机器。它相互依存的本性使得各部分的福祉和整体紧密联系在一起。无数的例子佐证了这一点,而非洲蜂蜜鸟尤为典型。这种鸟以蜂蜡为食,但无法独自破开蜂巢吃蜂蜜。当它发现一个蜂巢时,它就向一种叫作蜜獾的獾类动物发出信号,当蜜獾刨开蜂巢取出蜂蜜进食的时候,这只鸟就以蜂蜡为食。这种鸟只能食蜡是因为它们肠道的细菌能把蜡分解成营养物质。更有意思的是,肯尼亚的博拉纳人也加入了这场盛宴。博拉纳人是游牧民族,他们在草地上放牧牛群,牛群在吃草的同时翻动土壤并给草地施肥。蜜蜂则采集草的花粉和花蜜来酿蜜。[262]

我需要了解每个人眼中的真实情况。记住关于协同的老生常谈：从更多的人那里尽早地了解更多的想法。在开始调查普吉特海湾之前，最好听一下斯卡吉特人怎么说。如果我想在东非拥有健康的草场，我就需要和博拉纳人一起生活、工作，并向他们咨询。和人换位思考就是和土地换位思考。

我需要理解生命之间的相互依存关系。如果我是一个好斗的环境保护主义者，我可能会和别人疏远——努力种植粮食的农民，努力谋生的家庭。我可能会单独行动，结果可能无效或者更糟，就像靠点燃火把来节约电一样。以对抗行动来拯救大鳞大马哈鱼是在"修理它"，而不是从整体上来思考。

如果我不尊重环保人士，我就抛弃了那些有知识和活力的人所贡献的解决方法。我可以致力于思考经济增长和知识产权，同时仍和那些稀有的青蛙以及关心它们的人进行换位思考。对于第3选择思维者来说，方法并不是简单的是或否。

图 7-10

正如约翰·隆巴德所说，普吉特海湾的健康或者任何其他的脆弱环境都需要"关注大局的整体愿景，不仅仅是海水、鲑鱼，而是整个区域的自然遗产统统流入海湾……普吉特海湾恢复原状并不是一个狂热的白日梦"。[263] 隆巴德正努力改善一种叫作"低影响开发"的第3选择，这种方法是指回收靠近源头的受污染的雨水，而不是将它们排入大海。人们还可以开发，鲑鱼还可以繁殖，但这种方法需要至少一个人相信第3选择。这个人不应该抵制协同的可能性，而应该能创造出一个真正的可以实现的愿景。

怎样才算成功呢？对于这个问题，我们已经见识了很多不同的看法，但很显然，对于普吉特海湾以及整个世界来说，成功必须是全面的，对人类和人类的自然家园来说是双赢的。

想象一座被松树覆盖的高山，里面活跃着狼群和鹿群。如果我们横加干涉，杀死所有的狼来拯救鹿，那么这座山面临的就是鹿将繁衍成灾。它们会把山啃成荒山，继而荒山被风和水侵蚀掉。正如伟大的生态学家阿尔多·利奥波德所说，"我们都没有学会像山一样思考，因此我们才有了尘暴区，河水会把一切都冲进海里"。[264]

我们要做的就是"像自然一样思考"，促进人类和自然之间的协同。在说明协同时，利奥波德用了"保护"这个词，一种真正的第3选择就是一方面制止开发，而另一方面从"毁坏性人类"手中拯救自然。[265]

## 第3选择的风景

如果我有协同的心态，我会比前两种选择想得更深入。我知道，要想实现协同，正如彼得·科宁所说，包括"严谨、纪律，甚至单调乏味的工作，它和那种肤浅、一味追求技术创新的快速而粗糙的文化心态截然不同"。[266] 达成第3选择是要付出代价的。

肤浅的人总是忙于贬低彼此。在纽约，激进的环保人士怒斥"砸钱的资本主义"。在他们看来，贪婪导致城市疯狂扩张，资本主义已经将纽约港变成了海上沙漠。麻木不仁的商人目瞪口呆地问："那你们想让我们怎么做？把曼哈顿拆了？把它还给印第安人？"争论双方都没有尊重他人换位思考，也没有一步步走向协同。

但是，如果他们能将保护环境的热情和企业的专业知识结合起来，他们可能会想出一些令人惊讶的第3选择。澳大利亚环保活动家纳塔莉·杰里米金科就是一个鲜活的协同例子。她想在不拆毁的情况下，把纽约改造成一个城市生态乐园。作为航天工程、生化学、神经学和物理学方面的全才生，杰里米金科融合了所有学科的知识，用她设计的小项目做出了大成绩。

多年来，纽约港已经被这座大城市的污染弄得满目疮痍。虽然政府在隔离港湾与污水系统方面已经做出了很大努力，但下雨的时候，街道还是会向水中流入大量的镉、汽油、柴油等毒素以及数以百万计的汽车制动造成的灰尘。除了杰里米金科，没有人能够在不拆掉纽约所有柏油马路的情况下阻止这种污染。

她的想法是在每个消防栓的周围建一个小花园。植物将会过滤排水道内雨水的有毒物质，同时给城市增添亮色。即便有几辆紧急车辆停放在那里，也只会压平很少的植物，而且是可以恢复的。这会有什么不同呢？当你意识到纽约有大约25万个消防栓，你就会知道每个街区的小花园相当于多少个过滤器了。

不幸的是，河口的海洋生物被许多工厂排出的多氯联苯毒害，因此杰里米金科沿河岸放置了精巧的荧光浮标，当鱼在周围游走时，浮标就会闪动。然后，人们就可以向鱼群投放经过特殊处理的食物，这种食物能够清除鱼体内的毒素。

杰里米金科还设计了一个太阳能烟囱，一个清除二氧化碳的过滤器，以排出建筑物中的热气。她的烟囱能将纽约成千上万的建筑物排到空气中的二氧化碳过滤掉，效率达80%~90%。过滤出来的炭黑还可以用来做铅笔。

杰里米金科最具影响力的设计是城市农业。如果城市能够种食物，那我们就可以避免营养的流失，节省农场运输的费用。建筑物的顶层是建造厨房花园的理想场所，但大多数房顶都承受不了成吨重的泥土。因此，杰里米金科在建筑物顶层用轻型钢和合金外壳制成了一个巧妙的吊舱，就像小说中有支撑的宇宙飞船。在每一个吊舱里面，植物在水培花园里伴着光线和雾气成长，而吊舱的支撑将重量传递到建筑物的架构部分。有一个独特的管道系统可以调节建筑物的冷暖，灰色的废水可用来浇灌植物。总有一天，这些蛹一般的银色结构将铺满纽约的天际，提供新鲜的蔬菜和水果，并节省大量的能源。

作为"另类艺术世界之星"以及发明工程师的杰里米金科轻松地跨越了艺术和技术、自然与人工的传统界线。她看见"我们存在于自然的风景，并和它交互，城市是自然的一部分，就像自然系统一样发挥作用"。她认为她的成就不仅解决了环境问题，更回答了一系列有挑战性的问题："水里的那些管道是什么？房顶上的亮仓是什么？为什么城里面的天竺葵都长在消防栓附近？"她想让人们思考一下他们能创造什么。用第3选择来点缀城市的风景，杰出的杰里米金科真是一位专业而罕见的协同实践者。[267]

从纽约绕半个地球来到印度的新德里，这里每年都有一万人死于空气污染。虽然当局正勇敢地努力解决这个问题，但新德里的确拥有世界上最不健康的空气。新德里一个办公园区的业主卡迈勒·米拓发现呼吸被污染的空气能杀死人后，就迫不及待地想要当局打赢这场空气战争。他自己也做了研究，发现某些植物能够在室内提供人们需要的新鲜空气。因此，他的办公室摆满了能产生大量氧气的槟榔树和净化空气中的毒素的绿萝。为了在夜间也使大楼空气清新，他引入了虎尾兰（因为它有尖锐的叶子），这种植物不需要阳光也能将二氧化碳转化成氧气。

有了这3种常见植物，卡迈勒说："你可以不需要其他新鲜空气，待在拧着盖子的瓶子里。"追踪结果发现，这些植物可以使眼睛刺激减半，呼吸系统不适减少1/3，头痛减少1/4。"我们的经验表明，人们的生产率神奇地上升了20%，而大楼里的能源需求下降了15%。"世界上近一半的能源都消耗在建筑物的通风、保暖、降温上，而种植这些植物节省的能源是惊人的。[268]

在西印度，一位叫作曼苏赫·普拉杰帕提的陶工发明了一种低成本的冰箱，起名为小酷陶。它是一种设计独特的陶制容器，能够让水保持清凉，还能一次性让水果、蔬菜甚至牛奶保鲜数天。它的成本低于60美元，不需要电，穷人也能负担得起。这种冰箱已经卖出了数千台。一般来说，冰箱需要消耗大量的化石燃料燃烧产生的能量。因此，像这样的解决方案可以节约数百万吨的煤炭、天然气和石油。[269]

## 大地的福祉

土壤流失是对地球生命的威胁。一位学者说过："我们正在慢慢耗尽土地资源……每年美国农场流失的土壤都能装满这个国家每个家庭的垃圾车。这是个惊人的数字……世界上每年失去大约240

万吨土壤——平均下来地球上每人几吨。每一秒钟，密西西比河都把一卡车的表层土倾入加勒比海。"由于现代的农业技术、人口压力、过度放牧等，世界上的大多数可耕地都在向沙漠转变。大约40%的土地是干燥的，沙漠面积在增多，生物多样性在减少。由于产生1英尺的表层土壤大约需要500年，因此土地再生是个令人畏惧的挑战。"技术也不能解决消费比资源再生快的问题：终有一天资源会被消耗殆尽。"[270]那么，我们是宣布放弃为世界提供口粮的农业革命呢，还是留下一个贫瘠、饥饿的地球来毁灭子孙后代呢？

第3选择思维者、津巴布韦生物学家艾伦·萨沃里舍弃了这种虚假的两难选择，赢得了巴克敏斯特·富勒挑战奖。这个年度奖奖励的是那些协同冠军，那些为看似错综复杂的问题提出伟大而全面的解决方案的人。[271]萨沃里提出的土地再生方案其实很简单：超密家畜放养。牲畜四处走动时，蹄子会分解土壤并使之肥沃，在几年而不是几百年内生成新的表土和植被。当政府想要通过禁止放牧来保护土壤时，萨沃里却反其道而行之，生成了上万亩新土壤。

萨沃里把这种模式叫作土地的"整体管理"。直观上来讲，当你看到牛吃光所有草后，你会想要使土地休整，所以你赶走了牛。但这是工作中的一种修复心态而不是健康心态。萨沃里说，真正的工作是管理整个自然系统，这是有悖直觉的。因此，当你想要拯救土地时，不要用"快速修复"来破坏它。

以有害植物入侵为例，如果你把它们当作独立的问题来解决，你就会失败。蒙大拿的领导人花费了5 000万美元来消灭矢车菊。但他们现在索性封它为国花，因为它比原来更多了。这是因为它本身并不是问题，问题是蒙大拿缺乏生物多样性。得克萨斯州花费2亿多美元控制、毒杀、铲除豆科灌木，如今这种植物也比以往更多了。它从来都不是一个问题，它只是该地区缺乏生物多样性的征兆。[272]

生物多样性是土壤健康的标志。当你拿着铁锹铲起一块好土时，你能看到、感受到细菌、霉菌、蚯蚓、植被丰富的活力以及死亡、生命和腐烂之间的平衡。死土是贫瘠的，如果你知道人类的将来取决于土地的好坏，你就会明白这是一个多么严峻的现实。如果无法通风和施肥，土壤和多样化生物会相继消亡。30年来对非洲草场上生命的观察使艾伦·萨沃里意识到，在工作中要一直依靠而不是违背这些原则。

尽管有人批评萨沃里的方法可能在某些地方会更有效，但他有着协同者的天性和逆向思维，他不愿接受传统的非此即彼的解决方法，而是寻求简单而令人兴奋的第3选择。他看到了人类文化和动物、野生生命、土地、水、整个地球的福祉之间的广泛联系。

整体管理牛及其他食草牲畜，能迅速恢复由于人类农耕流失的地表土。新的地表土富含大量来自空气的碳，能够减少化石燃料燃烧造成的温室气体排放，将空气水平恢复至工业革命前的平衡状态。[273]

我不知道萨沃里的第3选择是否恰当。但我尊重像他一样的人，他们摆脱了非此即彼思想的束缚和大辩论的乏味。一方面，他们不是细心的观察家口中"约束而非释放和引导人类的志向、抱负和能力的环保主义者；[274]另一方面，他们也不是只看到自身掠夺性的经济利益而无视地球家园的愤世嫉俗的无知者（尤其是当他们靠无视赚钱时）。他们也没有受困于两者，觉得看不到希望。

是毁灭我们的地球，还是宣布放弃我们的生活方式，我们创造第3选择的能力取决于我们的思维模式。节能的方法比比皆是。正如我们所看到的，尽管第3选择看起来微不足道，但它可能会对我们的环境产生巨大的影响。通过释放协同的力量，我们可以重见世界的荣耀和美丽。

## 一个没有贫穷的世界

也许我们的社会面临的最艰难的问题就是贫穷，它是众多犯罪、暴力、虐待和大多数其他社会弊病的根源。我们痛苦无奈地关注着穷人，甚至很多情况下选择了忽视。当然，贫穷是与文化有关的，某些国家的穷人在其他国家可能称得上富人。不过，任何地方的穷人都受苦受难，心怀慈悲的人对他们的苦难也感同身受。我们的"严峻挑战"调查的受访者来自世界各地，他们都深切关注因经济严重不平等带来的贫困问题。

- "贫穷往往是导致愤怒、仇恨、贪婪、战争背后的嫉妒、恐惧和失业的催化剂，解决贫困问题已成为最具影响力的措施之一。"
- "还有很多人没有最基本的生活保障，而我们中的很多人却认为这些保障是理所当然的。"
- "没有人应该在贫困中度过他的一生。贫困是其他全球性问题的根源，比如受教育程度低、环境问题等。"
- "贫穷在全球范围内是非常普遍的，这是恐怖主义能够得逞的重要原因……受教育程度不高的人很容易被洗脑。"

- "与花在其他方面的钱相比，用在解决贫穷、毒瘾、失业上的钱少之又少。我们已经并继续受到欺骗，为了少数人的利益付出我们的金钱甚至生命。"
- "我们国家的失业率迅速飙升到失控的状态……很多失业人员都前途暗淡。"
- "我的国家是亚洲最贫困的国家之一。这是战斗的号角……我们的民众大多生活在贫困之中。这是一个就业岗位不足、教育落后、基础设施匮乏、背负巨额债务、治理不善、腐败猖獗的国度。"
- "在我的心目中，一个更好的世界就是一个没有贫穷的世界。"

左翼和右翼认为，实现没有贫穷的世界是一件很容易的事情，只要我们使用他们开出的处方。两派对问题的看法鲜有一致的时候，在如何解决贫困的问题上，两派之间的冲突更加明显。

一些研究者声称，每个冬天，世界上最发达的国家之一——英国，都会有 25 000~30 000 人死于寒冷，其中大多是老弱者。左翼对此感到非常愤怒，他们奇怪为什么在气候相对温和的英国死于寒冷的人数比在西伯利亚的人还要多，并把这怪罪于"商界精英对他人的不幸无动于衷"。他们认为高油价使穷人受损，能源公司得利，这根本就是不公正的。他们的解决方案是价格管制和"劫富济贫"。[275]

另一方面，右翼主张穷人停止依靠政府满足他们的需求。英国保守党指出，一代又一代人都有着依赖福利的"恶性循环"，适龄劳动人口失业人数已近 500 万。他们指出，社会福利制度"最初设计的目的是帮助和扶持社会中最贫穷的人，现在却把人们困在它本来想解决的困境中"。在供暖、食品或健康方面,更多的支出只会让穷人变得更有依赖性。[276]

**两种选择**

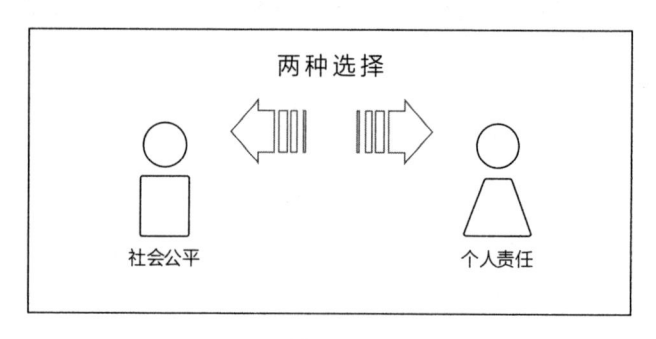

社会公平 ⇔ 个人责任

图 7-11

每个人都同意承担更多个人责任的倡议,但另一方面,所有人都很困惑,为什么穷人和其他弱势群体备受煎熬,而社会中还有一些人却过得很舒服。这对"两种选择"思维者来说是一个困境,他们被迫选择立场。与此同时,中产阶层拿不出解决方案,也不抱期待,只是感叹:"穷人永远与我们同在。"

我不想把左翼或右翼视为假想敌,双方都遵守着他们的个人和社会责任原则,双方都对我们的经济繁荣做出了巨大贡献,他们之间往往只是相互制衡的问题。但简单的拔河理论对打破贫困循环并没有什么实质性帮助。救济金让某些人依赖性更强,"重新振作,找个工作"一类的口号也没有太大的帮助。作为协同者,我们厌倦了两种不同立场思维者之间的扯皮,我们希望他们加入我们,共同努力,共同走向更高、更好的层面。我们伟大的终极目标是建立一个没有贫困的世界。

**主要财富与次要财富**

这种更好的方法从我开始。我看穷人的时候会自以为是吗？我是否相信如果他们像我一样道德高尚、足智多谋就不会贫穷？另一方面，假设我没有这么幸运，我会不会认为自己也是受害者？在我的意识形态中，左翼倾向是不是比右翼倾向要强，抑或相反？我的身份被某个党派盗用了吗？

无论是迫害者还是受害者，都有可能对解决问题做出贡献。

只要有诸如身心或情感障碍（不论是自己造成的，还是遗传的，又或者是运气不好），我们总要依赖社会中的其他人。我认识一个叫弗兰克的年轻人，他患有肌营养不良，除了勉强敲敲键盘，他什么也做不了。他每周只挣几美元。他需要像个新生婴儿那样被喂养和照顾。除了穿的衣服，他没有家人，没有任何财产，甚至他的轮椅也是国家给的。然而，我不认为他是贫穷的，因为他有很多朋友，他智商高、性格温柔。我所说的没有贫穷的世界，意思是一个充满弗兰克喜欢的那种财富的世界，一种不一样的财富。

金钱只是财富的一种，是次要财富的标志。正如我之前所说的，主要财富来自我们的人性品格，是由我们所做的贡献来衡量的。正直、诚实、努力工作、有同情心，如果我们用这些原则来指导我们的生活，我们就永远不会贫穷。在由这样的人组成的世界里，没有人会贫穷，即使是残疾人士。精神财富是主要财富，次要财富往往会随主要财富而来（但无法保证）。能带来物质财富的因素不会改变，它们是品性、教育、技能、长时间积累的人际关系和耐性。有一些行之有效的自然法则，用它们来指导生活的人能够兼具谦卑与自信。有一些不具备这些品质的人可能通过出身、运气来致富，但他们的财富很容易变质。如果我把自己视为受害者，那么我会等待社会变得更"公平",而不是积极开发这些可以让自己变富有的特性。相反,如果我把穷人视为懒惰的寄生虫,我会认为施舍他们是一种社会道德危险,而且他们不劳而获也是不公平的。

然而,作为协同者的我们最关心的不是公平,我们想超越公平,达成第3选择。我们一致认为,主要财富比物质财富重要,因此我们的第一要务是提升自己和社会的主要特质。同时,我们不认为穷人是牺牲他人、不劳而获的下等人。相对于世界上的所有人,穷人更需要我们的尊重和同情。我们以乌班图精神对待他们,他们是一群不可替代的、独一无二的个体,没有他们人类就不完整了。我们改变他们的视角,让他们也能看到自己的价值和潜力。一旦他们意识到这一点,他们就获得了能给自身带来物质财富的精神财富。

像许多社会中的弱势群体一样,年轻的韦尔登·朗无家可归。他是一个没有任何特长的辍学的高中生,有点儿钱的时候,就买啤酒和毒品来寻求慰藉。他完全没有意识到自我的价值。32岁之前,他因抢劫3次入狱,没有钱,没有希望,没有未来。"他是一个失败者,他从没有一份稳定的工作,他遗弃了他3岁的儿子,他从来没有拥有过一个家,他的整个成年生活都是在绝望状态中度过的。"[277] 韦尔登·朗是穷人中的穷人。

在监狱里,他在图书馆里漫无目的地看书的时候,发现了爱默生的著作。这个伟大哲学家的见解深深触动了他:"你整天想什么,你就会成为什么样的人。"他说,当他在狱舍的镜子里盯着自己时,他会凝神思索这句话,在脑海里不断地重复。

他专注地想着这句话,仿佛看到了自己悲惨的现状。他凝视着，思考着，生活还有什么？如何才能找到？他能不能通过他"整天所思考的东西"来改变他那似乎已经注定的人生轨迹？

尽管成功的机会寥寥无几，他还是决定试一试。他踏上了改变生活的旅程。他决定孤注一掷，孤注一掷的人做孤注一掷的事，他决心改变自己的命运。

他开始思考一个"新"的韦尔登·朗：一个慈爱的父亲和丈夫、一个受过教育的人、一个诚实的商人、一个社会的贡献者。他给自己讲述这些角色的虚构故事。每一天，他的脑海里都充满了这些景象。这种思想上的变化引起了他行动上的变化。他阅读所有他能找到的书籍：爱默生的作品、《圣经》、励志文学等。他每星期都给他的小儿子写信，并且参加了监狱里的所有课程，最终获得了学士学位和优异的 MBA 成绩。（"我去的是监狱，不是耶鲁！"他开玩笑说。）

我开始相信，我对改变自己的过程全权负责，我没法控制我身边的人或事，所以承担责任意味着没有抱怨、没有借口。我没法保证我能成功地实现想象中的自我。但无论如何，我必须承担责任……尽我的一切力量成为一个高尚的人。

2003年，第三次被释放出来时，情况发生了变化。我已经改变了。我不再做我以前一直做的事——喝酒、吸毒和犯罪，我清醒了。我全心全意地追求成功，打造一个勤奋、诚信、有个人责任的人生。[278]

作为一个重获自由的人，韦尔登面临着他最大的审判。他会回到从前，还是克服恐惧创造新生活？幸运的是，他现在已经习惯了像自己想象的那样生活。找工作很困难，因为很少有雇主愿意给曾经的罪犯机会。最后他得到了一份卖加热器和通风设备的工作，第一个月他就打破了公司的销售纪录。他平生第一次过上了诚实的生活。不久，他成立了自己的设备公司，由于他的努力，公司发展得非常好。如今，他在科罗拉多和毛伊岛都有美丽的家，与他的妻子和儿子共享天伦之乐。

我认识韦尔登·朗并钦佩他。如果他没有发现自己是谁，一切都不会发生：一个强大的、有潜力的个体只是受到了自己选择的限制。精神意向驱动感知、驱动行为，从而驱动结果。如果让人们从个人贡献方面思考，会立刻让他们进入一种心境。当你聆听穷人的心声，当你帮助他们看到自己无限的生命价值时，他们将踏上摆脱贫困的旅程。这才是我们要做的工作。

任何人都可以做到韦尔登所做到的，但从"平凡的失败者"到有才华的、机智的、对社会有贡献的成功人士的转变，对他来说是一个惊人的飞跃。如果你问他，他会告诉你，实现这个飞跃的最大障碍是恐惧："我意识到，恐惧是我所有失败的主要原因……恐惧思想是自我应验的预言。"[279] 穷人面临的困境是精神上的沮丧。许多穷人的生活始于糟糕的健康状况和不健全的家庭。他们受的教育不多，没有文化，也找不到好工作。随着时间的流逝，挡在穷人面前的鸿沟越来越宽，这需要不同寻常的力量和勇气才能跨越。因此，很多穷人害怕尝试。对他们来说，要么一次又一次地跳跃和失败，要么在日益贫困的人生中苟活。

## 为什么他们不找一份工作？

当然，像大多数困境一样，这不是真正的困境。韦尔登·朗的故事说明，第3选择是存在的。不过，残酷的文化力量击退了想突破自己的穷人。我们的社会夹在两种人之间，一种人沮丧地问"他们为什么不找一份工作"；另一种人出于善意，以可怜的失业救济金接济穷人。在当今社会，对于健康、受过教育的人来说，"找一份工作"可能都是一个巨大的挑战。对于为了向穷人展现善意，给他们提供好生活却不需要他们付出努力的做法，伟大的伦理学者C.S.刘易斯是这样评论的："爱比单纯的善良更加严厉和灿烂。"[280] 社会要做的事情不仅仅是向穷人提供食物那么简单。

在会计师事务所工作了32年的戴夫·菲利普斯并没有退休后到高尔夫球场清闲度日的打算。多年来，他和妻子利亚纳在闲暇时间加入了各种非营利组织，渴望为俄亥俄州辛辛那提市的社区做出更多的贡献。在他们惊讶地得知辛辛那提的贫困率在过去的10年里从12%飙升至24%之后，他们决定将余生投入帮助穷人摆脱贫困的事业。

他们不知道该如何着手，但戴夫有很强的业务背景和很高的天赋，于是他开始尽可能多地了解相关问题，确定他们可以提供哪些帮助。经过对各种就业计划的研究，他们集思广益，创立了一个非营利组织——辛辛那提就业组织（CW）。该组织现在被誉为"创造穷人与需要入门级员工企业之间双赢方案的最佳实践"。这一模式很快在美国推广开来。

对穷人来说，辛辛那提就业组织是一个真正的第3选择。因为缺乏强有力的网络支持，穷人通常会求助于公共职业介绍所，其中大多数会尽力为你找工作，教你写简历，提供面试机会。一旦客户得到一份工作，他们认为他们的工作就完成了。但相对于真正要做的工作来说，这种方法是远远不够的。长期失业者得到工作后很难守住工作；3个月后的工作保有率是15%~20%。用利亚纳的话来说，真正要做的工作是"全面分析求职者"。她将穷人视为一个不仅需要物质支持而且需要情感、心理、精神全面支持的整体。

在CW，长期失业人员不是"客户"，而是相互支持俱乐部的"会员"。俱乐部的目标是通过建立长期关系实现职业发展。大部分成员是非洲裔单身母亲，她们在努力工作的同时还要照顾自己的孩子。"她们面临的挑战太多了，"CW专家雪莉·史密斯说，"把孩子丢给姐妹们，挤公交车，努力地挣钱……她们需要听到有人一遍又一遍地告诉她们，'是的，你可以做到'。因为她们从别人那里听不到这些，所以我们必须让她们感觉处于一个充满关怀与奉献的地方，在这里，我们将伴随她们走过摆脱贫穷的每一步。"

这种可靠的情感支持是至关重要的。在研究中，戴夫发现60%的成员患有慢性抑郁症，这才是真正的长期贫困。不只在辛辛那提，其他地方也是如此。抑郁症症状常常被误认为是懒惰。利亚纳说道：

> 我们发现人们的认识是完全错误的。我们碰到的大多数穷人都不懒惰。对他们来说，每天都是煎熬，要不断地解决问题。对我们来说很简单的任务，他们需要耗费大量精力来解决：没有车上下班，没有车去寻找和购买食物，在没有银行账户的情况下兑现支票——如果他们有支票……最重要的是，我们开始理解他们不断尝试又不断失去工作的那种深刻的沮丧和绝望。

心理健康专家现场帮助成员疗愈贫困带来的心理创伤。长期遭受失败和排斥让他们充满恐惧。一个成员说，"找工作是一件非常可怕的事，被拒绝让我对自己感到失望，我想知道我错在哪里了"。另外一个人说，"就是害怕离开家出门找工作，害怕被拒绝或被排斥，担心他们不给我回电话"。他们湮没在自我隔绝与社会所传递的"他们有问题"的大量信息中。对许多人来说，不管他们的生活多么糟糕，冒更多的失败风险对他们来说都太痛苦了。

因为这些敏感的情感创伤，他们真正的问题往往不是找工作，而是保住工作。这是戴夫的一个深刻领悟。被录用之后，如果在工作中不被尊重，或错过公共汽车，或孩子生病，许多人都会选择放弃。一次又一次的放弃打击了他们的自信心，使他们更加难以就业。"在关键时刻或问题面前，他们下意识就想放弃，没有意识到保住工作对他们的未来是多么重要"。借助他的会计思维，戴夫研究这个问题后发现，对一般成员而言，维持一份工作的稳定要花一年的时间，最初的3个月最可能失去工作。因此CW制定了一个严格的3个月方案，其间会有频繁的交流和随访。他们的口号是"放弃之前先打电话"，遇到困难、不堪重负的成员可以打CW热线寻求帮助。

工作一年通常标志着物质和情感上的稳定。一位成员说："我认为没有工作会放大我的抑郁，我会拒绝与人交往……我有负罪感。但是在工作时，我感觉很好，我有一个目标，我感到一切顺利。我觉得我有了归属感，好像和世界上每个人都联系在一起了。"

CW致力于丰富成员的精神生活。工作室导师教成员们工作场所的"潜规则"，如何建立强大的人际关系，如何应对苛刻的老板，永远不要不打招呼就辞去工作。成员学会致力于摆脱贫困的"下一步"：学会销售技能，取得证书、学位或驾照。

CW 的成功在于，它让成员具有了较高的工作留职率：通过帮助 4 000 名贫困和长期失业者找到工作、培养他们留用的能力，CW 已帮许多公司大大减少了辞职率，有些公司的辞职率甚至减半……在五三银行，与公司 50% 的一年工作留职率相比，90% 通过该计划找到工作的员工至少工作了一年。[281] 就 CW 整体而言，一年工作留职率为 80%。

CW 的影响是革命性的。通常，政府每年用于辛辛那提每个贫困家庭的开支是 30 000 美元，而 CW 一次性支出 1 200 美元，就能帮助一个人获得并保有一份工作。10 年间，CW 帮助社区节省超过 1 亿美元。利亚纳·菲利普斯说："他们为什么不找一份工作？对于长期失业而言，这是一个价值百万美元的问题。这个惊人的金额恰好也是美国每个贫困家庭一生中给社会造成的最低成本。"[282]

长期失业者的选择往往是放弃或转而求助于不堪重负的公共就业服务机制。CW 是一种真正的第 3 选择。有些人能像韦尔登·朗一样，通过自我思考，靠自己的力量脱离贫困，但对于美国 3 700 万贫困人员来说，戴夫这样的第 3 选择，这"严厉和灿烂"的爱，是他们自给自足、摆脱贫困的开始。

## 由内而外消除贫困

对大多数人来说，没有贫困的世界是不可想象的。全世界有 8.78 亿人负担不起基本的生活必需品，比如干净的水、食物和住所。其中包括数以百万计的街头流浪儿童。超过 1 100 万名贫困儿童活不过 5 年。对心存善意的人来说，减轻这些困难所面临的挑战是巨大的。

好消息是，随着新兴国家的经济增长，2005—2010年贫困人口下降了近10亿。布鲁金斯学会的劳伦斯·钱迪观察到，"如此大规模的减贫在历史上是空前的，以前从来没有如此多的人在如此短的时间里摆脱贫困。"看来，发展中国家终于真正发展起来了，或许终结贫困指日可待。[283]

数千万人效仿韦尔登·朗的做法摆脱了贫困，进入了职场。当然，其中的催化剂是全球市场在亚洲、非洲和拉丁美洲的扩大。令人欣慰的是，面对如此机遇，很多人以自己的行动抓住了机会。

世界各地的贫困者都在寻找摆脱贫困的第3选择，或等待着外界的拯救，而能否脱离贫困的答案取决于他们自己。政府和慈善组织都做出了巨大的贡献，但减轻贫困最有效的方法来自内在。外界善意的努力赋予人们金钱和资源，但这些在内在发生改变前起不到什么作用。所谓的内在，就是自我尊重。

人们可以自外围推动这一变化。几年前，杰里·斯捷尔宁和莫妮克·斯捷尔宁代表一家慈善基金会尝试在越南改善儿童营养状况。由于营养不良，无数村庄的健康婴儿变得瘦弱不堪。于是，越南政府邀请斯捷尔宁，看看他们能否提供帮助。他们不是第一个被邀请来的。许多组织来了又走了，带来了牛奶和高蛋白饼干。但是当供应商和外界帮助的意愿消失时，村民放弃了努力。"慈善组织来了，带来了食物；他们走了，一切都没改变。"杰里·斯捷尔宁说道。

在斯捷尔宁看来，"失败的原因不难辨别，村民是被动的项目受益者，没有人鼓励或要求他们改变那些导致儿童营养不良的根本因素"。尽管带着一些供应品，但是斯捷尔宁决定不让食物供给毫不费力地从天而降。相反，他们开始从村民身上寻找问题。[284]

首先，他们拜访了4个村的村长，发现以前从来没有人告知他们哪些做法不利于孩子健康。当被问及时，村民非常热情和踊跃。志愿者称了每个孩子的体重，跟家庭收入一起画成图表。村民惊讶地了解到，有些营养最好的孩子来自贫穷家庭。每个人都很困惑，都想知道这些家庭做了什么不一样的事，于是他们开始认真地倾听。村民学习邻居告诉他们的一切，即使他们处在社会最底层。

不久，真相大白。最穷的人在他们的米饭中添加了营养丰富的小虾，以及从稻田里清理出来的野生红薯叶。这些被大多数村民视为不适合孩子的"垃圾食品"是蛋白质、维生素的来源。这一发现以及其他发现最终解决了成千上万个孩子的营养不良问题。答案就在那里。但由于缺乏自我尊重，父母都没有看到自己的长处，他们总是说"我们村子很穷"，"我们没有办法，我们饱受煎熬，直到一些富人和受过教育的人来帮助我们"。

作为第3选择思维者，斯捷尔宁知道，如果不转变思维模式，村里的孩子们仍然会是"两种选择"思维的受害者，这种思想也困扰着很多穷人："别人不帮助我们，我们也不能帮助自己。"斯捷尔宁在越南了解到，"传统的社会和组织改革没有发挥作用，它们从来没有起过作用。你不能从外面带来永久性的解决方案"。[285] 但一旦允许他们从自身找出解决贫困的方法，把自己视为有天赋、有能力的个体，穷人就可以成为优秀的问题解决者。

斯捷尔宁还展示了如何通过逆向思维来找到协同的技巧。作为受过高等教育、掌握高端技术的西方专家，他们被邀请到越南去拯救"原始"的村民。但是斯捷尔宁把一切都反了过来。他们去学习，而不是教导。他们倾听，而不是将自己的想法强加于人。他们与村民协同合作，而不是命令他们。他们发现最睿智的答案来自最穷的人。

在谈到解决贫困的第 3 选择时，魔幻剧场没有学科或教育的界限。穷人的创新无处不在，他们经常非常直接而巧妙地解决问题。当我们提到创新时，我们想到的是有着巨额预算和研究实验室的苹果、谷歌和其他一些大型企业，但在当今世界，某些最引人注目的创新来自独出心裁的穷人。

印度管理学院的学生每年有两次、每次 8~10 天的农村朝圣之旅。在这个探索之旅或徒步过程中，学生们寻找的是第 3 选择——奇特的想法，一些诞生在遥远的印度村庄里的新奇的创意。探索之旅感兴趣的是小改进、小发明。当他们发现一些由农民或车间工人发明的不寻常的方法或设备的时候，他们就会通过以传播新知识为宗旨的全国性组织——蜜蜂网分享。

蜜蜂网由阿尼尔·K.古普塔教授创立。之所以叫这个名字，是因为蜜蜂、花和蜂蜜之间是共生关系，就像基层创新者、风险投资家和学者的协同方式一样。印度最大的知识资源蕴藏在乡下而不是大学，这是创立蜜蜂网的前提，这是典型的逆向思维方式。古普塔坚持认为，"当我们谈到印度的知识经济时，我们假定农村人做低附加值的工作而从未把他们看成知识提供者，这是荒谬的"。

> 至少半个世纪以来，国家或公民社会的作用仅仅是给穷人提供他们所缺乏的东西，即物质资源、技能、资源或就业机会，这一发展模式一直处于主导地位。这种模式没能建立在一种特殊资源的基础上，一种穷人所拥有的丰富的资源：他们自己的知识。
>
> 经济上的贫穷并不意味着知识上的贫困。但处于经济金字塔底部的穷人通常被认为也处于知识金字塔的底部。没有

比这更荒谬的了。[286]

蜜蜂网将长途跋涉得到的数据反馈到国家创新基地。国家创新基地记录了超过 5 万个来自全印度的创新发明，并将其传播到投资者或任何能将它们资本化的人那里。探索之旅忠实地记录了草药疗法、小马达的奇怪用法（比如用一个古老的索尼随身听驱动风扇），甚至还有当地的咖喱食谱。他们也遇到过小奇迹，比如一个能背诵超过 300 种当地植物的名称和使用方法的孩子。[287] 通常，他们能找到可以改变贫困人口生活的真正的创新想法。一个成功的发现是曼苏赫·普拉杰帕提的"小酷陶"冰箱，它由一个巧妙的矩形陶壶组成，不需要使用电力，现在数以千计的人在使用它。他还发明了由一辆摩托车驱动的犁和一个据说性能跟聚四氟乙烯一样好但成本只有 1 美元的黏土不粘锅。

在谷物磨坊不接受小型农民订单的地方，人们发明出了一个有两个轮子的便携式小麦研磨机，可以自行收割庄稼；如果你想洗衣服，它还有一个洗衣机附件。爬椰子树装置的发明者现在在国际上出售他的爬树机。来自一家农场的湿疹治疗草本霜在世界范围内已经非常流行。还有一个男人发明了水陆两栖自行车，这样他就能骑车过河去见他的女朋友。他说："我迫不及待地要见我的爱人。"绝望让穷人成了发明家，爱也需要科技的辅助，这个自行车不是搞笑的玩意儿，投资者把它用作水患地区的救援装置。[288]

从古普塔教授和他的蜜蜂网来看，整个印度就是一个有着第 3 选择传统的魔幻剧场。网络本身就是逆向思维的载体，它把来自农村贫困人口的革命性、获利性的想法而不是来自大公司的实验室的想法资本化。值得称赞的是，古普塔一直致力于保护蜜蜂网中成千上万创新者的知识产权。他表示,"当我们从他人那里学到一些东西时,必须与他们共享",从中获得的经济效益也必须共享。

对古普塔来说,比经济效应更重要的是精神价值。当他们的知识受到人们的尊敬时,当有人重视他们的贡献时,穷人会用心回应。很久没有引人注意的农村突然成了药材的知识宝地。村里的孩子争相展示他们的发明,他们取得的成绩也激发了他们的创新精神。

## 大协同

"贫困不应属于人类文明社会,它应该待在博物馆里。"诺贝尔奖得主穆罕默德·尤努斯如此预言。作为小额信贷业之父,尤努斯明白,贫困本质上是一种精神挑战。它涉及整个人。你不能把物质贫穷同头脑、心灵和精神分裂开来。克服贫困,就需要我们天性的每个部分积极地进行内部协同。衰弱和饥饿的身体,低落和不受重视的内心,没有受过教育的心智和绝望的精神,构成了被我们称为贫困的负协同。

尤努斯相信,贫困人口可以释放出人类与生俱来的能力来改变自己。20 世纪 70 年代,身为孟加拉国的经济学教授,他认为,物质贫困主要是"两种选择"思维带来的后果:穷人需要小额信贷开创事业,但银行因为他们穷不贷款给他们,他们的贷款微不足道且具有风险。因此,他们被迫向高利贷者借取高利率贷款。穷人根本无法逃脱这种恶性循环,他们赚的钱都到了高利贷者手中。

因此,尤努斯提出了第 3 选择:建立小额信贷银行,借小额资金给贫困的手工艺者和农民,使他们逐步获得成功,避免放贷者利用他们收取高利贷。他知道,在正直和诚实等方面他们值得信赖,他们的还款率超过了许多大银行客户。今天,超过 100 万人在小额信贷的帮助下摆脱了贫困。尽管尤努斯的小额信贷理念受到一些人的阻挠，但它仍然是数百万贫困人口的希望。与尤努斯博士共进晚餐的时候他告诉我，他的毕生目标就是看到贫困终结。

尤努斯认为，有关贫困的政治大辩论只是浮于表面，因为它仅仅关乎政治经济学而"没有人性的一面，毫无人情味"。尤努斯认为，希望通过简单的资金转移来解决贫困的左翼人士，他们传递给穷人的信息是有害的："你们做不了任何事情，政府会照顾你们，你们会变得更有依赖性。"而且他提醒那些秉持自由放任主义、依赖自由市场的极右翼人士："不受束缚的市场解决不了社会问题，反而可能会加剧贫困，导致疾病、污染、腐败、犯罪以及不平等。"[289] 在尤努斯看来，双方都没有看清真正要做的工作：提升穷人的尊严。

尤努斯想在企业和穷人之间建立起大协同，将资本力量与个人抱负结合在一起找到第3选择，即所谓的"社会企业"。他说，社会企业的目的是解决社会问题，而不是为股东创造利润。法国食品巨头达能集团建立的非营利性公司，在孟加拉国雇用了数千名贫困工人生产强化酸奶，一种该国的贫困儿童能够买得起的酸奶。这一改善儿童健康、购买本地奶、提供就业机会、实现自我价值的社会商业模式的效益将远远超过其各个部分效益的总和。这是一个可以改变整个国家的协同。[290]

尤努斯认为，社会企业的第3选择有能力在短时间内给我们带来一个脱离贫困的世界。这是无法预测的。达能的投资者知道，他们唯一的回报是"在心理和精神上帮助地球另一半的穷人"。也许主要财富将吸引足够的资本带来这种改变。尤努斯是这样认为的："企业总是要追求利润最大化，它还可以有另一个目标：服务社会。

我们需要这样的企业，它们的驱动力不是金钱而是为社会做贡献的愿望。"[291]

无论尤努斯的理想是否可以实现，我深深佩服他的第3选择思维模式，它激励着数百万贫困人口通过自己的机智来主动争取更美好的未来。他看到了企业和政府的关键作用。个人责任和组织相结合，可以促进社会公正，提升穷人尊严，结束他们的苦难。在本书中，我尝试了一次第3选择的探索之旅。第3选择无所不在，像暗夜中的篝火。这些星星之火是世界各地的人们采用协同而不是防卫和攻击思维模式的结果。

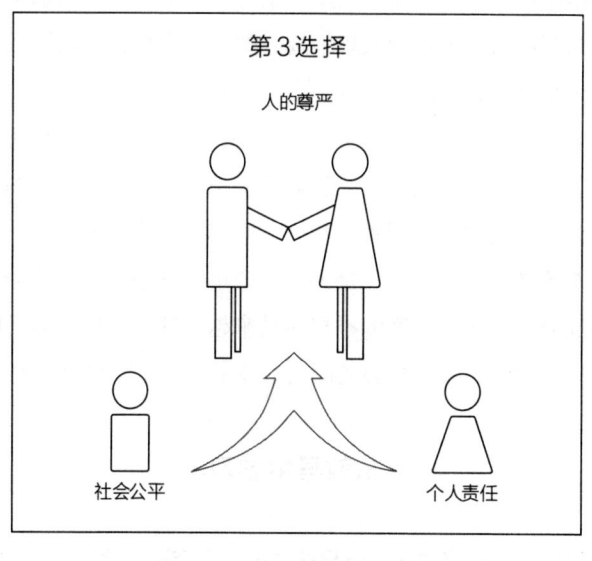

图 7-12

**我看到自己**。最贫困的韦尔登·朗盯着镜子里的自己后意识到：所谓精神、物质、情感上的贫困不过是一种个人选择，而他有权力做出不同的选择。

**我看到你。** 文质彬彬的管理学教授阿尼尔·古普塔看到的不是贫困的南亚村民无奈的眼神，而是能使世界更加美好的知识宝库。他说："人们可能经济条件差，但他们的心不穷。大脑的边际并不是思想的边际。"

**我找到你。** 严厉的加拿大皇家骑警抓住失足未成年人却不逮捕他们，而是找到他们的优点表扬他们，向他们学习，与他们一起工作。骑警看到的不是"罪犯"，而是未来为子孙后代建设公民社会的贡献者、家长或合作伙伴。

**我和你协同。** 纳塔莉·杰里米金科，一个融合了艺术家、工程师、园艺师和海洋生物学家思维模式的魔幻人物，通过协同来改变一个伟大城市的生态环境。

如果我是像这些杰出人物一样的协同者，我会审视我们的社会，将转变的障碍与机遇视为我创造未来、实现前所未有的梦想的邀请。如果我们都是协同者，我们之间的鸿沟会渐渐消失。无论我们的影响范围有多大，无论是影响一个小家庭还是整个社会，我们的行动成果都会随着时间的推移而越来越丰硕。我们不会受困于虚假困境，我们不必等待社会的改变，我们可以主宰自己的改变。

## 从教导中学习

学习本书的最好方法，就是把本书的内容再教给别人。大家都知道，在教学过程中，老师学到的东西比学生学到的要更多。所以找一个人——同事、朋友、家人，把你学到的都传授给他。向他提出以下具有启发性的问题，或者你也可以自己再想一些问题。

- 艾伦·格林斯潘提到："这个社会普遍的分裂状态越来越具有破坏性。"分裂的两方对社会有着怎样的假定呢？两方分别存在哪些局限？

- 什么是"相互依赖"？为什么第 3 选择思维者如此重视它在解决社会问题中的价值？教义如何帮助我们直视我们所遇到的困难？

- 就处理我们与街道、邻里、社区的冲突而言，我们能从时代广场复兴的故事中得到什么启发？我们如何认识多样化人群的价值？他们是如何使用原型法找到第 3 选择的？

- 针对犯罪问题，强硬和柔和的思维模式分别有哪些局限？沃德·克拉彭为何要创造一个协同型警察组织？他是怎么做到的？奖励单和 MINI Cooper 街头赛车的想法是如何形成的？逆向思维的价值又在哪里？

- 卫生保健大辩论的辩论双方分别是谁？为什么这场辩论陷入了一个虚假的两难困境？

- 关爱自身健康，个人应承担什么责任？"全面健康"是什么意思？

- "最大的医疗产业其实是'疾病产业'"，这句话是什么含义？从乐活健康中心、诺曼诊所和山间医疗保健的故事中，我们学到了什么？

- 关于同理心倾听，两类人关于环境的讨论给了我们什么启示？

- 我们从纳塔莉·杰里米金科和艾伦·萨沃里关于小规模第 3 选择具有大规模影响潜力的故事中学到了什么？

- 主要财富和次要财富的差别在哪里？为什么主要财富比次要财富对人们的幸福快乐影响更大？

- 韦尔登·朗说:"恐惧是人们试图冲破贫穷时的最大障碍。"这种恐惧来自哪里?韦尔登·朗的故事教会了我们什么?
- 当我们说"贫穷的消失是由内而外的",我们指的是什么?杰里·斯捷尔宁和莫妮克·斯捷尔宁和蜜蜂网的故事是如何证明这一理论的?

## 试试看

环顾你所在的社区,你发现社会问题或机遇了吗?启动第3选择吧,邀请别人也加入进来。使用"协同的四个步骤"。

**协同的四个步骤**

① 以第3选择的思维模式提问:

"你愿意寻找一种更好的解决方案吗?"如果答案是愿意,到步骤2。

② 界定成功的标准

在以下空白处列举令双方都满意的解决方案的要点。成功是什么样的?真正要做的工作是什么?对所有人来说,"双赢"是什么样的?

③ 创造第 3 选择

在以下空白处建立模型，画图，集思广益，逆向思考，迅速而有创造性地开展工作。在达成令人兴奋的协同之前，暂不下结论。

④ 达成协同

在此处描述你的第 3 选择，如果你愿意，描述你将如何将其付诸实践。

**四步协同指南**

① 询问 ———— 第 3 选择询问
② 界定 ———— 成功的标准
③ 创造 ———— 第 3 选择
④ 达成 ———— 协同或第 3 选择

注：协同的四个步骤。这一过程有助于你发挥协同原则的效力。(1) 表明寻找第 3 选择的意愿；(2) 界定每个人心中成功的标准；(3) 寻找解决方案；(4) 达成协同。在整个过程中保持用同理心倾听。

## 如何达成协同

① 以第 3 选择的思维模式提问

在冲突或有创造性的环境中，这个问题帮助所有人放弃固执和成见，向着第 3 选择的思维模式发展。

② 界定成功的标准

列举或用一段话描述所有人眼中成功结果的特征。同时回答下列问题：

- 是否所有人都参与了标准的制定？我们是否得到了最广泛人群的最普遍想法？
- 我们真正想要的结果是什么？真正要做的工作是什么？
- 什么样的结果使每个人都成为赢家？
- 我们愿意放下原有的需求寻找更好的结果吗？

③ 创造第 3 选择

遵循以下指导方针：

- 保持游戏心态。它不是"真实的"，人人都知道它是一个游戏。
- 避免下结论。避免协议或共识。
- 避免判断别人或你自己的想法。
- 建立模型。在白板上画示意图、流程图，构建实际模型，撰写草稿。
- 激发他人的创意。颠覆传统观念。
- 迅速执行。设置一个时间期限，保持活力和思维开阔。

- 酝酿多种想法。你无法预料哪一次不假思索的领悟就可能带来第 3 选择。

## ④ 达成协同

你在人们的兴奋与激情里识别出第 3 选择，新的选择符合成功的标准。注意要避免将错误性妥协与协同相混淆。妥协令人满意，但并不让人感到快乐。妥协意味着人人都有损失，协同意味着人人都有赢的可能。

第八章

# 全世界的第 3 选择

多元却统一,多种宗教及多种语言并存共荣的瑞士,向世界展示如何建设第 3 选择的文化。世界上没有无法解决的冲突。瑞士的成功绝非偶然。几个世纪以来人们因为种族与宗教的分歧兵戎相见,最后瑞士人选择了改变。其他人没有任何理由不做出相同的选择。

你不能用紧握的拳头来握手。

——甘地

在去特拉维夫海滩度假的路上，穆罕默德·达贾尼和他的家人在以色列国防检查站前加入了排成长龙的车队。达贾尼患有哮喘的老母亲开始变得焦虑起来，非常困难地呼吸着。这次出门她忘记随身携带吸入器了。突然，她因为心脏病发作倒下了，达贾尼尽最大努力让自己不要恐慌，诚恳地向以色列士兵求情，想尽快通过检查站把母亲送到医院。

此刻，达贾尼的人生陷入了一个危机。这么多年来，他一直要经过这些检查站。作为一名生活在这个有着深厚历史底蕴国家的巴勒斯坦人，他觉得不停被武装士兵叫住搜身是件很耻辱的事情，他感觉在自己的国家倒像一个外国人。达贾尼家族已经在巴勒斯坦生活了几百年。几个世纪前，苏丹就因他们家族对位于耶路撒冷的大卫王陵墓的保护而予以嘉奖，这件事在家族中流传至今。但是随后以色列于1948年宣布成立，正是从这一年开始，许多像达贾尼家这样的巴勒斯坦阿拉伯人家庭都被视作"大灾难"，这是一个异国政府和文化对他们施加的不公正的负担，达贾尼的家族被迫背井离乡。

"许多年之后，"他说，"我最大的梦想是摆脱以色列人的这片土地。"在贝鲁特大学，他找到了自己的事业，他要用雄辩的口才施展自己的抱负。今天，他的办公室墙上贴满了从20世纪70年代至今的新闻照片，他向无数人讲出了巴勒斯坦解放的诉求。不久，他成为亚西尔·阿拉法特的一名中尉，阿拉法特是巴勒斯坦民族解放运动的领导者。"很长一段时间我都相信，只有通过武力才能解决问题。"

以色列和巴勒斯坦的冲突对我们大多数人来说都很熟悉。它始于19世纪犹太复国主义的兴起，犹太人要返回古代故乡巴勒斯坦，在"以色列圣地"建立他们的国家。反犹太主义在欧洲最后发展成了对犹太人的大屠杀事件，这导致许多世界领导人支持建立以色列国家。1948年5月14日，联合国发布一项声明宣布成立以色列国家。但是，在巴勒斯坦的阿拉伯人，他们中的大多数是穆斯林，认为犹太复国主义是不公正的，是盗窃其祖先家园的行为。他们立刻起来反对新建立的以色列。在随后的几年中，双方都饱受自杀性炸弹袭击、火箭弹袭击、暴动和暗杀之苦。

以色列和巴勒斯坦的冲突早已演变成伊斯兰世界和西方国家之间的冲突根源。大联盟曾威胁对此使用武力，为解决冲突使用的外交手段屡次受挫，和平似乎变得遥不可及，令人沮丧。

尽管这个血腥的争论错综复杂且由来已久，但归根结底，它和其他争论一样是"两种思维"方式的结果。基本上每一方对另一方都会说："我对土地的要求优于你，我的宗教优于你，你必须让路。"这是一个不可能取得平局的游戏，一方必须失败，否则另一方是不会取胜的。

在本章中，我们将扩展思维，运用第3选择思维方式来审视我们生活的世界，在这个充满争议的世界，灾难性的战争随时可能发生。我们的"严峻挑战"受访者将"停止战争和恐怖主义"列为我们面临的最重要挑战之一。下面是他们的一些想法：

- "恐怖主义仍然是世界所面临的最重要的挑战。它会带走自由和进步，而这些都是民主政权赋予全球公民的权益。"
- "对于公民来说是非常残忍的，建筑物被毁，生命逝去，无尽的资金被消耗来制造破坏，为的是什么？"
- "随着核武器和大规模杀伤性武器的不断蔓延，整个世界都会受到战争的践踏。"
- "如果不打仗，恐怖主义也不存在，我们会更加致力于提高经济水平和减少贫穷。"
- "战争会破坏人们的正常生活，使他们和他们的孩子没法得到良好的教育。"

以色列－巴勒斯坦问题只是其中一个痛点。我们都应该运用一种和平的有创造性的解决方法，这是第3选择能带给我们社区、国家和民族的财富。我们需要的不过是一种革命性的辩论和外交方式。有许多人试图在中东地区使用第3选择，这些人是很好的范例，他们可以教会我们很多种协同方法，我们也可以把它用在自己的影响范围里。

## 内部外交的革命

其中一个例子便是穆罕默德·达贾尼。在检查站那让人绝望的一天，在母亲的病危时刻，他发现了一些改变他生活的东西。以前他与以色列唯一的接触就是检查站，那里年轻的士兵扛着机枪。但现在，这些士兵放下了工作，来帮助他病危的母亲。他们叫了两辆救护车，没过几分钟救护车就已抵达。他们将达贾尼的母亲送到以色列军队医院，因为那是最近的医院。"那天下午，我看着我的敌人试图挽救我的母亲，这是我生命中一件非常重要的事情。对我来说，它是一个从'我们或他们'到'我们和他们'的转折点。"[292]

圣城大学教授穆罕默德·达贾尼现在是巴勒斯坦第3选择的代表人物之一。他内心的显著变化使他成立了一个组织，叫作瓦萨提亚（Wasatia），目的是教育年轻的巴勒斯坦人，特别是针对"两种思维"模式进行培训。该组织的名称来自《古兰经》中的经文，"我这样以你们为中正的民族"。"wasatia"的意思近似为"两个极端之间的中点"。因此，瓦萨提亚组织的宗旨在于摆脱极端方法，使用更平衡的方法对待所有生命。

达贾尼教授说道，"问题的根源在于一个事实，即巴勒斯坦的年轻人在成长过程中学到的两条教训：解决冲突或分歧的唯一途径是零和博弈；穆斯林、基督徒和犹太人不能并存，更不用说共同繁荣了"。[293]当然，这是典型的"两种选择"思维方式。

"瓦萨提亚"概念给我的印象是，它非常接近第3选择。这是一种对长期禁锢人们的"两种选择"的否定，达贾尼称之为"激烈的党派之争、部落团结、狂热主义、种族主义、偏见和不宽容，这些倾向会使人们变成死敌。"[294] 那些拥戴"瓦萨提亚"的人，追求更有效更好的方式，朝着第 3 选择发展，在同一片土地上共同繁荣。

是什么导致达贾尼在他的巴勒斯坦同胞中开展这一颇具影响力的运动？很大程度上，这是以色列士兵的同情心引起的。达贾尼的父亲在一家以色列医院接受癌症治疗，这进一步加深了他的印象。"这位工作人员跟我父亲开玩笑说，并没有把他当作阿拉伯人，这真使我大开眼界。"达贾尼说道。

以色列宗教间协调理事会（ICCI）的罗恩·克罗尼斯是一位拉比，他的一生都致力于为以色列人和巴勒斯坦人提供能彼此聆听的机会。这绝对是在这片混乱的土地上实施和平的第 3 选择的前提，在其他地方也是。

"巴勒斯坦人和以色列人在日常生活中很少见面。"克罗尼斯拉比说道，"我们对彼此的印象都停留在媒体报道中的那种老套形象。巴勒斯坦人和犹太人大多是在检查站相见，巴勒斯坦人认为犹太人是占领他们土地的士兵；对犹太人而言，巴勒斯坦人被视为恐怖分子，伊斯兰教被认为是一个鼓励自杀式炸弹袭击的宗教。"然而，克罗尼斯将这些人召集在一起，他们经常进行长期、系统、实质性、敏感的会面谈话。他还让女性、青少年、年轻人、教育家、宗教领导者相互会面，这些人都会在他们的社区和社会放大他们的观点。"我们在 ICCI 做什么？我们让人们进行对话，就和平共存的可能性，以及和平能给现在与未来带来的好处，交换他们的心声和思想。"

```
┌─────────────────────────────┐
│         第3选择              │
│         瓦萨提亚             │
│                             │
│         ┌─┐ ┌─┐             │
│         └┬┘ └┬┘             │
│          ├───┤              │
│          │   │              │
│                             │
│   ┌─┐              ┌─┐      │
│   └┬┘     ↑↑       └┬┘      │
│    │                │       │
│   斗争              妥协    │
└─────────────────────────────┘
```

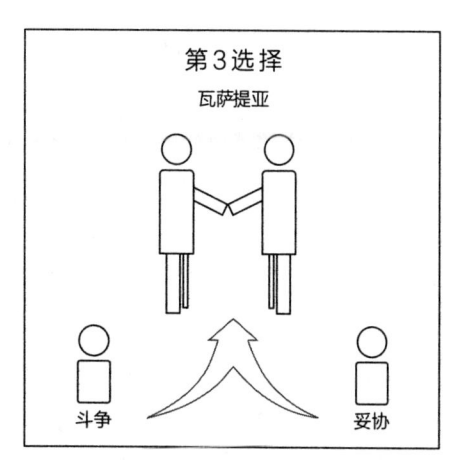

**图 8-1**

对于加入严肃对话的人们来说——他们其实是敌人，他们都非常惊讶地发现，其他人其实也都是人，每个人都有一个独特的故事，这通常也涉及更大的宗教和政治冲突。此外，他们在对彼此的宗教有一点儿了解后，发现他们的宗教都有相似的人文核心价值。对话组中的犹太人从来没有看过《古兰经》，同样，巴勒斯坦穆斯林和基督徒对犹太教也没什么了解。在其中一组，一位穆斯林宗教领袖生平第一次听到《塔木德》中的句子"凡救活一人的，如救活众人"，并大声说道："在《古兰经》中我们有同样的句子！"通过学习对方的经文，以色列的犹太人、基督徒和穆斯林会彼此建立起信任。

ICCI 为卷入这场冲突的每个人创造一个理解对方、聆听彼此的环境。克罗尼斯博士报告说，"他们分享自己关于问题的感受。

有时候，讨论陷入胶着，我们认为也许应该停下来，但有的参与者坚持继续下去。"虽然 ICCI 中的对话往往是非常困难的，但大多数参与者都会留下来，因为他们很想聆听对方的心声。这些人想要了解对方，想知道如何能共同生活。最近，一个犹太参与者说："我在新闻中得知了一些令人不安的消息，在我的对话小组中，我想听听我的朋友和同事对此事的看法和感受，他们对此真正的想法，无论是巴勒斯坦人、穆斯林还是基督徒。"他们将国家层面的问题以个人的方式进行讨论。

为了能在年轻人中普及，ICCI 成为纽约奥本神学院的国际合作伙伴之一，双方开展了一项为期一年的对话进程，包括为巴勒斯坦和以色列的学生以及来自南非、北爱尔兰、美国部分地区的高中生举办夏令营。每年夏天在纽约州北部举行的"面对面/信仰到信仰"夏令营中，他们一起吃犹太洁食、清真食物、素食，他们睡在一起，他们相互争论。当他们离开彼此时会哭泣，就像在任何其他夏令营一样。[295]

玛格丽特·克拉姆在 ICCI 与克罗尼斯一起工作，她是一名巴勒斯坦阿拉伯人。她说："我的身份很复杂，我是信仰以色列天主教的基督徒，但也是巴勒斯坦阿拉伯人。"当还是一个孩子的时候，她与卡尔迈勒山山坡上邻居家的犹太小孩一起玩，她总是受欺负。他们模仿成年人做的事，喊着对方的名字，向对方投掷石头。"我总是在哭。"她回忆说。有一天在打完架之后，她一瘸一拐地回家了。她不同寻常的母亲正在烘烤面包，母亲叫她邀请犹太孩子来厨房一起吃饭，在那里母亲把阿拉伯面包分给每个小孩，让他们带回去给家人。不久犹太人就来感谢她，很快他们就去参加了对方的节日。他们之间的深厚友谊开始逐步建立。

15 岁时，克拉姆参加了普世博爱运动，这是一个世界范围的天主教运动，其目的是促进各个层次、不同民族和宗教之间的对话。克拉姆学习她母亲的做法，在普世博爱运动的精神价值的熏陶下，她关爱自己的犹太朋友，想了解他们的更多信息。她前往洛杉矶的犹太大学学习这方面的知识。"我6个月没有开口说话。"她说道。其他学生认为她是个犹太人，但他们最终发现了她的真实身份。学生们都惊呆了，他们竟然和巴勒斯坦阿拉伯人一起学习律法和犹太法典。克拉姆向他们解释说，她来此的目的正是帮助去除他们和她的同胞之间的鸿沟。"为了做到这一点，我必须了解你们。"她说道。经过5年的用心聆听，克拉姆毕业了，之后回到了自己的家乡，一个阿拉伯人获得了一个与了解犹太人有关的学位。

现在玛格丽特·克拉姆教授"犹太人—基督徒—阿拉伯人"关系方面的课程，尽她最大的努力建立起沟通的桥梁。她将毕生精力都投到创建对话和促进换位思考上。"我不能做出很大的改变，"她说道，"只有一步步地来。"[296]

我认为玛格丽特低估了自己的影响力。玛格丽特·克拉姆和ICCI、"瓦萨提亚"等组织的成员会聚到一起讨论，建立彼此间的信任。他们知道，对话是不够的，但对话是创造新可能的第一步，也是重要的一步。以我的观点来看，之所以有这么多正式解决冲突的外交努力以失败告终，如中东冲突，正是因为这些努力都忽略了人们情感上联系的需求。标准的外交政策没有"心理成分"的存在。

取得和平的传统方法是在人群中进行合理的谈判协商，伟大的政治学家塞缪尔·P.亨廷顿称之为"达沃斯文化"。每年，世界顶级的政府和商界精英都会在瑞士的达沃斯参加一次首脑会议。他们彼此都很了解对方，并形成了一种"跨国共识，他们控制着几乎所有的国际组织、许多国家的政府、世界上大部分的经济和军事力量"。[297]但参加达沃斯的人们考虑的心理成分比较少，没有关心到真正受到伤害的数百万人。

例如，1993年的《奥斯陆协议》被称赞为"达沃斯式"的突破，人们认为它将改变一切。以色列和巴勒斯坦的代表同意承认对方的"自决权"，并分享领土。代表们希望结束冲突，认为所有工作在原则上是可行的，具体细节问题可以留给律师处理。

如此顽固对立的双方是怎样实现这次突破的？那是因为谈判采取的实际上不是典型的外交官式的交流方式。他们采取通过其他渠道讨论的方式，保持低调并远离媒体。代表们在奥斯陆附近的一所房子里一起住了几个星期，在同一个餐桌上吃饭，一同在挪威的森林里散步。在这期间，他们逐渐了解对方。令外交官们感到吃惊的是，双方达成了一个他们都支持的协议。

不幸的是，所达成的协议并没有在实际中得以实施，执行协议的人并没有理解其中的心理成分。尽管双方已在正式的官方文件上签名，但很多年过去了，《奥斯陆协议》的实施并没有取得任何进展。

马克·格平博士是一位杰出的学者，也是一位为中东和平做出贡献的实践者，他十分理解情感和个人关系的重要性。实施一个创造性的解决方案必须考虑这些因素，仅有正式的协议是不够的。"解决冲突是发展的初级阶段。"他说，"理论家似乎不是很善于面对自己的感情和不足之处。外交官对可能发生的创伤完全不了解。他们选择逃避。"谈判家的理性思维让彼此不能真正看清对方。

然而，奥斯陆会议取得的进展因1999年以色列领导人和巴勒斯坦首领亚西尔·阿拉法特之间的戴维营会议而毁于一旦。虽然阿拉法特被自己的人民称赞，但许多以色列人认为他是个邪恶的恐怖分子。以色列代表团非常不尊重阿拉法特，他们让阿拉法特等待了几个小时，然后带着一份书面计划进入房间。他们把计划扔在桌子上，告诉阿拉法特应该说什么，然后他们会怎样回应。于是，阿拉法特离开了座位，离开了房间，再也没有和这些以色列人见面。戴维营会议以失败告终。自那以后，阿拉法特否认犹太人在巴勒斯坦土地上有过的历史，并否认他们口中的圣地的存在。

具有讽刺意味的是，20年前在戴维营，以色列总理梅纳赫姆·贝京和埃及总统安瓦尔·萨达特在相同的会议桌上面对对方，针对一个和平协议也没有达成一致意见。作为第三方，吉米·卡特总统努力与双方都建立起良好的关系，萨达特也愿意签署协议。但是，贝京不愿意做出最后决定。第13天，当这个会议似乎要以失败告终时，卡特让他的秘书查找贝京所有孙辈的名字。然后，他将三位领导人的照片洗出来，并在照片上面写下对每位晚辈的寄语。在场的人说："当看到照片上每位孙辈的名字时，贝京开始为之动容。过了一会儿，贝京便同意排除阻碍和平协议的最后一个障碍。"[298]

卡特的同情心姿态是不是带给以色列和埃及之间和平的突破点？贝京总理看到自己孙辈的名字时，是不是想起了他们的面孔，想象他给子孙们创造了一个什么样的世界？没有人知道。但我们知道，卡特在苦心经营双方的关系。两位领导人进行了长时间的私下交谈。卡特总统和他的夫人与贝京及其夫人私下共同进餐，卡特在这期间听到贝京讲述自己在纳粹大屠杀中失去了父母和弟弟。贝京知道，卡特赋予了他一些"心理空气"。毫无疑问，当他因看见孙辈的名字而颤抖时,当他静静地看着这些照片默默地说出每个人的名字时,这个男人的心里肯定发生了一些变化。

马克·格平认为,这样的心理姿态是寻找第 3 选择必不可少的。在以色列-巴勒斯坦冲突最激烈的时刻,格平有机会与阿拉法特面对面交流并摆出这样的姿态。

## 缩小不可逾越的鸿沟

在 2002 年的春天,以色列军队和巴勒斯坦人在约旦河西岸地区的街道激烈交火,造成很多无辜平民死亡。以色列人隔离了阿拉法特,将他监禁起来。马克·格平对这次交火深感震惊,于是他决定试着通过封锁线并找机会跟阿拉法特面谈。这是一个可怕的时刻,格平内心充满了恐慌,他想:"我应该拥抱他,给他礼物吗?"格平不得不暗下决心,说服自己超越偏见和恐惧,并坐下来与他的人民的死敌谈话。

当我跟他坐在一起时,这是我第一次接触一个杀了很多犹太人的人,并且他仍然在下令残害犹太人。但是我想,"如果这可以拯救一个人的生命,那就值了"。这就是我们所面临的问题,每天都有杀戮存在,他是这个无尽暴力循环的主要操纵者。只要他能说几句话,事情就能平静下来。

所以,我看着他的眼睛,仿佛他是一位和蔼的老人,我还向所有死去的巴勒斯坦儿童表示真诚的哀悼。我告诉他,犹太教里有一个悼念仪式。在犹太教和伊斯兰教的传统中,与他人分享这段经文是一个神圣的行为。这是一个神圣的契约。

《塔木德》有一段文字，说全世界只有三件事：真理，和平，正义。穆纳拉比说，没有正义的地方，就永远不会有和平。

阿拉法特知道，我在为他的人民伸张正义，但我也批评他实现正义的方法。大多数时间他选择沉默。然后，他深情地看着我说："你知道，当我还是个孩子时，我对着墙祈祷。他们说他们的祷告，我说我的。"

我惊呆了，他的同伴也惊呆了。你必须了解这里的微妙之处。他对我说了什么？他承认，耶路撒冷西墙确实是犹太人的圣地，犹太人和穆斯林可以肩并肩膜拜。这是同一个人，他在戴维营中否认耶路撒冷有过犹太人。在此基础上，他推翻了自己在戴维营的言论。

在格平访问后的第一天，阿拉法特向他的部队发表了一份官方公报，让他们停止攻击以色列平民。

格平指出："现在，阿拉法特是黑暗的、腐败的、私藏数百万美元，同时还支持恐怖主义，但我的故事的出发点是用实例说明尊重的力量。有时候，它比任何事情都更重要。在卡特、贝京和萨达特之间，卡特提到贝京子孙那一刻，和国际关系理论又有多少关系呢？"[299]

理性外交主义者和谈判代表对这样的姿态毫无准备，但它是可持续解决所有冲突的第一步。

在2003年的巴勒斯坦起义中，耶路撒冷的街道空无一人。没有游客，商务人士也很少。格平说，他是耶路撒冷一家大酒店里仅有的几位宾客中的一个。晚上他走出宾馆，乘坐出租车。他旁边的街道上有5辆空闲的出租车，街道的另一边也有一辆。5名司机中的一名走上前来对他说："不要去那边坐车，他是一个阿拉伯人。"然而，格平本身就是一位消除鸿沟的人士，他走到街道对面，钻进了阿拉伯人的出租车里。

> 他独自坐在那里，非常煎熬。他知道我是犹太人，他知道我是故意走过来的，他很安静。我对他说了一句话："您和您的家人一定不好过。"当然，所有的出租车司机都没饭吃，因为没有生意。令人惊讶的是，他开始倾诉，说的内容可能会让他陷入巴勒斯坦同胞制造的困境。"阿拉法特这个人摧毁了一切，在他来之前，我们过得很好。是他造成了这一切。"现在，他的如释重负对我来说是一个了不起的礼物，但它的到来是因为我对他表示了一点儿同情。他知道当我坐进他的出租车时，我背叛了我的人民。[300]

这就是当你愿意走出这一步时会发生的事情。这种尊重和同情的姿态具有很强的感染力，就像愤怒具有很强的传染性一样。那天晚上，我从他那儿听到比任何愚蠢的外交对话都要诚实的话语，在外交对话中，每个人都在演戏，并且不说任何有实质意义的话。真正解决冲突要从个人关系开始。

## 协同效应的交响乐

有一天，以色列人和巴勒斯坦人在伦敦的酒店走在了一起，这是来自格平口中的一段奇特的个人关系。伟大的以色列钢琴家和指挥家丹尼尔·巴伦博伊姆坐在酒店的大堂中，和他旁边一个坐在轮椅上的人打招呼。该男子叫爱德华·赛义德，巴勒斯坦阿拉伯人，是哥伦比亚大学一位著名的文学教授。从这天晚上开始，这两位政治立场本应该截然相反的人交谈起来，他们的交流持续了数年。

巴伦博伊姆和赛义德成了最亲密的朋友。2003年赛义德去世后，巴伦博伊姆说道："赛义德不属于任何一个范畴。他体现了人性最本质的部分，因为他了解人性的矛盾……他为巴勒斯坦人的权利而斗争，但同时了解犹太人的痛苦，他并没有把这个处境看作一个悖论。"用我们的术语来说，赛义德是一个第3选择思维者："他总是寻找理念中的'超越'，眼睛'看不到的'、耳朵'听不到的'东西。"

对于赛义德来说，他对巴伦博伊姆的观察是："他是一个复杂的人物……是一个挑战，对通常温顺的大众来说，他甚至有些愣。"巴伦博伊姆可以说是历史上最伟大的音乐家之一，他曾指挥芝加哥交响乐团和柏林歌剧院，录制了比其他任何表演家都更多的古典音乐作品，而且是一位中东和平倡导者。他是第一位应邀在巴勒斯坦约旦河西岸表演的以色列音乐家（赛义德安排了此次邀请），也是最突出的一位，他对两国人民都感同身受。

在他们关于中东危机的长达一年的谈话中，赛义德和巴伦博伊姆对通过政府层面上僵硬、正式的接触来解决和平问题感到非常没有信心。他们的结论是，问题的根源是以色列人和巴勒斯坦人对彼此的无视。

当人们都不愿相互了解时，他们会将对方简单化——这正是我所说的"我只从我的立场来看"的后果。当我照镜子时，我看到的只是属于我的部分——我的政党、我的国家、我的性别、我的宗教、我的民族，我永远看不清自己的复杂性和多样性，其他人也一

样。身为一个阿拉伯人的赛义德这样总结道:

> 对于阿拉伯人来说,他们这么多年拒绝去了解和分析以色列人,因为他们造成了巴勒斯坦的灾难……这一直是一个愚蠢的、没用的政策。历史是一个动态的过程,如果我们希望以色列犹太人不用大屠杀证明巴勒斯坦人骇人听闻的人权侵犯行为,而是非常愚蠢地说大屠杀根本就没有发生过,那么所有以色列人,男人、女人和孩子,注定是我们永远的仇敌。

在巴伦博伊姆和赛义德对衰落的和平进程的幻想中,他们想知道,作为第3选择思维者,他们做什么才能帮助双方了解彼此。他们想到组建一个由年轻的巴勒斯坦和以色列音乐家组成的乐队。赛义德回忆说:"当时的想法是看一看,如果把这些人放在一个乐队中演奏会发生什么。"首先,他们向在德国魏玛举行的研讨会发出了邀请,想知道是否会有人响应。申请者络绎不绝。像大多数第3选择实验一样,这是非常令人振奋的、有风险的、不可预测的。该项目很快成为巴伦博伊姆和赛义德生活中"最重要的事"。

巴伦博伊姆每天都带领大家彩排,赛义德每天晚上都举行研讨会,"讨论音乐,文化,政治……没人感到有任何压力抑制任何事情"。这里有从以色列、俄罗斯和阿尔巴尼亚来的犹太学生,以及来自叙利亚、黎巴嫩和巴勒斯坦的阿拉伯学生。赛义德在开始讨论时问道:"那么,人们对组建乐队的看法是什么呢?"马上有一位音乐家抱怨说,他受到了歧视,因为阿拉伯人不让他在课后的即兴演奏会上学习演奏阿拉伯音乐。"他们对我说,'你不能演奏阿拉伯音乐,只有阿拉伯人可以演奏阿拉伯音乐'。"

巴伦博伊姆坚持认为，他们来到这里不是为了压抑自己的感情，而是向对方表达想法。他告诉学员："在这儿不是要说'我们都是音乐家，让我们忘记一切，尽情地表演吧，这难道不是很好吗？'这样的话。不，这是一个项目，身处其中的每个人都有可能，也有权利，事实上更有责任来表达自己的意见。"[301]

经过几个星期的紧张情绪和心理上的发泄，事情开始发生变化。"曾声称只有阿拉伯人可以演奏阿拉伯音乐的那个孩子开始教马友友如何给他的大提琴调音。所以，很显然，他认为中国人也可以演奏阿拉伯音乐。圈子渐渐扩大，他们所有人都在演奏贝多芬的《第七交响曲》，这是一个不同寻常的事情。"[302]

本次研讨会之后，诞生了一个青年管弦乐团，取名为"西东合集"，包括来自埃及、伊朗、以色列、约旦、巴勒斯坦、叙利亚的音乐家。该乐团的名称来自歌德的诗集，其中他称赞了东方和西方文化之间的美丽结合。自1999年以来，中东数百名最有天赋的年轻人都以这种方式相互联系。这个屡获殊荣的乐团已经在几十个国家表演过，并在以色列和巴勒斯坦领土上表演，这也是有一定危险的。当西东合集乐团在纽约的卡内基音乐厅演奏时，参加音乐会的人员必须通过金属检测器才能入场。[303] 巴伦博伊姆说：

> 西东合集乐团被视为一个反对无知的项目……这对于人们相互了解非常重要，在这里，人们可以去理解其他人的想法和看法，而不必同意这些观点。我没有试图让这个乐团中的阿拉伯成员从以色列人的角度看问题，也不让以色列人用乐团中阿拉伯成员的观点看问题。但我想创建一个平台，在此双方可以不同意彼此的意见，但又不以刀枪相见。[304]

还有成千上万的以色列人梦想着一觉醒来，巴勒斯坦人已不复存在。巴勒斯坦人也是这么想的……他们对对方完全不了解，将对方视为怪物。但是，他们可以一起演奏贝多芬交响乐，日复一日演奏着同样的音符表达着同样的思想，我们并没有解决政治问题，但我认为这会影响他们看待彼此的方式。[305]

这个乐团究竟有没有影响到参与的音乐家呢？一名以色列表演家对这段经历是这么说的：

主要的问题是，每个人都被自己的世界包围着，沉浸在自己的世界里。我们对他们完全不了解，他们对我们也一无所知，不管我们喜欢与否，我们彼此都要永远生活在一起……我们应该开始学习如何生活在一起，我们要打破心中的隔阂，我们要开始相互了解。[306]

以色列大提琴家诺亚·科林说："当我在叙利亚人达娜身边演奏时，我不认为她来自叙利亚，我认为她是我的朋友。"当他们在一个巴勒斯坦城镇表演完之后，科林回忆道："一个女孩说，这是她第一次看见不是士兵的以色列人。在临别之际，我们则以不同的方式向对方道别，我们都流下了眼泪。"[307]

这个乐团的两位天才钢琴家，沙伊·韦斯纳来自以色列，萨利姆·阿布德·阿什卡尔来自巴勒斯坦，很快他们就成为最亲密的朋友。巴伦博伊姆回忆说："他们想在一起演奏，而不是单独让我指导，他们开始准备莫扎特的《双钢琴协奏曲》。当他们一起演奏时，效果简直令人难以置信。他们的音乐制作充满了对彼此演奏风格的理解和感觉……这是一个非常有象征意义的举动,对我们所有人来说,这是一个奇妙的场景。"[308] 巴伦博伊姆喜欢它的象征意义:"当我看到来自约旦的巴勒斯坦人小卡里姆在弹钢琴,来自以色列的因巴尔在弹大提琴时,对我来说,这是一种难以置信的喜悦。"

巴伦博伊姆淡化了自己在这个小奇迹中的角色。通过这个乐团,他已成功地把中东地区很多有才华的年轻人领进了第3选择思维的大门,用卡尔·罗杰斯的话来说,巴伦博伊姆创造了一种情景,其中来自不同地方的人都会从他人的角度理解对方。人们愿意从对方角度理解他人,并在生活中践行这一点。[309]

像其他勇敢追求第3选择的人一样,巴伦博伊姆受到很多批评。亲巴勒斯坦活动人士指控他为以色列的侵略建立了一个"乌托邦式的不在场证明",并维护一个不公正的现状。[310] 与此同时,许多他的以色列同胞不信任他,他们不同情阿拉伯人,也不与阿拉伯人交往,认为他们是以色列的敌人。巴伦博伊姆对西东合集乐团并不抱任何幻想。他知道乐团本身并不会给该地区带来和平,他也不相信某种程度上以色列人和巴勒斯坦人都应该受到同等指责。他公开批评自己的政府,但尽管如此,乐团还是为双方提供了一个了解对方的机会,至少这是一个开始。

2004年,巴伦博伊姆因其艺术上的杰出贡献获得沃尔夫奖。在颁奖典礼上,面对以色列议会,他描述了自己促进家乡和平的第3选择:

> 我们必须找到一个解决方案。我问自己:我为什么要等这样的解决方案成为现实呢?因此,爱德华·赛义德生前和

我，为来自犹太和阿拉伯国家的年轻音乐家建立了一个音乐研讨会。就其性质而言，音乐可以把以色列人和巴勒斯坦人的感受和想象力提升到一个新的层面。[311]

2008年，巴伦博伊姆为拉马拉的慈善事业举办了一场钢琴独奏音乐会，之后他得到了巴勒斯坦的护照。这使他成为世界上第一个，也是唯一一个具有巴勒斯坦和以色列双重护照的人。他非常高兴，他说护照"象征着以色列人和巴勒斯坦人之间的永恒连接"。[312]

双重护照让巴伦博伊姆成为一个活生生的第3选择。在这方面，他与世界上其他人不同。在这片"两种选择"思维使很多人走向偏执的土地上，巴伦博伊姆没有受限于任何一种选择。作为一种道义责任，他深深感到，他看到的是在两种选择之上的第3种可能性：同时成为两个伟大文化的公民。

## 和平建设模式

从这些典范中，我们是否能看到第3选择在中东地区解决争端并给该地区带来和平的前景呢？没人能告诉我们。协同是无法预测的。但我们知道，这种协同作用行得通，这是一个正确的原则。我所描述的第3选择思维者虽然无法控制别人的思想形态，但他们已经在自己的影响范围里发挥了协同作用。

像穆罕默德·达贾尼这样的穆斯林、玛格丽特·克拉姆这样的基督徒和丹尼尔·巴伦博伊姆这样的犹太人，他们产生的强烈的积极协同作用可能会对最终解决问题有很大贡献。如果是这样，问题就会迎刃而解，因为他们已经打下了感情基础。他们向很多人都灌输了"我看到自己""我看到你"的基本理念。他们一直在努力帮助对手采用"我找到你"的模式来达成理解。历史经验表明，如果没有这些模式的存在，所有的外交会议和文件都不会发挥太大的作用。

我们能从这些中东和平的开拓者身上学到什么？他们的经验有哪些我们能运用在自己生活的世界里？

首先，我们学习典范中最核心的内容——"我看到自己"。对于真正寻找第3选择的人来说，他们每个人都要经历必要的自我检查，而不是全部被动地接受同一教派人士强加给他们的狭隘思想。他们会质疑这些思想，他们拒绝被这些极端的边缘思想所限制。

马克·格平反思了他的同事与其他人在和平奋斗中存在的不同之处，他说："我们十分注重内在的东西。在我与这些和平工作者一起工作的过程中，我发现，这些真正的和平工作者是这个星球上非常特殊的群体。他们总是问自己：'我为什么这样做呢？我们下一步做什么？'"

在所有宗教的历史中，正如格平所指出的，无形的爱和同情永远是最重要的，但因为它们太普通，所以总是被忽略。相比之下，着装、食物或仪式规定变得显而易见。爱我的敌人？我怎么可以这样呢？制定仪式和自我感觉良好，这就容易得多了。

对犹太人来说，"爱人如己"是《妥拉》的全部要义。对基督徒来说，"爱人如己"是伟大的诫命。但我要如何去爱我的邻居呢？即便是那个拿着斧子向我砍来的人？这条规则很强大，但它需要努力反省才能做到。

这种反省实际上是每个伟大的宗教的基础，包括中东的宗教。对犹太人而言，它被称作"cheshbon ha-nefesh"，即灵魂的反省。

"cheshbon"的意思是"思索"。当急躁、恐惧或愤怒就要淹没我的时候,我必须停下来想一下:这是怎么回事?我应该如何应对呢?后果是什么?我怎么做呢?我这样做对不对?

伊斯兰教将其称为"musahabah",意思是"对自己评估和判定":"这是对我们自身行为的一个真实评判,这需要我们真实而频繁地思索自我。"[313] 格平说:"你反思的那一刻正是对心灵的救赎。如果你被激怒,你要说,'我要坐在这里,反思下我的愤怒'。对于伟大的穆斯林和犹太思想家来说,这是最基本的。"[314]

在所有的刺激和我们对它做出反应之间存在着一个精神空间。这是我们人类特有的。我们不是被本能驱动的动物,我们有能力选择对任何给定的情况、人、思想、事件做出反应。我们有一个内置的暂停按钮,在我们采取行动之前,我们要思考自己究竟是谁,我们的良心告诉我们该怎么做。我认为,这是高效率人士的基本习惯,这也是缔造和平的基础。

其次,我们要学习"我看到你"模式中最重要的东西。在此之前,你可能会把简单的东西(简单的思维)和老套的东西,与跟你不同的人联系在一起。

1990年春天,一天早上5点,5个阿拉伯兄弟正在他们东耶路撒冷的家里睡觉。以色列士兵破门而入,用枪指着他们喊道:"你们有没有扔石头?"士兵们把18岁的哥哥塔伊西尔从床上拉了出去。此时,他们的母亲已经醒了,向士兵们哀求着,但是士兵们把塔伊西尔带走了。他被殴打了两个星期,直到他终于承认向以色列汽车投掷石块。差不多一年后,塔伊西尔未经审判便被关进了监狱。他最后被释放了,但病重吐血,3个星期后就死了。

10岁的弟弟阿齐兹讲述了这个故事,他回忆说:"我非常痛苦和愤怒……我从小在怒火中长大，我想要正义，我想要报仇。"阿齐兹成了一名记者，写了很多"传播仇恨"的文章。然而，他说："我写得越多，就越感到生气、空虚。"阿齐兹知道，如果要在耶路撒冷找到一份好工作，他不得不学习希伯来语。他拒绝学习"敌人的语言"，但现在他报名到一所希伯来学校学习。

这是我生平第一次坐在一个满是犹太人的房间里，谁也不高人一等。这是我第一次看到与检查站的士兵面孔不同的犹太人。那些士兵带走了我的兄弟，而这些学生和我一样。我糊涂了，心想："他们怎么能是正常人呢？他们怎么能和我一样呢？"我很惊讶，我还可以与这些学生建立起友谊，并同甘共苦。我们一起出去喝咖啡，我们一起学习。对我来说，这是我生命中的一个转折点。

我这才明白，我们的生活中会发生一些不幸的事情，这是我们不能控制的。一个10岁的小孩无法阻止士兵把他的兄弟带走，但现在作为一个成年人，我可以控制自己对这些伤痛的反应。他们办事不公，谋杀了塔伊西尔，但我曾经有选择权而现在仍然有选择的权利，即是否做和他们一样的人。[315]

今天阿齐兹·阿布·萨拉已经成为一位受人尊敬的记者，在美国乔治·梅森大学中东项目组任主任。他曾在欧洲议会和联合国会议中就以色列–巴勒斯坦和解问题发言，是冲突分析和解决组织处马克·格平的助理。

当阿齐兹接触到"仇人"的正常生活、斗争和希望时，他开始以"我看到你"的模式指导自己的工作。在日常生活中把这个模式作为指导原则，这对我们来说是很困难的。但是，当我们想到像阿齐兹和穆罕默德·达贾尼这样的人是如何克服他们痛苦的挑战时，我们意识到，要真正去理解一个人，就不要将他边缘化。

如何强调这些人际关系的重要性都不过分。马克·格平说道："我不关心是一个、两个或三个国家的问题。阿齐兹和我对此都不感兴趣，对我们来说，一切都是关系，理性的讨论可以随后到来。没有人可以控制政治局势，我们能控制的只有个人关系。"

虽然有些人把宗教作为战争的借口，但像格平和阿齐兹这样的人却在不同的信仰中找到了人类的爱、慷慨、包容。这些都是"我看到你"模式的特征。

对格平来说，犹太教传递的铺天盖地的消息是"爱你周围的陌生人"。他说，即使这个诫命在《圣经》中被重复了37次，但外面世界的仇恨已经让许多犹太人重新定义了这个词，"陌生人"只包括犹太同胞。这是一个悲剧性的模式转变，但是我们要明白，这是由持续不断的战争引起的。[316]

同样，巴勒斯坦阿拉伯人如此仇恨以色列人也是有历史原因的。根据另一位深受人们喜爱的耶路撒冷穆斯林和平主义者谢赫·阿卜杜勒·阿齐兹·布哈里所述，"没有人可以称得上穆斯林，除非你内心真正热爱所有人"。布哈里因把伊斯兰概念中的"jihad"解释为"人类克制愤怒的日常努力"而远近闻名。他恳求犹太人与他的穆斯林同胞停止战斗："何必纠结于经文中那3%的不同内容，而忽略了经文中有97%的内容是相同的？"[317]

布哈里解释说，我们的任务就是让那些失去人性的人改邪归正。

对耶路撒冷的和平主义者而言，信仰不是人们之间的隔阂，而是理解对方的桥梁。与反抗或拒绝自己的宗教传统相反，他们在这些传统中发现了"我看到你"模式：我尊重你，我包容你，我尊重你和我存在差异。

再次，我们要学习"我找到你"的模式，它的意思是："你不同意我？让我听听你的想法。"

我们见过的和平先驱者，大多致力于创建这种思维模式。300多个不同的组织正在努力促进以色列人和巴勒斯坦人之间的宗教对话。虽然他们的工作比较零散，认可度很低，资金不足，但他们正积极地把学生、社区领袖、犹太教、伊玛目、母亲带入对话。简单说，就是让所有愿意参加的人能够彼此交流。

你不能低估这些对话中存在的情绪上的困难，但它们在改变人们的思维模式上却有惊人的效果。马克·格平说：

> 如果你想让别人的感情发生模式上的转变，你必须真正倾听他们的诉说，这样才能让他们感到困惑。他们说什么我都听。我要听一些出格的事情，有些是真实的，有些是荒谬的——完全把我和我的同胞妖魔化，逃避他们自己的罪行。我真想反驳他们。[318]

但是他没有这样做，他一直训练自己先要去理解。他知道，他的投入会收到很大回报。"值得注意的是，中东地区的人们内心都非常温暖，他们都非常有耐心。恰当的尊重和关心完全可以改变中东地区的情况。"[319]

在伊斯兰国家这一边，布哈里也体会到了理解其他人激情和能量的价值。"强者是一个可以吸收其他人的暴力和愤怒，并将它变成爱和理解的人。这样做很不容易，需要做很多工作……但是，这是真正的圣战。"

最后，我们要学习"我和你协同"的模式。这种模式是在问："你愿意寻找第3选择吗？"它让人们带着这种模式——像丹尼尔·巴伦博伊姆和爱德华·赛义德他们——与其他人交往。然而，除非有大量以色列人和阿拉伯人承认对方对尊重和同情的需要，否则第3选择是不可能实现的。

正因如此，穆罕默德·达贾尼、罗恩·克罗尼斯和其他人不再谈论"制造和平"。厌倦了令人窒息的地区政治，他们现在讲的是"建设和平"，这是替代顽固的"两种选择"思维方式的第3种方法。他们所说的传统的制造和平，是通过谈判来解决问题。相比之下，建设和平不涉及任何谈判。它是协同——"通过不断扩大的人际关系来建立一个繁荣的社区"。正因如此，他们自称是"和平建设者"。

和平建设的思维超出了那些将文件看得比冲突引起的情感更重要的协约。格平说："27年里，我看到很多协约完全以失败告终，因为这些协约完全没有考虑冲突中人们对尊严和荣耀的需要。"

关于暴力姿态存在一个盲点，例如，在以色列的检查站，你使用铁栅栏，让青少年用机枪驻守在那里。他们给巴勒斯坦人带来了可怕的记忆。为什么不能有一个温馨的部队，给人们一些尊重呢？为什么他们不能说："欢迎您，我们需要检查一下您的行李？"谈判的姿态和行为，可以化解矛盾。

"欢迎队伍"的概念是第3选择思维的一种体现，是以色列和巴勒斯坦领导人需要做的。但他们没有这样做，而是把自己禁锢在"两种思维"模式里，他们的人民也因此卷入战争的负协同效应。

负协同效应的工作原理是这样的：首先，我让你丧失人性，让你成为我的敌人。历史学家塞缪尔·P. 亨廷顿指出："人们总是受诱惑，把人分成我们和他们，圈内人和圈外人，我们这些文明人和他们那些野蛮人。学者从东方和西方的角度分析世界……穆斯林的传统是把世界分为伊斯兰地区和战争地区。"[320] 作为一个野蛮人，你必须受到控制。如果我的团队无法控制你，那么，我就必须攻击你，我要带来第3种选择替代一个有害的、消极的协同方案，让你丧失人性，我否认你和你的故事，让你没有任何尊严可言。因此，许多阿拉伯人和以色列人都梦想着，当他们一觉醒来的时候，"其他人"将会消失。他们被自己迷惑，认为这种破坏性的"第3选择"将会比现状更好。

这就是引发所有战争的恶性循环。古希腊史学家修昔底德把伯罗奔尼撒战争描述为周期性的疾病，人们用一场战争回应另一场战争，直到最后辉煌的希腊黄金时代结束。这种不加思考的循环带动了第一次世界大战：维也纳、柏林、伦敦、圣彼得堡都做出反应。第一次世界大战不可避免地导致了第二次世界大战，因为羞辱和被征服一方的复仇愿望，最终导致疯狂而愤怒的反击。你打我，我就打回来。如果我可以打你打得更狠，让你从世界地图上消失，一切就会变得更好。战争是零和模式的最终体现。

与之相反，积极的协同作用是战争的反面。它是积极的，而不是反动的；它是丰富的，而不是贫乏的。这意味着做出真正的第3选择："维护和平需要对极富想象力的外交有一个积极的承担……而不是经历一次次的绝望和军事冲突后，还希望某些东西变得更好。越希望某些东西变得更好,它往往会变得越差。"[321] 当然,有想象力的外交比没有想象力的外交要难。

历史上最富有想象力的一次外交是"马歇尔计划",这是对当时欧洲正在发生的战争的一次第3选择。欧洲大陆上的所有主要城市都变成了废墟,数百万人受冻挨饿,美国国会投票决定向他们之前的敌人捐款130亿美元,用于食品、住房、重建基础设施。(如果你觉得这些钱听起来并不多,那么考虑到它占1948年美国国内生产总值的1/20,可以说这是一笔巨大的支出了。)"马歇尔计划"的思维模式是我可以帮助我的敌人,我可以分享,我们可以共同建立一个富足的未来。由此产生的复兴打破了几个世纪以来欧洲暴力的恶性循环。

我与美国-穆斯林互动项目领导小组合作过。这是一场由基督徒、犹太人和穆斯林参加的会议,其目的是增进美国和伊斯兰世界之间的关系。那个房间里有世界上最杰出的学者、外交官和和平实践者,包括美国前国务卿马德琳·奥尔布赖特、美国穆斯林进步会主席伊玛目费萨尔·阿卜杜勒·拉乌夫、马克·格平博士。他们让我在会议开始的那晚教授"发言权杖"的概念,自此两天内所有人都在说话时提及"发言权杖"这个词。

我看到,这些杰出的人发生了彻底的变化。在所有方面——文化、社会、信仰,人们开始相互理解,相互尊重和互爱。

我见证了第3选择的发生。奥尔布赖特告诉我,她从未见过如此强大的东西,它可以彻底改变国际外交。她向我解释,大多数外交都是在搞清楚谁有权,可以做出什么样的妥协。大多数人心中唯一的选择就是妥协。他们只是希望互相做出让步,而不是找到真正有实效的第3选择。

我读过《古兰经》《圣经旧约》和《圣经新约》,它们都非常鼓舞人心，令人振奋。我相信中东的穆斯林、犹太人和基督徒可以在自己的传统信仰中发现解决战争的第 3 选择。

这个小组的主要建议之一是建立一个有活力的宗教间对话，使人们可以了解彼此，从他们共同的信念中找到通向未来的桥梁。最重要的是，建立位于分界线两侧的人们之间的关系，于是，无数人开始了解和信任对方。这些交流可比达沃斯风格的会议有效得多。当人们感到同情和理解时，他们的内心得到了满足，他们的思想也变得开放。当这些转变足够多时，你已不能阻止第 3 选择的产生了。你已达到一个临界点，人们一起向前迈进富足的未来。

最关键的是心。除非我们了解人的心，不只是他们的思想和意识形态，否则什么都不会发生。这就是为什么创建提供人与人之间用心、思想、精神聆听对方的机会是如此重要。只有这样，人们才能跨过古老的破坏性方式，迈向"更好的未来"。

德斯蒙德·图图大主教把第 3 选择理解为"更好的东西"：

> 现在，我们再次瞥见了更好的东西……这时世界充满了同情和慷慨，人们因爱而结合在一起，战胜国建立一个马歇尔计划，以帮助其前对手重建家园。
>
> 如果世界冲突的主角开始摆出和平的姿态，改变他们对待敌人的方式，并开始与之交流，他们的行动也可能会改变。
>
> 当我们进入新千年时，如果真正的和平能够来到那些说"萨拉玛"或"沙洛姆"的地方，来到和平之君的国度，这将是给世界的多么美好的礼物。[322]

## 一个国家不应该做的事

如果要我解释一下我对第3选择的哲学理解，我用一个词就可以回答——瑞士。但我的有些想法会引来一些争论。

我们大多数人都认为瑞士是一片和平、繁荣的土地，有美丽的山脉和很棒的巧克力。但是，这个拥有700万人口的国家还远不止这些——它还是在国家范围上第3选择的一个绝好的例子。

协同是瑞士思维的标志。如果你在正午走进巴塞尔一家制药公司的餐厅，透过窗户俯瞰莱茵河，你会看到来自世界各地的人们一起吃午饭。你会听到100种语言。你可以偷听到无数关于科学和医学、艺术和治疗的讨论。治疗疾病的创新产品从这个地方流出。你会感觉这个星球上最聪明的人都在这里。

是什么把他们吸引到这里？

作为一个国家，毋庸置疑，瑞士是一个成功的范例。瑞士工人的效率世界领先，瑞士人均收入世界排名第一，瑞士政府是"世界上效率最高、最透明的政府"。此外，根据世界经济论坛，瑞士已成为全球最具竞争力的国家。它有"优秀的创新能力……它的科学研究组织是世界上最好的，学术和商业部门之间有很强的协作关系，公司对研发保持高额投资，确保了大部分研究成果能转换为市场产品和标准化流程"。[323] 幸福工程世界数据库报告显示，在最幸福的国家排名中，瑞士只比丹麦低一点儿。[324]

但是瑞士本没有希望成为这样一个国家。

瑞士没有什么有利的建国条件。它的地理位置不好，瑞士人生活在阿尔卑斯山的不同侧面，自然资源较少，不临海。语言上不利，西部说法语，北部和东部说德语，南部说意大利语。宗教上也很不利，很长历史时间里新教和天主教处于决裂状态。历史学家感到奇怪："怎么才能将这些特别独立的农民和商人团结起来，尤其是当他们的信仰、语言、诱惑他们的权力都不同时？"[325]

瑞士的历史并不像人们想象的那样美好，它也经历了多次征服、战争、分割。瑞士的 22 个州、县，1 000 多年间一直不断发生冲突。各州小心守护着自己的权利和界限。几个世纪以来，国家商业依靠的是"一块布、奶酪或其他流通的产品……对往来货物征收约 400 种税"。货币也是一个烂摊子，因为每个州都发行自己的货币，有 700 多种不同类型的铸币。[326]

但最严重的问题是宗教。"从中世纪的天主教内部争论到改革的冲突"，瑞士也没能逃脱搞得欧洲鸡犬不宁的宗教暴怒。到 1845 年，各州逐渐变成新教和天主教联盟，1847 年内战爆发。彻底崩溃就在眼前，奥地利、法国和德国准备瓜分破裂的瑞士领土。

瑞士政府军有幸被纪尧姆－亨利·杜福尔将军领导。他是一个全能的士兵和工程师，参加过拿破仑战争。但他也是一个被战争伤害过的热爱和平的人。人们说："他是一名士兵，但是他将人性的一面从士兵身份中拉出来；他发动战争，但他把战争转化为和平的前奏。"[327]

当杜福尔开始掌握瑞士的军权时，他给他的士兵定了一个令人难忘的规矩，"它值得被记住，因为具有高尚的人道主义精神"："当你穿过边界时，放下你的愤怒，只想着履行祖国赋予你的职责……只要我们有胜利的优势，就要忘记复仇的感觉，表现得像慷慨的士兵那样，这样你才会证明自己真正的勇气……保护所有手无寸铁的人，不要让他们受到侮辱或虐待。不要摧毁任何不必要摧毁的东西，不要浪费任何东西。总而言之，以赢得尊重的方式来指导你的行为。"[328] 联盟军在战争中表现出了很强的自制力,历史学家认为,取得这样的成就要归功于杜福尔。

通过会谈和签订和平协议,杜福尔在 26 天内就结束了战争。战役能免则免,只有 128 名士兵死亡。(与之相比,8 年后,美国内战中死了 618 000 人。)杜福尔对受伤的敌军士兵的特殊照顾和给到的优厚的条件,赢得了反政府武装的钦佩,这也帮助了统一瑞士。[329] 杜福尔的贡献不只是这些,1863 年,他主持了第一个《日内瓦公约》的签订,从而建立了国际红十字会。

1847 年,自由的工业抗议者与保守的农村天主教徒发生了内战。今天的瑞士,在政治、经济、宗教冲突上都实行的是第 3 选择。迈克尔·波特说:"在 19 世纪后期还是一个穷国家,(瑞士)主要出口的是移民。到 20 世纪的前几十年,瑞士作为一个工业国家的重要性远远超出其有限的国土面积。"[330]

这是怎么回事呢?瑞士是怎么从一个快要分裂的国家变成全球最成功的国家的?

这很大程度上要归功于杜福尔的领导力、慷慨、慈善,和向对手表现出的宽恕态度。新教和天主教之间的仇恨自新教改革以来就一直存在,双方都认为对方罪有应得。W.H. 奥登写道:"我和公众知道学生学的是什么,恶人有恶报。"[331]

然而,内战之后,事情发生了转变。瑞士建立了一个与其他国家都不同的政府。为了打破导致战争的仇恨循环,根据 1848 年的宪法,他们采取了直接民主制度。虽然法律是由立法组织制定的,但通过上诉流程,任何公民都可以挑战法律,然后,整个选民区将对这个问题进行投票。这个"投票"程序每年约举行 4 次。"投票之后,就会以国家的名义公布结果。"据分析家所言,这个系统教育了公众，鼓励权力分享，尊重少数族群，并鼓励决策者态度温和并协商解决问题。[332] 当然，也会有失效的时候，如果一部法律不尊重人权，联邦最高法院会推翻这部法律。

不知何故，这种第3选择的政府形式结束了瑞士各州之间的争端。最后，当所有瑞士人民都认为自己的声音会被听到时，国家发生了一个显著的转变——通行税、造币和混乱的法律都消失了。和平成为管理原则，在接下来的一个世纪里，瑞士完全避免了两次世界大战的践踏。

不过，虽然民主对瑞士的"多样性统一"有一定帮助，但仅有民主是不够的。其他因素还包括教育系统，该系统非常重视创造性统一，并不再强调之前旧有的怨恨。此外，法律不以种族区分公民。据卡萝尔·L.施密德教授所说："这种尊重少数族群的态度，意味着并不是族群的人数越多便具有更大的决定权，个人也不会因为他所在种族人数较少而处于不利地位。"在我心中，瑞士成功的原因是我所说的"道德的尊重"。在施密德的多民族国家的研究中，她指出："种族共存的成功依赖于种族之间的平等……各种族之间意识上的不平等很可能会加剧紧张的局势。"这种意识是协同作用的巨大障碍。她说，种族冲突通常是由其中一个较大种族的高傲自大引起的，"社会暴力则是经济和政治不平等的一种表现"。[333]

多元化却又统一，多种宗教和语言共存，瑞士向世界展示了如何建立第3选择文化。它推崇各州的历史文化，尊重所有个人、宗教和语言；德国人、法国人和意大利人都具有平等的地位，"法律面前人人平等的原则照亮了未来"。当瑞士人向彼此做出尊重的姿态时，"使人变成对手，然后变成敌人，并最终变成奴隶的野蛮偏见被打破了"。其结果就是协同，瑞士宪法的制定者之一弗雷德里克·拉阿尔普写道："把德国的深度与法国的优雅和意大利的品位结合起来。"[334] 尊重道德、努力从周围丰富的多样性中寻求利益的人们，都属于协同作用范畴。

被以色列人和巴勒斯坦人划分的土地能成为另一个瑞士吗？只有当他们决定采用第 3 选择思维模式，相互尊重和重视差异时，这才会成为可能。他们的矛盾不是像有些人说的那样不可解决，不可解决的冲突是不存在的。瑞士的成功不是偶然。瑞士的德国人、法国人、意大利人，因种族和宗教的冲突也血战了多个世代，但他们愿意做出改变。学者们知道，"瑞士之所以有今天，是因为人类的智慧能够在关键时刻克服巨大困难"。[335] 换句话说，瑞士是一个选择。

其他人也可以做出这样的选择。许多人称为圣地的地方有可能成为另一个瑞士。试想一下，把阿拉伯的能量和以色列的聪明才智结合起来的第 3 选择！这不是一个天真的梦想。世界政策研究所的安德鲁·雷丁建议将瑞士作为以色列－巴勒斯坦联合的一个范例。[336] 活跃的拉美作家阿尔瓦罗·瓦尔加斯·略萨在 2010 年走遍该地区的家庭、企业、街道市场。他所看到的一切让他非常震惊："以色列经济蓬勃发展，在巴勒斯坦领土（西岸），自由贸易经济也为该地区带来了很大发展……巴勒斯坦领土上的这种经济活力和以色列的创业精神让我们感到，这两个社会中能发生很多奇迹。可悲的并不是实现这个目标有多遥远，而是想象这件事多么容易。"[337]

不过，我很乐观，因为世界整体趋势是走向和平的。也有令人沮丧的冲突地区，但它们正在减少。一些心理变态的人会做出恐怖的举措，但他们越来越被孤立。我认为，全球贸易和民主化将继续进行。我们看到，新兴国家中很多受过良好教育的年轻人，从摩洛哥来到印度尼西亚，他们摆脱过去的约束，将未来掌握在自己手中。

记者罗伯特·赖特也说起第3选择思维在人类历史冲突中那梦幻般的角色，他指出，我们在这个星球上的生活已经经历了许多"零和"的阶段，其中少数人掌权，而且总是有赢家和输家。征服者到来，将人们变成奴隶，并最终被另一个征服者打败。但是赖特认为，历史的方向总是向着"非零和"的阶段发展，这一阶段大众掌权，每个人都是赢家，"你有没有想过，当你买一辆车时，有多少人在不同的地方对制造这辆汽车做出了贡献？这些都是和你一起玩'非零和'游戏的人"。人的协同可以结束各国及其人民之间的冲突，因为他们紧密相连在一起创造未来。当我们的兴趣转到为全球全社会做贡献时，根深蒂固的仇恨便不复存在了。在赖特的结论中，我看到了智慧：

总的来说，我认为历史整体上是一个积极的非零和游戏。能证明这一点的证据让我感到吃惊，也最使我欢欣鼓舞——"历史存在着道德层面，存在着一个道德指向。随着时间的推移，我们已经看到了道德的进步"。[338]

## 从教导中学习

学习本书的最好方法，就是把本书的内容再教给别人。大家都知道，在教学过程中，老师学到的东西比学生学到的要更多。所以找一个人——同事、朋友、家人，把你学到的都传授给他。向他提出以下具有启发性的问题，或者你也可以自己再想一些问题。

- 就第3选择思维的道德力量而言，我们能从穆罕默德·达贾尼的故事中学到什么？

- 玛格丽特·克拉姆关于进入犹太大学是这样描述的："我6个月没有开口说话。"你认为她为什么会选择沉默？关于同情的价值，她的例子能教给我们什么？
- 1993年的《奥斯陆协议》是怎么诞生的？关于协同作用，从这个故事中我们可以了解到什么？
- 吉米·卡特是怎样促成戴维营协议的？为什么他的故事成为展现"心理空气"的重要例子？
- 根据马克·格平的观念，"同情姿态"在解决冲突中扮演了什么角色？
- 丹尼尔·巴伦博伊姆以什么样的方式成为一名"第3选择思维者"？
- 你认为西东合集管弦乐团在寻求中东和平中扮演了什么样的角色？你从该乐团的音乐家身上可以得到什么见解？
- 解释一下在追求和平的过程中每个协同模范的重要性。
- 根据犹太人和穆斯林的传统，自我认识和反省在解决冲突中扮演了什么角色？
- 丹尼尔·巴伦博伊姆说："你反思的那一刻正是对心灵的救赎。"他说这句话是什么意思？这个时刻为什么对解决冲突如此重要？
- "如果你想让别人的感情发生模式上的转变，你必须真正倾听他们的诉说，这样才能让他们感到困惑"，在追求和平的过程中，聆听扮演着一个什么样的角色？
- 解释一下和平制造与和平建设的区别。"和平建设是协同"是什么意思？

- 解释下为什么积极的协同是战争的反面。
- 为什么学者说，瑞士甚至不应该是一个国家？通过比较瑞士和以色列 – 巴勒斯坦冲突，我们可以了解到什么？
- 关于历史的方向，有哪些是让我们感到乐观的？

## 试试看

当你考虑自己的关系、邻里或社会关系时，有没有哪些冲突是你可以帮助解决的？启动第 3 选择思考模式，邀请他人一起参加讨论。使用"协同的四个步骤"。

**协同的四个步骤**

① 以第 3 选择的思维模式提问：

"你愿意寻找一种更好的解决方案吗？"如果答案是愿意，到步骤 2。

② 界定成功的标准

在以下空白处列举令双方都满意的解决方案的要点。成功是什么样的？真正要做的工作是什么？对所有人来说，"双赢"是什么样的？

③ 创造第3选择

在以下空白处建立模型，画图，集思广益，逆向思考，迅速而有创造性地开展工作。在达成令人兴奋的协同之前，暂不下结论。

④ 达成协同

在此处描述你的第3选择，如果你愿意，描述你将如何将其付诸实践。

**四步协同指南**

① 询问 — 第3选择询问
② 界定 — 成功的标准
③ 创造 — 第3选择
④ 达成 — 协同或第3选择

注：协同的四个步骤。这一过程有助于你发挥协同原则的效力。(1) 表明寻找第3选择的意愿；(2) 界定每个人心中成功的标准；(3) 寻找解决方案；(4) 达成协同。在整个过程中保持用同理心倾听。

**如何达成协同**

① 以第 3 选择的思维模式提问

在冲突或有创造性的环境中,这个问题帮助所有人放弃固执和成见,向着第 3 选择的思维模式发展。

② 界定成功的标准

列举或用一段话描述所有人眼中成功结果的特征。同时回答下列问题:

- 是否所有人都参与了标准的制定?我们是否得到了最广泛人群的最普遍想法?
- 我们真正想要的结果是什么?真正要做的工作是什么?
- 什么样的结果使每个人都成为赢家?
- 我们愿意放下原有的需求寻找更好的结果吗?

③ 创造第 3 选择

遵循以下指导方针:

- 保持游戏心态。它不是"真实的",人人都知道它是一个游戏。
- 避免下结论。避免协议或共识。
- 避免判断别人或你自己的想法。
- 建立模型。在白板上画示意图、流程图,构建实际模型,撰写草稿。
- 激发他人的创意。颠覆传统观念。

- 迅速执行。设置一个时间期限，保持活力和思维开阔。
- 酝酿多种想法。你无法预料哪一次不假思索的领悟就可能带来第 3 选择。

### ④ 达成协同

你在人们的兴奋与激情里识别出第 3 选择，新的选择符合成功的标准。注意要避免将错误性妥协与协同相混淆。妥协令人满意，但并不让人感到快乐。妥协意味着人人都有损失，协同意味着人人都有赢的可能。

第九章

# 第 3 选择的人生

挑战无处不在,生活需要我们去改变:我们要建立各种人际关系,服务社区,加强家庭关系,解决问题,获取知识,创造伟大的作品。

*我们需要的不是更多的休假，而是更多的使命感。*

*——埃莉诺·罗斯福*

在波多黎各塞巴镇，有一栋房子被当地人风趣地称为"马槽房"。伟大的大提琴家巴勃罗·卡萨尔斯在这里度过了他人生最后的 20 年，他于 1973 年逝世。近一个世纪前，卡萨尔斯在他的西班牙家乡听到大提琴演奏时，就彻底被大提琴的美妙音律折服了。卡萨尔斯小时候，母亲给了他一本破旧的巴赫大提琴组曲乐谱，他为之着迷，夜以继日地练习。有一位非常著名的作曲家听到了他的演奏，于是邀请他为西班牙王室演奏。从此以后，卡萨尔斯的事业如日中天。他 23 岁时为维多利亚女王演奏，85 岁时在白宫为约翰·F. 肯尼迪演奏。

在这 60 年的音乐生涯里，卡萨尔斯的地位不断飙升。他在最著名的乐团里演奏，获得了至高的荣誉，他是世界历史上最伟大的大提琴家之一。在西班牙,他深受爱戴。有一次卡萨尔斯为国王演奏,竟然有听众指着王室包厢大喊:"你是我们的国王,但巴勃罗是我们的帝王。"

在这位伟人的最后几年里,塞巴镇的居民每天都可以听到从马槽房传出的巴赫大提琴组曲。有一天,他的邻居问 93 岁的卡萨尔斯:"你为什么每天还要练习 3 个小时的大提琴?"卡萨尔斯回答:"我能感觉到自己有进步,我比以前拉得更好了。"

## 生活在高潮中

卡萨尔斯一生从未停止过演奏。他不断提高自己的能力,改进自己的演奏,为听众带来音乐的饕餮盛宴。有些人好奇他为什么在临终前都不能停下练习,卡萨尔斯说:"让我退休就是让我去死。"卡萨尔斯说,当音乐慢慢地停下来叫作渐弱,而当音乐充满活力、变得恢宏壮观叫作高潮。卡萨尔斯的生命也停留在恢宏壮观的高潮部分。

从我的专业来说,没有什么话比我的座右铭更能点燃人们的热情,赋予人们生命的力量。我的座右铭是:生活在高潮中!最重要的工作就在你前面。

我曾对很多专业人士讲起我的座右铭。后来有一位法官找到我,他的眼里充满了热情活力。他对我说他原本打算不久之后退休,但是他听到"生活在高潮中"这句话后,立刻感受到了对工作的强烈热情。继续工作有助于解决更多人的问题,于是他决定无限期延迟退休。

坚信你最重要的工作就在你前面,而不是身后。我们必须抱着这种理念，因为它让我们的生活充满活力。不管你是否实现了自己的梦想，你将来都会有很大的贡献。前面的工作也许和你以前的工作不一样，也许和你以前做的事情的意义也不一样，但是你要明白那是重要的工作，特别是当你能够向别人传送正能量时。我们不要掉过头来看我们的生活，我们应该积极乐观地抬头向前迈步。

不管我们的年龄有多大，处于什么社会地位，有着第3选择的人从未停止过自己的贡献。第3选择的逻辑就是追求更高的人生目标，拥有更好的生活。也许我们会沉醉于过往的贡献，但是下一个伟大的贡献就在起跑线上。正如本书所讲，挑战无处不在，生活需要我们去改变：我们要建立各种人际关系，服务社区，加强家庭关系，解决问题，获取知识，创造伟大的作品。

就我而言，我已经过了一般的退休年龄，但是我仍然积极地写作、教学、咨询、旅行。孩子和孙辈幸福地成长对我来说非常重要。这些生活的挑战让我觉得兴奋，使我不再只是一个第3选择的追求者。正如喜剧演员乔治·伯恩斯在他99岁时所说："我不能退休，我已经被预约了。"

女儿问我会不会再写出像《高效能人士的七个习惯》这样具有影响力的作品，我非常震惊："你开什么玩笑？我最好的作品就要写出来了，我脑中现在有10本书。"我并不是高看自己，我真的相信我的最佳作品还在未来。为什么不呢？如果每天早上起来，我都想着我的最佳作品已经写出来了，我已经没有价值了，那我的生活还有什么动力？我同意欧内斯特·T. 特里格的观点："如果一个人已经完成了所有他认为有价值的工作，不管他年龄多大，他已经走向了死亡。"

有太多的人活在两种选择里：要么工作，要么玩。有些人工作就是为了娱乐。我们长期从事没有特定目的或目标的工作，不停地工作就是为了我们能够在周末轻松自由，我们经常听到这样的说法：

"唉，又是星期一。"

"这个星期终于结束了。"

"如果我能挨过这一天……"

"快周末了，真好。"

"上天保佑，今天是星期五。"

我们总是希望每天、每周、每年快点儿过去，直至生命消逝。每一天都在"大脑开"和"大脑关"两种模式中转换。我们就像工业时代执行特定功能的机器，完成每天的任务，直到有一天我们没有用处。我们晚上按上关闭键，到第二天早上按下开始键。最终有一天，开关永远关闭了。然后我们怎么办呢？

我们会闲下来。我们退休后会放松休闲，在剩余的时间里到处去玩。这也正是很多人想要的生活，他们被二选一的思维模式洗脑了。但是，这是一个错误的二分法，是工业时代的思维定式。我们习惯认为只有两种选择：继续工作或退休。我们认为，有一天当我们不再是"机器"时，我们会很高兴，然后生命才有意义。但对许多人来说，他们的生活会滑向低谷，生命变得漫长且索然无味。正如诗人威廉·巴特勒·叶芝所写，"生命是为一些永远不会发生的事做长期的准备"。

我相信第3选择是迄今为止最好的思维模式。让我们努力做贡献吧！第3选择的思维模式可以涵盖"两种选择"思维模式。就算你已经过了"65岁的黄金年龄"，你仍然可以继续工作，做出重大贡献。或者你可以退休后开始你的第二职业，为你的家庭和社会做有意义的事情，为你周围有需要的人提供帮助。

**两种选择模式**

不停地工作 ← → 退休后休息

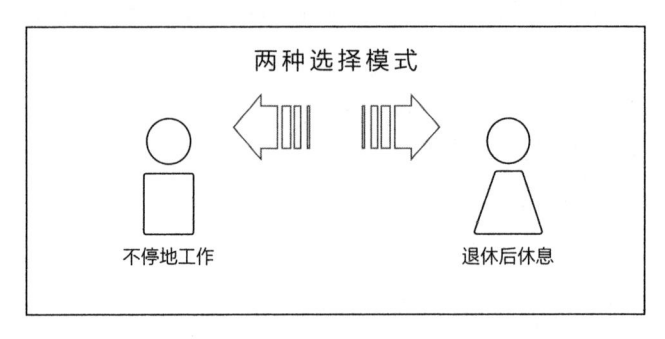

图 9-1

当然，如果你有贡献社会这种思维模式，无论你在工作还是退休了，你的生活都会很有意义。

我建议我们都要在工作和退休上来个巨大的思想转变。根据发达国家的人口报告，超过 55 岁的人口中有 33%~40% 的人不再为了生存而工作。上一代或上两代人在这个年龄时已经逝去，而我们在晚年还会迎来"第二个成年"。由于在未来的几十年中，65 岁以上的人口增长将大于 25%，很多人会考虑怎么度过第二个成年，这也成为一个话题。欧洲人或美国人的平均寿命是 79 岁，日本人的平均寿命约 82 岁。

在 20 世纪，美国人的平均寿命每天增加 7 小时，这也意味着每个人可以多活 25 年。但可惜的是，很多人不知道怎样利用这个时间，白白错失了宝贵的机会，生命也因此而不同。

我们是浪费这些时间什么事情都不做，还是让这些时间过得更有价值？

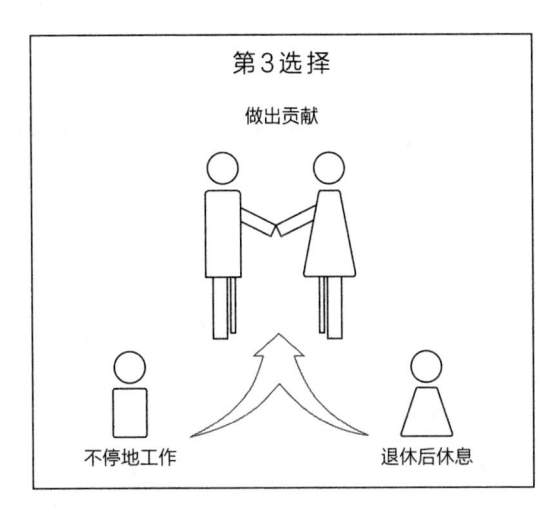

图 9-2

贡献思维模式实际上可以挽救你的生命。我观察到,人一退休就会精神萎靡,身体变差。做些有意义的事、忙碌起来,可以帮助退休的人。著名压力专家汉斯·谢耶博士的研究发现:

> 随着岁月的流逝,大多数人需要更多的休息。但每个人的衰老速度是不一样的。许多有价值的人可能仍然对社会有益,他们可以继续工作几年。但是由于到了退休年龄,就要按照规定退休。这使一部分老年人身体变差,未老先衰。其实他们仍然想显示自己的能力,从事社会活动。这种疾病非常普遍,它已被赋予了一个名字:退休病。[339]

作家查克·布莱克曼是这么描述退休病的:"我会耐心等到65岁,然后开始过精彩的生活,我会在脑海里想象65岁的样子。但等我真正到了这个年龄后，我也只是原地踏步。"[340]

与之相反，一个有使命感的人的生活则充满活力。通过有意义的贡献，我们的免疫系统会增强，身体运作会更顺畅。我自己的使命感使我热血沸腾，这就是为什么每一天都会让我兴奋。我没有感觉到自己在变老，卡尔·罗杰斯说："我感觉自己越老越成熟。"[341]

到了一定年龄就退休是一个较新的概念。翻开历史，你会发现历史中的伟人从来就没有停止过他们的工作，没有停止过探寻世界的奥秘。对我来说，退休的概念本身就有缺陷。这个概念只是工业时代的产物，与文化发展并不一致。

你可以四处张望，会发现很多老人仍然坚持工作，包括工程师、首席执行官、教练、教育工作者、律师、企业家、发明家、部长、科学家、企业主、医生等。他们不接受退休的理念，一年又一年地继续投入工作，改写自己的社会角色，并做出更大的贡献。他们仍然生活得很精彩。

## 第 3 选择的生活

美国前总统吉米·卡特和他的妻子罗莎琳于 1981 年回到家乡佐治亚州普莱恩斯，他们问自己："离开白宫以后，我们能生活下去吗？"一直以来卡特任职州参议员、州长，最后达到顶峰，成为总统。他们还能够向往哪些？他们被迫退休后非常气馁，时常感到空虚，他们害怕退休后的生活了然无趣。

当然，他们很享受和家人、朋友相处的时光，也享受教堂的静谧，但是生活总是缺少点儿什么。他们肯定不打算永远在球场上嬉戏，卡特也不打算像以前的总统那样写回忆录并建立总统图书馆。

卡特不想一辈子只留下一本书或者一栋图书馆。有一天晚上，他顿悟到他可以选择第 3 种生活。他意识到他有足够的时间去做想做的事情，他可以利用自己前总统的身份帮助解决世界上最棘手的问题。

他想成为改变的催化剂，成为一名和平使者，抚慰受伤的心灵。他充满热情地开始了第一个工程——建立避难所。这个避难所可以让世界各地的人认识、交谈、探索困难的解决方案。该项目最后成为卡特中心，这也激发了卡特妻子的生命活力。他们意识到生活中缺少了什么：做比以前更伟大、更有意义的贡献。

尽管成为美国总统是人类成就的巅峰之一，但卡特认为，他们可以有更高的追求。"谁知道呢？"他们问自己，"如果我们把目标设定得更高，如果我们在 1980 年当选，我们甚至可以做更多。"他们的生活充满活力。"我们现在的成就怎么可能超出在白宫任职的时候？"卡特自己就是这个问题的答案。

他们生活在高潮中，他们比以往任何时候都更忙。卡特中心致力于解决冲突、促进世界各地民主和人权的进步。作为 70 多个国家联盟的一分子，卡特中心资助了公共健康项目，如根除麦地那龙线虫病。他们倡导"仁爱之家"，为有需要的人建立家园。在一张人们熟悉的照片里，吉米·卡特手握锤子、钉子和别人一起盖房子。他被公认为历史上最具生产力的美国前总统。

吉米·卡特和罗莎琳·卡特怎么可能知道离开白宫后，他们最重要的工作仍然摆在面前呢？他们没有退休，而是协同其他人帮助有需要的人。

近几年，帮助有需要的人对我们的生活产生了巨大的影响。世界各地都非常需要志愿者，去帮助那些饥饿的人、流浪者、盲人、残疾人、瘾君子、文盲、精神病患者、老人、囚犯，或只是寂寞和孤独的人。有太多事情尚待解决，但是无论我们将要做什么，世界都会因此变得更美好。[342]

哈里斯·罗森是一家总部设在美国佛罗里达州奥兰多市的酒店经营者，他的成功是因为他有"为之努力"的理念，他也是这种理念的杰出代表之一。哈里斯在纽约被称为"地狱厨房"的地区长大，他的父母一直教育他只有上学才能出人头地。这也让哈里斯成为他的家族里第一个上大学的人。他靠做酒店业务支付学费，最终他在奥兰多地区拥有了7家酒店。哈里斯现在可以悠闲自在地享受自己的劳动成果了。

然而，哈里斯并没有止步于此，他非常挂怀居住在他的豪华酒店附近的坦盖洛公园地区的人。坦盖洛周边贫穷落后，罪犯横行，毒品肆虐，很多人失业，并且有高达25%的高中辍学率。有一天，哈里斯偶然出席了当地学校的会议，他说："我在此承诺我会免费支付坦盖洛中学学生的大学费用。"哈里斯一语震惊四座，在场的人都无法相信自己的耳朵。后来哈里斯还资助了当地的幼儿园，建立了家庭资源中心，以供家长咨询和解决家庭问题。

"这是一个了不起的故事。"南佛罗里达大学的查尔斯·久班教授说。他也是坦盖洛公园计划委员会成员之一。所有的投入效果立竿见影：犯罪率下降了66%，辍学率从25%下降到6%，更让人难以置信的是有75%的学生考上了大学。[343]

有一天哈里斯拿着处方去买药，一位年轻的药剂师认出了他："罗森先生，我是因为你的坦盖洛公园计划才上的大学，我有今天完全是因为你啊!"还有一名受该计划扶持的学生成为奥兰治县的"最佳年度教师"。这位优秀的教师现在有能力去任何一个地方居住,但是他选择了坦盖洛公园,他也可以以自己的微薄之力帮助有需要的人了。这些都让哈里斯深感欣慰。

哈里斯·罗森 70 岁的时候可以在佛罗里达州光荣退休。或者,他可以继续工作,专注于自己的事业,眉头紧锁地过日子。但是,他拒绝了这两个方案,选择了第 3 种,他想重建这个贫困潦倒、问题繁多的坦盖洛公园。他也号召其他有钱人来帮助这些有需要的人,他相信这样可以改变社会。

也许你会说:"我既不是前总统,也不是富豪,我能干什么呢?"你应该知道我会这样回答你:没有关系,只要尽自己最大的能力,我们也可以像卡特或者哈里斯·罗森一样发挥影响力。

还有一个故事是关于一个叫雅姬的人,我甚至不知道她的真实名字。雅姬生活在一间约 10 平方米的单间里。我也不知道她的房子具体位置在哪儿,也许在美国南部的一个角落。我们不需要去探根究底。

我们通过威廉·鲍尔斯的著作了解到雅姬。鲍尔斯深入地了解雅姬,并获得讲述她的故事的许可。雅姬的故事会让人对生活有独特的见解,明白生活的真谛。

邻居眼中的雅姬是"智慧守护天使"——这是以前土著人的一种说法,"她让我们对生活有独特的见解"。在雅姬所在的州,10 平方米的单间根本不能称为房子,最多只能称为棚子。雅姬在这个单间里生活,没有煤气,没有电,没有自来水和下水道,也没有电话。她完全脱离生活法则和公共设施。鲍尔斯说在这个官僚主义的世界,雅姬完全就是隐形的。

作为一名医学博士，雅姬觉得自己与都市生活的节奏和喧嚣渐行渐远，她渴望去一个安静的世界。在她完成对家庭的责任，步入晚年后，她开始减少工作量。她找到一块空地建房子，她重新定义自己为"永续农业农民"，要在这片安静的土地上和谐稳定地生活。在她的永续农业中，输入等于输出。也就是说，系统外没有任何东西进入，所有废物都可以循环利用，因此也没有任何东西离开系统。

雅姬的生活听起来很粗糙，但实际上她的生活如田园般美丽。鲍尔斯叙述第一次见到雅姬的情景：

第一次见到她的时候，她被茶树遮挡住了，从远处，我看到她的脸和马尾辫。

雅姬轻轻拉了下我的手，把我带到茶树旁的小池边，这些小池的水都是雨水。我们蹲在小池旁边，一只蜜蜂停在我的胳膊上，然后飞到池边。仰头一望，上面有一个蜂箱。雅姬告诉我说她的意大利蜜蜂一年能产 40 磅的蜂蜜，足够送给亲朋好友了。"你听，蜜蜂们多安静啊。"她说着……

轻微的嗡嗡声，潺潺的小溪，周围还有柳树、无花果、榛子和酸木。蜜蜂从我的胳膊上飞到池边喝水，雅姬俯下身，抚摸着它的翅膀。"有时我早上醒来，在这寂静的世界里，我会高兴到流泪。"

雅姬说的永续农业就是把祖父母辈积累的，但已被父母遗忘的生活智慧重拾起来。看似很复杂，其实很简单。她的菜园被篱笆围住，防止野鹿和兔子的破坏。除了蔬菜，她还种了本地浆果、胡桃、苹果、杧果、木瓜等。在森林里，她可以采摘蘑菇。她的小房子非常舒适、宽敞。通过缩减到这么微小的人性化空间，雅姬生活在自然中，没有电线，没有管道。

但雅姬并不是隐士。她照顾病患，照顾家庭，她还会随环保团体去进行廉价旅行。她的第3选择摒弃了对物质的过分追求，反而对生活充满目标。鲍尔斯把雅姬和自己的一个朋友做了鲜明的对比。鲍尔斯的朋友48岁退休，和第三任丈夫买了一座面朝大海的房子，在那里了此余生。鲍尔斯说，说不上自己的朋友到底幸福还是不幸福，享受一个永久的假期，只有无趣伴随着每一次日落，生活到底缺少了什么。[344]

## 永久的假期还是永久的使命？

我意识到许多人都喜欢永久的假期这个想法。他们的整个职业生涯都在渴望这一天的到来。在工业时代的工作中，我们被百般磨炼，伤痕累累，很自然我们梦想着穿越热带无止境的绿色航道。我们应该放松自己，因此高尔夫球场上的美好日子，或者异国旅行都在情理之中。但是如果我们认为逃避会让自己快乐，那就是在自欺欺人了。无论我们生活在哪里，我们都可能沉迷于垃圾事务：毫无目的地看电视，沉浸于社交媒体，不停玩游戏，逛夜店，读愚蠢的小说，依赖药物，无所事事地睡觉。这些东西可以使任何人消沉，但是退休的人尤其面临着这种生活将变成碎片的危险。

我的祖父理查兹教导我："人生是一项使命，不是一种职业。"他也许还会补充说："也不是一个假期。"仔细思考一个永久度假的人和一个肩负永久使命的人，两者的生命意义会有何不同。

詹姆斯·金一直坚守着自己的使命，他是一个15岁的韩国士兵,在残酷的战场上受了伤,或许命不久矣。他是一个极其虔诚和谦虚的男孩,他求上帝饶他一命,这样他可以"把爱回报给敌人"。

他在战争中幸存,从那时起他做的每一件事都是履行自己的誓言——帮助他的北方同胞,"拯救他们的生命,而不是杀死他们"。一个普通的年轻人没有受到多少教育也没有钱,他起初不知道还能做什么帮助他的敌人,更何况,边界的紧张关系使他的这种行为难上加难。但他知道他可能需要资源,所以他到美国去赚了一些钱。

金成为一个美国公民,开始做进口韩国假发的生意。随着时间的推移,他拥有了一笔小财富,但这仅仅是完成他的目标的一个手段。他知道美国护照会帮助他洞察国际关系。在20世纪80年代,他已准备好履行自己的使命了。他想要帮助教育年轻人并打开他们的眼界,让他们不断学习。这是送给敌人的最好礼物,他这么认为。

在1998年,金听说朝鲜粮食出现短缺,就自告奋勇带着粮资跨越边境,但马上就被捕了。他被指控为间谍,一个半月内,他每天都被关押和审讯:

"当我在狱中时,内心非常平静。我写下我并不怕死,因为我知道自己会到一个更好的地方。而且我写下,如果我真死了,就把器官捐给朝鲜,做医学研究。我告诉他们,我的内心很平静。"金说。他后来听到,朝鲜领导人也被他这样的情操感动了。[345]

最后金被释放了,他继续向朝鲜请愿,希望为他们建一所大学。直到2001年,他终于说服了朝鲜政府,开始筹建平壤科技大学。资金来自金的储蓄和他募集的捐款。花了 9 年时间大学终于建成了，在 2010 年 10 月 25 日，学校敞开大门欢迎首批 160 个来自这个国家的最聪明的学生。金认为，这将帮助朝鲜与世界技术信息接轨，并终将打破朝鲜与世界其他国家和地区间的壁垒。[346]

许多金的受益者对他的慷慨感到很疑惑。"你若问他的灵感来自哪儿，他总是会说'爱'。这个欢快的教授把爱看作一种力量，一种将教育作为一个工具箱来应用的力量。"当有人问他，他会叫自己资本主义者还是共产主义者时，他回忆说："我告诉他们，我只是一个'内心拥有爱的人'。"[347]

金是一个真实的"逆向原型"。战争的创伤使一些人难受，但创伤软化了金对敌人的仇恨，他实际上已经敞开自己的内心来帮助敌人了。在他生命的后半段，当许多人生活很低落时，他仍然"生活在高潮中"。他本可以在海滩某处放松自己，或者忘记年轻时不切实际的誓言，仍在佛罗里达州经营他的生意。任何一个选择都是名正言顺的。

但这些都不是金想要的。他选择了第 3 选择。是永久度假还是肩负一个永久的使命，哪一个更崇高？这个问题你可能要自己来回答。

你可能会问："但是经过长时间的劳动，难道我不应该减慢速度，坐下来，放轻松吗？如果我已经感觉身体扛不住了呢？如果我的身体已经不行了呢？"

如果我不理解那些感觉，我就是缺少同理心。虽然我更容易感到疲倦，需要更多的睡眠，而且发现年龄越大旅行越艰难，但我很欣慰身体还很健康。但我的妻子桑德拉做过一系列背部外科手术，这完全改变了她的生活。她现在要在轮椅上度日，即使是做简单的事情也要依赖其他人。对我们双方来说，适应这种新的生活方式都很困难，而且我们所有家庭成员都要陪她一起度过这段艰难的经历。

当然，桑德拉希望可以重新自由自在地行走，没有限制地做自己想做的事，但是现在还不可能。尽管困难重重，她的态度一直都让人惊喜、鼓舞人心：她尽量利用她能够运用的资源。她的座右铭是句拉丁语——Carpe diem（及时行乐）！她保持着与家人、朋友的接触，这些对她来说是很重要的人。她在自己的影响圈内行事，并不断扩大影响，尽管这对她来说是一种挑战。她参与读书俱乐部，与朋友一起吃午餐，在我们的教堂教授一门课程，还在一个大学董事会里服务。在圣帕特里克节这一天，她帮邻居把饼干包起来；在愚人节这一天，她愚弄她的家人。她写信、打电话、拜访子孙们。她酷爱读书，保持活跃的政治立场，支持一个艺术中心并为之筹集了大量资金。其实坐在轮椅上并不如所想的那么糟糕！正如大家所说："不要太在乎你的残疾！"

虽然桑德拉的生活发生了巨大的改变，她却仍然"生活在高潮中"，贡献她的所有。哲学家弗里德里希·尼采说："人若有活下去的理由，任何苦难都能承受。"

我相信我们也有责任去帮助那些生活在高潮中的人。不论年龄大小还是健康体弱，每个人都是有价值的，每个人也都有能力做出贡献。我有一个朋友，工作压力很大，并且时间表排得满满的。最近他的老母亲再也无法独立生活，所以全家讨论要怎么办：让母亲待在家里并雇人来帮忙，把母亲送到养老院，还是让母亲搬去和儿子一起往。我的朋友有很多想法，但是他不确定自己是否有空闲来照顾他的母亲。幸运的是，他善解人意又贤惠的妻子并不抗拒自己的婆婆，她欢迎婆婆到家里来。又瘦又虚弱，几乎失明、失聪的老人，因为搬到新地方而完全迷失了方向。这就像有个孩子在家里需要照顾一样,他们不得不帮她做很多事情,洗漱,喂食,早上帮她起床,晚上帮她回到床上。我的朋友觉得不耐烦,但不这样又感到内疚,他想知道这个安排是不是真的可行。

有一天晚上,在饭桌上,他的母亲挨着他,他的妻子在他对面。他的母亲给儿媳妇讲述一个童年时发生在家庭农场里的小故事,他们把豆子收集在一起,把它们装在瓶子里面度过冬季。我的朋友意识到房间里很安静,夕阳的光芒落在母亲的脸上,使她看上去很年轻。他感到一种很长时间都没有体会到的满足。令他吃惊的是,他现在在花时间真正观察他的母亲,倾听她讲话,享受她的平静所带来的影响。她对一切都很感恩,非常礼貌和温柔,她似乎来自另一个时空。他的妻子笑了笑,她的手放在下巴上,听着婆婆的故事,好像自己有一整晚的时间。

渐渐地,我朋友的生活地理范围发生了改变。他和妻子带着母亲出去散步,他们一起听音乐。他们记录了母亲生活中的故事,母亲则教他们老式烘干方法,在母亲的监督下,他们小心翼翼地自制了一个老家才有的面包。

在晚上他们会观看黑白电影,主要是 20 世纪 30 年代的喜剧——她几乎都不记得了,她的儿子会在她的耳边重复有趣的台词——她几乎什么也听不见了。

随着时间的推移,我的朋友意识到他以前的生活是多么不成熟。尽管他的母亲已经过完 90 岁生日,看不到、听不到,也无法工作,但她为儿子做出的这份迟来的贡献却以他从未预料的方式丰富了他的生活。他,一个如此习惯于在生活中快速向前的人,学会了放慢脚步,慢慢享用一顿安静的晚餐,欣赏一个古老的故事,坐在自己母亲身边,心满意足地只是握着她的手。到最后,他生活在一个温柔的高潮里。

我相信是我朋友的体恤使他母亲在最后的日子里做出了有意义的贡献。"她过来和我居住是帮了我们一个忙，"他说，"她做这些，我们是唯一的受益者。"他可以把她送进养老院，她会非常喜欢那里，也会被照顾得很好。但他会错过改变他生活的一些事：来自爱和服侍的安静的回报。

在我们轻率地追求金钱和社会地位这些次要成功的过程中，我们冒了一个非常严重的风险，彻底错失了最初的小小成功所带来的满足感：我们所服务的人给予的爱、信任和感激。

我的信念是，我们在这个地球上为他人服务，帮助我们的同胞。我们也可能是另一个人祈祷帮助的对象。我相信这一生，服务的关键是延续幸福，这才是衡量真正成功的标志。

一些人像机器一样，将继续他们无趣的、日复一日的、没有太多意义的工作，一直到死亡把他们关掉为止。某些人会选择逃避，并且自我娱乐，至死方休。然而其他人会选择第3选择，选择奋斗，他们活着就是为了给予同伴帮助，做出更大的贡献。这是最终"需要做的工作"。

你会选择第3选择，做出贡献，并且让你生活在高潮中吗？或者当你变老，你会让你的生命逐渐消逝吗？你的遗产是什么？不要回头看。你还有什么可以贡献的？未来还有哪些令人兴奋的冒险？当你有更多的时间给周围的人，而且拥有知识和经验时，你会做什么？你需要建立或修补哪些关键关系？你最伟大的工作是否还在你前面？你周围的人会等待和希望你能应对世界的艰巨挑战。如果你的答案里含有对理智和心灵的协同，你也会拥有一个有意义、有目的的一生。

在丁尼生伟大的诗作《尤利西斯》中，他想象着这位征战特洛伊的英雄在史诗般的旅程结束后稳坐王位，成为一个"无所事事的国王"。周围环绕着宴会餐桌和乏味的游戏，昔日的英雄因自我放纵而变得衰老无用。他回顾自己过去的行为，他与风暴和巨人的搏斗，他面对的巨大挑战，他意识到他不能死，绝对不能像这样死去。

不再年轻的英雄仍追寻更高、更好的事物，尤利西斯从王位上站起来，命令把他的船准备好。他的老伙伴也有同感，当他们一起起航时，他们知道自己的伟大冒险还在前方。

我不能停歇我的脚步：我饮尽
饮尽生命之杯。我一生都在
承受大喜与大悲
有时与爱我的人一起，有时却独自一人……

暂停，终了，都乏味单调，
蒙尘生锈，发不出光亮！
能呼吸就算是生活？
生命堆起来尚嫌太少……

……虽然
我们已力不如当初，
撼不动天地；我们仍然
英雄胸襟如往日，
时运虽被消磨，可意志仍坚，
奋斗、探索、寻求，从不屈服。

## 从教导中学习

学习本书的最好方法，就是把本书的内容再教给别人。大家都知道，在教学过程中，老师学到的东西比学生学到的要更多。所以找一个人——同事、朋友、家人，把你学到的都传授给他。向他提出以下具有启发性的问题，或者你也可以自己再想一些问题。

- 生活在高潮中意味着什么？生活在低潮中又意味着什么？
- 太多的人生活在一种或两种选择中。你会如何描述这两种选择？一个人在寻求一个完整的人生时，不同选择的局限性分别是什么？什么是第3选择？
- 贡献的模式实际上可以挽救你的生命。哪些自然过程可以证明这个道理？
- 在吉米·卡特和罗莎琳·卡特结束白宫生活之后，他们的两种选择是什么？卡特夫妇以什么方式过着第3选择的生活？
- 哈里斯·罗森和"雅姬"就影响范围而言，可以说几乎相反，但他们又都做出了贡献。对于人生的贡献尺度来说，我们从他们身上学到了什么？
- 如果我们认为幸福是"永久的度假"，那么就是在自欺欺人。为什么这样做违反常理？
- "永久的使命"的概念为什么会有如此大的解放力量？詹姆斯·金的故事教会了我们什么？
- 尼采说："人若有活下去的理由，任何苦难都能承受。"桑德拉·柯维的例子如何体现了这种洞见？当你考虑到自己的极限时，这些洞见在哪些方面帮助了你？

- 从我的朋友和他母亲"生活在高潮中"的故事中我们学到了什么?
- 为什么我们有责任去帮助那些"生活在高潮中"的人?你会帮助"生活在高潮中"的人中的哪一个?
- "暂停,终了,都乏味单调,蒙尘生锈,发不出光亮!"这句诗出自丁尼生的《尤利西斯》,你怎样解读?

## 试试看

你将如何"生活在高潮中"?你的成功标准是什么?第3选择可能改变你生活中的哪些部分?着手开展对第3选择的原型研究,邀请其他人共同参与。使用"协同的四个步骤"。

**协同的四个步骤**

① 以第3选择的思维模式提问:

"你愿意寻找一种更好的解决方案吗?"如果答案是愿意,到步骤2。

② 界定成功的标准

在以下空白处列举令双方都满意的解决方案的要点。成功是什么样的?真正要做的工作是什么?对所有人来说,"双赢"是什么样的?

③ 创造第 3 选择

在以下空白处建立模型，画图，集思广益，逆向思考，迅速而有创造性地开展工作。在达成令人兴奋的协同之前，暂不下结论。

④ 达成协同

在此处描述你的第 3 选择，如果你愿意，描述你将如何将其付诸实践。

**四步协同指南**

① ——询问—— ② ——界定—— ③ ——创造—— ④ ——达成——
第 3 选择询问　　成功的标准　　第 3 选择　　协同或第 3 选择

注：协同的四个步骤。这一过程有助于你发挥协同原则的效力。（1）表明寻找第 3 选择的意愿；（2）界定每个人心中成功的标准；（3）寻找解决方案；（4）达成协同。在整个过程中保持用同理心倾听。

**如何达成协同**

① 以第 3 选择的思维模式提问

在冲突或有创造性的环境中,这个问题帮助所有人放弃固执和成见,向着第 3 选择的思维模式发展。

② 界定成功的标准

列举或用一段话描述所有人眼中成功结果的特征。同时回答下列问题:

- 是否所有人都参与了标准的制定?我们是否得到了最广泛人群的最普遍想法?
- 我们真正想要的结果是什么?真正要做的工作是什么?
- 什么样的结果使每个人都成为赢家?
- 我们愿意放下原有的需求寻找更好的结果吗?

③ 创造第 3 选择

遵循以下指导方针:

- 保持游戏心态。它不是"真实的",人人都知道它是一个游戏。
- 避免下结论。避免协议或共识。
- 避免判断别人或你自己的想法。
- 建立模型。在白板上画示意图、流程图,构建实际模型,撰写草稿。
- 激发他人的创意。颠覆传统观念。

- 迅速执行。设置一个时间期限，保持活力和思维开阔。
- 酝酿多种想法。你无法预料哪一次不假思索的领悟就可能带来第 3 选择。

## ④ 达成协同

你在人们的兴奋与激情里识别出第 3 选择，新的选择符合成功的标准。注意要避免将错误性妥协与协同相混淆。妥协令人满意，但并不让人感到快乐。妥协意味着人人都有损失，协同意味着人人都有赢的可能。

第十章

# 由内而外

问题越重大,就越需要内在的安全感、充沛的双赢思考、耐心、爱、尊重、勇气、同理心、坚忍不拔的决心,以及创造力。

身为第3选择思维者,你的成功是由内而外的。你越是要处理重大议题,就越需要更多的内在意志与力量。

许多年以前的一个夏天,我正带领一群年轻人进行露天生存训练营练习,目的是教他们如何在供给很少的野外生存,从自然中寻找资源。一个星期快结束了,我向他们展示如何用一个简单、沉重的绳捆扎紧河流两岸的大树,从而渡河。我向他们展示如何用手和脚紧抓绳子不放,一只手一只手地移动。走到一半的时候,我决定炫耀一下自己的技术,也是为了好玩儿,于是使劲儿在绳子上震荡。河水很深且流速缓慢,在这种情况下,下面几乎没有危险。孩子们很喜欢这样。嬉笑之余,我甚至开始嘲笑他们:"我敢打赌你们渡河时不会这么容易!"问题是,我花费如此多的精力来胡闹,以致当我继续演示如何渡河的时候,我感到肌肉开始痉挛并且没有力气了。我想凭借意志力和决心走完剩下的路。然而,几秒内,我就动不了了。我悬挂在那里几秒钟,身上已经完全没力气了。我掉入下面的水里，然后挣扎着游到浅滩处，从水里爬出来，浑身湿透。在这个星期剩下的几天里，大家一直拿我开玩笑——这是我自找的！

我得到了一个深刻的教训，毕生难忘。我们的身体像大多数自然界的事物一样，教会我们一分耕耘一分收获的道理。这是自然法则，它将在我们的一生中得到验证。无论我有多强大的意志力，无论我怎样激励自己渡过剩下一段河，最终我受制于肌肉的力量和耐力等条件。我身体里面没有力量，就不要指望会成功。

当你试图创建第3选择解决最困难的问题和挑战时，你也会遇到同样的状况。尽管你求胜心强且足够努力，但当你试图解决与朋友、同事或家庭成员之间的不同意见，且事情发展不如你所愿时，我保证你会发现自己的不足并体验到失败的感觉。结果甚至可能使事情更糟。

我总是要处理这些限制。我会失去耐心，会反应过度。我发现有时候倾听真的很难……特别是当我知道我是对的时！这些年，我会教导已经长大成人的孩子们这些原则，当我心不在焉的时候，他们会毫不犹豫地叫醒我。所以我学会了微笑、深呼吸、迅速道歉，然后说："好吧，请帮助我理解。"老实说，有时候要理解并接受这些，得花一段时间。

一开始，我们可能意图良好，但我们在努力奋斗的过程中会出现自卫心理，感到受伤害，反应被动，或退回到"对抗或逃避"的旧有交流方式。这些并不意味着失败，但是我们需要做更多的工作，在灵魂里发展更大的力量以使我们的性格能够扮演更强壮的"肌肉"的角色。

我们越担心，就越会用第3选择的心态对待生命中每个伟大的挑战和机会；我们越是想要解决面临的重要问题，需要的内在力量就越多。问题越大，关系或议题越重要，就越需要内在的安全感、充沛的双赢思考、耐心、爱、尊重、勇气、同理心、坚忍不拔的决心和创造力。河流越宽敞，就越需要更多的内部力量。

我们如何增强内在性格的力量呢？这是生命里真正伟大的问题。这也是我写《高效能人士的七个习惯》这本书的初衷。原来的副标题是"恢复角色伦理"。我建议你阅读或重读这本书。我做这些并非私心，因为它讲述了永恒的成功有效性的真理。它们属于每个历史悠久、繁荣的文化、社会、宗教、家庭和组织。我没有发明它们，我只是把它们排序、组织成一个结构，好让读者可以运用自己的方式了解这些原则。

一个第3选择思维者的成功将是由内而外的。以下这20件事，对开发内部力量和安全感从而创造第3选择非常有帮助。

1. 不骄傲自满，放下自己总是正确的想法。无论如何，你掌握的现实都是局部的，你如果坚持所谓一贯正确的理念，就无法实现情感上的突破，也无法获得创造性解决方案。

2. 学会说"对不起"。你一旦发现自己做错了或者伤害了某人，就要毫不犹豫地诚恳道歉，不要退缩，要负起相应的责任，并表达出你渴望被理解的情感。

3. 快速宽恕被轻视的感觉。请记住，你可以选择是否被冒犯；如果你感觉被冒犯到，那就别理会它。

4. 不要给自己或他人太大的承诺。从小承诺开始，做出承诺，实现承诺，通过这样的模式，才能设立和实现更大的承诺。这样你的诚信将成为你的可靠性和能力的最大资源。

5. 顺其自然，继续远行。在你的日常生活中创造空间去反思世界的协同效应。

6. 广泛阅读是一种获得精神上共鸣的最好方式，也因此会产生第 3 选择。

7. 每天尽量去锻炼身体，吃健康的食物维持身体营养的均衡。身体是思想和精神的根本。

8. 保持充足的睡眠，每天睡眠时间为 7~8 个小时。科学告诉我们，在睡眠中大脑可以产生新的连接，正因如此，我们会因突然闪现的新念头而惊醒。你会发现自己更需要去创造第 3 选择来给自己的思想、精神和心灵补充能量。

9. 研读鼓舞人心或者神圣的作品。沉思、冥想或者祈祷，就会有新的领会。

10. 给自己一些时间，安静地去全面思考具有创造性的第 3 选择，去解决你面对的挑战。

11. 对身边的人表达爱和谢意。用心去倾听他们，花时间去了解他们，了解他们的故事，知道什么对他们来说是重要的。

12. 合理地运用你的双耳和嘴巴。

13. 学会用时间、真心、宽容和肯定去慷慨待人。在需要时用智慧和慷慨去分享你的这些资源。大方地原谅自己的过失与不足，因为每个人都有缺点。然而我们每个人也都有实力去展望未来，继续前行，所有这些将促使你获得丰富的精神财富。

14. 不要去与别人比较。你是独一无二的，你拥有无限的价值和巨大的潜力。在生活中给自己设定特殊的使命，只要它是真实可行的，就好好做自己，为人类服务。这个世界将会变得简单而多彩。

15. 心存感激，并且善于表达出来。

16. 秉持无尽的热情去为他人发现和创造伟大的胜利。胜利会使他们获得和平、幸福和更多荣耀。这么做非常有感染力，你会发现别人也会为你创造同样的财富。这就是创造卓越协同效应的关键。

17. 当事情进展得不顺利时，可以先休息一下，绕街区散个步，晚上睡个好觉，新的一天再用新的视角去面对它。

18. 如果真没办法达成共赢，请记住在某些情况下"不交易"是最好的选择。

19. 当涉及他人的应变能力、缺点和优点时，你要一笑而过。当涉及你年少的行为时，提醒自己"这也可以翻篇了"。

20. 永远不要忽视第3选择的可能性。

通过获得这些个人的胜利，你会发现公众的胜利也随之而来。

最后，我要向读者表达我的爱，我信任你并相信你的潜力，我相信你会步入第3选择的生活道路，你会给世界带来美好。你是如此不可缺少，上帝保佑你。

——史蒂芬·R. 柯维

# 致 谢

非常感激每个为本书做出巨大贡献的人。对于朋友、同事、客户和世界上证明第3选择的"力挽狂澜者"——不论是否在本书中担任重要角色,我都要表达我深深的谢意。谢谢你们愿意分享自己的故事和生活。

感谢富兰克林柯维公司的同事们。萨姆·布拉肯精明能干,他富有感染力的激情和承诺让计划变得成熟。迪安·科林伍德博士在世界各地开展了我们的"严峻挑战"调查;乔迪·卡尔,他的智能团队设计了所有图形;特里·莱昂搜集了数以百计的许可权;德布拉·伦德作为公共关系专家,她的忠诚和奉献精神在很多方面影响了我的书与作品的推广和影响力。同样,吉尼特·安德森在国际舞台上也完成了如此伟大的举动。评论者和撰稿人安妮·奥斯瓦尔德、迈克尔·欧科和我的儿子肖恩·柯维的宝贵洞察力也极大地改善了这项工作。

我要特别感谢我十多年的生意伙伴博伊德·克雷格,他是我的朋友,我的同事,是他给了我这本书最初的想法和框架,我们努力多年一起协同完成这本书的核心工作。他是我认识的最特别的第3

选择领导人之一，也是与我一起工作的最有勇气的第3选择思想、创新、教育、解决问题的模范之一。他的付出和品质结成正果，凸显在本书中，以及我其他的专业作品中。

我要感谢我的助理朱莉·吉尔曼和达克·塞林，博伊德的助手维多利亚·马奥特，和所有多年来促进我工作的助手和同事，他们对我的工作影响非常重要。

我也非常感谢鲍勃·惠特曼，富兰克林柯维公司的董事长和首席执行官，我们董事会的同事们，我的执行团队，和我世界各地的所有同事，他们每天都展现出积极的领导能力并全身心地提供服务。我爱他们，欣赏他们。

对于本书的设计、发行、市场营销、出版，我要感谢卡罗琳·里迪、马莎·莱文、多米尼克·安富索、莫拉·奥布赖恩、苏珊·多纳休和卡里萨·海斯。还要感谢我亲爱的朋友简·米勒和她的助手香农·迈泽－马文极佳的工作表现。

我的妻子桑德拉，我的孩子辛西娅、玛丽亚、史蒂芬、肖恩、戴维、凯瑟琳、科琳、珍妮、乔书亚，和他们卓越的配偶，为本书贡献了很多经验。我的孩子们、孙辈和曾孙辈以及还未出生的后代，是我们生活的光和希望，是我高潮生活的体现。我尤其要感谢我的女儿，辛西娅·柯维·哈勒，她对第九章贡献很大。

我要感谢我的父母和祖父母赐予了我内心的安全感，是他们的爱、认可以及培养成就了我富足的心态，建立了我第3选择的思维基础。我还要感谢我亲爱的姐妹们，尤其是我的兄弟约翰，他一直是我生命中最忠实的朋友，并为第四章做出了巨大的贡献。他在富兰克林柯维公司负责的婚姻、家庭方面的全球性工作，正在世界各地留下将使几代人受益的遗产。

我特别感谢我的老朋友，美国地区法院法官拉里·M.博伊尔，他与我合著第六章。作为第3选择思维的司法系统最高层的案例，拉里在本书中分享了他协同解决最棘手冲突的独特经验。我还要感谢和赞赏布赖恩·博伊尔，一个有着第3选择思维的能力突出的律师，他的伟大贡献是以新的视野为今天的法律工作者提供了一个新法章。还要感谢法律研究助理布兰登·卡彭、克里斯汀·福尔廷·琉纳斯、迈克尔·迈尔斯、马克·谢弗、丽贝卡·席伯劳斯基。

还要特别感谢沃德·克拉彭，他作为一名警务人员穷其一生用自己的道义领导世界制止犯罪，鼓励年轻人，到哪儿都在传播公民社会的种子。我非常感谢他对第七章做出的贡献。

最后也是最重要的，我感谢富兰克林柯维公司的首席作家布雷克·英格兰，他花费上百个小时的研究和写作，这些努力使这本书成为可能。他很热心，全身心投入，在全世界范围内寻找关于协同的最好想法。就像我所有的同事一样，他是富兰克林柯维公司使命的典范：使伟大的人、组织、社会无处不在。

# 注 释

1. The 3rd Alternative: The Most Serious Challenges.
2. Elizabeth Lesser, "Take the 'Other' to Lunch," *dotsub.com*, no date.
3. R. Buckminster Fuller, *Synergetics–Explorations in the Geometry of Thinking* (New York: Macmillan, 1975), 6.
4. The Mission Statement That Changed the World, *The Stephen R. Covey Community*.
5. 了解更多有助于建立富有创造力的积极关系的条件，请参阅 Carl Rogers, *On Becoming a Person* (New York: Houghton Mifflin Harcourt, 1995), 61–63。
6. Henry Mintzberg, "A Crisis of Management, Not Economics," *Globe and Mail* (Toronto), March 31, 2009.
7. Owen J. Flanagan, *The Problem of the Soul* (New York: Basic Books, 2002), 30.
8. Lee H. Hamilton, "We Can Reconcile Polarized Politics," *JournalStar.com*, December 3, 2010.
9. David Brooks, "The Rush to Therapy," *New York Times*, November 9, 2009.
10. Michael Battle and Desmond Tutu, *Ubuntu: I in You and You in Me* (New York: Church Publishing, 2009), 3.
11. Orland Bishop, "Sawubona," Accessed November 22, 2010.
12. David J. Schneider, *The Psychology of Stereotyping* (New York: Guilford Press,

2004), 145.
13 Martin Buber, *I and Thou* (New York: Simon & Schuster, 2000), 23, 28, 54.
14 Carl Rogers, *A Way of Being* (New York: Houghton Mifflin Harcourt, 1995), 22.
15 Nelson Mandela, *In His Own Words* (New York: Hachette Digital, 2003), xxxii.
16 "Christo Brand," *The Forgiveness Project,* Accessed November 23, 2010.
17 Andrew Meldrum, "The Guard Who Really Was Mandela's Friend," *Observer* (London), May 20, 2007, Accessed November 23, 2010.
18 Nelson Mandela, *Long Walk to Freedom* (New York: Holt, Rinehart and Winston, 2000), 544.
19 Desmond Tutu, *No Future Without Forgiveness* (New York: Doubleday, 1999), 265.
20 Jonathan Swift, *Gulliver's Travels* (London: Bibliolis Books, 2010), 186.
21 Ronald C. Arnett, *Communication and Community: Implications of Martin Buber's Dialogue* (Carbondale: Southern Illinois University Press, 1986), 34.
22 Seth Godin, "The Tribes We Lead," Accessed November 20, 2010.
23 Carol Locust, "The Talking Stick," *Acacia Artisans: Stories and Facts,* Accessed October 10, 2010.
24 William Nelson Fenton, *The Great Law and the Longhouse: A Political History of the Iroquois Confederacy* (Norman, OK: University of Oklahoma Press, 1998), 90–91.
25 *Encyclopedia of the Haudenosaunee (Iroquois Confederacy),* ed. Bruce Elliott Johansen and Barbara Alice Mann (Westport, CT: Greenwood Publishing Group), 246.
26 Susan Kalter, *Benjamin Franklin, Pennsylvania, and the First Nations* (Champaign: University of Illinois Press, 2006), 28.
27 Khen Lampert, *Traditions of Compassion* (New York: Palgrave-Macmillan, 2006), 157.
28 Rogers, *A Way of Being*, 10.
29 非常感谢犹他大学儿科系的约瑟夫・G. 克拉默博士提供此信息。
30 Suzann Keen, *Empathy and the Novel* (Oxford: Oxford University Press,

2007), 151.
31  Carl Rogers, "Communication: Its Blocking and Its Facilitation," Accessed October 23, 2010.
32  Hannah Arendt and Ronald Beiner, *Lectures on Kant's Political Philosophy* (Chicago: University of Chicago Press, 1989), 43.
33  Rogers, *A Way of Being*, 102.
34  John Stuart Mill, *On Liberty and Other Essays* (Lawrence, KS: Digireads.com, 2010), 35.
35  Rogers, *A Way of Being*, 105.
36  David G. Ullman, *Making Robust Decisions* (Bloomington, IN: Trafford, 2006), 35.
37  Marianne M. Jennings, ed., *Business Ethics: Case Studies and Selected Readings* (Florence, KY: Cengage Learning, 2008), 216–17.
38  Mill, *On Liberty and Other Essays*, 31.
39  Horacio Falcao, "Negotiating to Win," *INSEAD Knowledge*, April 16, 2010.
40  Lisa Schirch, *Ritual and Symbol in Peacebuilding* (Sterling, VA: Kumarian Press, 2005), 91.
41  "Beyond Beaches and Palm Trees," *Economist*, October 2008; Joseph Stiglitz, "The Mauritius Miracle, or How to Make a Big Success of a Small Economy," *Guardian* (Manchester), March 7, 2011.
42  A.G. Lafley and Ram Charan, *The Game Changer* (New York: Random House, 2008), 240–41.
43  Charles H. Green, "Get Beyond Fairness".
44  Amy Tan, "Creativity," *TED.com*, April 2008.
45  Arendt and Beiner, *Lectures on Kant's Political Philosophy*, 42.
46  David J. Garrow, *Bearing the Cross: Martin Luther King, Jr., and the Southern Christian Leadership Conference* (New York: Harper Collins, 2004), 46, 464.
47  Lisa Zyga, "Scientists Build Anti-Mosquito Laser," *physorg.com*, March 16, 2009; Jennifer 8 Lee, "Using Lasers to Zap Mosquitoes," *New York Times*, February 12, 2010.
48  Hermann Hesse, *Steppenwolf* (New York: Macmillan, 2002), 59, 164–65, 205.

49  Carl Rogers, *On Becoming a Person* (New York: Houghton Mifflin, 1995), 23.
50  Austin Carr, "The Most Important Leadership Competency for CEOs? Creativity," *Fast Company*, May 18, 2010.
51  Edward de Bono, *Lateral Thinking: Creativity Step by Step* (New York: HarperCollins, 1973), 7.
52  Rogers, *A Way of Being*, 43.
53  Bolivar J. Bueno, *Why We Talk* (Kingston, NY: Creative Crayon Publishers, 2007), 109.
54  Patrick Hosking, "Hubris to Nemesis: How Sir Fred Goodwin Became the 'World's Worst Banker', " *Times* (London), January 20, 2009.
55  Sydney Finkelstein, *Why Smart Executives Fail* (New York: Penguin, 2004), 268.
56  Christopher Kenton, "When Sales Meets Marketing," *Business Week*, February 19, 2004.
57  Benson P. Shapiro, "Want a Happy Customer? Coordinate Sales and Marketing," *Harvard Business School Working Knowledge*, October 28, 2002.
58  作者于 2010 年 10 月 7 日采访格雷格·尼尔。
59  See James Ledbetter, "The Death of a Salesman: Of Lots of Them, Actually," *Slate*, September 21, 2010.
60  *The 7 Habits of Highly Effective People*, Habit 4: Think Win-Win.
61  Falcao, "Negotiating to Win," *INSEAD Knowledge*, April 16, 2010.
62  Grande Lum, *The Negotiation Fieldbook: Simple Strategies to Help Negotiate Everything* (New York: McGraw-Hill Professional, 2004), 90.
63  Mahan Khalsa, *Let's Get Real or Let's Not Play* (Salt Lake City: White Water Press, 1999), 5.
64  Khalsa, *Let's Get Real*, 29.
65  Khalsa, *Let's Get Real*, 97.
66  作者于 2010 年 8 月 3 日在田纳西州纳什维尔采访吉姆·厄斯里。
67  作者于 2010 年 10 月 15 日采访乔丹·阿舍。
68  作者于 2010 年 10 月 18 日采访吉姆·富卡。
69  Deepak Malhotra and Max H. Bazerman, *Negotiation Genius: How to Overcome*

*Obstacles and Achieve Brilliant Results* (New York: Random House, 2008), 64.
70　William F. Joyce, Nitin Nohria, and Bruce Roberson, *What Really Works* (New York: HarperCollins, 2003), 219–20.
71　*The Innovator's Dilemma* (Cambridge: Harvard Business Press, 1997) and *The Innovator's Solution* (Cambridge: Harvard Business Press, 2003).
72　Edward de Bono, "Creativity Only for the Successful?" November 12, 2001.
73　Ann F. Budd and John M. Pandolfi, "Evolutionary Novelty Is Concentrated at the Edge of Coral Species Distributions," *Science*, June 10, 2010, 1558.
74　Steven Johnson, "Where Good Ideas Come From," *TED.com*, July 2010.
75　Nathan Myhrvold, "On Delivering Vaccines," *Seedmagazine.com*, December 30, 2010.
76　Tan, "Creativity," *Ted.com*.
77　*The World's Most Trusted Company*, FranklinCovey video, 2008.
78　"Charles Leadbeater on Innovation," *TED.com*, July 2007.
79　D.R. King et al., "Meta-analyses of Post-acquisition Performance: Indications of Unidentified Moderators," *Strategic Management Journal*, February 2004, abstract; "KPMG Identifies Six Key Factors," *Riskworld.com*, November 29, 1999.
80　Anand Sanwal, "M & A's Losing Hand," *Business Finance*, November 18, 2008.
81　Jeffrey F. Rayport, "Idea Fest," *Fast Company*, December 31, 2002.
82　Patrick A. Gaughan, *Mergers, Acquisitions, and Corporate Restructurings* (New York: Wiley, 2007), 159.
83　Sydney Finkelstein, *Why Smart Executives Fail* (New York: Penguin, 2004), 92, 94.
84　Gretchen Morgenson, "No Wonder CEOs Love Those Mergers," *The New York Times*, July 18, 2004.
85　Peter A. Corning, "The Synergism Hypothesis," 1998.
86　"The New Business Conversation Starts Here," *Fast Company*, December 31, 2002.
87　Rogers, *A Way of Being*, 43.
88　Edward de Bono, "Positive Gangs," March 2, 2009. "Property Market,"

November 4, 2008.

89 Jim H. Taylor et al., *DVD Demystified* (New York: McGraw-Hill Professional, 2006).

90 William Powers, *Twelve by Twelve* (Novato, CA: New World Library, 2010), 74–75.

91 David Womack, "An Interview with Ivy Ross," *Business Week*, July 19, 2005.

92 Barry Nalebuff and Ian Ayres, "Why Not?" *Forbes.com*, October 27, 2003.

93 Pervez K. Achmed et al., *Learning through Knowledge Management* (Maryland Heights, MO: Butterworth-Heinemann, 2002), 283.

94 Siva Govindasamy, "Interview: Singapore CEO Chew Choon Seng," *FlightGlobal*, January 21, 2010.

95 "Panera Bread Foundation Opens Third Panera Cares Community Café in Portland, OR," *Marketwire*, January 16, 2011; Bruce Horovitz, "Non- Profit Panera Café," *USA Today*, May 18, 2010; "Panera's Pick-What- You-Pay Café Holds Its Own," *Reuters*, July 28, 2010.

96 "What American Entrepreneurs Can Learn from Their Foreign Counterparts," *MIT Entrepreneurship Review*, December 6, 2010.

97 Vijay Govindarajan, "Reverse Innovation at Davos," *HBR Blogs*, February 4, 2011.

98 Colin Hall, "Mergers and Acquisitions," *Learning to Lead*, November 2004.

99 Zainab Salbi, "Women, Wartime, and the Dream of Peace," *TED.com*, July 2010.

100 Alison Clarke-Stewart and Cornelia Brentano, *Divorce: Causes and Consequences* (New Haven, CT: Yale University Press, 2007), 108.

101 Mark Sichel, *Healing from Family Rifts* (New York: McGraw-Hill Professional, 2004), 83.

102 Elif Shafak, "The Politics of Fiction," *TED.com*, July 16, 2010.

103 我非常感谢凯瑟琳·麦康基·科林伍德，她是一位经验丰富的家庭教师兼调解员，感谢她为我提供相关数据并帮助我理解这些要点。

104 Hara Estroff Marano, "The Key to End Domestic Violence," *Psychology Today*, February 18, 2003.

105 Edward Albee, *Who's Afraid of Virginia Woolf?* (New York: Simon & Schuster, 2003), 17, 159.
106 Patricia Love and Steven Stosny, *How to Improve Your Marriage Without Talking About It* (New York: Broadway Books, 2007), n.p.
107 Steven Stosny, *You Don't Have to Take It Anymore* (New York: Simon & Schuster, 2005), 63.
108 See David Rock, "Your Brain at Work," Google Tech Talks, November 12, 2009.
109 Maria Colenso, "Rage: Q&A with Dr. Steven Stosny," *Discovery Health*, n.d.
110 Stella Chess and Alexander Thomas, *Goodness of Fit: Clinical Applications from Infancy through Adult Life* (London: Psychology Press, 1999), 8, 100–108.
111 Eric J. Mash, *Child Psychopathology* (New York: Guilford Press, 2003), 77.
112 Jonathan Swift, "A Treatise on Good Manners and Good Breeding," in *The English Essayists*, ed. Robert Cochrane (Edinburgh: W.P. Nimmo, 1887), Google e-book, 196.
113 Pablo Casals, *Joys and Sorrows* (New York: Simon & Schuster, 1974), 295.
114 Stosny, *You Don't Have to Take It Anymore*, 208.
115 Haim Ginott, *Between Parent and Child* (New York: Random House Digital, 2009), n.p.
116 Sichel, *Healing from Family Rifts*, 166.
117 Elif Shafak, "The Politics of Fiction," *TED.com.*, July 16, 2010
118 H. Wallace Goddard and James P. Marshall, *The Marriage Garden: Cultivating Your Relationship So It Grows and Flourishes* (New York: Wiley, 2010), 80.
119 William L. Ury, "Conflict Resolution among the Bushmen: Lessons in Dispute Systems Design," *Negotiation Journal*, October 1995, 379–89.
120 Jessica Ball and Onowa McIvor, "Learning About Teaching as if Communities Mattered," paper presented at World Indigenous People's Conference on Education, Hamilton, NZ, November 27, 2005, 6.
121 Karel Čapek, "The Final Judgment," in *Tales from Two Pockets*, trans. Norma Comrada (North Haven, CT: Catbird Press, 1994), 155–59.
122 作者于2011年2月18日采访约翰·柯维。

123  Shafak, "Politics of Fiction," *TED.com*.
124  J.D. Trout, *The Empathy Gap: Building Bridges to the Good Life and the Good Society* (New York: Penguin, 2009), n.p.
125  Isaura Barrera, Robert M. Corso, and Dianne Macpherson, *Skilled Dialogue: Strategies for Responding to Cultural Diversity in Early Childhood* (Baltimore: P.H. Brookes, 2003), n.p.
126  Gerardo M. González, "The Challenge of Latino Education: A Personal Story," Indiana University, October 23, 2008, 9.
127  "The BACCHUS Network Organizational History".
128  Judith A. Tindall et al., *Peer Programs: An In-Depth Look* (Oxford: Taylor & Francis, 2008), 55.
129  Alan Schwartz, "Recession and Marriage, What Is the Impact?" *MentalHealth.net*, January 14, 2010.
130  Beth A. LePoire, *Family Communication: Nurturing and Control in a Changing World* (Thousand Oaks, CA: SAGE Publications, 2005), 116.
131  Larry M. Boyle, "A Peacemaker in Family Court," unpublished ms. in author's possession, published with permission.
132  *Families First: Final Report of the National Commission on America's Urban Families*, Washington, D.C., January 1993.
133  "Johnny Can't Read, and He's in College," *Globe and Mail* (Toronto), September 26, 2005; Andrew Hough, "Tesco Director: British School Leavers 'Can't Read or Write and Have Attitude Problems'," *Telegraph* (London), March 10, 2010; Nick Anderson, "Most Schools Could Face Failing Label Under No Child Left Behind, Duncan Says," *Washington Post*, March 9, 2011.
134  U.S. Chamber of Commerce, *Leaders and Laggards: A State-by-State Report Card on Educational Innovation*, November 9, 2009.
135  "The School Executive," *American Educational Digest* 47 (1927): 205.
136  Sue Dathe-Douglass, "Interview with Clayton Christensen," *FranklinCovey Facilitator Academy*, March 2011.
137  "Ory Okolloh on Becoming an Activist," *TED.com*, June 2007.

138 观看关于赖利的感人视频，见 The3rdAlternative.com。
139 Clayton M. Christensen et al., *Disrupting Class: How Disruptive Innovation Will Change the Way the World Learns* (New York: McGraw-Hill Professional, 2010), n.p.
140 George F. Will, " 'Teach for America' Transforming Education," *Washington Post*, February 26, 2011.
141 "A Second Set of Parents: Advisory Groups and Student Achievement at Granger High," *LearningFirst.org*, February 2008.
142 Claus von Zastrow, "Taking Things Personally: Principal Paul Chartrand Speaks about His School's Turnaround," *LearningFirst.org*, August 31, 2009.
143 Linda Shaw, "WASL Is Inspiration, Frustration," *Seattle Times*, May 8, 2006.
144 作者于 2007 年 11 月 20 日采访理查德·埃斯帕扎，Karin Chenoweth, "Granger High School: Se Puede (It Can Be Done)," in *The Power to Change: High Schools That Help All Students Achieve* (Washington, DC: The Education Trust, November 2005), 17–23。
145 观看这段关于库姆斯学校变革的精彩视频，请见 The3rdAlternative.com。
146 Jeff Janssen, "Leadership Lessons from the Nation's Best Principal," *Championship Coaches Network*.
147 Roland S. Barth, "Sandboxes and Honeybees," in Louis B. Barnes et al., *Teaching and the Case Method* (Cambridge, MA: Harvard Business Press, 1994), 151.
148 进一步了解"内心的领导者"如何在附近的学校实施，请见 TheLeaderInMe.org。
149 Susannah Tully, "Helping Students Find a Sense of Purpose," *Chronicle of Higher Education*, March 13, 2009.
150 Arthur E. Levine, "The Soul of a New University," *New York Times*, March 13, 2000.
151 David L. Kirp, "The New University," *The Nation*, April 17, 2000.
152 Robert Butche, "The MBA Mentality: Enabler of Catastrophe," *Newsroom Magazine*, April 8, 2009.

153 John Saltmarsh and Edward Zlotkowski, *Higher Education and Democracy: Essays on Service-Learning and Civic Engagement* (Philadelphia: Temple University Press, 2011), 21.

154 关于南非斯坦登的信息来自2007年对罗伯特·芬斯特拉博士的一系列采访。

155 Saltmarsh and Zlotkowski, *Higher Education and Democracy*, 22.

156 Curtis L. Deberg, Lynn M. Pringle, and Edward Zlotkowski, "Service-Learning: The Trim-Tab of Undergraduate Accounting Education Reform," n.d.

157 Alan R. Pence, "It Takes a Village . . . and New Roads to Get There," in *Developmental Health and the Wealth of Nations*, ed. D.P. Keating and C. Hertzman (New York: Guilford, 1999), 326.

158 Jessica Ball, "A Generative Curriculum Model of Child and Youth Care Training through First Nations–University Partnerships," *Native Social Work Journal* 4, no. 1 (2003): 95.

159 Alan Pence and Jessica Ball, "Two Sides of an Eagle's Feather: Co-Constructing ECCD Training Curricula in University Partnerships with Canadian First Nations Communities," n.d., 9–10.

160 Carl Rogers, *A Way of Being* (New York: Houghton Mifflin, 1995), 273.

161 "First Nations Partnership Program".

162 Ball, "A Generative Curriculum," 93–94; Pence and Ball, "Two Sides of an Eagle's Feather," 12.

163 Peter Hans Kolvenbach, "The Service of Faith and the Promotion of Justice in American Jesuit Higher Education," *Company Magazine*, October 6, 2000. 拉里·M. 博伊尔曾担任爱达荷州最高法院法官、首席美国地方法官以及州地方法官。他经验丰富且备受推崇，在调解艺术和技巧方面造诣颇深。在他看来，与律师及其客户打交道并非上战场，而是进入战场上的和平帐篷，在那里，争论会转变为倾听以求理解。博伊尔法官正在和我合作撰写一本即将出版的关于协同作用与法律的书，书名是《使人和睦的人有福了》(*Blessed Are the Peacemakers*)。

164 Robert Hardman, "A Very Uncivil War," *Daily Mail Online*, June 21, 2010; "Breedon-on-the-Hill Villagers Lose Hall Court Appeal," *BBC News*, January

18, 2011.
165 "In the Interests of Justice: Reforming the Legal Profession," *Stanford Law Review* 54 (June 2002): 6.
166 Patrick J. Schiltz, "On Being a Happy, Healthy, and Ethical Member of an Unhappy, Unhealthy, and Unethical Profession," 52 *Vand. L. Rev.* (1999).
167 Schiltz, 905.
168 Sandra Day O'Connor, *The Majesty of the Law* (New York: Random House Digital, 2004), 226–29.
169 Thomas D. Boyle, "Mediation and the Legal System: New Tricks for an Old Dog," *Federal Bar Journal* 58 (October 1991): 514.
170 Peter Adler, "The End of Mediation".
171 Mohandas K. Gandhi, "My Appeal to the British," *Harijan*, May 24, 1942.
172 Uma Majmudar, *Gandhi's Pilgrimage of Faith* (Albany, NY: SUNY Press, 2005), 144–45.
173 Juan Williams, *Thurgood Marshall: An American Revolutionary* (New York: Three Rivers Press, 1998), 213, 215.
174 From "Avot de Rabbi Nathan," in "Mediation," *Jewish Virtual Library*.
175 作者于 2011 年 1 月 11 日对耶路撒冷希伯来大学的马克·格平拉比的采访。
176 这一原则被称为 *lifnimmishurat ha-din*，"beyond the letter of the law." 参见 "Damages" and "Law and Morality", *Jewish Virtual Library*。
177 作者于 2011 年 1 月 4 日在耶路撒冷希伯来大学采访卡迪·艾哈迈德·纳图尔，他是雅法的高等伊斯兰教法上诉法院院长，也是海法大学法学教授。
178 作者于 2010 年 10 月 21 日采访威廉·谢菲尔德。
179 要观看这段变革故事的视频，请见 The3rdAlternative.com。
180 J.B. Ruhl, John Copeland Nagle, and James Salzman, *The Practice and Policy of Environmental Law* (New York: Foundation Press, 2008).
181 "2010 Year-End Report on the Federal Judiciary".
182 Desmond Tutu, *No Future Without Forgiveness* (New York: Doubleday, 1999), 19, 23, 28, 30–31.

183 作者对格平的访谈。
184 Douglas H.M. Carver, "The Xhosa and the Truth and Reconciliation Commission: African Ways," n.d., 17.
185 Tutu, *No Future*, 54–55.
186 John W. Davis, "Address at the 75th Anniversary Proceedings of the Association of the Bar of the City of New York," March 16, 1946.
187 Brian Thomsen, *The Dream That Will Not Die: Inspiring Words of John, Robert, and Edward Kennedy* (New York: Macmillan, 2010), 78.
188 David Rock, "Your Brain at Work," November 12, 2009.
189 Charles Dickens, *The Annotated Christmas Carol* (New York: Norton, 2004), 13.
190 Marc Gopin, *Healing the Heart of Conflict* (Emmaus, PA: Rodale, 2004), xiii–xiv.
191 H.G. Wells, *The Outline of History*, vol. 1 (New York: Barnes & Noble Publishing, 2004),
192 Wells, *The Outline of History*, 163.
193 Lynne B. Sagalyn, *Times Square Roulette* (Cambridge, MA: MIT Press, 2003), 6, 7.
194 Sam Roberts, *A Kind of Genius: Herb Sturz and Society's Toughest Problems* (New York: Perseus, 2009), 5, 246.
195 Sagalyn, *Times Square Roulette*, 174.
196 Pranay Gupte, "Her 'To Die For' Projects Include Times Square and the Seventh Regiment Armory," *New York Sun*, March 9, 2006.
197 Gupte, "Her 'To Die For' Projects."
198 Sagalyn, *Times Square Roulette*, 302.
199 James Traub, *The Devil's Playground* (New York: Random House Digital, 2004), 162.
200 Sagalyn, *Times Square Roulette*, 302.
201 Robin Pogrebin, "From Naughty and Bawdy to Stars Reborn," *The New York Times*, December 11, 2000.
202 Roberts, *A Kind of Genius*, 250.

203 Roberts, *A Kind of Genius*, 252.
204 Sagalyn, *Times Square Roulette*, 433.
205 Kira L. Gould, *Fox & Fowle Architects: Designing for the Built Realm* (Victoria, Aust.: Images Publishing, 2005), 187.
206 Adam Hinge et al., "Moving toward Transparency and Disclosure in the Energy Performance of Green Buildings," *2006 ACEEE Summer Study on Energy Efficiency in Buildings*.
207 Roberts, *A Kind of Genius*, 251.
208 "2010 Annual Report," Times Square Alliance.
209 World Health Organization, *World Report on Violence and Health*, 2002.
210 U.S. Department of State, *Country Reports on Terrorism 2009*, August 5, 2010.
211 "FBI Releases 2009 Crime Statistics," *Crime in the United States*, September 13, 2010.
212 *Crime Clock*, National Center for Victims of Crime.
213 United Nations Office on Drugs and Crime, "Executive Summary."
214 Roberto Briceño-León and Verónica Zubillaga, "Violence and Globalization in Latin America," *Current Sociology*, January 2002.
215 "Cybercrime Is a US$105 Billion Business Now," *Computer Crime Research Center*, September 26, 2007.
216 "White Collar Crime: An Overview," Legal Information Institute, Cornell University Law School, August 19, 2010.
217 David Anderson, "The Aggregate Burden of Crime," *Journal of Law and Economics* 42, no. 2 (October 1999): 2.
218 James P. Lynch and William J. Sabol, "Did Getting Tough on Crime Pay?" Urban Institute Research of Record, August 1, 1997.
219 Larry J. Siegel, *Essentials of Criminal Justice* (Florence, KY: Cengage Learning, 2008), 393.
220 Lawrence W. Sherman et al., "Preventing Crime," n.d.
221 Lawrence W. Sherman, *Evidence-Based Crime Prevention* (London: Routledge, 2002), 3.
222 Ken McQueen and John Geddes, "Air India: After 22 Years, Now's the Time

for Truth," *Macleans,* May 28, 2007.
223 文中所有引自沃德·克拉彭的内容均来自作者 2010 年 10 月至 2011 年 4 月期间进行的一系列电话访谈。
224 Robin Roberts, "40 Developmental Assets for Kids," *Mehfil,* September–October 2006, 37.
225 "Public Safety Minister Toews Commends Important Work of Team Izzat Youth Forum Organizers," *Public Safety Canada,* January 15, 2011.
226 Christine Lyon, "Restorative Justice Gets $95K City Boost," *Richmond Review,* November 13, 2010
227 Jeremy Hainsworth, "Ahead of 2010 Olympics, Violence Stalks Vancouver," *Seattle Times,* March 28, 2009.
228 观看有关沃德·克拉彭蜕变历程的精彩视频，请见 The3rdAlternative.com。
229 Henry David Thoreau, *Walden; or, Life in the Woods* (New York: Houghton Mifflin, 2004, 120.
230 Lee Ellis et al., *Handbook of Crime Correlates* (Maryland Heights, MO: Academic Press, 2009), 184–89.
231 Katherine Boo, "Swamp Nurse," *New Yorker,* February 6, 2006, 54.
232 Andy Goodman, "The Story of David Olds and the Nurse Home Visiting Program," *Grants Results Special Report,* Robert Wood Johnson Foundation, July 2006, 7.
233 "Behind Bars II: Substance Abuse and America's Prison Population," National Center on Addiction and Substance Abuse at Columbia University, February 2010, 23.
234 "Nurse Family Partnership: Overview".
235 Goodman, "The Story of David Olds and the Nurse Home Visiting Program," 11.
236 Katy Dawley and Rita Beam, "My Nurse Taught Me How to Have a Healthy Baby and Be a Good Mother," *Nursing Clinics of North America* 40 (2005): 809.
237 Goodman, "The Story of David Olds and the Nurse Home Visiting Program," 11.

238　Boo, "Swamp Nurse," 57.
239　作者于 2011 年 2 月 19 日采访乔丹・阿舍。
240　"Preamble to the Constitution of the World Health Organization as Adopted by the International Health Conference," *New York*, June, 1946, 19–22.
241　Richard Katz and Niti Seth, "Synergy and Healing: A Perspective on Western Health Care," in *Prevention and Health: Directions for Policy and Practice*, ed. Alfred Hyman Katz and Robert E. Hess (New York: The Haworth Press, 1987), 109.
242　Steven H. Woolf et al., *Health Promotion and Disease Prevention in Clinical Practice* (Hagerstown, MD: Lippincott Williams & Wilkins, 2007), 9.
243　作者于 2010 年 10 月 18 日在田纳西州纳什维尔采访肖恩・莫里斯。
244　作者于 2010 年 11 月 18 日采访马克・莱瑟姆。
245　同上。
246　Curtis P. McLaughlin and Arnold D. Kaluzny, *Continuous Quality Improvement in Health Care* (Sudbury, MA: Jones & Bartlett Learning, 2006), 458, 480.
247　Hedrick Smith, "Interview With Dr. Brent James," *Inside American Medicine*, n.d.
248　作者于 2011 年 4 月 5 日采访斯科特・帕克。
249　David Leonhardt, "Making Health Care Better," *New York Times Magazine*, November 8, 2009, MM31.
250　Ron Winslow, "A Health Care Dream Team on the Hunt for the Best Treatments," *The Wall Street Journal*, December 15, 2010.
251　"Mountain of Trash Blights Historic City of Saida," *News.com*, September 24, 2010; "Lebanon: Political Rivalries Prevent Clean-up of Toxic Rubbish Dump," *IRIN*, March 21, 2008.
252　David Pepper, *Environmentalism: Critical Concepts* (Florence, KY: Taylor & Francis, 2003), 78.
253　James Hansen, *Storms of My Grandchildren* (New York: Bloomsbury USA, 2009), ix.
254　"Is Global Warming a Myth?" *Scientific American*, April 8, 2009.

255 Steven Milloy, *Green Hell: How Environmentalists Plan to Control Your Life* (Washington, DC: Regnery, 2009), 2–3.

256 George Monbiot, "Climate Change Deniers Are Not Sceptics—They're Suckers," *Guardian (Manchester)*, November 3, 2009.

257 Anita Pugliese and Julie Ray, "Awareness of Climate Change and Threat Vary by Region," *Gallup.com*, December 11, 2009; Frank Newport, "Three Key Findings on Americans' Views of the Environment," *Gallup.com*, March 18, 2011.

258 Michael Shellenberger and Ted Nordhaus, *Break Through: Why We Can't Leave Saving the Planet to Environmentalists* (New York: Houghton-Mifflin, 2007), 8.

259 David Montgomery, *The King of Fish: The Thousand Year Run of Salmon* (Boulder, CO: Westview Press, 2004),3; Ted Gresh et al., "Salmon Decline Creates Nutrient Deficit in Northwest Streams," *Inforain.org*, January 2000.

260 Peter A. Corning, "The Synergism Hypothesis," *Journal of Social and Evolutionary Systems* 21, no. 2 (1998): 314.

261 Corning, "The Synergism Hypothesis," 293.

262 Corning, "The Synergism Hypothesis," 54, 60; A.V. Bogdan, "Grass Pollination by Bees in Kenya," July 18, 2008.

263 "John Lombard: Saving Puget Sound," *University of Washington Lectures*, January 23, 2007.

264 Aldo Leopold, *A Sand County Almanac* (New York: Random House Digital, 1990), 140.

265 Pepper, *Environmentalism*, 78.

266 Corning, "The Synergism Hypothesis," 314.

267 Kevin Berger, "The Artist as Mad Scientist," *Salon.com*, June 22, 2006; Natalie Jeremijenko, "The Art of the Eco-Mindshift," *Popular Mechanics*, June 3, 2010.

268 Gigi Marino, "The Mad Hatter of Nehru Place Greens," *MIT Technology Review*, September 8, 2006.

269 Raja Murthy, "India's Rural Inventors Drive Change," *Asia Times*, January

29, 2010; David Owen, "The Efficiency Dilemma," *New Yorker*, December 20, 2010.
270 David Montgomery, *Dirt: The Erosion of Civilizations* (Berkeley: University of California Press, 2008), 4, 6.
271 Cliff Kuang, "Method That Turns Wastelands Green Wins 2010 Buckminster Fuller Challenge," *Fast Company*, June 2, 2010.
272 C.J. Hadley, "The Wild Life of Allan Savory," *Range*, Fall 1999.
273 Jonathan Teller-Elsberg, "Following up with Allan Savory on Using Cattle to Reverse Desertification and Global Warming," *Chelsea Green*, February 25, 2010.
274 Shellenberger and Nordhaus, *Break Through*, 17.
275 George Monbiot, "Cold-Hearted," December 27, 2010.
276 "Tories Vow to Tackle National Scandal of Welfare Dependency," *Telegraph* (London), August 27, 2009; "Reforms Will Tackle Poverty and Get Britain Working Again," U.K. Department for Work and Pensions, May 27, 2010.
277 Weldon Long, "Emerson Was Right—If You THINK He Was!" *Sources of Insight*, March 30, 2011.
278 Weldon Long, *The Upside of Fear: How One Man Broke the Cycle of Prison, Poverty, and Addiction* (Austin, TX: Greenleaf Books, 2009), 124.
279 Long, *Upside of Fear*, 115.
280 C.S. Lewis, *The Problem of Pain* (New York: Harper-Collins, 2001), 32.
281 Brian Ballou and Dan L. Heitger, "Tapping a Risky Labor Pool," *Harvard Business Review*, December 2006.
282 Liane Phillips and Echo Montgomery Garrett, *Why Don't They Just Get a Job?* (Highlands, TX: aha! Process, 2010), 31, 54, 86, 128–29, 159.
283 Laurence Chandy and Geoffrey Gertz, "Poverty in Numbers: The Changing State of Global Poverty 2005–2015," *Brookings Institution*, January 2011.
284 Jerry Sternin, "Childhood Malnutrition in Vietnam: From Peril to Possibility," in *The Power of Positive Deviance* (Cambridge, MA: Harvard Business Press, 2010), 22.
285 David Dorsey, "Positive Deviant," *Fast Company*, November 30, 2000.
286 Sarah Rich, "Anil Gupta and the Honey Bee Network," *WorldChanging.com*,

March 21, 2007; Raja Murthy, "India's Rural Inventors Drive Change," *Asia Times*, January 29, 2010.
287 关于半年一次的朝圣之旅报告可以在 sristi.org 网站上查询。2011 年 4 月访问。
288 Anil Gupta, "India's Hotbeds of Invention," *TED.com*, November 2009.
289 Muhammad Yunus, *Creating a World Without Poverty* (New York: Public Affairs, 2008), 5.
290 Muhammad Yunus and Karl Weber, *Building Social Business* (New York: Public Affairs, 2010), 33–61, 95.
291 Marco Visscher, "The World Champ of Poverty Fighters," *Ode Magazine*, July–August 2005.
292 Interview with Mohammed Dajani, Wasatia Headquarters, Beit-Hanina, Israel, January 12, 2010.
293 Mohammed Dajani, "The Wasatia Movement—An Alternative to Radical Islam," *World press.org*, June 21, 2007.
294 Mohammed S. Dajani Daoudi, *Wasatia: Centrism and Moderation in Islam*, n.d., 17.
295 作者于 2011 年 1 月 7 日在耶路撒冷希伯来大学访问罗恩·克罗尼斯教授。
296 作者于 2011 年 1 月 12 日在以色列拜特阿尼那的瓦萨提亚总部采访玛格丽特·卡拉姆教授。
297 Richard K. Betts, "Conflict or Cooperation? Three Visions Revisited," *Foreign Affairs*, November/December 2010.
298 Joyce Neu, "Interpersonal Dynamics in International Conflict Mediation," in *Natural Conflict Resolution*, ed. Filippo Aureli (Berkeley: University of California Press, 2000), 66.
299 作者于 2011 年 1 月 10 日在耶路撒冷希伯大学采访马克·格平。
300 作者对格平的访谈。
301 "Barenboim's Music: A Bridge across Palestinian-Israeli Divide." *AFP*.
302 Daniel Barenboim and Edward Said, *Parallels and Paradoxes: Explorations in Music and Society*, ed. Ara Guzelimian (New York: Vintage Books, 2002), ix–

xi, 8–9, 181.
303 Anthony Tommasini, "Barenboim Seeks Harmony, and More Than One Type," *The New York Times*, December 21, 2006.
304 Ed Vulliamy, "Bridging the Gap, Part Two," *Guardian* (Manchester), July 18, 2008.
305 "Palestinian-Israeli Orchestra Marks 10th Anniversary," *Al-Jazeera English*, August 21, 2009.
306 *Knowledge Is the Beginning: A Film by Paul Smaczny*, 2005.
307 Vulliamy, "Bridging the Gap, Part Two."
308 Daniel Barenboim, *A Life in Music* (New York: Arcade Publishing, 2003), 188.
309 Carl Rogers, "Communication: Its Blocking and Its Facilitation," n.d.
310 Raymond Deane, "Utopia as Alibi: Said, Barenboim, and the Divan Orchestra," *Irish Left Review*, December 9, 2009.
311 Daniel Barenboim, in Smaczny, *Knowledge Is the Beginning*.
312 Kate Connolly, "Barenboim Becomes First to Hold Israeli and Palestinian Passports," *Guardian (Manchester)*, January 15, 2008.
313 Abdul Aziz Ahmed, "Al-Muhasabah: On Being Honest with Oneself," *Al-Jumuah: Your Guide to an Islamic Life*, n.d.
314 作者对格平的访谈。
315 Aziz Abu Sarah, "A Conflict Close to Home," *Aziz Abu Sarah: A Blog for Peace in Israel-Palestine*, May 6, 2009.
316 作者对格平的访谈。
317 "Sheikh Abdul Aziz Bukhari," Jerusalem Academy.
318 作者对格平的访谈。
319 Abdul Aziz Bukhari, "Two Wrongs Don't Make a Right," *Global Oneness Project*.
320 Samuel P. Huntington, *The Clash of Civilizations and the Remaking of World Order* (New York: Simon & Schuster, 1997), 32.
321 Robert I. Rotberg, Theodore K. Rabb, and Robert Gilpin, *The Origin and Prevention of Major Wars* (Cambridge, UK: Cambridge University Press, 1989), 248.

322  Desmond Tutu, *No Future Without Forgiveness* (New York: Doubleday, 1999), 264, 280–81.
323  Klaus Schwab, ed., *The Global Competitiveness Report 2010–2011*, World Economic Forum, 14.
324  R. Veenhoven, *Average Happiness in 146 Nations 2000–2009*, World Database of Happiness, Rank report Average Happiness.
325  George A. Fossedal and Alfred R. Berkeley III, *Direct Democracy in Switzerland* (Piscataway, NJ: Transaction Publishers, 2005), 30.
326  Fossedal and Berkeley, *Direct Democracy in Switzerland*, 31.
327  "Guillaume-Henri Dufour—A Man of Peace," *International Review of the Red Cross*, September–October 1987, 107.
328  William D. McCrackan, *The Rise of the Swiss Republic* (Boston: Arena Publishing Co., 1892), 330.
329  Fossedal and Berkeley, *Direct Democracy in Switzerland*, 18, 33, 37–38.
330  Michael E. Porter, *The Competitive Advantage of Nations* (New York: Free Press, 1990), 20.
331  W.H. Auden, "September 1, 1939."
332  Clive H. Church, *The Politics and Government of Switzerland* (Basingstoke, UK: Palgrave Macmillan, 2004), 143.
333  Carol L. Schmid, *Conflict and Consensus in Switzerland* (Berkeley: University of California Press, 1985), 155–56.
334  Schmid, *Conflict and Consensus in Switzerland*, 3.
335  Fossedal and Berkeley, *Direct Democracy in Switzerland*, 30.
336  Andrew Reding, "Call It Israel-Palestine: Try a Federal Solution in the Middle East," World Policy Institute, June 25, 2002.
337  Alvaro Vargas Llosa, "Postcard from Hebron," Washington Post Writers Group, June 2, 2010.
338  "Robert Wright on Optimism," *TED.com*, February 2006.
339  Hans Selye, *The Stress of Life* (New York: McGraw-Hill, 1948), 413.
340  Chuck Blakeman, "Business Diseases of the Industrial Age."
341  Carl Rogers, *A Way of Being* (New York: Houghton Mifflin, 1995), 95.

342 Jimmy and Rosalynn Carter, *Everything to Gain: Making the Most of the Rest of Your Life* (Fayetteville: University of Arkansas Press, 1987), 171.

343 DeWayne Wickham, "An Amazing Story of Giving That Could Change Our World," *USA Today,* March 20, 2007.

344 William Powers, *Twelve by Twelve: A One-Room Cabin off the Grid and Beyond the American Dream* (Novato, CA: New World Library, 2010), xiv, 15–17, 75.

345 Bill Powell, "The Capitalist Who Loves North Korea," *Fortune,* September 15, 2009.

346 Richard Stone, "PUST Update," *North Korean Economy Watch*, November 1, 2010.

347 Geoffrey Cain, "Former Prisoner of North Korea Builds University for His Former Captors," *Christian Science Monitor*, February 16, 2010.